Droit pénal général

Les mémentos DALLOZ

série droit privé

Droit pénal général

Jean Larguier
Professeur agrégé des Facultés de droit

Philippe Conte
Professeur à l'Université Panthéon-Assas (Paris II)
Directeur de l'Institut de criminologie et de droit pénal de Paris II

Patrick Maistre du Chambon
Professeur émérite
Doyen honoraire de la Faculté de droit de Grenoble

22e édition – 2014

DALLOZ

DALLOZ

31-35 rue Froidevaux, 75685 Paris cedex 14

ISBN 978-2-247-13848-7

Plan détaillé

Première partie
L'incrimination

Deuxième partie
La peine

Introduction

Section 1 – Définition des sciences criminelles

§ 1 – Objet des sciences criminelles, droit pénal et sciences annexes

Le **droit pénal** ou **droit criminel** est la branche du droit qui détermine :
– certains faits ou abstentions (**incriminations**) ;
– les sanctions applicables à chaque infraction (**peines**).

Le **droit pénal général** étudie les règles applicables à toutes les infractions (ex. théorie de la tentative). Au sens large, il englobe aussi l'étude des peines.

La **procédure pénale** définit l'organisation judiciaire en matière répressive et le déroulement du procès pénal (v. Mémento de *Procédure pénale*).

Le **droit pénal spécial** comporte l'étude des différentes infractions (meurtre, vol, diffamation, etc. : v. Mémento de *Droit pénal spécial*).

La **science pénitentiaire** (ou *pénologie*) est l'étude des peines, de leur nature, de leurs modes d'exécution (v. Mémento de *Criminologie et science pénitentiaire*).

La **criminologie** étudie les causes de l'infraction et la personne du criminel (v. le Mémento *précité*).

La **criminalistique** recherche les infractions et les criminels à l'aide de :
– l'anthropométrie ;
– la médecine légale ;
– la police scientifique (recherche des indices, études des armes, etc.).

La **politique criminelle** étudie les moyens de lutte contre le crime (en liaison avec la criminologie).

§ 2 – Rapports des sciences criminelles avec les autres disciplines

I – Rapports des sciences criminelles avec les autres sciences humaines

• La psychologie intéresse le droit pénal, plus subjectif et moins abstrait que le droit civil (problème de la responsabilité).

• La **morale** est *distincte* du droit pénal, doublement :
– quant à ses *sanctions*, moins positives et immédiates ;
– et quant à son *domaine :* des faits interdits en morale (ex. le mensonge) ne sont pas nécessairement atteints par le droit pénal ; de même en sens inverse (ex. stationnement irrégulier).

Mais certains problèmes sont communs à ces disciplines (problème des rapports de l'individu et de la société). Et l'on doit observer que la morale traditionnelle, à bien des égards fondement du droit, surtout du droit pénal, est aujourd'hui parfois contestée, au profit d'une notion sociale de la morale, souvent imprécise, qui risque de provoquer l'incertitude dans l'interprétation de la règle de droit.

• La **sociologie** a d'étroits contacts avec les sciences criminelles.

• La **métaphysique** elle-même intéresse le droit pénal lorsque, par exemple, elle envisage le problème de la liberté de l'homme.

• La **médecine** apporte une importante contribution à l'œuvre des criminalistes et criminologues (psychiatrie, pathologie mentale).

II – Rapports du droit pénal avec les autres branches du droit

• Avec le **droit civil** : il arrive que les sanctions pénales viennent renforcer des *sanctions civiles insuffisantes*. Ex. abandon de famille, détournement d'objets constitués en gage.

• Avec le **droit commercial** : le débiteur soumis à une procédure de redressement ou de liquidation judiciaire et qui commet certains faits se rend coupable de *banqueroute*, infraction pénale. Il existe un **droit pénal des sociétés**, principalement destiné à lutter contre les agissements frauduleux mettant en péril, au moyen des sociétés, l'épargne publique : on parle aujourd'hui de *droit pénal des affaires* (ex. abus des biens sociaux) ; un *droit pénal économique*, d'ailleurs émoussé en 1986, est né de l'économie dirigée.

• Avec le **droit du travail** : des sanctions pénales sont nées également dans le droit du travail, le plus souvent destinées à renforcer les obligations de l'employeur. Ex. sécurité du travail.

• Il existe aussi un droit pénal rural, un droit pénal de l'environnement (ex. chasse, pêche), un droit pénal de la santé publique.

• La **procédure civile** fait parfois appel aux sanctions pénales. Ex. délits de bris de scellés, de détournement d'objets saisis.

• Il existe des rapports étroits entre le droit pénal et le **droit administratif** :
– certains délits font appel à la notion de fonctionnaire (*auteur*, ex. corruption de fonctionnaire, ou *victime*, ex. outrage à fonctionnaire) ;
– mais surtout, l'administration peut être appelée à jouer un rôle de premier plan en ce qui concerne la prévention des infractions (problèmes de l'hygiène, des taudis, éclairage des rues : c'est la théorie des *substituts pénaux* de Ferri).

• Le **droit constitutionnel** intéresse le droit pénal, lié à l'évolution politique de l'État (problème de l'infraction politique), et mettant en jeu la liberté de l'individu face à la société (*cf.* le rôle du Conseil constitutionnel). Des dispositions de la Constitution concernent l'immunité du président de la République, la responsabilité pénale des membres du Gouvernement, et les immunités des membres du Parlement.

§ 3 – Nature du droit pénal

I – Droit privé ou droit public ?

La question est controversée.

• En faveur du rattachement du droit pénal au **droit public**, on invoque comme argument l'intervention de la *puissance publique*, notamment dans l'exécution des peines.

• En faveur du rattachement du droit pénal au **droit privé**, on invoque comme arguments l'intervention des tribunaux *judiciaires*, et le rôle des *particuliers* dans la poursuite des infractions.

• Mieux vaut voir dans le droit pénal une branche du droit **distincte** du droit public et du droit privé. On rencontre le même débat en procédure civile : il s'agit aussi de règles juridiques destinées à sanctionner d'autres règles de droit.

II – Caractères du droit pénal

• Les règles de droit pénal impliquent l'existence d'une **sanction**, et d'une sanction d'un caractère spécial : la peine. À la différence de la sanction civile, qui est essentiellement *réparatrice* (dommages-intérêts, restitutions), la sanction pénale est **répressive** (châtiment infligé au coupable ; l'amende va à l'État, non à la victime).

Remarques :

1. Ces définitions ne sont pas absolues : la mesure pénale tend aujourd'hui à perdre son caractère purement répressif (**mesures de sûreté, réinsertion** par la **réadaptation**).

2. La sanction *pénale* et la sanction *civile* :

- *peuvent coexister* (ex. en cas d'atteinte à l'intégrité de la personne par imprudence, il y a répression et réparation) ;
- *mais ne coexistent pas nécessairement* : il peut y avoir répression pénale sans réparation (ex. la simple tentative, sans dommage) ; il peut y avoir réparation sans répression (tous les cas où il y a réparation civile en l'absence d'infraction pénale).
- *en viennent parfois à se confondre* (sanction-réparation, introduite par une loi du 5 mars 2007 : la peine consiste, pour le condamné, à indemniser la victime).

• Le droit pénal ne devrait intervenir qu'en cas d'insuffisance des sanctions civiles (caractère subsidiaire ; v. DDHC, art. 5, pour les incriminations : « La loi n'a le droit de défendre que les actions nuisibles à la société » et 8, pour les peines : « La loi ne peut établir que des peines strictement et évidemment nécessaires »). En réalité, les lois modernes multiplient les sanctions pénales. Il n'est pas vrai de dire que l'histoire de la peine se ramène à une abolition constante. On a même abouti parfois à faire du droit pénal une discipline autonome, ayant ses définitions propres, différentes de celles du droit civil ou du droit commercial : on a parlé alors d'« **autonomie du droit pénal** » (ansi de la notion de domicile différente de celle du droit civil ou de celle de chèque différente de celle du droit commercial).

Section 2 – Évolution des sciences criminelles

Cette évolution doit être retracée du point de vue des idées, et du droit positif.

§ 1 – Les idées : fondement du droit de punir

Une vie sociale normale implique nécessairement un système de sanctions organisées et mises en œuvre par la puissance publique. Mais se pose la question de savoir sur quoi se fonde ce droit de punir : elle est liée à celle des **fonctions de la peine** (*v. à ce sujet 2e partie, titre 1*).

I – Doctrines fondées sur l'idée de justice : « *punitur quia peccatum est* »

La peine se rattache à l'acte coupable.

L'idée se trouve sous des formes diverses :

– dans les *civilisations primitives* (sacrifice du coupable destiné à apaiser la divinité : loi du **talion** : œil pour œil, dent pour dent – ce qui en réalité peut vouloir modérer la justice privée : pour un œil, pas plus d'un œil. Code d'Hammourabi, Bible, Coran) ;

– chez les *philosophes grecs* anciens (Platon) ;

– dans la *doctrine chrétienne*, où apparaissent les notions de responsabilité morale et de pardon, le repentir pouvant effacer la faute ;

– dans la philosophie de la *justice absolue, conçue comme un impératif catégorique* (Kant, 1724-1804).

II – Doctrines fondées sur l'utilité sociale : « *punitur ne peccetur* »

L'objet essentiel de la sanction est d'éviter les crimes futurs. C'est l'idée de **prévention** (Bentham, 1748-1832). « La peine doit se faire craindre plus que le plaisir désiré ».

Critique : cette conception risque d'amener une répression rigoureuse.

III – École néoclassique

Doctrines de **synthèse** (Rossi, 1787-1848, Guizot, 1787-1874).

Le droit de punir est fondé à la fois sur la justice (dans son principe) et sur l'utilité sociale (dans son application). Ne punir « **pas plus qu'il n'est juste, pas plus qu'il n'est utile** » : on éliminera les peines trop sévères et les peines superflues.

Critique : il sera souvent difficile de concilier le juste et l'utile (ex. répression de la récidive, socialement dangereuse, mais moralement moins coupable).

IV – École positiviste italienne

Sont abandonnées les notions de justice, considérées comme dépassées. L'infraction ne résulte pas du libre exercice des facultés humaines, mais de facteurs naturels, dont l'étude conduit à la formation de deux écoles :

A – L'école anthropologique

Cette école met l'accent sur les **facteurs individuels** du crime. **Lombroso**, dans son ouvrage, *L'homme criminel (1876)*, expose la théorie du criminel-né, d'après laquelle certains hommes, par leur constitution physique même, sont destinés à devenir des criminels. Certains signes (stigmates) permettent de distinguer ces personnes (front fuyant, asymétrie faciale, oreilles décollées, etc.).

B – L'école sociologique

Cette école, avec **Ferri** (1856-1929), s'attache plutôt aux facteurs sociaux du crime, qui résident dans la civilisation, l'économie (ou le climat). C'est une doctrine utilitaire en ce qu'elle considère l'infraction comme la traduction de la puissance de nuire ou *nocuité* (*temibilita*) du délinquant, plus importante que l'infraction elle-même. La peine sera donc une *mesure de défense* de la société, parmi bien d'autres.

V – Le pragmatisme

Il retient les systèmes qui, après expérience, donnent les meilleurs résultats.

VI – Époque actuelle

On assiste parfois à une synthèse de tous les courants précédents, parfois à des orientations nouvelles.

- La doctrine de la **défense sociale** nouvelle (1954, Marc Ancel) est préoccupée d'étudier, en même temps que le crime, la personnalité du criminel ; cette doctrine entend protéger la société et défendre les droits individuels : **prévention et réinsertion.**
- Parfois se manifeste une contestation du système social, et en réalité du droit de punir : par exemple, le crime est considéré comme un acte politique ; ou bien l'on propose l'assimilation (hasardeuse) du crime à une simple « situation-problème », devant se régler par la conciliation, ou, au pire, par la justice civile.
- Parfois au contraire d'autres prônent un retour à la notion de responsabilité.
- Parfois, en raison notamment de l'accroissement général de la criminalité, se produit un regain de faveur pour la notion de châtiment, d'intimidation et de neutralisation des personnes dangereuses.
- Beaucoup souhaitent tenir compte de données sociologiques, ou médicales et biologiques (sur différentes recherches et théories, v. Mémento de *Criminologie et science pénitentiaire*).

§ 2 – Le droit positif

L'histoire du droit pénal est parfois présentée comme faisant passer ce droit par des étapes distinctes :

• **Droit pénal-vengeance :** il y aura évolution de la *justice privée* à la *justice publique*. À l'origine, loi du *talion* ; puis compensation en argent *(composition)*, d'abord facultative, puis obligatoire ; enfin apparaît la *vengeance publique*.

• **Droit pénal-expiation :** la peine revêt une signification morale.

• **Droit pénal utilitaire :** la peine doit intimider (le coupable et la collectivité).

• **Droit pénal** orienté vers la **réinsertion sociale** du coupable.

Cette description est trop tranchée : l'évolution est toujours beaucoup plus souple. On peut cependant schématiser l'histoire du droit pénal de la façon suivante :

I – Période ancienne

A – Droit pénal romain

• importance de l'intention coupable ;

• sévérité de la peine ;

• distinction des *delicta privata* (délits privés) et des *crimina* (délits publics) :
– *delicta privata* (survivance de la vengeance privée) :
1. la poursuite appartient à la victime ;
2. le procès obéit aux règles de la procédure civile ;
3. la réparation va à la victime.
– *crimina :*
1. la poursuite appartient à tout citoyen ;
2. c'est la procédure criminelle qui s'applique ;
3. la sanction n'est pas prononcée au nom de la victime, mais de la société.

B – Droit pénal barbare

• peines d'élimination pour les infractions menaçant la structure du groupe ;

• peines de composition pour les infractions lésant les membres d'un groupe.

II – Moyen Âge

A – Droit pénal coutumier

Double évolution : l'infraction devient délit public. Parallèlement, la peine, de composition privée à l'origine, tend à devenir peine publique.

B – Droit canonique

– importance de l'intention coupable ;

– adoption de peines d'incarcération *(ecclesia abhorret a sanguine : l'église déteste faire couler le sang)*.

III – Droit pénal monarchique

Se révèle une tendance à l'unification, par l'absorption des juridictions seigneuriales et ecclésiastiques, et par l'adoption de règles uniques pour toute la France (codification de la procédure criminelle par **l'Ordonnance de 1670**. Mais pas de codification pour le droit pénal proprement dit).

Le droit pénal de cette époque est :

– *rigoureux* (peines sévères et parfois collectives ; idée d'intimidation) ;

– *arbitraire :* « Les peines sont arbitraires en ce royaume ». C'est le principe de l'arbitraire des incriminations et des peines ; ex. les pouvoirs du roi, avec les lettres de cachet ;

– *inégal :* l'application du droit pénal dépend parfois du rang du coupable, et peut être plus sévère pour les nobles (« Noblesse oblige »).

Les excès de ce système provoquent des critiques (Voltaire, 1694-1778, Diderot 1713-1784, Beccaria, 1738-1794).

IV – Droit pénal révolutionnaire

• Œuvre de principe : une réaction se produit contre l'arbitraire de l'ancien régime ; sont consacrés les principes de **personnalité**, d'**égalité**, de fixité et de **légalité** des peines ; abolition des châtiments corporels.

• Œuvre de droit positif : les Codes de 1791.

V – Droit pénal contemporain

Le droit pénal a longtemps été régi par le Code pénal de 1810, et de nombreuses lois postérieures à l'entrée en vigueur de ce Code, qui n'y ont pas toujours été intégrées, et qui ont apporté à ce Code d'importantes modifications ou additions (il était faux de dire que notre droit pénal datait de 1810).

Il existe aujourd'hui, *en dehors du Code pénal*, des milliers d'incriminations définies par des textes extérieurs à ce Code (autres codes, ou lois et décrets). Quelques exemples de codes : Code de commerce (ex. droit pénal des sociétés, notamment l'abus de biens sociaux, la banqueroute, la concurrence), Code monétaire et financier (ex. chèques, droit pénal de la bourse), Code du travail, Code de la consommation, Code des douanes (droit pénal douanier), Code général des impôts (droit pénal fiscal), Code de la route, Code de l'environnement, Code rural, Code de l'entrée et du séjour des étrangers et du droit d'asile, Code du sport. Il est nécessaire aussi de tenir compte des traités internationaux, dont l'autorité est supérieure à celle des lois internes (*v. l'élément légal de l'infraction*).

A – Rappel de l'évolution législative depuis 1810 jusqu'au Code actuel

Trait caractéristique du Code pénal de 1810 : ce Code avait été dominé par l'idée d'*intimidation* ; ses dispositions étaient animées d'un esprit répressif aigu (lien avec les troubles de l'époque).

L'évolution postérieure (XIXe siècle) a contribué à adoucir cette rigueur (influence du romantisme et apaisement social). Ex. 1832 : révision générale du Code de 1810 (ex. généralisation des circonstances atténuantes, suppression de la peine de mort dans plusieurs cas ; disparition de certaines mesures empruntées à l'ancien régime : fer rouge, carcan) ; 1863 : déclassement de nombreuses infractions, transformées de crimes en délits ; institution de la libération conditionnelle (1885) et du sursis (1891).

Ce libéralisme s'est soldé par un échec. Le XXe siècle, tout en conservant la plupart des réformes du XIXe, a introduit dans certains domaines du droit pénal, une **rigueur** assez grande (ex. infractions portant atteinte à la sûreté de l'État, infractions d'ordre économique, trafic de stupéfiants, proxénétisme).

Puis d'autres réformes importantes ont donné en revanche plus de **libéralisme** au droit pénal et d'**humanité** au régime des peines (ex. régime des mineurs en 1945), tout en devant répondre au sentiment d'insécurité (ex. la période de sûreté). Ex. : 1970, ex. sursis partiel ; 1972, ex. relèvement ; 1975 : ex. **dispense de peine** ; substituts à l'emprisonnement ; L. 9 oct. 1981 : suppression de la peine de mort ; 1983 : travail d'intérêt général, pouvant remplacer l'emprisonnement ; 1986 : ex. large dépénalisation en matière économique ; 1989 : ex. travail d'intérêt général après condamnation.

B – Le Code pénal actuel

Ce Code résulte de quatre lois du **22 juillet 1992** ; sa mise en vigueur a finalement été reportée au 1er mars 1994 (L. 19 juill. 1993). Il est ainsi divisé :

Livre 1er : Dispositions générales ; Titre 1er : De la loi pénale ; Titre II : De la responsabilité pénale ; Titre III : Des peines ;

Livre II : Des crimes et délits contre les personnes ;

Livre III : Des crimes et délits contre les biens ;

Livre IV : Des crimes et délits contre la nation, l'État et la paix publique ;

Livre IV *bis* : Des crimes et des délits de guerre ;

Livre V : Des autres crimes et délits ; Titre 1er : Des infractions en matière de santé publique ; Titre II : Autres dispositions (chapitre unique : Sévices graves ou actes de cruauté envers les animaux) ; il rassemblera plus tard notamment des infractions économiques et financières.

Livre VI (contraventions) : pour l'instant sans contenu législatif.

Livre VII : Dispositions relatives à l'outre-mer.

Le **Code pénal** contient une **2e partie** (décr. 29 mars 1993) ; décrets en Conseil d'État : art. R. ... (Livres I à V, correspondant aux cinq premiers Livres du Code pénal ; le Livre VI définit et réprime les contraventions : art. R. 610-1 et s.) ; le Livre VII contient les dispositions relatives à l'outre-mer.

1. Numérotation du Code

Les articles du Code pénal, dans sa partie législative, sont numérotés (*cf.* l'informatique) avec un nombre dont le premier chiffre est celui du Livre, le deuxième celui du Titre, le troisième celui du chapitre, suivi du numéro de l'article lui-même : le premier article est donc l'art. 111-1. Par exemple, l'art. 221-1, définissant le meurtre, est le premier article du Livre II, Titre II, chapitre I.

2. Codes pilotes et codes suiveurs

La multiplication des codifications a conduit, pour les dispositions devant figurer dans plusieurs Codes, à inscrire celles-ci dans un premier Code, dit « pilote », et dans les Codes, dits « suiveurs » (ex. le Code pénal et le Code de la route, une modification du premier entraînant de plein droit modification du second).

3. Observations sur le contenu du Code pénal

On distinguera les principes du droit pénal général, et la définition des incriminations (droit pénal spécial).

a. En ce qui concerne les principes du droit pénal général

Les rédacteurs du Code pénal de 1992 se sont efforcés de répartir entre Code pénal et Code de procédure pénale les règles de fond (inscrites dans le Code pénal) et les règles de forme (inscrites dans le Code de procédure pénale), ce qui, en matière pénale, n'est pas toujours facile.

Les observations sur le contenu du Code pénal concernent tant les éléments de l'infraction que la peine.

- *Quant aux éléments de l'infraction* ; le Code :
  - a *conservé des principes généraux fondamentaux*, par ex. le principe de légalité, le principe de la non-rétroactivité de la loi nouvelle plus sévère, celui de la seule responsabilité de son fait personnel ;
  - a parfois *conservé intégralement* des règles antérieures (ex. la définition de la tentative) ;
  - a parfois *modifié les termes* des textes, sans que les solutions antérieures s'en trouvent profondément affectées (ex. les troubles psychiques ou neuropsychiques causes d'irresponsabilité) ;
  - a parfois innové quant au texte, mais en consacrant des solutions *jurisprudentielles* antérieures (ex. état de nécessité) ;
  - a parfois *innové* quant au fond (ex. en admettant la responsabilité pénale des personnes morales) ;
  - a *précisé et modifié* certaines règles consacrées par la jurisprudence (ex. l'appréciation par le juge pénal de la légalité des règlements administratifs) ;
  - a *modifié* certaines règles (ex. complicité) ;
- *Quant aux peines* ; le Code :
  - a parfois conservé des principes déjà acquis, mais en les *formulant* expressément (ex. les pouvoirs du juge quant à la personnalisation de la peine) ;
  - a *élargi l'éventail des peines*, dans leur nature (ex. multiplication des peines complémentaires) et dans leur taux ;
  - a *accru les pouvoirs du juge* en matière de peines : ex. suppression des minimums (sauf des limites en matière criminelle), donc suppression des circonstances atténuantes, devenues inutiles ; suppression du caractère automatique des peines accessoires, en ce qui concerne les peines prévues par le Code lui-même, et pour la déchéance de certains droits ;
  - a modifié certaines règles (ex. concours d'infractions, sursis).

b. En ce qui concerne la définition des incriminations (droit pénal spécial : v. Mémento de *Droit pénal spécial*)

Le Code :

- a bien entendu *conservé* la plupart des incriminations du Code antérieur (ex. provocation au suicide, fraudes informatiques), et *intégré* des incriminations contenues jusque-là dans des textes extérieurs au Code (ex. trafic de stupéfiants) ;
- a opéré certaines *dépénalisations*, en supprimant des incriminations ne correspondant plus à la société d'aujourd'hui (ex. le vagabondage) ;
- a opéré certaines correctionnalisations (transformation de crimes en délits), ou contraventionnalisations (transformation de délits en contraventions) ;

– a parfois consacré des solutions élaborées par la jurisprudence (ex. la notion de recel de choses) ;
– a défini de *nouvelles incriminations*, même si les textes antérieurs permettaient de réprimer les agissements sous d'autres qualifications (ex. terrorisme) ;
– a défini des *incriminations entièrement nouvelles :* ex., à certaines conditions, la mise en danger délibérée de la personne d'autrui ; les différentes formes de harcèlement (moral, sexuel, au sein du couple).

C – Textes postérieurs aux lois du 22 juillet 1992

Certains de ces textes sont exclusivement pénaux ; d'autres contiennent des dispositions pénales, sans que ces dispositions soient leur objet principal (beaucoup de ces textes modifient le Code pénal) ; certains textes ont été par la suite intégrés dans une codification ; sur les conventions internationales, et surtout la Convention européenne de sauvegarde des droits de l'homme, *v. l'élément légal de l'infraction*.

• L. 16 déc. 1992 (dite « loi d'adaptation »), modifiant d'autres codes et d'autres textes en fonction du nouveau Code pénal, et modifiant certaines dispositions de celui-ci.

• L. 27 janv. 1993, abrogeant certaines dispositions du nouveau Code pénal.

• Décr. 29 mars 1993 (2e Partie du Code pénal, v. *supra*, et modifications de certaines dispositions de droit pénal et de procédure pénale) ; décr. 25 févr. 1994.

• L. 19 juill. 1993 (fixant l'entrée en vigueur du nouveau Code pénal).

• Entre 1992 et 2013, l'entrée en vigueur de lois pénales aux domaines plus ou moins étendus a entraîné plus de 1 200 modifications du Code pénal, sans compter les ordonnances et les textes réglementaires. Cette inflation législative est-elle bien raisonnable ?

De nombreux problèmes se posent au législateur d'aujourd'hui, sous une forme nouvelle (même si les mobiles des hommes sont permanents) : ex. évolution des mœurs, pollution, violence, prises d'otages, délinquance informatique. La loi pénale, qui doit être essentiellement *protectrice des règles*, risque de perdre en efficacité ce qu'elle gagne en étendue : si, en effet, elle accroît son domaine par la prolifération des incriminations, elle est moins efficace, par exemple du fait de la multiplication des amnisties et de l'atténuation des peines telles qu'elles sont prévues par les textes, et telles qu'elles peuvent être abaissées par les juges en vertu de ceux-ci (car l'assouplissement des règles augmente actuellement les pouvoirs du juge seulement dans le sens de l'*indulgence*). La criminalité actuelle devrait inquiéter le législateur (sur les causes de la criminalité, v. Mémento de *Criminologie et science pénitentiaire*).

Remarques :

1. La **jurisprudence pénale**, longtemps tenue strictement par les textes (*v. l'élément légal de l'infraction*), s'en émancipe de plus en plus au point de devenir aussi créatrice que la jurisprudence civile. Il est vrai que, profitant de ce que le Code pénal de 1810 ne contenait aucune prise de position philosophique, elle a souvent dû faire œuvre d'adaptation. Par ailleurs, la multiplication des sources en matière pénale, notamment internationales et de l'Union européenne, ajoutées à la nouvelle procédure de contrôle de constitutionnalité de la loi ont eu pour conséquence un accroissement sans précédent des pouvoirs du juge contraire à notre tradition juridique comme politique (selon la Constitution – v. son titre VII –, les juges n'exercent pas un pouvoir, mais constituent seulement « l'autorité judiciaire »). Il n'en reste pas moins que la jurisprudence *antérieure au Code pénal actuel* conserve évidemment toute sa valeur pour les règles qui n'ont pas été modifiées (ex. les éléments de la tentative), sans parler des solutions jurisprudentielles qui ont été intégrées dans ce Code.

2. La **procédure pénale** : v. Mémento de *Procédure pénale*.

Le **Code de procédure pénale** a remplacé en 1958 le Code d'instruction criminelle de 1808 et a été modifié par de nombreuses lois. D'autres règles de procédure sont inscrites dans le **Code de l'organisation judiciaire** (1978).

Cet ouvrage sera divisé en **deux parties** :

Première partie – **L'incrimination**.

Seconde partie – **La peine**.

Il comportera en outre **deux études complémentaires :** Le conflit de lois pénales dans le temps, et le conflit de lois pénales dans l'espace (droit pénal international), et le droit international pénal.

Première partie

L'incrimination

Définition : l'infraction est un acte ou une omission interdit par la loi (incrimination) sous menace d'une peine.
Remarques :
1. Acte ou omission : la plupart des infractions sont des actes positifs (ex. meurtre, vol) ; il arrive cependant que la loi pénale sanctionne des abstentions (ex. omission de secours à personne en péril).
2. On emploie souvent, pour désigner l'infraction, les termes de crime ou délit. Il ne faut pas oublier que ces expressions ont un sens technique bien précis, se référant à la gravité de l'infraction (v. titre 2).
3. Ont échoué les essais de définition universelle d'un délit « naturel », pouvant valoir à toute époque et en tout pays.

Titre 1
Éléments constitutifs de l'infraction

L'infraction suppose la réunion de quatre éléments constitutifs : l'élément légal, l'élément matériel, l'élément moral, l'élément injuste.

Indépendamment de ces éléments généraux, chaque infraction comporte des éléments qui sont particuliers à sa définition légale : ils sont étudiés en droit pénal spécial (v. Mémento de Droit pénal spécial). Par exemple, pour le meurtre, l'élément légal est l'article du Code pénal réprimant ce crime, l'élément matériel l'acte tendant à donner la mort à autrui, l'élément moral, l'intention de donner la mort, l'élément injuste l'absence de justification par exemple par la légitime défense.

*Mais pour toute infraction, les quatre éléments généraux doivent exister, et sont étudiés en droit pénal général : **l'élément légal, l'élément matériel, l'élément moral, l'élément injuste**. Certains auteurs ramènent à trois les éléments de l'infraction, en rattachant l'élément injuste à l'élément légal, ou à l'élément moral.*

*Même si tous les éléments de l'infraction sont réunis, il arrive qu'une **immunité légale** fasse obstacle aux poursuites :*

*– **immunités familiales**, ex. pour les vols (art. 311-12 C. pén.) et d'autres infractions entre certains parents ou conjoints (ex. escroquerie : art. 313-3), pour la non-révélation d'infractions commises par certains parents ou conjoints ou concubins (art. 434-1 C. pén.) ;*

*– **immunité des plaideurs**, pour les discours et écrits devant les tribunaux, constituant une diffamation ou une injure ; de même pour les comptes rendus judiciaires (L. 29 juill. 1881, art. 41 al. 4) ;*

*– **immunité du président de la République**. Art. 67 Constitution (L. const. 23 févr. 2007). **Pendant son mandat**, seule la responsabilité politique du président de la République peut être engagée, à l'issue d'une procédure de nature parlementaire, pour manquement à ses devoirs manifestement incompatible avec l'exercice de son mandat : il peut être destitué par le parlement constitué en Haute cour (art. 68). **Pour les autres actes** (ceux antérieurs à son mandat, ou ceux accomplis pendant son mandat mais pas en sa qualité de président de la République), s'ils sont délictueux, les poursuites sont suspendues, mais pourront être reprises ou engagées contre lui à l'expiration d'un mois après la cessation de ses fonctions (art. 67). Il ne peut, durant son mandat et devant aucune juridiction ou autorité administrative française, faire l'objet d'une action, d'un acte d'information, d'instruction ou de poursuites ; tout délai de prescription est donc suspendu.*

– ***immunité parlementaire (L. 29 juill. 1881, art. 41, al. 1 à 3)****, pour les propos devant les assemblées, constituant une diffamation ou une injure (il faut distinguer cette immunité, de fond, de l'immunité de procédure ou inviolabilité, qui peut être levée, v. Mémento de Procédure pénale) ; immunité des* **parlementaires européens** *(protocole 8 avr. 1965) ; immunité du* **défenseur des droits** *(anciennement appelé médiateur de la République), pour les opinions et actes dans l'exercice de ses fonctions (L. org. 29 mars 2011, art. 2) ;*
– ***immunité de juridiction pour les chefs d'État étrangers*** *en exercice (coutume internationale), sauf convention internationale (ex. pour les poursuites pour crimes de guerre et pour crimes contre l'humanité, devant les juridictions pénales internationales, Tribunal pénal international, Cour pénale internationale) : v. étude complémentaire 2.*
– ***immunité diplomatique****, pour les infractions commises par les représentants d'un État étranger (v. Convention de Vienne, 1961 et 1963) ; mais cette immunité ne joue pas pour un Français agent diplomatique à l'étranger. V. aussi l'immunité de certains agents (ex. Unesco, Conseil de l'Europe, Cour européenne des droits de l'homme, OIPC [Interpol], OCDE). V. l'immunité des États étrangers et de leurs organes, à propos du naufrage de l'Érika : v. étude complémentaire 2.*
– immunité pour l'étranger entré irrégulièrement en France s'il est réfugié politique (art. 31 Convention de Genève, 1951).

Chapitre 1
L'élément légal

L'essentiel

Le principe est celui de la ***légalité des incriminations*** *et des peines (section 1). Article 111-3 C. pén. : « Nul ne peut être puni pour un crime ou pour un délit dont les éléments ne sont pas définis par la loi, ou pour une contravention dont les éléments ne sont pas définis par le règlement « (al. 1) ; « Nul ne peut être puni d'une peine qui n'est pas prévue par la loi, si l'infraction est un crime ou un délit, ou par le règlement, si l'infraction est une contravention » (al. 2). V. aussi, art. 7, § 1, Conv. EDH : « Nul ne peut être condamné pour une action ou une omission qui, au moment où elle a été commise, ne constituait pas une infraction d'après le droit national ou international. De même il n'est infligé aucune peine plus forte que celle qui était applicable au moment où l'infraction a été commise » ; art. 49, § 1, Charte des droits fondamentaux de l'Union européenne : « Nul ne peut être condamné pour une action ou une omission qui, au moment où elle a été commise, ne constituait pas une infraction d'après le droit national ou le droit international. De même, il n'est infligé aucune peine plus forte que celle qui était applicable au moment où l'infraction a été commise. Si, postérieurement à cette infraction, la loi prévoit une peine plus légère, celle-ci doit être appliquée ».*
Il faut aussi préciser la notion de ***loi****, source de droit pénal (section 2).*

Section 1 – Le principe de légalité

Ce principe emporte trois conséquences.

- **Ni infraction, ni peine, sans texte légal** (loi, pour les crimes et délits, ou règlement, pour les contraventions, preuve d'une dégénérescence du principe de légalité en principe de « textualité » : la loi *stricto sensu* n'est plus la seule source du droit pénal) : § 1.
- **Interprétation stricte** de la loi pénale : § 2.
- **Non-rétroactivité** de la loi pénale ; cette question de l'application de la loi pénale *dans le temps* sera étudiée à la fin de l'ouvrage, dans *l'étude complémentaire 1.*

Pour l'application de la loi pénale dans l'espace (principe de **territorialité** de la loi pénale), *v. cette question, étude complémentaire 2.*

§ 1 – Ni infraction, ni peine, sans texte légal

(Nullum crimen, nulla pœna sine lege)

I - Sens du principe

Le juge ne peut créer de nouvelle incrimination (ou peine) ; seuls peuvent le faire la loi pour les crimes et les délits, le règlement pour les contraventions ; le juge ne peut compléter une loi insuffisante ni appliquer une sanction autre que celle prévue.

A - Avantage

Ce principe a une double explication : d'une part, étant seul dépositaire de la volonté générale (v. art. 6 DDHC), le législateur est le seul à avoir la **légitimité politique** pour tracer les limites entre le permis et l'interdit sous la menace d'une sanction aussi grave que la sanction pénale (le juge, élu par personne, est là pour appliquer la loi, qu'elle lui plaise ou non) ; d'autre part, il faut protéger le citoyen contre **l'arbitraire**, afin de sauvegarder les **libertés individuelles** telles qu'elles doivent être conçues dans un État de droit.

B - Inconvénient

Le Code devient en quelque sorte une garantie pour les auteurs d'actes nuisibles ou dangereux : ils échapperont à toute répression dès lors qu'ils sauront se tenir en dehors des qualifications pénales ; on a pu dire que le Code pénal était « *La grande charte des malfaiteurs* ». En effet, un texte nouveau est nécessaire pour incriminer un fait non prévu, et ce texte ne sera pas rétroactif (ex. ont été créées les incriminations de filouteries, car ces faits ne pouvaient être qualifiés ni vol, ni escroquerie, ni abus de confiance).

Cet inconvénient explique que les systèmes soucieux de favoriser la répression écartent, ou au moins assouplissent, la règle de légalité. *Mais mieux vaut cent coupables en liberté, qu'un seul innocent en prison* (cf., en procédure pénale, la présomption d'innocence).

II - Portée du principe

A - Application rigoureuse

Une application de la règle (comme à l'époque révolutionnaire) conduit à priver le juge de tout pouvoir, pour l'incrimination comme pour la peine.

B - Application souple

Une application plus souple est préférée aujourd'hui, ce qui manifeste un **déclin du principe**.

• *Incriminations* : la loi (ou même, on l'a vu, pour les contraventions, le règlement) détermine toujours les incriminations. Il n'y a pas d'infraction punissable si les éléments n'en sont pas définis en termes clairs et précis. Parfois cependant la loi use de formules larges (ex. « tout acte », « d'une manière quelconque »), qui portent atteinte au principe de légalité.

• Le **Conseil constitutionnel** affirme qu'il résulte de l'article 34 de la Constitution, ainsi que du principe de la légalité des délits et des peines posé par l'article 8 de la Déclaration des droits de l'homme et du citoyen, la nécessité pour le législateur de fixer lui-même le champ d'application de la loi pénale, de définir les crimes et délits en termes suffisamment clairs et précis pour **exclure l'arbitraire** (v. par ex. Cons. const., 20 janv. 1981, n° 80-127 DC ; 25 févr. 2010, n° 2010-604 DC ; 9 déc. 2011, n° 2011-204 QPC. Pour des exemples de censure, en raison d'une définition trop imprécise d'un délit, v. Cons. const., 16 sept. 2011, n° 2011-163 QPC et 17 févr. 2012, n° 2011-222 QPC : notion d'inceste en matière d'agression et d'atteinte sexuelles ; 4 mai 2012, n° 2012-240 QPC : harcèlement sexuel). Mais si l'objectif de clarté et d'intelligibilité de la loi a ainsi valeur constitutionnelle, le conseil approuve des textes au motif que l'infraction y est définie dans des conditions qui permettent au juge de se prononcer sans que son **interprétation** puisse encourir la critique d'être arbitraire (Cons. const., 13 janv. 2011, n° 2010-85 QPC). Dans ce prolongement, la chambre criminelle de la Cour de cassation refuse donc de transmettre des questions prioritaires de constitutionnalité (sur cette procédure, v. *infra*) qui contestent l'imprécision d'une incrimination, au motif que le texte est rédigé en des termes suffisamment clairs et précis pour permettre leur interprétation, entrant dans l'office du juge pénal, sans risque d'arbitraire (Crim., 27 mars 2013, *Bull. crim.* n° 71 ; 25 févr. 2014, n° 13-90039). La conformité d'un texte à l'exigence constitutionnelle de précision et de clarté dépend donc de cette fixation d'une limite au-delà de laquelle apparaîtrait l'arbitraire : or la détermination de cette limite pourrait bien être arbitraire…

• La **Cour européenne des droits de l'homme** juge également que l'article 7, § 1 de la Convention de sauvegarde des droits de l'homme et des libertés fondamentales, qui n'évoque que l'application dans le temps de la loi pénale (v. son texte reproduit *supra*), consacre, plus largement, le principe de la légalité des délits et des peines précité (CEDH, 25 mai 1993, *Kokkinakis*). Elle en conclut que la loi doit définir clairement les infractions et les peines qui les répriment (v. par ex. CEDH, 29 mars 2006, *Achour* ; 29 oct. 2013, *Varvara*), afin d'exclure les poursuites, les condamnations et les sanctions **arbitraires** (v. par ex. CEDH, 22 nov. 1995, 2 arrêts, *S. W.* et *C. R.*). Mais elle considère, à son tour, que cette exigence se trouve remplie lorsque le justiciable, à partir du libellé du texte en cause, peut savoir à l'aide de **l'interprétation jurisprudentielle** qui en est donnée, quels actes et omissions engagent sa responsabilité pénale (v. par ex. CEDH, 15 nov. 1996, *Cantoni*).

• **Ces pouvoirs du juge modifient profondément la portée et la signification du principe de la légalité criminelle** : là où la légalité criminelle strictement entendue vise à garantir au citoyen la *certitude* quant aux comportements qui l'exposent à une peine (la loi le dit clairement et *par avance*), on se contente désormais d'une détermination plus floue de la limite entre l'interdit et le permis, non exclusive du *doute* – pour la Cour EDH, le fait que la rédaction d'un texte suscite des « doutes à propos de cas limites » n'est pas incompatible avec l'art. 7, pour autant que ce texte soit suffisamment clair « dans la grande majorité des cas » : v. l'affaire Cantoni, préc. (le juge le *dira le moment venu*). On peut juger que ce n'est pas un progrès, mais une régression car **la sécurité juridique est directement affectée**.

• *Peines* : la loi détermine toujours la *sanction*, mais *le juge* dispose de pouvoirs si considérables que le principe *nulla pœna sine lege* en est ébranlé, dans le dessein de personnalisation (on a longtemps dit individualisation) de la peine (ex. dispense de peine, possibilité d'abaisser la peine au-dessous du taux prévu, réduction de peine, libération conditionnelle).

Ces pouvoirs, toutefois, qui comportent un risque d'arbitraire :

– sont toujours accordés dans le sens de *l'indulgence ;*
– restent toujours soumis aux *limites légales :* on peut considérer que cela sauvegarde le principe.

C – Exception au principe

Selon le § 2 de l'article 7, Conv. EDH, il est possible de réprimer pénalement une action ou une omission qui, au moment où elle a été commise, « était criminelle d'après les principes généraux de droit reconnus par les nations civilisées » (il faut comprendre qu'il s'agit de la nôtre). Cet héritage de la Seconde Guerre mondiale (condamnations des criminels nazis sur le fondement d'incriminations – crime contre l'humanité – créées pour les juger) a donc pour conséquence qu'**il peut exister un crime sans loi.** C'est une violation manifeste du principe de la légalité criminelle (v. CEDH, 24 juill. 2008 et CEDH gd. ch. 17 mai 2010, *Kononov*).

§ 2 – Interprétation stricte de la loi pénale

La loi doit être générale : elle ne peut prévoir tous les cas particuliers ; il faut donc l'interpréter, c'est-à-dire en préciser le sens pour l'appliquer exactement.

Le principe en droit pénal est celui de l'interprétation stricte (corollaire du principe *nullum crimen*) : art. 111-4 C. pén. ; *pœnalia sunt restringenda*.

I – Sens du principe

Le juge, qui ne peut créer de nouvelles incriminations, ne peut davantage élargir les incriminations existantes. « En matière criminelle, disait Portalis, il faut des lois précises et point de jurisprudence ». Le juge pénal doit s'en tenir à la loi, sans pouvoir étendre le texte légal à un cas non prévu.

II – Portée du principe

A – Application absolue

On peut concevoir l'application absolue du principe, le juge étant réduit au rôle d'un automate : c'est en réalité impossible.

B – Pouvoir d'appréciation du juge

Force est bien de reconnaître par conséquent au juge un certain **pouvoir d'appréciation** (*cf.* la méthode « *téléologique* », consistant à rechercher le but de la loi).

• Dans le cas d'un *texte absurde* (la loi a manifestement dit le contraire de ce qu'elle voulait dire) : on autorise le juge à ne pas s'en tenir à la lettre du texte.

• Dans le cas d'un *texte obscur*, susceptible de plusieurs interprétations : le juge ne doit pas choisir automatiquement le sens le plus rigoureux ou le plus favorable à la personne poursuivie :

– il doit rechercher le sens véritable du texte (travaux préparatoires) ;
– s'il n'y parvient pas, et seulement dans ce cas, il retiendra l'interprétation la plus favorable à l'accusé.

• Dans le cas d'un *texte précis :* le juge n'a en principe pas de pouvoir d'appréciation pour étendre ce texte à un cas non prévu : c'est la **prohibition en matière pénale du raisonnement par analogie**, admis en droit civil ; on a cité plus haut l'exemple des lois ayant dû réprimer les *filouteries* (d'aliments, de transport, de logement, de carburant), auxquelles ne pouvaient s'appliquer les textes sur le vol, l'escroquerie, l'abus de confiance (elles sont aujourd'hui visées par le Code pénal, art. 313-5). La Cour européenne des droits de l'homme prohibe également, sur le fondement de l'article 7, § 1 Conv. EDH, le raisonnement par analogie (v. par ex. les affaires *Kokkinakis* et *Achour*, préc.). On rappellera que les systèmes étrangers qui, dans l'histoire, ont admis le raisonnement par analogie en matière pénale ont mis en péril les libertés individuelles.

Cependant :

• Les *transformations techniques* obligent parfois le juge pénal à appliquer un texte à des hypothèses que la loi ne pouvait prévoir (ex. dès avant 1972 qui en a étendu le champ, la loi de 1881 sur la diffamation a été appliquée à la radio, au cinéma, au disque, à la télévision ; vol d'électricité admis par la jurisprudence, v. aujourd'hui le délit spécial de l'art. 311-2 C. pén.).

• La jurisprudence a interprété largement certaines qualifications : ex. on a retenu la qualification de voies de fait pour les appels téléphoniques intempestifs (aujourd'hui spécialement incriminés par le Code, art. 222-16) ; celle de *recel*, pour le simple passager sachant qu'il est dans une voiture volée (notion large consacrée depuis par le Code, art. 321-1).

• Des notions définies par *d'autres branches du droit* ont été étendues : ex. répression des infractions de chèque, même si le chèque est nul au point de vue du droit commercial (théorie de l'apparence).

• Le raisonnement par analogie peut être utilisé pour l'interprétation des lois prévoyant une règle générale **favorable** à la personne poursuivie (v. par ex. Crim., 28 juill. 1881, DP 1882.1.95 étendant le domaine de la contrainte aux contraventions, alors que l'art. 64 anc. C. pén. ne visait que les crimes et délits).

• On a vu que le pouvoir d'interprétation du juge est invoqué par le Conseil constitutionnel et la Cour européenne des droits de l'homme pour entériner des textes qui ne présentent pas toutes les conditions de précision en principe requises (v. *supra*, § 1) : la solution est pour le moins paradoxale puisque la règle de l'interprétation stricte, de simple conséquence du principe de la légalité criminelle qu'elle devrait être, devient alors **l'instrument de sa fragilisation** (pour un ex. de ce retournement, v. Cons. const., 16 juill. 1996, n° 96-377 DC : validation d'un texte au motif qu'il incrimine un comportement dans des conditions permettant au juge de se prononcer sans que son appréciation puisse encourir la critique d'arbitraire, *puisque le principe de la légalité lui impose d'interpréter strictement la loi pénale*). En réalité, cette évolution ne peut se comprendre que si l'on en tire la conclusion qui s'impose : **la jurisprudence est désormais une source de droit qui concurrence la loi** (v. *infra* section 2).

Section 2 – La notion de loi, source du droit pénal

Un droit pénal légal suppose **un droit pénal écrit**. La violation d'un **usage** ne constitue donc pas une infraction (sauf si la loi y fait renvoi – pour les usages pouvant constituer une cause de justification, v. *les faits justificatifs* –, ou si les juges s'y reportent pour interpréter un terme de la loi : ainsi de la référence aux usages professionnels pour savoir si une marchandise a fait l'objet d'une falsification) ; la *coutume internationale* ne peut pallier l'absence d'un texte d'incrimination – mais elle peut jouer un rôle en procédure, ex. pour l'immunité de juridiction des chefs d'État étrangers en exercice (v. *supra*, cette question, et *infra*, étude complémentaire 2). **Les principes généraux du droit** sont de plus en plus souvent invoqués par la chambre criminelle (ex. toute infraction suppose que son auteur ait agi avec intelligence et volonté), comme par le Conseil constitutionnel (v. Cons. const., 13 mars 2003, n° 2003-467 DC, visant « les principes généraux du droit pénal énoncés aux articles 121-3 et 122-3 du code pénal, qui précisent respectivement qu'« Il n'y a point de délit sans intention de le commettre » et que « N'est pas pénalement responsable la personne qui justifie avoir cru, par une erreur sur le droit qu'elle n'était pas en mesure d'éviter, pouvoir légitimement accomplir l'acte ») ; mais ils sont souvent inférés à partir des textes. Quant aux **circulaires**, *elles* ne sont pas source de droit pénal, sauf exception, ex. en période de contrôle des changes ; elles pourraient toutefois, dans le sens de l'exonération de la responsabilité, être la source d'une erreur de droit (v. cette question).

Au point de vue du principe de légalité, constituent des « lois » au sens large de source du droit pénal :

1. Le Code pénal et les lois en vigueur extérieures au Code

2. Les traités internationaux

Ils ont une autorité supérieure à celle de la loi interne (art. 55 Const.), sauf pour les dispositions législatives de valeur constitutionnelle. Il appartient au juge judiciaire de faire respecter cette hiérarchie en exerçant un **contrôle de conventionnalité**. Le juge en retire le pouvoir d'écarter l'application d'une loi interne non conforme à la convention considérée, alors qu'il ne pourrait pas le faire pour une loi non conforme à la Constitution (le juge judiciaire n'est pas juge de la constitutionnalité des lois : sur le contrôle de la constitutionnalité, *v. infra* 4).

Mais la violation d'une convention internationale ne peut être *sanctionnée pénalement* que si une *loi interne* a prévu une sanction pénale en référence aux obligations issues pour la France de cette convention (« *intégration par référence* » : v. par ex. C. envir., art. L. 218-14, réprimant « le fait, pour tout capitaine de jeter à la mer des substances nuisibles transportées en colis en infraction aux dispositions de la règle 7 de l'annexe III de la convention Marpol »).

Il faut développer plus spécialement le droit de l'Union européenne et le droit issu de la Convention de sauvegarde des droits de l'homme et des libertés fondamentales.

a. Le droit de l'Union européenne

Pour l'*Union européenne (UE) – auparavant Communauté économique européenne (CEE)* –, en cas de difficulté d'interprétation du traité, la juridiction compétente est alors la Cour de justice de l'UE (CJUE).

Le droit de l'UE constitue un ordre juridique propre qui, en application du principe de sa primauté, prévaut sur le droit français (CJCE, 15 juill. 1964, Costa c/ Enel ; Cass. ch. mixte, 24 mai 1975, D. 1975. 497, concl. Touffait). Il faut distinguer le pouvoir de neutralisation du droit de l'UE, de son pouvoir créateur.

• Le juge pénal français **doit écarter le texte pénal de droit interne s'il méconnaît une disposition du droit de l'UE**, en étant contraire à un *objectif* poursuivi par l'Union (par ex. la libre circulation des marchandises : Crim., 16 juin 1986, *Bull. crim.* n° 206) ou incompatible avec un *règlement* ou une *directive* européens (v. par ex. Crim. 7 janv. 1972, *Bull. crim.* n° 1 ; 21 févr. 1994, *Bull. crim.* n° 74). Dans ces cas, le juge français n'abroge pas le texte d'incrimination, qui est seulement **neutralisé** par le droit de l'UE : ce texte, toujours en vigueur, peut donc s'appliquer toutes les fois qu'il n'entre pas en contradiction avec lui.

• À l'origine la création de normes de droit pénal ne relevait pas de la compétence de la Communauté, les États n'ayant pas voulu renoncer, ici, à leur souveraineté. En conséquence, la sanction pénale ne pouvait intervenir, pour les *règlements* de l'UE, que si le droit interne réprimait la violation d'un « règlement » (la jurisprudence refusant en effet de distinguer entre règlement d'origine française et règlement d'origine européenne), ou renvoyait au règlement communautaire pour en incriminer la violation (« *intégration par référence* »). Mais la CJCE (aujourd'hui CJUE), par un arrêt que d'aucuns ont qualifié de « coup d'État », avait affirmé que, dans les domaines qui relevaient de la compétence communautaire (en l'occurrence, en matière environnementale), le législateur communautaire pouvait imposer le recours à des sanctions pénales aux autorités nationales lorsqu'il en allait de la pleine effectivité des normes qu'il édicte (CJCE, 13 sept. 2005, *D.* 2005. 3064, note Monjal). Désormais, après le Traité de Lisbonne, et en application de l'article 83, § 1 du Traité sur le fonctionnement de l'UE (TFUE), cette audace (« *communautarisation du droit pénal* ») est ratifiée : des **directives** peuvent établir des règles minimales relatives à la définition des infractions pénales et à leurs sanctions. Ces règles s'appliquent à certaines formes de criminalité telles que le terrorisme, la traite des êtres humains et l'exploitation sexuelle des femmes et des enfants, le trafic illicite d'armes, le blanchiment d'argent, la corruption, la contrefaçon de moyens de paiement, la criminalité informatique et la criminalité organisée. Ainsi de la directive 2013/40/UE du Parlement européen et du Conseil du 12 août 2013 qui, pour rapprocher le droit pénal des États membres de l'UE, fixe des règles minimales pour la définition des infractions pénales et leurs sanctions en matière d'attaques contre les systèmes d'information. Mais il revient aux États membres de *transposer ces directives* dans leur ordre juridique propre, et c'est le texte de transposition qui fera apparaître l'infraction.

b. La Convention de sauvegarde des droits de l'homme et des libertés fondamentales

Elle est dite le plus souvent *Convention européenne des droits de l'homme* (elle sera citée : Conv. EDH) ; la juridiction saisie est la Cour européenne des droits de l'homme (elle sera citée : Cour EDH).

La Convention ne constitue pas une source d'incrimination, mais est souvent invoquée par les personnes poursuivies pour **neutraliser** l'application de la loi interne ; la chambre criminelle a décidé que certaines règles pénales internes n'étaient pas contraires à la Convention ; ex. la liberté d'opinion ne dispense pas du paiement des impôts ; il en est de même pour la procédure pénale (limitations des pièces que peut consulter l'avocat assistant une personne placée en garde à vue : Crim. 19 sept. 2012, *Bull. crim.* n° 194).

Si, au contraire, un texte de droit pénal français est contraire à la Conv. EDH (ou à la jurisprudence de la Cour EDH qui s'impose à lui), le juge français **doit** décider qu'il ne s'applique pas : si le texte n'est pas abrogé, tout se passe néanmoins comme s'il l'était puisque le juge refusera systématiquement de l'appliquer (v. par ex. Crim., 16 janv. 2001, *Bull. crim.* n° 10 ; 4 sept. 2001, *Bull. crim.* n° 170). Aussi, le législateur, tirant les conclusions de la situation, rectifiera le texte pour le rendre compatible avec la Conv. EDH, ou l'abrogera purement et simplement.

3. Certains actes du pouvoir exécutif

a. Nature des actes

Le législateur renonce donc lui-même à la « légalité » au sens strict, dont le principe décline alors. Certains auteurs préfèrent évoquer en conséquence un « **principe de textualité** ».

- *Décisions présidentielles et ordonnances ayant valeur de loi.*
- *Ordonnances du président de la République* sur autorisation du Parlement (ex. les codifications à droit constant en 2000).
- *Décrets pris en Conseil d'État* (art. R... C. pén.), pour les **contraventions (incrimination** et **peine**).
- *Décrets, arrêtés ministériels, préfectoraux et municipaux.*

La violation des interdictions ou le manquement aux obligations édictées par les **décrets et arrêtés de police** constitue une **contravention** de 1re classe : **art. R. 610-5 C. pén.** Mais cette sanction suppose des *textes visant à assurer le bon ordre, la sécurité ou la salubrité ou la tranquillité.*

L'article R. 610-5 ne s'applique pas lorsque la méconnaissance d'un décret ou d'un arrêté de police est sanctionnée par un texte spécial (pour le retrait de points du permis, *v. infra*).

Donc, pour les contraventions, le principe de légalité s'exprime ainsi : « Pas d'infraction, pas de peine, sans règlement ».

L'annulation par la juridiction administrative d'un acte administratif prive de base légale la poursuite engagée pour la violation de cet acte (Crim., 21 nov. 2007, *Bull. crim.* n° 290).

b. Pouvoirs du juge pénal : appréciation de la légalité de l'acte administratif

L'acte administratif doit être légal, pour les actes visés en *2* (jusqu'à ratification), en *3* et en *4*.

• Selon la jurisprudence, l'*exception d'illégalité* doit être soulevée *avant toute défense au fond* ; mais le juge peut aussi déclarer *d'office* cette illégalité.

• Le juge pénal apprécie la légalité de l'acte administratif, **réglementaire ou individuel, lorsque, de cet examen, dépend la solution du procès pénal ; il interprète cet acte (art. 111-5 C. pén.)**.

• Ce pouvoir du juge pénal existe même pour des actes administratifs *individuels* ; ex. jurisprudentiels : arrêté d'expulsion, d'assignation à résidence, de reconduite à la frontière. Mais le texte suppose un acte *réglementaire* : il ne vise pas les actes *contractuels* (ex. contrat administratif dans une escroquerie ; toutefois, le juge pénal peut, pour caractériser les éléments de l'infraction, se prononcer sur la validité du contrat).

• Ce pouvoir existe non seulement à l'égard des actes *pénalement sanctionnés*, mais aussi pour des actes constituant des *faits justificatifs*, puisque la solution du procès pénal peut dépendre de ces actes. La chambre criminelle a jugé que le texte ne vise pas le fondement légal de mesures comme le retrait de points du permis, qui ne constitue pas une sanction pénale, mais que, dans le cas de perte totale des points, invalidant le permis, et de refus de restituer celui-ci, le juge pénal peut apprécier la conformité du texte à la Conv. EDH.

• Le juge pénal peut donc apprécier la valeur de l'acte du point de vue de sa conformité à la loi :
- quant au *pouvoir compétent*, à la *forme* et à la *publicité* de l'acte ;
- quant *au fond*, ex. *détournement de pouvoir* (ex. décret punissant la violation d'une décision émanant d'une personne privée) ; *texte trop vague* : ex. arrêté préfectoral de suspension de permis pour excès de vitesse, ne précisant pas cette vitesse ; arrêté municipal édictant une interdiction générale et absolue, ex. vente ambulante de glaces aux endroits et heures les plus favorables ; arrêté municipal soumettant l'exercice d'une profession à l'autorisation discrétionnaire du maire.

Ex. d'arrêté légal : interdiction de la planche à roulette en dehors de l'espace aménagé.

• Le pouvoir du juge pénal s'exerce aussi en cas d'**erreur manifeste d'appréciation** par l'autorité administrative (Crim., 21 oct. 1987, *D.* 1988. 58, note Kehrig : arrêté d'expulsion, comportant une erreur sur la menace pour l'ordre public constituée par la présence d'un étranger).

• Mais les pouvoirs du juge pénal ont des limites :
- le juge ne peut apprécier *l'opportunité* de l'acte.
- le juge ne peut annuler l'acte *irrégulier*. Il peut seulement refuser d'en faire application dans l'espèce qui lui est soumise. Le texte, par conséquent toujours en vigueur, continue de pouvoir fonder d'autres poursuites.

4. La Constitution

Plusieurs dispositions constitutionnelles sont relatives à la matière pénale, qu'il s'agisse des articles de la Constitution elle-même (v. par ex. pour la responsabilité pénale des membres du gouvernement, art. 68-1) ou, plus fréquemment et spécialement, des articles de la Déclaration des droits de l'homme et du citoyen (elle sera citée : DDHC) faisant partie du « bloc de constitutionnalité » : ainsi l'article 7 dispose-t-il que « Nul homme ne peut être accusé, arrêté ni détenu que dans les cas déterminés par la Loi », tandis que l'article 8 précise que « La Loi ne doit établir que des peines strictement et évidemment nécessaires, et nul ne peut être puni qu'en vertu d'une Loi établie et promulguée antérieurement au délit, et légalement appliquée ». Sur le fondement notamment de ces textes, le Conseil constitutionnel a forgé les principes du droit pénal constitutionnel : principe de la légalité criminelle (v. *supra*, section 1), principe de nécessité des peines, de proportionnalité des peines, d'individualisation des peines, caractère intentionnel de principe des infractions d'une certaine gravité, etc.

Les textes pénaux doivent donc être conformes à ces dispositions constitutionnelles. **Mais le contrôle de constitutionnalité est réservé au Conseil constitutionnel.**

Le juge pénal n'a donc *pas le pouvoir* d'apprécier la **constitutionnalité :**

- *d'un traité international* ; mais il peut *l'interpréter.*
- *d'une loi ou d'un règlement*, sauf pour les règlements dits *autonomes*, par opposition aux règlements d'application d'une loi, subordonnés à elle.

Toutefois, comme le juge doit écarter une loi interne contraire à une convention internationale (v. *supra* 2), il pourra le faire notamment si le texte est contraire à la Conv. EDH, qui contient plusieurs principes consacrés par la Constitution : le contrôle de conventionnalité lui donne donc des pouvoirs dont l'impossibilité d'effectuer un contrôle de constitutionnalité le prive.

Cette absence de pouvoir du juge judiciaire n'a pas été démentie par la loi constitutionnelle du 23 juillet 2008, qui, en ajoutant un article 61-1 à la Constitution, a consacré une nouvelle possibilité de saisine du Conseil constitutionnel.

À côté du contrôle *a priori*, a pris place à cette date un contrôle de la loi « *a posteriori* » grâce à la procédure de la **question prioritaire de constitutionnalité** (QPC). Ce contrôle permet aux parties, à l'occasion d'une instance en cours, de soulever l'inconstitutionnalité d'une disposition législative portant atteinte aux droits et libertés que la constitution garantit. Or, pour l'ordre judiciaire, c'est à la Cour de cassation qu'il appartient de transmettre, ou de refuser de le faire, la question prioritaire soulevée devant la juridiction du fond selon qu'elle est nouvelle ou sérieuse (art. 23-1, ord. 7 nov. 1958) : indirectement, la chambre criminelle est donc chargée de procéder à une appréciation de la constitutionnalité du texte attaqué, même si le contrôle proprement dit, lui, est réservé au Conseil constitutionnel. Si le texte est considéré contraire aux principes du droit pénal constitutionnel, le conseil a le pouvoir de l'**abroger**, immédiatement ou à une date différée (art. 62, al. 2 Const.). Sur la procédure, v. Memento de procédure pénale.

Cette procédure nouvelle a été à l'origine de difficultés tenant à sa compatibilité avec le contrôle de conventionnalité auquel le juge, on l'a vu, doit procéder : le caractère prioritaire de la question de constitutionnalité pourrait paralyser le contrôle de conventionnalité et, spécialement, remettre en cause la primauté du droit de l'UE (Cass. 16 avr. 2010, QPC, n° 10-40.002 ; Cons. const. 12 mai 2010, n° 2010-605 DC ; CJUE 22 juin 2010, *Aziz Melki et Sélim Abdeli, C-188/10 et C-189/10*).

5. Les normes jurisprudentielles

• Dans la tradition juridique française, la jurisprudence n'est évidemment pas une source de droit, notamment pénal, à peine de confondre la règle et la décision. Mais certaines juridictions, en raison de leur fonction particulière, ont reçu mission, lorsqu'elles contrôlent l'application des normes relevant de leur compétence, de poser des principes ou des interprétations qui ont une autorité équivalente à celle de la loi ; on évoque souvent pour en rendre compte l'*autorité de la chose interprétée* : l'interprétation d'un texte – article de droit français par le Conseil constitutionnel, article de la Conv. EDH par la Cour EDH, article du droit de l'UE par la CJUE – s'intègre à ce texte et a la même force juridique que lui. Dès lors, ces principes et interprétations s'imposent non seulement aux juridictions, mais au législateur lui-même. Le Conseil constitutionnel a même, on l'a vu, le pouvoir d'abroger une loi. Ce pouvoir jurisprudentiel se développe à partir de textes vagues, de portée très générale (articles de la DDHC, articles de la Conv. EDH, spécialement), si bien que parler d'interprétation sacrifie à la litote : le Conseil constitutionnel, la Cour EDH, la CJUE en réalité **créent** elles-mêmes la règle de toutes pièces. Mais les juges qui exercent ce pouvoir exorbitant ne sont élus par personne, si bien qu'ils n'ont pas la légitimité du législateur, seul en charge d'exprimer la volonté générale (art. 6 DDHC). Révolution juridique, le pouvoir créateur du juge est donc, aussi, une révolution politique : la loi est désacralisée. Sans doute invoque-t-on qu'il est sain de contrôler le législateur : mais qui contrôle les contrôleurs (cf. la phrase du Doyen Carbonnier, qui, comparant la Cour EDH à un fleuve sorti de son lit, remarquait que plus personne ne savait comment l'y faire rentrer) ? – sans parler de la compétence juridique des contrôleurs : à l'étranger, la composition du Conseil constitutionnel français suscite incrédulité et amusement…

• En outre, ces instances ont elles-mêmes promu la jurisprudence, dans leur décision, au rang d'une source de droit : ainsi, lorsque le Conseil constitutionnel apprécie la constitutionnalité d'un texte, il le fait, notamment, à la lumière des interprétations jurisprudentielles de ce texte. Ainsi encore, la Cour EDH a-t-elle dû tenir compte des cultures juridiques différentes des États signataires de la Conv. EDH (v. CEDH, 26 avr. 1979, *Sunday Times* à propos de la *common law*), pour affirmer que **la notion de « droit » utilisée à l'article 7 englobe le droit d'origine tant législative que jurisprudentielle** (CEDH, 22 nov. 1995, 2 arrêts, *S. W.* et *C. R.*) ; aussi n'est-il pas étonnant qu'elle ait affirmé, au motif que l'interprétation judiciaire est inévitable, qu'il revient à la jurisprudence, « en tant que source du droit », de contribuer à l'évolution progressive du droit pénal (v. par ex. CEDH, 29 oct. 2013, *Varvara*). La Cour EDH prétend, non sans audace, que ce rôle créateur de la jurisprudence, en tant que source du droit, est une tradition juridique solidement établie des États parties à la Conv. EDH (v. par ex. CEDH, 18 avr. 2013, *Rohlena*) : s'agissant de la France, il faut que les juges européens relisent Portalis.

Un tel rôle dévolu à la jurisprudence menace évidemment la sécurité juridique en matière pénale au regard de l'acception strictement légale de la légalité criminelle. Aussi, s'agissant de la Cour EDH, a-t-elle voulu que les évolutions jurisprudentielles soient raisonnablement prévisibles (v. par ex. CEDH, 22 mars 2001, *Streletz, Kessler et Krenz*) – le changement de législation, lui, peut ne pas l'être. Mais cette garantie est fragile puisque la Cour EDH concède que la prévisibilité est une notion relative et ne s'oppose pas à ce que le citoyen « soit amené à recourir à des conseils éclairés pour évaluer, à un degré raisonnable dans les circonstances de la cause, les conséquences pouvant résulter d'un acte déterminé », les professionnels, notamment, devant, plus que les autres, mesurer le risque pénal auquel ils s'exposent (v. par ex. CEDH, 10 oct. 2006, *Pessino*), surtout s'il n'y a pas de précédent jurisprudentiel (CEDH, 6 oct. 2011, *Soros*). À cela s'ajoute que, parfois, la Cour EDH évalue cette prévisibilité selon des critères singulièrement aléatoires : c'est ainsi qu'un citoyen britannique devait s'attendre à ce qu'un jour, les juridictions pénales de son pays finiraient par réprimer le viol entre époux en raison de son caractère si manifestement avilissant ; la Cour EDH a donc jugé que le revirement de jurisprudence intervenu ne fut pas arbitraire, d'autant plus que cette solution est « conforme non seulement à une notion civilisée du mariage mais encore et surtout aux objectifs fondamentaux de la Convention dont l'essence même est le respect de la dignité et de la liberté humaines » (affaires *S. W. et C. R.* préc. ; sur l'extension aux revirements de jurisprudence des règles du conflit de lois pénales dans le temps, v. étude complémentaire 1). Il doit être possible de considérer que de telles solutions ne consacrent pas un progrès de la légalité criminelle ; et rejeter la légalité criminelle dans son acception strictement légale au motif qu'elle serait « d'une rigidité excessive » (v. affaire *Sunday Times*, préc.) peut ne pas convaincre au regard de l'impératif de protection des libertés individuelles.

Pour aller plus loin

Bibliographie

- B. Bouloc, *Droit pénal général, 23e éd., coll. « Précis », Dalloz, 2013.*
- J.-P. Delmas Saint-Hilaire, « Les principes de la légalité des délits et des peines », *Mélanges Bouzat, p. 149.*
- G. Levasseur, « Une révolution en droit pénal : le nouveau régime des contraventions », *D. 1959, chron., p. 121.*
- G. Carcassonne et O. Duhamel, *QPC la question prioritaire de constitutionnalité*, Dalloz, 2011.
- J.-C. Soyer, « La loi nationale et la Convention européenne des droits de l'homme », *Mélanges J. Foyer, PUF, 1997, p. 125.*

Exemples de sujets possibles d'examens

Dissertations

- Le déclin de la légalité criminelle
- Les sources internationales du droit pénal
- Le contrôle de conventionnalité de la loi pénale
- Le règlement et le droit pénal

Chapitre 2
L'élément matériel

L'essentiel

Principe : *notre droit pénal n'admet pas que l'on réprime la simple pensée coupable (nemo cogitationis pœnam patitur).*
L'infraction n'existe comme telle qu'avec un minimum de matérialisation de l'attitude coupable.
D'un point de vue utilitaire, la répression du simple « ***état dangereux*** *», préconisée par l'école positiviste italienne, permettrait d'éviter la commission de certaines infractions. Elle se heurte en France à la crainte de l'arbitraire et au respect de la liberté individuelle. Mais plusieurs textes récents ont pris en compte la dangerosité d'un condamné (ex. placement sous surveillance électronique mobile, placement sous surveillance judiciaire, rétention de sûreté).*
En outre, certains états dangereux ont été érigés par la loi en infractions, ex. conduite en état alcoolique ou après usage de stupéfiants, mise en danger délibérée de la personne d'autrui (v. aussi les mesures de sûreté, 2e partie). Et le juge peut, quand il apprécie les faits, prendre en considération l'état dangereux.
L'élément matériel existe :
– dans le cas de l'infraction consommée (section 1),
– mais aussi dans le cas de l'infraction seulement tentée (section 2).

Section 1 – Nature de l'élément matériel en cas d'infraction consommée

Principe : le plus souvent, l'infraction consiste à commettre un acte interdit par la loi : il s'agit des *infractions de commission.*

Exceptionnellement, l'infraction peut consister à omettre un acte prescrit par la loi : il s'agit des *infractions d'omission.*

§ 1 – Les infractions de commission

Ce sont les plus *fréquentes*. Ex. meurtre, vol, diffamation.

Elles supposent, pour leur consommation :

- Une **initiative physique** de la part du coupable (ex. geste du meurtrier qui appuie sur la détente, du voleur qui s'empare de la chose).
- Un **résultat** qui va constituer le dommage ; celui-ci peut être :
  – matériel (meurtre) ;
  – ou immatériel (diffamation).

Remarques :

1. Il s'agit alors des infractions *matérielles :* les infractions *formelles* sont punissables indépendamment de leur résultat (*v. section 2, à propos du désistement volontaire*).
2. Certaines attitudes sont punissables indépendamment d'un préjudice causé. Ex. mise en danger, contraventions en matière de circulation.
3. En principe, le degré de responsabilité pénale ne dépend pas du *résultat* ; parfois, cependant, l'infraction *n'existe qu'en raison du résultat* (ex. atteintes à l'intégrité de la personne par imprudence), ou bien *la peine est aggravée* quand le dommage est plus grave (même exemple que ci-dessus, ou infractions de violences).

• Un **lien de causalité** entre l'acte et le résultat.

Une difficulté se présente en cas de causes multiples (de même en droit civil, pour l'application des art. 1382 à 1384 C. civ.). La jurisprudence appréciait de façon extensive, donc sévère, la causalité dans l'homicide et les atteintes à l'intégrité de la personne *par imprudence ; mais la loi du 10 juillet 2000 introduit une distinction entre la causalité directe et la causalité indirecte, afin d'opérer une dépénalisation partielle de l'imprudence (art. 121-3 C. pén. ; v. la faute d'imprudence).*

Il y a même des cas où ce délit est retenu bien que la causalité ne soit pas établie : ex. dans le cas de deux chasseurs tirant imprudemment en direction d'une autre personne, blessée par l'un des coups seulement : condamner les deux revient à condamner l'un d'eux pour sa seule faute éventuellement non causale.

Le Code pénal actuel a créé l'incrimination de *mise en danger*, mais qui suppose réunies plusieurs conditions : notamment, il doit y avoir un lien immédiat entre la violation des règles et le risque (art. 223-1). V. Mémento de *Droit pénal spécial*.

§ 2 - Les infractions d'omission

On distingue l'infraction d'omission proprement dite, et l'infraction de commission par omission.

I - L'infraction d'omission proprement dite

L'agent ne prend alors aucune initiative physique : il est *passif*. Il s'agit d'une abstention *sans résultat positif direct* : la loi pénale prévoit certaines obligations d'agir. Ex. omission de déférer à la citation à juré (art. 288 al. 4 C. pr. pén.), omission de déclarer la naissance d'un enfant (art. R. 645-4 C. pén.).

Ces infractions sont *exceptionnelles*. Mais la tendance du XXe siècle a été de les **multiplier**, et le Code pénal de 1992 a repris ces incriminations (v. Mémento de *Droit pénal spécial*) :

• **non-révélation de crime** aux autorités judiciaires ou administratives (art. 434-1 C. pén. ; une immunité est prévue au profit de certains parents du coupable, sauf s'il s'agit d'un crime commis sur un mineur de 15 ans).

• **non-révélation** à ces autorités de **privations, mauvais traitements ou atteintes sexuelles à mineur de 15 ans ou à personne vulnérable** (art. 434-3).

• **non-témoignage en faveur d'un innocent** poursuivi (art. 434-11 ; même immunité que ci-dessus).

• **non-révélation d'une atteinte aux intérêts fondamentaux de la nation,** ou d'un acte de terrorisme (art. 434-2).

Il existe certaines infractions d'omission dans le *droit pénal des sociétés* (ex. non-révélation, par les commissaires aux comptes, de certains délits) : le droit pénal entend imposer des règles de conduite dans la vie économique ; on a dit que, longtemps seulement « moralisateur », le droit pénal devenait alors **planificateur**.

II – L'infraction de commission par omission

A – Notion

• Cette infraction se rapproche de *l'infraction d'omission* proprement dite, en ce que son auteur est resté passif.

• Cette infraction se rapproche de *l'infraction de commission* par le résultat, dommageable de la même manière. Ex. laisser intentionnellement quelqu'un se noyer sans lui porter secours.

B – Origine

Le Code pénal de 1810 ne contenait pas de disposition générale à ce sujet (sauf pour l'homicide et les blessures par imprudence ou négligence). Quelques dispositions particulières ont été prévues ensuite (L. 19 avr. 1898 réprimant, pour certaines personnes, la privation d'aliments ou de soins dont l'enfant est victime, aujourd'hui art. 227-15 et 227-16 C. pén.).

D'où un débat célèbre : *peut-on assimiler l'abstention à l'action* ? Punir comme meurtrier celui qui n'a fait que laisser mourir ?

La question s'est posée dans l'affaire de la *séquestrée de Poitiers* (Poitiers, 20 nov. 1901, *D.* 1902. 2. 81, note Le Poittevin ; femme laissée sans soins, dont la santé avait été compromise) : la Cour de Poitiers estima que le manque de soins n'équivalait pas à la voie de fait réprimée par le Code pénal d'alors. La solution est juridiquement exacte, mais moralement *assez choquante* (dans l'ancien droit, Loysel écrivait : « Qui peut et n'empêche pèche »).

C – Droit positif

En l'absence de texte spécial, *l'abstention n'équivaut pas à l'action* (on le verra aussi à propos de la complicité), même pour des infractions ne visant pas la personne physique, ex. l'escroquerie (art. 313-1 C. pén.) : il n'y a pas de manœuvres frauduleuses par abstention. Mais le législateur a créé plusieurs incriminations, permettant de réprimer *certaines abstentions* (v. aussi, mais pour des personnes tenues de certaines obligations, la répression du fait de *laisser* s'accomplir un acte, ex. laisser figurer certains noms dans la publicité d'une entreprise : art. 433-18 C. pén.).

Dans le Code pénal antérieur, deux incriminations importantes avaient été introduites en 1945 (par modification d'un texte de 1941) ; elles ont été reprises par le Code pénal actuel (art. 223-6 : v. Mémento de *Droit pénal spécial*) :

• **Le non-obstacle à la commission** d'un crime, ou d'un délit contre l'intégrité corporelle de la personne.

• Et surtout : **l'omission de porter secours à une personne en péril.** Il faut pour qu'il y ait délit :

– péril menaçant la santé, l'intégrité corporelle ou la vie d'une personne ;
– abstention de porter secours ou de demander secours à un tiers ;
– abstention alors que l'on pouvait intervenir sans risque pour soi ou pour un tiers ;
– abstention volontaire et consciente.

L'incrimination d'omission de secours, peut-être trop *large et imprécise*, a suscité une abondante jurisprudence, et de nombreuses difficultés ; ex. les guérisseurs ont tenté de soutenir qu'ils pouvaient intervenir, ou même qu'ils le devaient, en présence de malades en péril de mort, sans commettre le délit d'exercice illégal de la médecine, ainsi justifié par l'ordre de la loi de porter secours : cette thèse a été condamnée (la loi impose un secours efficace et non pas seulement illusoire).

Remarques :

1. Ces textes réprimant l'abstention coupable sont parfois salués comme permettant de réprimer des égoïsmes excessifs. Il faut pourtant souligner que leur nécessité même témoigne d'un affaiblissement certain du sens moral.

2. Il est à noter que ces dispositions ne créent pas, juridiquement, d'infractions de commission par omission, puisque, *même à résultat égal* (ex. mort de la victime), il n'y a *pas équivalence de répression entre l'action et l'omission* : le meurtre ordinaire est puni de 30 ans de réclusion criminelle (art. 221-1 C. pén.), alors que les abstentions coupables sont punies de peines seulement correctionnelles (art. 223-6 : 5 ans d'emprisonnement et 75 000 € d'amende). Pénalement, laisser mourir n'équivaut toujours pas à tuer (sauf pour les parents à l'égard d'enfants de moins de 15 ans : art. 227-16). Mais la solution est différente lorsque, par une disposition expresse, le législateur assimile l'omission à l'action : v. par ex. art. 433-18, mettant sur le même pied le fait de « laisser figurer » et de « faire figurer ».

Section 2 – Nature de l'élément matériel en cas d'infraction non consommée : la tentative

Question : à partir de quand la loi pénale doit-elle frapper la matérialisation de l'infraction ?

Le plus souvent, il s'écoule, entre la naissance de la pensée criminelle et le résultat dommageable, une **série de phases**, variables, mais pouvant être ainsi schématisées :

1. Phase interne

Pensée : l'infraction est envisagée comme une éventualité.
Désir : on souhaite commettre l'infraction.
Projet : on forme un plan pour mener à son terme l'infraction.

2. Phase externe

Préparation : en vue de l'infraction, on étudie les lieux, on se procure des instruments, des armes.
Exécution : si l'exécution est parfaite (par ex. victime atteinte mortellement dans le meurtre), on parle d'infraction « **consommée** ».

Si, par la volonté de l'agent ou *pour toute autre raison*, les agissements criminels sont interrompus avant ce stade, l'infraction est seulement « **tentée** ».

Le principe est que la tentative est **punissable comme l'infraction consommée** ; art. 121-4 C. pén. : l'auteur de la tentative est considéré comme « auteur » de l'infraction ; mais le juge peut naturellement abaisser la peine prévue.

Cette règle traduit la tendance de la loi à tenir compte de la puissance de nuire plus que de l'acte matériel, et cela déjà dès le Code pénal de 1810.

Ce principe a l'avantage de mettre en relief l'aspect subjectif de l'infraction : à intention coupable égale, répression égale. Mais il a l'inconvénient de heurter le sentiment de justice et la notion de compensation entre la peine et l'infraction. Le remède réside dans les pouvoirs du juge, permettant de ne pas appliquer la même peine à celui qui a tué sa victime et à celui qui l'a manquée tout en désirant la tuer, le juge restant libre, lorsqu'il l'estimera bon, d'appliquer dans les deux cas une peine semblable.

On sait ainsi *comment* est punissable la tentative. Mais il faut déterminer *quand* elle l'est : il faut pour cela définir les éléments de cette tentative, et préciser son domaine.

§ 1 – Éléments de la tentative punissable

Art. 121-5 C. pén. La tentative punissable suppose la réunion de deux éléments :
- un commencement d'exécution (notion que la jurisprudence *élargit*) ;
- une interruption involontaire de l'exécution : le désistement volontaire (notion que la jurisprudence *restreint*) fait obstacle à la répression de la tentative.

I – Commencement d'exécution

• Ne peut constituer la tentative la simple *intention* coupable.

Il arrive que la loi pénale paraisse réprimer de simples états d'esprit (ex. menaces, v. par ex. menaces de commettre un crime ou un délit proférées à l'encontre d'une personne investie d'un mandat public, art. 433-3 C. pén. ; complot, art. 412-2 C. pén., visant la « résolution » arrêtée entre plusieurs personnes de commettre un attentat). En réalité, ces incriminations visent des situations ayant dépassé le stade purement psychologique ; et la *menace* est punissable même s'il est établi que son auteur n'avait pas l'intention de la mettre à exécution. En outre, juridiquement, ces infractions sont des infractions consommées, et non pas seulement tentées.

• Seuls peuvent constituer la tentative des **agissements extérieurs**. Encore faut-il distinguer sur ce point les actes préparatoires, et le commencement d'exécution.

• **Les actes préparatoires** ne sont pas punissables sur le plan de la tentative ; mais ils peuvent parfois être réprimés à titre d'*infractions distinctes* consommées (ex. offres en vue d'un assassinat ou d'un empoisonnement, art. 221-5-1 C. pén. ; association de malfaiteurs, art. 450-1 à 450-4 C. pén. ; embuscade en vue de violences commises à l'encontre de certaines personnes, art. 222-15-1 C. pén. ; procéder à l'installation d'appareils conçus pour réaliser des interceptions de correspondance, art. 226-15, al. 2 C. pén.), ou comme *cas de complicité* (ex. aide par fourniture d'armes) à la condition que le fait principal soit punissable (*v. la complicité*).

• **Les actes d'exécution** sont seuls susceptibles de constituer la tentative punissable.

Il faut exposer le principe de la distinction entre actes préparatoires et commencement d'exécution, et son application.

A – Principe de la distinction

1. Thèses objectives

Elles tendent à restreindre la répression de la tentative :

• La tentative suppose *l'exécution commencée* (ex. mainmise du voleur sur la chose).

Critique : la thèse restreint par trop la répression ; elle confond la tentative et l'exécution.

• L'acte d'exécution est celui qui *révèle par lui-même le délit* : acte *univoque*, opposé à l'acte équivoque, susceptible de plusieurs interprétations (ex. l'escalade d'un mur ne révèle pas par elle-même son objet : c'est un acte équivoque).

Critique : trop d'actes dangereux resteront impunis.

2. Thèse subjective

Elle *élargit* la répression de la tentative, par l'importance de l'intention et de la **puissance de nuire** de l'agent. Elle prend en considération le danger futur *(temibilité)* : il y aura acte d'exécution, et non pas seulement acte préparatoire, lorsqu'il apparaîtra que l'agent, au moment où il a été arrêté dans son action, était *résolu à aller jusqu'au bout* : il y avait une faible « *distance morale* » entre l'acte et le but *(volonté délictueuse irrévocable)* ; l'agent a « coupé les ponts derrière lui ».

3. Conception mixte de la jurisprudence

Pour la jurisprudence, constituent l'acte d'exécution **l'acte devant avoir pour conséquence directe et immédiate de consommer l'infraction**, et qui est accompli **dans l'intention de la commettre** ; l'acte **tendant directement** à l'infraction **avec l'intention de la commettre**. V. affaires *Lacour* et *Schieb*, Crim., 25 oct. 1962, *D.* 1963. 221, note Bouzat.

Remarques :

1. Ce critère pour partie psychologique explique que la jurisprudence puisse considérer un même acte tantôt comme acte préparatoire, tantôt comme acte d'exécution, selon que son auteur est un *délinquant primaire* ou un *récidiviste* (c'est une application de la notion d'état dangereux).
2. La notion d'acte d'exécution peut aussi *varier* d'une infraction à l'autre : le désir d'une répression sévère à l'égard de certains délits peut conduire les tribunaux à voir dans tel acte qui, ailleurs, sera considéré comme simplement préparatoire, un commencement d'exécution.

B – Application de la distinction

1. Exemples de commencements d'exécution :

Briser la vitre d'une voiture pour voler à l'intérieur ; pénétrer dans une voiture pour voler celle-ci ; venir pour commettre un vol, avec instruments d'effraction et camion, et éprouver la solidité des barreaux d'une fenêtre ; se tenir en embuscade avec véhicules et armes, pour une agression contre des convoyeurs de fonds ; accepter un achat de stupéfiants ; recruter le destinataire d'une importation de stupéfiants ; commencer à scier un barreau pour une évasion ; exposer des véhicules à la vente avec de fausses indications, pour une tromperie ; demander l'ouverture de la porte d'une banque et attendre quelqu'un pour commettre un vol avec arme ; pour une escroquerie à l'assurance, déclarer à l'assureur, comme accidentel, un incendie volontairement provoqué, ou un vol de véhicule avec faux certificat de marquage ; pour une agression sexuelle, se présenter faussement comme médecin pour un prétendu examen, avec demande de se déshabiller ; fait de mettre un préservatif pour tenter un viol ; proposer de montrer des photos et de pratiquer des actes sexuels pour la corruption de mineurs ; rechercher des pilotes acceptant de poser un hélicoptère dans la cour d'une prison en vue d'une évasion.

2. Ne sont pas des commencements d'exécution :

L'incendie volontaire d'un bien assuré, pour une escroquerie, mais sans aucune démarche auprès de l'assureur ; la remise d'argent en vue de faire commettre un meurtre (mais si le meurtre a été commis ou tenté, la remise d'argent sera une *complicité* punissable, *v. la complicité*) ; mais depuis L. 2004, les offres ou promesses en vue d'un assassinat ou d'un empoisonnement constituent *un délit distinct*, donc punissable même si le crime n'est ni commis ni tenté (art. 221-5-1 C. pén. : 10 ans d'emprisonnement et amende) ; ce texte pourrait donc être retenu dans des cas tels que les vieilles affaires *Lacour*, *Schieb*, dans lesquelles, pour une remise en vue d'un assassinat non commis ni tenté, le commencement d'exécution n'avait pas été retenu).

II - Interruption involontaire de l'exécution (absence de désistement volontaire)

Même s'il y a commencement d'exécution, il n'y aura pas tentative punissable si l'agent renonce assez tôt, et volontairement, à accomplir l'acte coupable.

Mais ce désistement doit réunir deux conditions, pour qu'il n'y ait pas tentative punissable : il doit être antérieur à la consommation de l'infraction, et volontaire de la part de l'agent.

A - Le désistement doit être antérieur à la consommation de l'infraction

1. Inefficacité de principe du repentir actif

• Le remords tardif, même actif (« repentir actif », ex. restituer la chose volée ou détournée : Crim. 9 févr. 2011, n° 10-80801, donner des soins à sa victime blessée) est *sans effet sur les éléments de l'infraction : elle demeure juridiquement consommée.*

Il y a cependant des cas où l'attitude du coupable après l'infraction peut avoir un effet, étant entendu que l'infraction subsiste et n'en est pas pour autant effacée : ainsi, la réparation, par l'auteur des faits, du dommage qu'il a causé ou l'exécution par lui d'une mesure de médiation pénale peut conduire à un classement sans suite (art. 41-1 C. pr. pén.) ; de même, pour certains délits, d'une mesure de composition pénale (ex. avec réparation du dommage), dont l'exécution éteint l'action publique (art. 41-2 C. pr. pén.), v. Mémento de *Procédure pénale* ; cf., pour les mineurs, art. 12-1 Ord. 2 févr. 1945 ; v. aussi la cure de désintoxication en matière de stupéfiants, qui, ordonnée ou même spontanée, même à l'étranger, et menée à son terme, interdit d'exercer l'action publique, pour un délinquant primaire (art. L. 3423-1 C. santé publ.).

• Mais, *quant aux peines*, le repentir, sous diverses formes, peut valoir en fait atténuation de peine, ou même dispense de peine à certaines autres conditions (*v. cette question*).

Les repentis.

La loi a prévu une autre forme de repentir, qui n'est pas un désistement et qui n'a d'effet que sur la peine (*v. la diminution et l'exemption de peine*). Dans certains cas il se produit une **exemption de peine** (*v. cette question*) : le texte vise la personne qui, ayant *tenté* de commettre un crime ou un délit, a averti l'autorité et permis ainsi d'éviter la réalisation de l'infraction et d'identifier les autres auteurs ou complices (art. 132-78, al. 1 ; ex. assassinat, empoisonnement : art. 221-5-3, stupéfiants : art. 222-43-1, proxénétisme : art. 225-11-1 al. 1, terrorisme : art. 422-1, association de malfaiteurs : art. 450-2).

Dans d'autres cas, il s'agit d'une simple **réduction de peine** si la personne ayant *commis* un crime ou un délit et ayant averti l'autorité, a permis de faire cesser l'infraction, d'éviter que l'infraction ne produise un dommage, ou d'identifier les auteurs ou complices (art. 132-78, al. 2 ; v. *infra*, les causes de diminution de la peine).

Sur la protection des repentis afin d'assurer leur sécurité (usage, notamment, d'un nom d'emprunt), v. art. 706-63-1, C. pr. pén., décr. n° 2014-346 du 17 mars 2014.

2. Conséquence de l'exigence d'un désistement antérieur

Il est important de déterminer le **moment exact** où l'infraction est commise. On distingue à cet égard :

- *les infractions matérielles* que seul un résultat consomme (ex. meurtre, vol) ;
- *les infractions formelles* consommées indépendamment du résultat ; ex. l'empoisonnement est juridiquement consommé dès « l'emploi » ou « l'administration » du poison (art. 221-5 C. pén.) et est donc punissable, même si la victime survit ; l'omission de secours est punissable, même si le péril a été évité par d'autres moyens. On peut rapprocher de ces cas les « *délits-obstacles* », qui révèlent un état dangereux : ex. conduite en état alcoolique, mise en danger délibérée de la personne d'autrui.

Un même acte pourra donc être désistement antérieur dans le cas des infractions matérielles, repentir tardif dans le cas des infractions formelles.

B – Le désistement doit être volontaire

• On ne tient pas compte du *mobile* qui a poussé l'agent à s'arrêter (remords, peur ; ex. après avoir commencé à creuser pour s'évader, cesser volontairement – mais il y a dégradation de bien) : c'est un **système utilitaire** de prime au repentir intervenant assez tôt.

• Mais il faut un désistement *vraiment volontaire*, **spontané**. La tentative demeurera punissable si le désistement est causé par un événement extérieur. Il y a là une question de fait parfois délicate.

Exemples d'interruptions involontaires : arrivée de la police ; présence imprévue de tiers sur les lieux où devait se commettre le vol ; se sentir épié par des tiers, et ne pouvoir obtenir le concours d'un comparse ; renoncer à s'évader à cause d'un mouvement des gardiens découvrant l'évasion d'un autre détenu ; renoncer à un vol dans une banque en raison du manque de coordination avec des complices ; ne pas commettre un viol en raison d'une déficience physique momentanée ; évasion manquée en raison du refus de pilotes d'hélicoptère de la favoriser ; renoncer à un enlèvement en raison des appels au secours de la victime ; renoncer à une escroquerie à l'assurance en raison de la demande d'expertise de l'assureur.

Il y a **deux cas** dans lesquels la **non-consommation** de l'infraction est indiscutablement **indépendante de la volonté** de l'agent : **l'infraction manquée**, par maladresse par exemple, le tireur manquant sa victime : il y a tentative punissable ; **l'infraction impossible**, cas qui a été plus discuté.

Le problème de l'infraction impossible

L'infraction impossible est un cas particulier d'infraction manquée : comme l'infraction manquée ordinaire, l'infraction impossible est manquée, mais parce qu'elle ne pouvait pas réussir (ex. vol dans une poche vide, meurtre d'un cadavre).

• *La répression de l'infraction impossible.*

La **doctrine** a été longtemps hostile à la répression.

La **jurisprudence** a manifesté une tendance subjective, donc répressive, à partir de la fin du XIXe siècle. La tentative révèle en effet, dans tous ces cas, la même puissance de nuire. Ont ainsi été réprimées comme tentative d'infraction impossible : la tentative de meurtre : affaires *Laurent* (Agen, 1849, fusil non chargé), *Ours* (Crim., 1877, coup de fusil sur l'emplacement où la victime désignée ne se trouvait pas).

Au XXe siècle, cette jurisprudence s'est confirmée : ex. tentative d'escroquerie à l'assurance alors que les clauses de la police font obstacle à l'exécution du contrat ; la chambre criminelle s'est prononcée nettement, dans l'hypothèse dite de « coups à cadavre » : tentative de meurtre sur une personne en réalité déjà morte (affaire *Perdereau*, Crim., 16 janv. 1986, *D.* 1986. 265, note Mayer et Gazounaud) ; ont été déclarées punissables : la tentative d'assassinat par une explosion devant être déclenchée par sonnerie de téléphone, mais n'ayant pu se produire, le téléphone étant électronique ; la tentative de vol par effraction dans une voiture vide, ou dans une maison sans objets de valeur.

• *Exceptions à la répression de l'infraction impossible.* Il n'y a pas répression :
- lorsque l'impossibilité provient de ce que l'acte est sans lien réel avec le résultat recherché (absence d'élément matériel), ex. vouloir tuer par envoûtement ;
- dans le cas du délit « *putatif* » (c'est-à-dire qu'on croit avoir commis sans l'avoir réellement commis, faute d'un élément) ; ex. il n'y a pas bigamie punissable si un homme veuf sans le savoir contracte un deuxième mariage ;
- si la tentative elle-même n'est pas incriminée (*v.* § *2*) : ex. omission de porter secours à une victime en réalité déjà morte.

§ 2 – Domaine de la tentative punissable

La répression de la tentative est exclue par la loi parfois pour des raisons tenant à la faible gravité de l'infraction, parfois en raison de la nature de l'infraction.

I – Distinction selon la gravité des infractions

• La tentative de **crime** est **toujours punissable**, sauf texte contraire formel (121-4 C. pén.).

• La tentative de **délit** n'est **pas punissable** en principe, **sauf texte contraire** formel (art. 121-4 C. pén.) : mais ces textes sont nombreux ; ex. pour le *vol* (art. 311-1), pour *l'escroquerie* (art. 313-6), pour les infractions en matière d'*informatique* (art. 323-7). En l'absence d'un tel texte, il n'y a donc répression que si l'infraction est consommée ; d'où l'importance de la distinction, déjà rencontrée, des infractions matérielles et formelles (ces notions sont parfois délicates).

• La tentative de **contravention** n'est **pas punissable**.

II – Les infractions étrangères par leur nature à la notion de tentative

Certaines infractions ignorent la notion de simple tentative :
- soit parce que la répression suppose un résultat,
- soit parce que c'est la tentative qui est considérée comme une infraction consommée.

• Quand la loi exige un **résultat**, la répression n'intervient pas si celui-ci n'est pas atteint : c'est donc tout ou rien. Ainsi en est-il en matière d'**homicide et atteinte à l'intégrité de la personne par imprudence ou négligence** (art. 221-6 et 222-19 C. pén.) : la notion même de tentative implique un effort tourné vers un but, alors que l'imprudence ou la négligence supposent que le résultat n'a pas été recherché ; il n'y a donc pas ici de tentative punissable, parce qu'elle n'est pas concevable (*cf.* le problème des questions en cour d'assises : « tenter » implique la volonté de commettre l'acte ; il n'est donc pas nécessaire de dire « aura volontairement tenté »). **Cependant**, la répression de certaines « tentatives » serait souhaitable en la matière ; ex. automobiliste traversant la ville à une vitesse excessive : il y a certes *contravention ou délit d'excès de vitesse*, voire, si les conditions en sont réunies, **délit de mise en danger délibérée** de la personne d'autrui (art. 223-1 C. pén.), mais la répression pour homicide ou atteinte à l'intégrité de la personne par imprudence n'interviendra que si un résultat (dommage corporel) se produit, alors que ce dernier n'ajoute rien à la culpabilité vraie de l'agent. De même la *conduite en état alcoolique*, érigée en infraction autonome, est punissable, indépendamment de tout résultat (art. L. 235-1 C. route).

• Dans certaines infractions, la tentative n'a pas de place du fait que ces infractions constituent elles-mêmes des **tentatives, érigées par la loi en infractions consommées.** Ex. la corruption est consommée par une offre même non acceptée (ex. art. 433-1 C. pén.). **Cependant**, la jurisprudence fait place, parfois, à la répression de la tentative dans ces hypothèses. Ainsi, l'empoisonnement (administration d'une substance mortelle), qui est au fond, avant la mort de la victime, une tentative de meurtre, est punissable, on l'a vu, *dès l'administration*, comme infraction consommée (formelle, *v. cette notion*) : mais la jurisprudence voit une tentative punissable dans le fait, par ex., de proposer des mets empoisonnés à une personne (soit l'équivalent d'une tentative de tentative de meurtre).

Pour aller plus loin

Exemples de sujets possibles d'examens

Dissertations

- L'omission en droit pénal
- Le commencement d'exécution
- L'infraction impossible

Chapitre 3
L'élément moral

L'essentiel

Pour que l'infraction soit constituée, il ne suffit pas que l'agent soit l'auteur matériel de l'acte. L'acte n'est une infraction punissable que s'il y a responsabilité pénale, c'est-à-dire si son auteur matériel est un être humain responsable, jouissant de ses facultés mentales (c'est l'imputabilité), à défaut de quoi il n'y a pas responsabilité, et ayant commis une faute (c'est la culpabilité). Pour les personnes morales, v. cette question.

Il n'y a pas d'infraction sans élément moral ; *cela est vrai même pour les infractions pour lesquelles ce principe a été parfois contesté :*

• pour l'imputabilité :

– l'imputabilité est nécessaire même pour les infractions longtemps dites, de ce point de vue, infractions « matérielles » (« sans élément moral ») : il n'y a pas infraction si l'acte n'est pas imputable à son auteur matériel (en cas de force majeure par exemple). On ne confondra pas cette ancienne notion d'infraction matérielle et l'infraction dite matérielle par opposition à l'infraction formelle, vue plus haut.

– l'imputabilité est nécessaire même pour les contraventions : le Code pénal déclare : « Il n'y a point de contravention en cas de force majeure » (art. 121-3, al. 5).

• pour la culpabilité.

La culpabilité est nécessaire à l'existence de l'élément moral ; mais elle est dans certains cas présumée (ex. pour certaines contraventions, et même pour certains délits). Le Code pénal déclare qu'il n'y a point de crime ou de délit ***sans intention*** *de le commettre (art. 121-3, al. 1) : mais certaines contraventions supposent elles aussi une faute intentionnelle (ex. les violences). Le Code pénal prévoit aussi, dans des cas déterminés,* ***la mise en danger délibérée de la personne d'autrui*** *(art. 121-3, al. 2), et* ***la faute d'imprudence, de négligence ou de manquement à une obligation de prudence ou de sécurité*** *(art. 121-3, al. 3 et 4).*

Observation sur la terminologie du Code pénal*. Le Code pénal emploie une même formule (« N'est pas pénalement responsable la personne qui… ») pour des notions différentes : c'est une simplification formelle, qui ne doit pas conduire à une confusion des concepts. Il faut distinguer ce qui constitue en réalité :*

• l'absence d'élément moral,

– par l'effet des causes de non-imputabilité (troubles psychiques, contrainte) ;

– par l'absence de culpabilité (absence, selon le cas, de faute intentionnelle ou d'imprudence) ;

• l'existence de faits justificatifs, supprimant l'élément injuste de l'infraction (ordre de la loi, commandement de l'autorité légitime, légitime défense, état de nécessité) ; plusieurs auteurs, d'ailleurs, on l'a dit, ramènent ces faits justificatifs à d'autres éléments de l'infraction : certains à l'élément légal, d'autres à l'élément moral.

L'élément moral suppose donc que l'acte soit imputable à son auteur matériel, et qu'il s'agisse d'un acte coupable.

Section 1 – L'imputabilité

L'acte ne peut être imputé qu'à la personne physique dotée de facultés intellectuelles normales, et librement exercées. D'où deux sortes de causes de non-imputabilité, tenant à l'état des facultés intellectuelles, et à leur exercice.

§ 1 – L'état des facultés intellectuelles

Il n'y a pas imputabilité en cas d'insuffisance des facultés ; et des problèmes se posent en cas d'altération passagère.

I – Insuffisance des facultés

Elle peut tenir à l'âge (mais l'*âge avancé* n'est pas en soi une cause d'irresponsabilité pénale, sauf s'il constitue en même temps une cause de grave trouble psychique, mais alors pour cette dernière raison ; il existe parfois des règles légales spéciales pour la peine (ex. interdiction de séjour, *v. cette mesure*), ou à certains troubles).

A – L'âge

L'insuffisance des facultés intellectuelles peut tenir à l'âge (**minorité**). L'âge du mineur s'apprécie non au jour de la comparution en justice, mais au jour où l'infraction est commise. Pour le problème de la délinquance des mineurs, v. Mémento de *Criminologie et science pénitentiaire* ; pour la *garde à vue* et la *détention provisoire* des mineurs, v. Mémento de *Procédure pénale*.

On est majeur à 18 ans. Il existe cependant certaines règles spéciales entre 18 et 21 ans : ex. en matière pénitentiaire, *v. le chapitre sur les mesures applicables aux mineurs délinquants* ; pour le casier judiciaire, *v. cette question*.

Au-dessous de 18 ans : les **mineurs capables de discernement sont pénalement responsables** des crimes, délits ou contraventions « dont ils ont été reconnus coupables » (art. 122-8) ; si le mineur n'est pas capable de discernement, aucune mesure ne peut être prise à son égard. « Capables de discernement » : il faut donc que le mineur ait compris et voulu l'acte matériel reproché ; une infraction, même non intentionnelle, suppose intelligence et volonté : le principe peut conduire à une relaxe (ex., dans un cas de blessures non intentionnelles par un enfant de 6 ans : affaire *Laboube*, Crim., 13 déc. 1956, *D.* 1957. 349, note Patin), ou à une décision de culpabilité (ex. pour un incendie volontaire par un enfant de 9 ans : Cass. ass. plén., 9 mai 1984, *D.* 1984. 525, concl. Cabannes, note Chabas).

1. Pour les mineurs de 10 ans capables de discernement

Seules des *mesures éducatives* (« mesures de protection, d'assistance, de surveillance et d'éducation ») peuvent être décidées (art. 122-8, al. 1 C. pén. ; art. 2, al. 1, 15, 16 Ord. 2 févr. 1945 : v. cette question).

2. Pour les mineurs de 10 à 13 ans

Peuvent être décidées des *mesures éducatives*, et des *sanctions éducatives* (*v. cette question*), selon les circonstances et la personnalité du mineur (art. 2, al. 2, 15-1 Ord. 2 févr. 1945) ; aucune *peine* ne peut être prononcée.

3. Pour les mineurs de 13 à 18 ans

Peuvent être décidées des mesures éducatives et des sanctions éducatives ; mais des *peines* peuvent être prononcées, selon les circonstances et la personnalité du mineur (art. 2, al. 2 Ord. 2 févr. 1945) : dans ce cas la loi prévoit une *diminution de peine* (art. 20-2 Ord. 2 févr. 1945 ; *v. cette question*).

B – Les troubles psychiques ou neuropsychiques

L'insuffisance des facultés intellectuelles peut tenir à des **raisons congénitales** ou à la **maladie mentale** : il s'agit des troubles psychiques ou neuropsychiques (art. 122-1 C. pén.) ; c'est le problème des **psychopathes délinquants**. L'existence et la nature de ces troubles seront établies par l'expertise médicale.

Les juges du fond doivent s'expliquer sur l'état mental du prévenu *à la date des faits (art. 122-1 :* « au moment des faits » ; Cons. const., 21 févr. 2008, n° 2008-562 DC), et sans se borner par exemple à viser le comportement du prévenu à l'audience.

Ces troubles peuvent avoir deux degrés de gravité.

1. Trouble psychique ou neuropsychique ayant aboli le discernement et le contrôle des actes (art. 122-1, al. 1 C. pén.)

N'est pas responsable la personne qui était atteinte de ce trouble au moment des faits (une question spéciale est posée en cour d'assises si ce moyen de défense est invoqué : art. 349-1 C. pr. pén.).

Les troubles « psychiques ou neuropsychiques » (peut-il y avoir trouble psychique qui ne soit pas neuropsychique ?) comprennent non seulement la *démence* au sens strict, mais par exemple une *psychose paranoïde aiguë*, dont est atteint par ex. le meurtrier de plusieurs personnes, ou une grave *schizophrénie*.

Il y aura donc, selon le moment de la procédure où ces troubles présents au moment des faits sont établis :

- classement sans suite ;
- au stade de l'instruction, ordonnance du juge d'instruction ou arrêt de la chambre de l'instruction prononçant l'**irresponsabilité pénale pour cause de trouble mental** et précisant qu'il existe des charges suffisantes établissant que l'intéressé a commis les faits qui lui sont reprochés (art. 706-120, 706-125 C. pr. pén.) ; et
- au stade du jugement, un jugement ou un arrêt de **déclaration d'irresponsabilité pénale pour cause de trouble mental**, avec déclaration que le prévenu ou l'accusé a commis les faits qui lui étaient reprochés (art. 706-129, 706-133 C. pr. pén.).

L'appréciation par la juridiction du discernement d'une personne est souveraine (v. par ex. Crim. 21 mars 2012, *Bull. crim.* n° 77).

En outre, la chambre de l'instruction, le tribunal correctionnel ou la cour d'assises peuvent prononcer des **mesures de sûreté**, comme l'interdiction d'entrer en relation avec la victime, l'interdiction de paraître en certains lieux, l'interdiction de détenir une arme, etc. (art. 706-136 C. pr. pén.). La décision d'irresponsabilité pénale pour trouble mental est portée sur le bulletin n° 1 du casier judiciaire lorsqu'une hospitalisation d'office a été ordonnée ou qu'une ou plusieurs des mesures de sûreté prévues par l'article 706-136 ont été prononcées (art. 768, 10° C. pr. pén.), et, dans ce dernier cas, tant que ces interdictions n'ont pas cessé leurs effets (Cons. const., 21 févr. 2008, préc.). L'intéressé figure au fichier judiciaire national des auteurs d'infractions sexuelles ou violentes (art. 706-53-1, 4° C. pr. pén.). S'il viole la mesure de sûreté prononcée, il commet un délit, sauf s'il a agi sous l'empire d'un trouble psychique ou neuro-psychique (art. 706-139).

Cependant, le prévenu relaxé en raison de ces troubles est obligé à réparation, s'il a causé un dommage à autrui (art. 414-3 C. civ.). La juridiction de jugement répressive qui prononce l'irresponsabilité pénale pour cause de trouble mental est compétente pour statuer sur l'éventuelle demande de réparation de la partie civile (art. 706-131 C. pr. pén., pour la cour d'assises, 706-133, 3° pour le trib. correctionnel. ; pour la chambre de l'instruction, renvoi possible au tribunal correctionnel afin qu'il statue sur l'action civile, si la partie civile le demande : art. 706-125, 3° C. pr. pén.)

En outre, et indépendamment des articles du Code de la santé publique prévoyant l'hospitalisation des malades dangereux, la juridiction qui prononce une déclaration d'irresponsabilité pénale pour trouble mental peut ordonner, sur expertise psychiatrique et par décision motivée, l'admission en soins psychiatriques de la personne, sous la forme d'une hospitalisation complète (art. 706-135 C. pr. pén.). Cette décision est susceptible d'appel (Crim. 3 févr. 2010, *Bull. crim.* n° 17)

Remarques :

1. Si le trouble ne survient qu'**après l'infraction**, l'altération des facultés empêchant la personne mise en examen d'assurer sa défense, il est sursis au renvoi devant la juridiction de jugement (Crim., 11 juill. 2007, *Bull. crim.* n° 185).

2. Si le trouble ne survient qu'**après condamnation définitive**, il ne fait pas obstacle à l'application des peines pécuniaires ou des peines privatives de droit, mais il fait obstacle à l'exécution des peines privatives de liberté. Pour l'hospitalisation administrative des détenus atteints de troubles mentaux, v. art. L. 3214-1 et s. C. santé publ., mod. L. n° 2013-869 du 27 sept. 2013.

3. Si, ayant existé au temps de l'acte, le trouble n'a été découvert qu'après la condamnation, il peut y avoir révision du procès (Crim. 3 mai 1994, *Bull. crim.* n° 163 ; v. Mémento de *Procédure pénale*).

2. Trouble psychique ou neuropsychique ayant altéré le discernement ou entravé le contrôle des actes (art. 122-1, al. 2 C. pén.)

L'acte est punissable, mais la juridiction tient compte de cette circonstance lorsqu'elle détermine la peine et en fixe le régime. Comme auparavant pour ce qu'on a appelé la « *demi-folie* », cas dans lequel les juges retenaient les « circonstances atténuantes », la loi réduit la peine privative de liberté applicable : réduction du tiers, ou, pour une réclusion ou détention perpétuelle, réduction à 30 ans ; mais la juridiction peut ne pas appliquer cette diminution de peine (art. 122-1, al. 2, mod. L. dite Taubira ; motivation spéciale en matière correctionnelle). Ex. malade schizophrène qui entend une voix lui dire de lever le pied, lequel heurte la jambe de la victime (la Cour d'appel de Paris a prononcé une dispense de peine, avec dispense d'inscription au casier judiciaire). Le juge peut donc, s'il l'estime nécessaire, prononcer une peine autre que l'emprisonnement ou une peine inférieure à la peine minimale, même lorsque les faits ont été commis en état de nouvelle récidive légale (Crim. 6 nov. 2012, *Bull. crim.* n° 240). Certains auraient préféré, dans ces hypothèses, des mesures « répressivo-curatives » spéciales, et non des peines ordinaires (pour certaines infractions, en cas de condamnation, un suivi socio-judiciaire est possible). Mais la juridiction, après avis médical, doit s'assurer, si la nature du trouble le justifie, que la peine prononcée permet des soins adaptés à l'état de la personne condamnée ; en outre, si elle n'a pas été condamnée à un suivi socio-judiciaire, le JAP peut ordonner, sur avis médical, qu'à sa libération elle soit soumise à une obligation de soins pendant la durée qu'il fixe, qui est au maximum de 5 ans en matière correctionnelle, de 10 ans pour des faits constitutifs d'un crime ou d'un délit puni de 10 ans d'emprisonnement (art. 706-136-1 créé L. dite Taubira C. pr. pén.).

En cour d'assises, les peines privatives de liberté d'une durée égale ou supérieure aux deux tiers de la peine initialement encourue doivent être prononcées à la majorité qualifiée (art. 362, al. 2 mod. L. dite Taubira C. pr. pén. : 6 voix au moins, 8 en appel).

Ces troubles ne sont pas constitués par tout « syndrome anxio-dépressif réactionnel », le manque d'équilibre nerveux n'altérant ni le discernement ni la volonté (Crim., 5 juin 1991, n° 90-85057).

Pour la description des diverses formes de troubles psychiques, on se reportera au Mémento de *Criminologie et science pénitentiaire*.

II – Altération passagère

L'altération passagère des facultés intellectuelles peut provenir d'**événements accidentels** : il s'agit ici d'une personne adulte et normale, mais qui est soumise provisoirement à une influence la privant du jeu habituel de ses facultés.

La question se pose rarement à propos du *somnambulisme* ou de l'*hypnose* : il y aurait dans ces cas irresponsabilité (sauf à retenir, dans le cas d'hypnose, la responsabilité de l'hypnotiseur).

Mais la question se pose très souvent pour l'*ivresse* (indépendamment de la répression de l'ivresse elle-même en cas d'ivresse publique, ou de la conduite d'un véhicule sous l'empire d'un état alcoolique ou après usage de stupéfiants, v. Mémento de *Droit pénal spécial*).

A – Notion

• L'ivresse se *distingue de l'alcoolisme*, état pathologique durable (on peut être alcoolique sans avoir jamais été ivre). *Pour l'alcoolique*, on appliquera éventuellement l'article 122-1 du Code pénal en cas de maladie mentale alcoolique, le texte ne distinguant pas selon l'origine du trouble psychique.

• L'ivresse est un *état passager*, pouvant d'ailleurs être dû à d'autres causes que l'absorption d'alcool (ex. haschisch). Elle trouble cependant, aussi longtemps qu'elle dure, les facultés de l'agent.

B – Influence de l'ivresse sur la responsabilité pénale

Principe : on tient compte de la *proportion de volonté* dans la source de l'ivresse (*cf.* la faute antérieure du dément en droit civil).

Conséquences :

• Si la personne a *recherché* l'ivresse, pour commettre l'infraction : il y a responsabilité ;

• Si la personne s'est enivrée de manière fortuite, absorbant un liquide sans connaître son pouvoir enivrant : il y a irresponsabilité (ou *responsabilité* atténuée en cas d'ivresse incomplète) ;

• Si la personne s'est enivrée *en se rendant compte* de ce qu'elle faisait (ivresse complète ou incomplète ; de même par inhalation de vapeurs d'alcool en connaissance de cause, due au métier exercé, ex. manipulation de solvants, ou travail dans un chai) ; deux conceptions sont possibles : *atténuation de responsabilité* découlant de l'obscurcissement des facultés mentales, ou *appréciation* sévère comme sanction de l'ivresse (en cour d'assises, il y a parfois une tendance des jurés à l'indulgence).

• La loi prévoit dans certaines situations une aggravation de peine, par exemple en cas d'homicide par imprudence commis par un conducteur sous l'empire d'un état alcoolique ou après usage de stupéfiants (art. 221-6-1 C. pén.) ; de même pour certaines infractions intentionnelles en cas d'ivresse manifeste ou sous l'empire manifeste de stupéfiants (ex. viol, art. 222-24, 12° ; agressions sexuelles, art. 222-28, 8° ; certaines violences, art. 222-12, 14°).

• En dehors de ces cas, la *Cour de cassation* estime qu'il y a là une question de fait, à apprécier par les juges du fond ;

- elle a admis la responsabilité même pour une infraction intentionnelle, en consacrant la thèse du *dol éventuel* (responsabilité des suites d'un acte initial volontaire), notamment dans l'affaire « du marin déserteur », qui avait été jugé déserteur parce que retenu par la police en raison de son ivresse (Crim., 29 janv. 1921, *S.* 1922. 1. 185, note Roux).
- elle admettra sans doute la responsabilité dans les cas où la loi prévoit des peines plus fortes en raison de la *violation délibérée* (ou manifestement délibérée) d'une obligation de prudence (art. 221-6, 222-19, al. 2, 222-20, 223-1 C. pén.) – alors même que l'ivresse est un obstacle à la « délibération » –, ou de la conduite de véhicule sous l'empire de l'alcool ou de stupéfiants (art. 221-6-1, 222-19-1, 222-20-1). La chambre criminelle décide que la conduite d'un véhicule sous l'empire d'un état alcoolique est un délit intentionnel (Crim. 19 déc. 1994, *Bull. crim.* n° 420).

§ 2 – Le libre exercice des facultés intellectuelles : le problème de la contrainte

Définition (art. 122-2 C. pén.) : n'est *pas responsable* la personne qui a agi sous l'empire d'une force ou d'une contrainte **à laquelle elle n'a pu résister** (c'est la *force majeure*, événement indépendant de la volonté de l'agent). La contrainte doit donc avoir existé au moment des faits (on ne tient donc pas compte d'une altération de l'état de santé antérieur à la commission de l'infraction : Crim. 28 oct. 2009, n° 09-84484) et c'est au prévenu d'en invoquer l'existence (Crim., 11 mai 2004, *Bull. crim.* n° 115).

Conséquence : il y a **irresponsabilité** pénale (en cour d'assises, la question de la contrainte est comprise dans celle sur la culpabilité et n'a pas à faire l'objet d'une question distincte : Crim., 16 juin 1971, *Bull. crim.* n° 191). Mais cela suppose des conditions, *larges* quant au *domaine* de la contrainte, *étroites* quant à ses *sources* :

I - La contrainte peut être (indifféremment)

A - Physique

Exemples :

– force naturelle (tempête : Crim. 4 janv. 1984, *Bull. crim.* n° 6 ; plaque de verglas : Crim. 11 avr. 1970, *Bull. crim.* n° 117 ; réduction du débit d'une rivière, cause d'une pollution industrielle : Crim. 15 mars 1988, n° 87-83428) ;

– force humaine (séquestration du témoin, coureur cycliste dans un peloton, ayant renversé la victime : Crim. 5 janv. 1957, *Bull. crim.* n° 17) ;

– malaise d'un conducteur (Crim. 15 nov. 2005, *Bull. crim.* n° 295), maladie (Crim. 24 avr. 1937, DA 1937, 429).

B - Morale

Exemple : menaces de mort, provocations (mais les provocations policières pour inciter à commettre une infraction ne permettent pas d'invoquer la contrainte morale, la personne provoquée demeurant libre de commettre ou non l'infraction : Crim. 16 mars 1972, *Bull. crim.* n° 108).

II - Mais la contrainte doit être (cumulativement) extérieure à l'agent, irrésistible et imprévisible

Cf. la force majeure en droit civil.

A - Extérieure à l'agent (en principe, sauf exception : cf. le malaise)

• La notion de contrainte a parfois été invoquée dans le cas d'infractions dues à des *besoins physiologiques* (vol de pain par affamé ou, pour un exemple plus actuel, du malade qui cultive du cannabis dont la consommation a été considérée comme le seul moyen de soulager sa douleur : CA Papeete 27 juin 2002, *D.* 2003, 584, note P. Gourdon) : certaines juridictions ont parfois retenu dans ces cas l'état de nécessité, distinct de la contrainte (v. l'état de nécessité).

• Ne constituent pas la contrainte morale l'action des passions (colère, haine, amour, jalousie, jeu), les convictions religieuses ou politiques (Crim. 3 déc. 1963, *Bull. crim.* n° 343). Mais les cours d'assises sont parfois indulgentes pour les auteurs de crimes passionnels.

B - Irrésistible

La contrainte doit *supprimer la liberté de choix de l'agent* (à la différence de l'état de nécessité).

La jurisprudence de la chambre criminelle est assez rigoureuse. Pour la contrainte physique, elle a ainsi affirmé la nécessité d'un événement imprévisible et insurmontable plaçant l'auteur des faits dans l'impossibilité absolue de se conformer à la loi (Crim., 15 nov. 2006, n° 06-80087). Pour la contrainte morale, elle a jugé semblablement qu'elle doit être irrésistible, dominer la volonté du sujet en ne lui laissant pas la faculté d'agir autrement qu'il l'a fait (Crim., 11 juin 1926, DH 1926.378) ; en conséquence, le devoir d'obéissance de l'employé qui exécute une infraction sur ordre de son patron n'est pas la contrainte (Crim., 22 juin 1976, *Bull. crim.* n° 229), ni même la menace de représailles par l'occupant (Crim., 23 janv. 1997, *Bull. crim.* n° 32 : crime contre l'humanité, affaire *Papon*). N'est pas non plus une force majeure, effaçant un abus de confiance, la brusque décision d'une banque de retirer son appui (Crim. 11 oct. 1993, *Bull. crim.* n° 282) – mais la solution s'explique par la nature particulière de l'élément moral de l'infraction.

Exemples de cas où la non-imputabilité a été admise : la chambre criminelle a admis la contrainte pour celui qui avait dû abriter une quarantaine de rebelles armés (elle avait été plus sévère en 1900, dans l'affaire « des brigands corses » : le recel de malfaiteurs avait été considéré comme constitué pour les propriétaires d'un bois où séjournaient des brigands, malgré les sérieuses menaces dont ils avaient fait l'objet : Crim. 28 déc. 1900, DP 1901, I, 81, note Le Poittevin). La non-imputabilité a été admise en matière fiscale, dans un cas où l'infraction avait été due aux fraudes de tiers, que le prévenu était dans l'impossibilité de déceler (Crim. 10 déc. 1984, *Bull. crim.* n° 391) : la force majeure était constituée ; de même une assignation à résidence pourrait rendre impossible l'exécution de l'interdiction du territoire (Crim. 15 nov. 1934, *D.* 1935, 1, 11, note H. Donnedieu de Vabres).

Remarques :

1. Les juridictions du fond admettent souvent la contrainte plus facilement que ne le fait la chambre criminelle (ex. pour le délit de non-représentation d'enfant, en cas de résistance de l'enfant ; pour la conduite en état alcoolique, si le conducteur a été invité par des gendarmes à déplacer le véhicule, Caen, 28 juin 1996, *JCP G* 1996, IV, 2525).
Elles ont également consacré parfois une application très extensive de cette cause de non-imputabilité dans les cas où l'auteur avait été poussé à l'infraction par la « provocation » des agents (par exemple des douanes) désireux d'établir la preuve de certaines infractions.

2. À défaut de contrainte, on pourra parfois invoquer l'état de nécessité.

C – Imprévisible

La jurisprudence se montre sévère à ce sujet. En principe, il n'y a pas contrainte en cas de défaillance mécanique du véhicule (Crim. 8 juill. 1971, *Bull. crim.* n° 222), ou physique du conducteur (Crim. 8 mai 1974, *Bull. crim.* n° 165) sauf si le malaise est brutal et imprévisible (Crim. 15 nov. 2005, *Bull. crim.* n° 295) ; le verglas ne peut constituer une force majeure que s'il apparaît soudainement et si la plaque a existé par temps sec en étant étroitement localisée (Crim. 11 avr. 1970, *Bull. crim.* n° 117).

En outre, selon la jurisprudence, il n'y a pas contrainte en cas de **faute antérieure** de l'auteur des faits (*v.* ci-dessus, à propos de l'ivresse, l'affaire du marin déserteur, Crim. 29 janv. 1921, *S.* 1922, 1, 185, note J.-A Roux ; dans le même sens, Crim., 30 juin 1981, *Bull. crim.* n° 223 et, sous l'empire du Code pénal actuel, Crim., 13 sept. 2000, n° 99-84955).

On peut **critiquer** cette prise en compte de la faute antérieure : les éléments de l'infraction doivent en effet s'apprécier au moment où celle-ci est matériellement commise (*cf.* le dol éventuel, *v. cette question section* 2).

Section 2 – La culpabilité

Notion : la personne à laquelle l'infraction est matériellement imputable peut n'être pas « coupable » (le *cas fortuit* est l'absence de faute). Elle ne le sera que si elle a commis une **faute**. La faute peut être :

– soit **d'intention**, élément en principe nécessaire de tout crime ou délit (art. 121-3, al. 1 C. pén.), même si la loi ne le précise pas dans chaque cas ;

– soit **d'imprudence ou de négligence**, élément suffisant lorsque la loi le précise. Pour le Conseil constitutionnel, il résulte de l'article 9 de la DDHC que, s'agissant des crimes et délits, la culpabilité ne saurait résulter de la seule imputabilité matérielle d'actes pénalement sanctionnés ; dès lors et conformément aux dispositions combinées des articles 9 et 8 de la déclaration, la définition d'une incrimination, en matière délictuelle, doit inclure, outre l'élément matériel de l'infraction, l'élément moral, intentionnel ou non de celle-ci (Cons. const. 16 juin 1999, n° 99-411 DC ; rappr. Cons. const., 13 mars 2003, n° 2003-467 DC, visant « les principes généraux du droit pénal énoncés (à l'article) 121-3 qui (précise) qu'»Il n'y a point de délit sans intention de le commettre»).

§ 1 – La faute intentionnelle

Cette faute ne se confond ni avec la simple volonté, ni avec le mobile. Mais, une fois que l'on sait ce qu'elle n'est pas, il faut analyser ce qu'elle est.

I – Distinction de l'intention et de la volonté

L'intention coupable est la **volonté orientée vers l'accomplissement d'un acte interdit**. Tout acte intentionnel est un acte volontaire, mais l'acte volontaire peut n'être pas intentionnel : celui qui veut frapper une victime (acte volontaire) ne veut pas forcément la tuer et, s'il le fait, son acte, relativement à cette mort, n'est pas intentionnel (notion de violences ayant entraîné la mort sans intention de la donner : art. 222-6 C. pén.). L'intention implique le désir du résultat illicite (ex. pour le vol, l'agent doit avoir désiré s'approprier la chose d'autrui, dans le meurtre, il doit avoir désiré provoquer la mort d'autrui).

II – Distinction de l'intention et du mobile

Le mobile est le sentiment qui détermine à l'action (ex. meurtre par haine, jalousie, cupidité), **variable** d'un cas à l'autre, même pour une infraction semblable.

L'intention, elle, demeure toujours semblable pour une même infraction (cette distinction rappelle, en droit civil, celle que l'on fait, pour un même contrat, entre la cause, identique, et les motifs, différents) : tout meurtrier a l'intention de tuer, quelle qu'en soit par ailleurs la raison.

Intérêt de la distinction : alors que *l'intention* constitue un *élément* de l'infraction intentionnelle, **le mobile, en principe, n'est pas pris en considération par le droit pénal** : ex. *euthanasie*, *excision* pour se conformer à des coutumes ancestrales (v. Mémento de *Droit pénal spécial*) ; *vol* généreux, *refus de payer ses impôts* pour des raisons idéologiques ; *violences* commises « pour plaisanter » (ainsi de l'ouvrier qui applique sur le fondement d'un camarade un tuyau d'air comprimé, lui causant de graves blessures à la suite de l'air éjecté dans l'anus : Crim. 7 juin 1961, *Bull. crim.* n° 290), *omission de secours* pour motifs religieux, *accès frauduleux à un système informatique* par pur amusement, *mobile « légitime »* (ex. reprendre l'argent prêté et non restitué : c'est un vol), etc. ; pour le mobile politique, *v. l'infraction politique*.

Mais d'assez **nombreuses atténuations** importantes sont apportées à la règle ci-dessus.

A - En fait

• Par la prise en considération du mobile par les juges, et surtout par les jurés, pouvant aller jusqu'à l'acquittement si le mobile est considéré comme « noble ». La cour d'assises est parfois indulgente dans les cas d'euthanasie, ou pour les *crimes passionnels.* Autre exemple : en 1984, une cour d'assises a acquitté un fils qui avait tué son père, à l'expresse et insistante demande de celui-ci, qui était certain de ressusciter sans tarder.

• Par la confusion faite par certains tribunaux entre l'intention et les mobiles, pour écarter les solutions trop sévères. On dira par exemple : le prévenu n'avait « pas l'intention de nuire » (ce qui constitue en principe un mobile) ; cela rappelle la confusion cause et motifs en droit civil.

B - En droit

1. Le mobile, circonstance aggravante

Certaines dispositions légales font intervenir le mobile comme *circonstance aggravante* (ex. *meurtre* d'un témoin **pour** l'empêcher de déposer : art. 221-4, 5° C. pén. ; *enlèvement* **pour** obtenir une rançon : art. 224-4, al. 1 C. pén. ; pour certaines infractions, mobile *tenant à la race de la victime*, à sa nationalité, religion ou orientation sexuelle : ex. menaces : art. 222-18-1 C. pén., vol : art. 311-4, 8° C. pén., al. 2, extorsion : art. 312-2, 3° C. pén.) ; dans certains cas, le mobile modifie la qualification habituelle d'une incrimination : ex. certaines infractions (meurtre, vol, etc.) en relation avec une entreprise à *but terroriste* relèvent de la qualification d'actes de terrorisme (art. 421-1 C. pén.).

2. Le mobile, élément de l'infraction

Des lois, de plus en plus souvent, font du mobile un *élément de l'infraction*, ex. *génocide* (ex. par meurtre en exécution d'un plan concerté tendant à la destruction d'un groupe par exemple racial : art. 211-1 C. pén.), autres *crimes contre l'humanité* (ex. persécution d'un groupe, pour des motifs d'ordre politique, racial, national, ethnique, culturel, religieux ou sexiste : art. 212-1, 8° C. pén.), *provocation à la discrimination raciale (L. 29 juill. 1881, al. 8 et 9 ; art. R. 625-7* C. pén.*)*. La simple intention ou *dol général* ne suffit donc plus alors, il faut, en plus du dol général, un *dol spécial : il ne suffit pas d'avoir voulu atteindre le résultat prohibé, il faut l'avoir voulu en raison du mobile visé par la loi (en conséquence, celui qui produit ce résultat en l'ayant voulu, mais pour un mobile autre que celui prévu par le législateur n'est pas coupable).*

III - Analyse de l'intention

Trois éléments sont nécessaires : la prévisibilité du résultat, le désir de ce résultat, l'action en connaissance du caractère illégal de l'acte.

A - La prévisibilité du résultat

L'intention suppose que l'agent ait pu **prévoir le résultat** : à défaut, il n'a pas pu le vouloir. Mais cette absence de prévision peut être coupable (il aurait dû prévoir) et constituer une faute pénale différente, la faute d'imprudence (v. § 2).

B - Le désir du résultat

L'intention suppose que l'agent ait **désiré le résultat**.

Conséquences :

1. En principe

En droit pénal français, le **dol éventuel** n'équivaut pas au dol général ; il n'y a pas faute intentionnelle si le résultat était *prévu comme possible sans avoir été désiré* (sauf si le résultat de l'action devait nécessairement découler de celle-ci). Ainsi un automobiliste qui dépasse un véhicule au sommet d'un dos d'âne et tue un conducteur circulant sur la voie opposée n'est pas un meurtrier (encore moins « un assassin de la route »).

• Est cependant incriminée, mais non punie comme infraction intentionnelle, la *mise en danger* exposant autrui à un risque immédiat de mort ou de blessure grave, par la *violation manifestement délibérée d'une obligation particulière de sécurité ou de prudence* (art. 223-1 C. pén. : un an d'emprisonnement et 15 000 € d'amende). Il y a même aggravation des peines applicables à l'homicide et aux atteintes à l'intégrité de la personne par imprudence (art. 221-6, 221-20), en cas de manquement *délibéré* à une obligation de sécurité et de prudence ; c'est l'application partielle de la notion de dol éventuel ; on est à mi-chemin entre la faute d'imprudence et la faute intentionnelle, mais on n'assimile cependant pas cette faute à l'intention.

• De même, l'infraction *praeterintentionnelle* (« dol dépassé »), dans laquelle le résultat qui survient est plus grave que le résultat désiré n'équivaut pas à l'infraction intentionnelle : ex. les violences ayant entraîné la *mort sans l'intention de la donner* sont des infractions différentes du meurtre, punies moins sévèrement (art. 222-7 : 15 ans de réclusion criminelle, au lieu de 30 ans pour un meurtre, art. 221-1).

2. Exceptions

Il existe des cas où le dol éventuel équivaut à l'intention, la peine encourue étant alors la même que s'il y a intention.

• La loi le décide pour certaines infractions : ex. incendie volontaire (art. 322-10), ou détournement d'avion, de navire ou de transport collectif (art. 224-7), ayant causé la mort d'autrui – sans intention de la donner – (réclusion criminelle à perpétuité, comme en cas de meurtre), violences habituelles sur mineur de 15 ans ou personne vulnérable ayant entraîné la mort – sans intention de la donner – (art. 222-14, 1° : 30 ans de réclusion criminelle, comme en cas de meurtre).

• Certaines circonstances aggravantes s'appliquent à tous les participants à l'infraction, y compris à ceux ne les ayant pas voulues (*v. le chapitre sur la complicité*).

• Parfois le *dol indéterminé* est puni comme le dol déterminé (ex. violences ayant entraîné une infirmité permanente, punies même si l'on n'a pas voulu précisément cette infirmité). S'agissant de l'infraction de violences, celle-ci se trouve en effet constituée « dès qu'il existe un acte volontaire de violence, quel qu'en soit le mobile qui l'ait inspiré et alors même que son auteur n'aurait pas voulu causer le dommage qui en est résulté » (v. par ex. Crim. 21 nov. 1988, *Bull. crim.* n° 392).

C – L'action en connaissance de cause du caractère illégal des actes

L'intention suppose en principe que l'agent ait eu **connaissance du caractère illégal de ses actes** ; c'est en ce sens que la chambre criminelle affirme que **l'intention existe dès lors qu'il y a eu violation en connaissance de cause de la prescription légale ou réglementaire** (v. par ex. Crim., 9 févr. 2010, *Bull. crim.* n° 19). C'est seulement en ce cas en effet que l'agent a voulu violer la loi pénale (dol « général » car constant quelle que soit l'infraction : le meurtrier, le voleur, l'escroc veulent, chacun, violer « la » loi pénale).

Cela pose le problème de **l'erreur**, sous ses deux formes.

1. Erreur de droit

Malgré l'adage « *Nul n'est censé ignorer la loi* », créant une présomption de mauvaise foi (non seulement pour la loi et les règlements, mais aussi pour leur interprétation, et pour la jurisprudence), il peut y avoir **erreur sur le droit**. Le Code pénal admet (art. 122-3) que « N'est pas pénalement responsable la personne qui justifie avoir cru, par une erreur sur le droit qu'elle n'était pas en mesure d'éviter, pouvoir légitimement accomplir l'acte ».

La solution est nouvelle : la jurisprudence antérieure, fondée sur la règle « Nul n'est censé… », refusait en principe de tenir compte de l'erreur de droit (erreur sur la loi et sur son interprétation), quelle que soit sa cause. La règle, présumant la mauvaise foi, était il est vrai en partie artificielle, d'autant qu'elle valait par exemple même pour les étrangers (ce qui pouvait être excessif). Des juridictions du fond avaient parfois admis l'erreur portant sur certaines *lois civiles* invoquées devant un tribunal répressif (ex. art. 716 C. civ., et vol commis par l'inventeur d'un trésor). Mais la chambre criminelle était plus sévère : l'erreur de droit était en principe rejetée.

L'art. 122-3 suppose réunies plusieurs conditions pour que l'erreur sur le droit exonère de sa responsabilité la personne qui l'invoque :

– il faut une erreur ; celui qui a un *doute* sur la légalité de son comportement ne peut donc invoquer l'article 122-3 (Crim., 10 avr. 1997, *Bull. crim.* n° 140) ;

– la charge de la preuve repose sur cette personne (« la personne qui justifie »), et seule la personne poursuivie peut invoquer l'erreur, en sorte qu'il n'appartient pas au juge de la relever d'office (Crim., 15 nov. 1995, *Bull. crim.* n° 350) ; l'erreur, qui doit être invoquée devant les juges du fond, ne peut l'être pour la première fois devant la Cour de cassation (Crim., 27 mars 1996, *Bull. crim.* n° 136) ;

– la personne a cru pouvoir légitimement accomplir l'acte ;

– l'erreur de droit ne pouvait être évitée par elle (erreur « *invincible* »). Ainsi n'est pas punissable celui dont l'erreur a été provoquée par « l'administration » compétente qu'il a préalablement consultée sur la légalité de son acte (ex. attestation erronée délivrée par un agent de police judiciaire conformément aux instructions du parquet :

Crim. 11 mai 2006, *Bull. crim.* n° 128 ; employeur appliquant les clauses d'un accord professionnel élaboré sous l'égide d'un médiateur désigné par le Gouvernement et faisant référence au Code du travail : Crim., 24 nov. 1998, n° 97-85378). Pour les tolérances administratives, *v. l'autorisation de la loi*.

La chambre criminelle, en conséquence, **n'admet pas l'erreur de droit lorsque celle-ci peut être évitée** : c'est le cas soit que le prévenu, de par ses fonctions, ait dû *connaître la règle (Crim., 11 juin 1998, n° 97-80905)*, soit que, ne la connaissant pas, il ait dû *s'entourer de conseils appropriés (Crim., 5 mars 1997, Bull. crim. n° 84 :* possibilité pour un employeur de consulter un inspecteur du travail afin de lever ses doutes sur un texte *; 19 mars 1997, Bull. crim. n° 115, pour une société* « en mesure de disposer de juristes qualifiés pour l'éclairer sur ses choix » ; 17 févr. 1998, *Bull. crim.* n° 60 : possibilité de se renseigner auprès de l'administration ; 4 oct. 2011, *Bull. crim.* n° 191 : prévenu ayant consulté un simple dictionnaire) *; on a déjà évoqué cette jurisprudence de la Cour EDH selon laquelle* le citoyen peut être« amené à recourir à des conseils éclairés pour évaluer, à un degré raisonnable dans les circonstances de la cause, les conséquences pouvant résulter d'un acte déterminé », les professionnels, notamment, devant, plus que les autres, mesurer le risque pénal auquel ils s'exposent (v. par ex. CEDH, 10 oct. 2006, *Pessino*). L'erreur de droit ne peut être invoquée sur le fondement d'une divergence de jurisprudence entre la chambre criminelle et une autre chambre de la Cour de cassation (Crim. 11 mai 2004, *Bull. crim.* n° 113 ; cf. pour la notion controversée de médicament, Crim., 15 oct. 2002, n° 01-88555 : « il appartenait au prévenu de s'entourer de conseils appropriés »). Le simple avis d'un professionnel du droit n'est pas en lui-même exonératoire (ex. pour une violation de domicile, par un prévenu qui avait consulté un avoué sur son droit de pénétrer dans l'appartement de son épouse dont il vivait séparé : Crim. 11 oct. 1995, *Bull. crim.* n° 301).

Remarque : l'art. 41-1 C. pr. pén., permet au procureur de la République de rappeler à l'auteur de l'infraction ses obligations légales (« rappel à la loi »)...

2. Erreur de fait

Principes :

• L'erreur **supprime l'intention** coupable si elle porte sur un *élément essentiel* à l'existence de l'infraction ; ex. personne distraite s'emparant d'un vêtement du voisin : elle ne commet pas un vol ; pharmacien donnant par erreur un poison comme remède – sauf à retenir la faute de négligence, mais pour une infraction qui ne sera pas l'empoisonnement – ; dans certains cas, peuvent effacer l'intention : l'erreur sur l'âge en matière de détournement de mineur, si l'on a pu raisonnablement se tromper ; l'erreur sur l'état de légitime défense. Parfois, la faute n'est exclue que s'il y a eu erreur *invincible*, mais non si l'erreur a été seulement fautive.

• L'erreur **laisse subsister l'intention** coupable *si elle ne porte pas sur un élément essentiel* à l'existence de l'infraction. Ex. erreur commise par l'auteur de violences : *erreur du coup* (par maladresse, on atteint une personne autre que celle que l'on visait), ou *sur la personne* (on est trompé par une ressemblance ou l'obscurité).

On tiendra compte toutefois de la qualité de la victime si celle-ci constitue une circonstance aggravante de l'infraction : ex. il y a aggravation de la peine du meurtre si l'on tire intentionnellement sur un ascendant (art. 221-4, 2° C. pén.) et qu'on tue un tiers par erreur. Ne retenir que le meurtre sur le tiers atteint par erreur (réclusion criminelle de 30 ans) serait paradoxal, puisqu'il y aurait tentative de meurtre aggravé (réclusion criminelle à perpétuité) en cas de balle perdue…

§ 2 – La faute d'imprudence ou de négligence

Cette faute pose un problème de notion, et un problème de répression.

I – La notion de faute d'imprudence ou de négligence

A – La faute d'imprudence ou de négligence ou de manquement à une obligation de prudence ou de sécurité (art. 121-3, al. 3)

Cette faute **ne comporte pas le désir du résultat**. Elle suppose la prévision du résultat comme possible, et consiste, avec les nuances qu'on va voir, à ne pas avoir pris les précautions qui auraient empêché le dommage de survenir (ou même, pour la **mise en danger délibérée**, art. 121-3, al. 2, de pouvoir survenir).

Le domaine principal de cette faute est l'atteinte à la personne humaine. Mais la loi réprime certaines imprudences dans d'autres domaines : ex. en matière de divulgation de secret de la défense nationale (art. 413-10, al. 3), de détournement de biens publics (art. 432-16).

L'art. 121-3, al. 3 a été modifié depuis la publication du Code pénal.

À la suite de la L. 10 juill. 2000 (pour les contraventions, art. R. 610-2, al. 1 décr. 10 sept. 2001) :

• Le délit n'existe *que si les diligences n'ont pas été accomplies* (l'accusation doit établir cet élément), alors qu'auparavant le délit existait *sauf si* ces diligences avaient été accomplies (la preuve en incombait donc à la défense).

• L'art. 121-3, al. 4, limite la responsabilité des personnes physiques **qui n'ont pas causé directement le dommage** (refus de transmettre une question prioritaire de constitutionnalité : Crim., 24 sept. 2013, QPC, *Bull. crim.* n° 180).

On remarquera que la réforme aurait pu profiter ici à d'autres personnes qu'à celles pour lesquelles elle a été faite (fonctionnaires – art. 11 *bis* A L. 13 juill. 1983 –, et élus locaux dans l'exercice de leurs fonctions), notamment à ceux que l'on qualifie de « décideurs privés » (tels les chefs d'entreprise), ou encore aux automobilistes. Mais cet effet étendu de la réforme a été refusé pendant la discussion parlementaire et, curieusement, alors que le texte est de portée générale et ne comporte aucune restriction, la jurisprudence a eu tendance à faire sienne cette interprétation restrictive : certains citoyens ont profité de la réforme (les élus spécialement : ils l'ont votée pour eux), d'autres ont été privés de ses faveurs (les automobilistes, les chefs d'entreprise, par exemple) : v. Mémento de *Droit pénal spécial.*

On remarquera aussi que dans la répression de l'homicide et des atteintes à l'intégrité de la personne par imprudence, il suffisait pour la jurisprudence, on l'a vu dans l'étude de l'élément matériel, qu'il y ait eu un simple lien indirect entre la faute et le dommage pour que la responsabilité pénale soit engagée. La règle nouvelle a donné au contraire une grande importance à la distinction des cas où le dommage a été causé directement de ceux où ledit dommage n'est qu'indirect : mais cette distinction n'est pas toujours facile, et risque d'aboutir à des solutions arbitraires.

Les personnes qui ont causé indirectement le dommage sont celles qui :

- ont *créé ou contribué à créer la situation* qui a permis la réalisation du dommage,
- ou n'ont *pas pris les mesures* permettant de l'éviter.

Leur responsabilité pénale n'existe alors que :

- si elles ont « **violé de façon manifestement délibérée** une obligation particulière de prudence ou de sécurité prévue par la loi ou par le règlement »,
- **ou** si elles ont « commis une **faute caractérisée** et qui exposait autrui à un *risque d'une particulière gravité qu'elles ne pouvaient ignorer* ».

Il en résulte une **dépénalisation partielle de l'imprudence** : n'est pas punissable celui qui, par l'effet d'une faute d'imprudence « simple », a causé indirectement un dommage.

Ces restrictions *ne concernent pas les personnes morales*, qui pourront donc être condamnées pour des infractions non intentionnelles alors que leur représentant ne le sera pas, selon un mécanisme pour le moins singulier (art. 121-2, al. 3) – mais l'on pourra donc relaxer un maire et engager la responsabilité pénale de la commune du fait de son maire (au nom du même comportement, non fautif ici, fautif là...) afin d'apaiser les victimes et l'opinion (rappr. Grenoble, 12 juin 1998, *D.* 1999. Somm. 151, obs. Roujou de Boubée).

Elles *ne concernent pas non plus les infractions d'imprudence ne comportant pas le dommage dans leurs éléments constitutifs*, ex. les pratiques commerciales trompeuses (Crim., 26 juin 2001, *Bull. crim.* n° 160). Mais elles peuvent s'appliquer en dehors des atteintes à la personne par imprudence : ainsi en matière de pollution (v. par ex. Crim., 25 sept. 1997, n° 96-85712).

B - Faute d'imprudence et intention, ou volonté

On dit souvent ici infractions « involontaires », ex. l'homicide « involontaire », et les atteintes « involontaires » à l'intégrité de la personne (on disait « blessures », dans le Code antérieur) : mais la volonté, distincte de l'intention, a une part dans ces infractions (ex. excès de vitesse commis autrement que par distraction), comme le montre l'incrimination de la mise en danger délibérée ou la circonstance aggravante tenant au caractère « délibéré » de la faute d'imprudence (automobiliste « brûlant » un feu rouge qu'il a parfaitement vu).

Il faut donc distinguer **l'imprudence inconsciente** (celle du distrait) et **l'imprudence consciente** (celle du téméraire). Cette analyse est importante, notamment, en matière de complicité (*v. cette question*).

On verra, dans l'étude de la *légitime défense*, que ce fait justificatif est exclu par la chambre criminelle en matière d'homicide et atteintes à l'intégrité de la personne par imprudence.

C - L'unité ou la dualité des fautes pénale et civile

Depuis la L. 2000 (art. 4-1 C. pr. pén.), il peut y avoir relaxe au pénal pour absence de faute d'imprudence ou de négligence et, au civil, condamnation à réparation pour une faute de même type (art. 1383 C. civ.) : il y a sur ce point non plus unité des fautes, comme en cas de condamnation, mais dualité (v. Mémento de *Droit pénal spécial*).

On remarquera qu'en cas de *dommage causé indirectement* (la loi pénale exige alors, on l'a vu, une faute plus grave), s'il y a relaxe au pénal, *le juge civil* ne pourra accorder réparation qu'en concluant à une causalité directe jugée pourtant absente, par hypothèse, par son homologue pénal. Mais la jurisprudence pourrait profiter de cette réforme pour renoncer complètement au principe de l'unité de fautes consacré par elle en 1912, abandon qui, pour l'heure, ne concerne que le seul juge civil.

II – La répression de l'imprudence ou de la négligence : faute et résultat

Distinguons l'imprudence avec résultat et l'imprudence sans résultat.

A – Répression de l'imprudence ayant causé un résultat

1. Imprudence et intention

À résultat égal, les fautes d'imprudence ou de négligence (ou de mise en danger) sont traitées **moins sévèrement** que les fautes intentionnelles, puisqu'elles ne comportent pas le désir du résultat (*cf.* la gradation des fautes en droit civil) : *meurtre*, réclusion criminelle de *30 ans* ; *homicide par imprudence*, maximum de *3 ans d'emprisonnement*, sauf circonstance aggravante, par exemple 5 ans en cas de manquement délibéré à une obligation de prudence.

2. Imprudence et causalité

En cas de résultat, un effort de répression se manifeste par *l'appréciation très large, par la jurisprudence, de la causalité* entre faute et résultat : les juges remontent souvent très haut dans la chaîne des causes, sauf à respecter, en cas de causalité indirecte, l'exigence légale d'une faute caractérisée, *v. A.* (v. Mémento de *Droit pénal spécial*).

B – Répression de l'imprudence n'ayant pas causé de résultat

L'homicide et les atteintes à l'intégrité de la personne supposent un résultat, on l'a vu à propos de la tentative : l'imprudent, même conscient, qui, par chance, ne cause aucun dommage échappe à toute responsabilité pénale sur le fondement de ces textes. Mais d'autres incriminations permettent de réprimer des imprudences n'ayant pas causé de résultat :

1. La mise en danger délibérée d'autrui

Indépendamment de tout résultat, est punissable la mise en danger délibérée d'autrui : c'est le fait d'exposer directement autrui à un risque immédiat de mort ou de blessure de nature à entraîner une mutilation ou une infirmité permanente par la violation délibérée d'une *obligation particulière de sécurité ou de prudence imposée par la loi ou par le règlement* (art. 223-1 C. pén.).

• Le délit suppose un lien immédiat entre la violation des règles et le risque (v. Mémento de *Droit pénal spécial*) : c'est une sorte de « tentative » d'homicide ou d'atteintes à l'intégrité de la personne par imprudence ; ex. admettre des passagers en surnombre sur un navire ; laisser son chien dangereux en liberté ; procéder à un dépassement dangereux ; franchir délibérément plusieurs feux rouges. Il y a évidemment un risque d'arbitraire dans cette appréciation ; la chambre criminelle a décidé qu'une vitesse de 211 km/h dans une grande circulation sans comportement particulier exposant directement autrui à un risque immédiat ne constitue pas le délit (Crim., 19 avr. 2000, *Bull. crim.* n° 161).

• Ce délit, selon la jurisprudence, ne peut se cumuler avec le délit d'homicide ou atteintes à l'intégrité de la personne par imprudence (Crim., 11 sept. 2001, *Bull. crim.* n° 176). Mais, on l'a vu, les peines de l'homicide par imprudence sont alors aggravées.

• Il ne s'agit pas là d'une infraction intentionnelle, même si, pour la chambre criminelle, mêlant ici volonté et intention, l'élément « intentionnel » de l'infraction (mais la Cour de cassation n'a-t-elle pas voulu écrire : « l'élément moral » ?) résulte du caractère manifestement délibéré de la violation de l'obligation de prudence ou de sécurité (Crim., 9 mars 1999, *Bull. crim.* n° 34) ; on verra que la chambre criminelle a retenu la *complicité* de ce délit pour le fait d'enjoindre à un préposé conducteur de franchir un feu rouge en lui disant : « Vas-y, vas-y, ça passe » (Crim., 6 juin 2000, *Bull. crim.* n° 213). Si l'on estime qu'il n'y a pas de complicité d'infraction d'imprudence, on pourrait donc considérer que l'infraction est intentionnelle ; mais on peut tout aussi bien estimer que la complicité d'imprudence est punissable, ainsi qu'en témoigne la solution de la Cour de cassation…

2. Autres incriminations

Même en l'absence de résultat, et en dehors de l'incrimination de *mise en danger*, des incriminations du *Code de la route* et du *Code du travail*, notamment, permettent de réprimer des imprudences même en l'absence de résultat : mais ces textes ne concernent que leur domaine.

Dans une civilisation technique, où les imprudences peuvent avoir des conséquences dangereuses (expériences atomiques), *il est des fautes d'imprudence qu'il faudrait pouvoir punir*, parfois même en l'absence de résultat (surtout en cas d'imprudence consciente), *avec autant de rigueur que les fautes d'intention* (v. le délit de mise en danger, punissable indépendamment de tout résultat, mais de peines moins élevées que celles prévues pour les infractions intentionnelles).

Pour aller plus loin

Bibliographie

- M.-E. Cartier, « La nouvelle définition des délits non-intentionnels », *Rev. sc. crim. 2001, p. 725.*

Exemples de sujets possibles d'examens

Dissertations

- La personne agissant sous l'emprise d'un trouble psychique ou neuro-psychique
- L'intention et le mobile
- L'erreur en droit pénal général
- L'imprudence consciente

Commentaire d'arrêt

- Crim. 13 déc. 1956, *affaire Laboube.*

Chapitre 4
L'élément injuste

L'essentiel

Définition : *cet élément consiste dans* ***l'absence de fait justificatif*** *; s'il y a un fait justificatif, l'infraction disparaît, même si elle était constituée dans ses autres éléments (légal, matériel, moral) : il y aura donc, selon le stade de la procédure, non-lieu (à l'instruction), ou relaxe ou acquittement (par les juridictions de jugement).*
On a déjà indiqué que la formule du Code pénal (« N'est pas pénalement responsable la personne qui… ») risque de conduire à une confusion des concepts : un fait justificatif, par exemple la légitime défense, est différent de l'absence d'intention coupable. Si le résultat est le même (absence de responsabilité pénale), le fondement en est différent.
Certains auteurs, on l'a dit, rattachent l'élément injuste à l'élément légal ou à l'élément moral de l'infraction.
On doit étudier ici les faits justificatifs généraux (il existe des faits justificatifs spéciaux à certaines infractions, ex. la provocation effaçant l'injure : v. Mémento de Droit pénal spécial).
On étudiera l'ordre de la loi ou le commandement de l'autorité légitime, la légitime défense, l'état de nécessité, et le problème du consentement de la victime.

Section 1 – L'ordre de la loi ou le commandement de l'autorité légitime

Art. 122-4 C. pén. Le texte est général, visant les dispositions *législatives* et *réglementaires* : **la loi ou le règlement ne peuvent à la fois ordonner ou autoriser un acte et faire de cet acte une infraction** (ex. l'arrestation d'une personne dans des formes légales ne saurait constituer l'infraction de violence). Le texte fait produire le même effet justificatif au commandement de l'autorité légitime, si l'acte ordonné n'est pas manifestement illégal.

Il est à noter que l'autorisation d'un *traité* peut également justifier une infraction : ainsi la liberté d'expression, garantie par l'art. 10 Conv. EDH, s'oppose à toute condamnation pour diffamation, sous certaines conditions (v. Mémento de droit pénal spécial).

§ 1 – L'ordre de la loi

La justification peut en réalité résulter soit de l'ordre de la loi (ou du règlement), soit de l'autorisation de la loi (ou du règlement), soit parfois de la coutume ou de l'usage.

I – L'ordre de la loi (ou du règlement)

Il suffit par lui-même à justifier l'acte s'il n'est pas nécessaire qu'un ordre du supérieur s'y ajoute. Parfois, en effet, l'ordre de la loi n'exonère de la responsabilité pénale que s'il est *relayé* par l'autorité légitime qu'elle désigne : par exemple, le chef d'un établissement pénitentiaire ne commet pas une séquestration illégale en recevant un condamné, à la condition qu'il ait reçu l'ordre de le recevoir émanant d'un magistrat (art. 224-1 C. pén. : « sans ordre des autorités constituées *et* hors les cas prévus par la loi »).

Exemples : l'obligation de porter secours justifie une violation de domicile ; l'obligation pour le médecin de révéler certaines maladies contagieuses justifie la violation de secret professionnel (art. L. 3113-1 C. sant. publ.) ; l'obligation pour le commissaire aux comptes de révéler certaines infractions dans les sociétés justifie la violation de secret professionnel (art. L. 823-12, al. 2 C. com.).

Mais l'on ne peut dépasser la mesure, par ex. il ne faut pas porter secours aux personnes menacées en cassant le bras d'un enfant lanceur de pierre : le comportement n'est justifié que s'il est proportionné.

Mais il y a des lois elles-mêmes injustes, dont l'ordre ne saurait par conséquent valoir justification : ainsi d'une loi qui ordonnerait un crime contre l'humanité ; toutefois, la juridiction devrait en tenir compte pour la détermination de la peine (art. 213-4 C. pén.).

II – La simple autorisation de la loi (ou du règlement)

Elle constitue également un fait justificatif.

Exemples de permission de la loi :

• L'art. 16-3 C. civ. autorise à porter atteinte à l'intégrité du corps humain en cas de nécessité médicale pour la personne, ou, à titre exceptionnel, dans l'intérêt thérapeutique d'autrui ; le chirurgien ne commet donc pas de violences à l'encontre du malade qu'il opère, ni, en cas de décès, de meurtre (mais il peut y avoir homicide par imprudence).

• L'autorité parentale engendre un droit de correction qui, s'il est limité (Paris, 4 mai 2004, *Dr. pén.* 2004, n° 158), justifie des violences légères d'un parent sur son enfant.

• La possibilité, notamment pour les médecins, de faire révélation (non obligatoire pour eux) aux autorités judiciaires, médicales ou administratives, de privations, mutilations ou sévices (ex. atteintes sexuelles), sur mineur ou sur personne vulnérable, justifie la **violation du secret professionnel (art. 226-14, 1° C. pén.)** ; il en est de même, avec en principe l'accord de la victime, pour la révélation, par le médecin au procureur de la République, de violences physiques, sexuelles ou psychiques, sur n'importe quelle personne, faisant présumer des violences sexuelles (art. 226-14, 2° C. pén.).

• En cas de *crime ou délit flagrant*, même un particulier peut en appréhender l'auteur (art. 73 C. pr. pén.) : l'atteinte à la liberté de la personne arrêtée n'est pas une arrestation illégale et l'acte de violence commis pour cela est lui-même justifié s'il est nécessaire et n'est pas disproportionné (Crim., 13 avr. 2005, *Bull. crim.* n° 131 ; même solution pour le recours à la force par un agent de l'autorité, v. Crim., 26 juin 2012, n° 11-87416).

• En matière de **criminalité et délinquance organisées** (ex. terrorisme, stupéfiants), les art. 706-81 et s. C. pr. pén., justifient, pour la police judiciaire, des opérations d'*infiltration*, avec l'accord du procureur de la République ou du juge d'instruction : ces opérations les autorisent à accomplir des actes ordinairement interdits (art. 706-82 C. pr. pén. : par ex. acquérir, détenir, transporter, livrer ou délivrer des stupéfiants).

• Les art. 100 et s. C. pr. pén. autorisent les *écoutes téléphoniques*, justifiant ainsi le délit d'atteinte à la vie privée (v. Mémento de *Procédure pénale*).

• Les art. 230-32 et s. C. pr. pén. (L. n° 2014-232 du 28 mars 2014) autorisent désormais la géolocalisation, justifiant également le même délit d'atteinte à la vie privée.

• L'art. L. 2338-3 du Code de la défense autorise les gendarmes à faire usage de leur arme de service dans des circonstances rendant cet usage absolument nécessaire (Crim., 12 mars 2013, *Bull. crim.* n° 63).

• La **légitime défense** n'est également qu'un cas particulier de justification par autorisation de la loi (art. 122-5 C. pén.).

• N'est pas un viol punissable l'exécution d'une expertise légalement ordonnée, pour découvrir de la drogue par un toucher rectal (Crim., 29 janv. 1997, *Bull. crim.* n° 39).

• L'obligation légale d'énoncer les motifs de licenciement (art. L. 1232-3 et L. 1232-6 C. trav.) justifie la diffamation non publique (Crim., 12 oct. 2004, *Bull. crim.* n° 239).

Au contraire :

• En principe la *tolérance administrative* ne vaut pas autorisation : ex. l'agrément d'un médicament n'a pas justifié l'homicide par imprudence commis par le fabricant (Paris, 30 avr. 1957, *D.* 1957, p. 550) ; il en est de même en matière de sécurité du travail, pour des tolérances concernant les dispositifs de sécurité (Crim., 16 juill. 1987, *Bull. crim.* n° 297). Même la traditionnelle vente de muguet du 1er mai, bien que tolérée depuis des lustres, n'exclut pas l'application de l'article R. 644-3 sanctionnant la vente à la sauvette (Com., 30 oct. 1984, *Bull.* IV, n° 290). Mais il pourra parfois y avoir *erreur de droit*.

III - La simple autorisation de l'usage ou de la coutume

La simple autorisation de l'usage ou de la coutume ne saurait, par principe, s'opposer à l'application de la loi pénale : par exemple, une pratique policière conformes « aux règles en usage » ne saurait légitimer une arrestation illégale (Crim., 5 janv. 1973, *Bull. crim.* n° 7) ; l'excision n'est pas justifiée par les coutumes ancestrales de ceux qui la pratiquent : il a été jugé que c'est une mutilation, constituant un crime (Crim. 20 août 1983, *Bull. crim.* n° 229).

• Mais il arrive, en *jurisprudence*, que ces usages et coutumes, appelés ainsi à jouer un rôle indirect en matière pénale, soient considérés comme constitutifs d'un fait justificatif.

Exemples : il n'y aura pas infraction de violence punissable pour des actes commis dans l'exercice de sports violents (ex. boxe, rugby : mais l'on doit rester dans les limites des règles de ces sports), ni pour des corrections, si elles sont bénignes (Crim., 31 janv. 1995, *Bull. crim.* n° 38), infligées par des instituteurs à des élèves insolents, ni pour la publication de fausses nouvelles inspirées par la tradition du 1er avril, etc.

Mais la justification ne joue pas, évidemment, si l'usage est spécialement contredit par un texte : ainsi le « bizutage », même sans violence, menace, ni atteinte sexuelle, est un délit s'il comporte des actes dégradants ou humiliants (art. 225-16-1 et s. C. pén.).

• La justification est indiscutable, lorsque l'usage est visé par la *loi* (ex. le Code pénal autorise les courses de taureaux et les combats de coqs, dans les localités où une tradition ininterrompue peut être établie : art. 521-1, R. 654-1 et R. 655-1 C. pén.).

Il faut tenir compte, dans l'appréciation de l'usage, de *l'évolution des mœurs*, ex. pour les tenues jadis prohibées, en reproduction (ex. les images publicitaires, les films), ou même en original (sur les plages).

§ 2 – Le commandement de l'autorité légitime

On a longtemps discuté du principe, lorsque ce commandement n'était pas accompagné de l'ordre de la loi : pouvait-on obliger les subordonnés qui reçoivent un ordre à en vérifier la légalité (ex. dans l'armée) ? En cas d'*ordre illégal*, peut-on refuser de l'exécuter ? Si on l'exécute, commet-on une infraction (ex. conducteur obéissant à l'agent lui enjoignant d'emprunter un sens interdit) ?

I – Anciennes thèses

A – Théorie de l'obéissance passive

On doit toujours obéir aux ordres.

Conséquences en cas d'ordre illégal : si l'ordre n'est pas exécuté, peines du refus d'obéissance ; si l'ordre est exécuté, il constitue la *justification* de l'acte : pas d'infraction.

Critique : la théorie risque de conduire à des coups de force, et elle est contraire à la tradition française, selon laquelle on n'obéit pas à n'importe quel ordre.

B – Théorie de l'obéissance raisonnée (ou des « baïonnettes intelligentes »)

Le subordonné doit apprécier le caractère légal de l'ordre.

Conséquences en cas d'ordre illégal : si l'ordre n'est pas exécuté, il n'y aura pas de peine pour refus d'obéissance ; mais en contrepartie si l'ordre est exécuté, il n'y aura *pas fait justificatif* : il y a infraction punissable.

Critique : cette théorie est souvent difficile à appliquer : on ne peut demander à tous les subordonnés d'apprécier la légalité des ordres reçus.

II – Le Code pénal (art. 122-4, al. 2)

Il a consacré la **distinction**, proposée et adoptée auparavant, fondée sur le **caractère de l'illégalité**, selon qu'elle est **manifeste ou non manifeste** : « N'est pas pénalement responsable la personne qui accomplit un acte commandé par l'autorité légitime, sauf si cet acte est manifestement illégal ».

A – Si l'ordre est manifestement illégal

Le subordonné ne doit donc pas obéir ; s'il obéit, il n'est pas couvert par l'ordre du supérieur (ex., faux en écriture publique sur instructions d'un maire : Crim., 25 févr. 1998, n° 97-82.732, destruction d'une paillote sur ordre d'un préfet, Crim., 13 oct. 2004, *Bull. crim.* n° 243, écoutes téléphoniques illégales, Crim., 30 sept. 2008, *Bull. crim.* n° 197).

B – Si l'illégalité de l'ordre n'est pas manifeste

Solution inverse : l'exécution de l'ordre est justifiée par l'ordre du supérieur.

La difficulté est que, sauf dans des cas extrêmes, qui sont fort rares (ordre d'accomplir un crime contre l'humanité : cf. Crim., 23 janv. 1997, *Bull. crim.* n° 32), la distinction entre les deux illégalités est difficile et risque d'être arbitraire.

D'autres textes vont pourtant dans le même sens :

– le Code de la défense indique que « les militaires doivent obéissance aux ordres de leurs supérieurs » et qu'« il ne peut leur être ordonné et ils ne peuvent accomplir des actes qui sont contraires aux lois, aux coutumes de la guerre et aux conventions internationales » (art. L. 4122-1, al. 2), en précisant qu'un militaire « ne doit pas exécuter un ordre prescrivant d'accomplir un acte manifestement illégal ou contraire aux règles du droit international applicable dans les conflits armés et aux conventions internationales en vigueur » (art. D. 4122-3) ;

– le **statut des fonctionnaires** (L. n°83-634, 13 juill. 1983, art. 28) excepte du devoir d'obéissance le cas de l'ordre manifestement illégal et de nature à compromettre gravement un intérêt public (v. aussi le *Code de déontologie de la police nationale*, 1986, art. 17).

III – La jurisprudence

• Elle a souvent distingué moins selon la nature de l'ordre que selon les *possibilités présumées de réflexion* du subordonné : pour l'exécution du même ordre illégal, le fait justificatif sera plus facilement admis au bénéfice d'un agent très subalterne qu'à celui d'un agent de grade supérieur (ainsi un colonel de gendarmerie ne peut se méprendre sur l'illégalité de l'ordre d'un préfet d'incendier une paillote illégale : Crim., 13 oct. 2004, préc.).

• Elle a parfois fait appel, indépendamment de la théorie du fait justificatif, à *d'autres causes d'irresponsabilité*, par exemple l'erreur (non-culpabilité), ou la contrainte morale (non-imputabilité).

Remarques :

1. *Ne constitue pas un fait justificatif le commandement d'une simple* **autorité privée** ; ex. supérieur hiérarchique ordonnant une dénonciation calomnieuse (Crim., 4 oct. 1989, *Bull. crim.* n° 338), une fraude fiscale (Crim., 13 mars 1997, *Bull. crim.* n° 107).

2. Pour les *crimes contre l'humanité* (art. 213-4 C. pén.) : le commandement de l'autorité légitime ne justifie pas l'acte ; mais la juridiction en tient compte dans la détermination de la peine. Dans le même sens : lors du procès des *criminels de guerre nazis* (Nuremberg), l'ordre des supérieurs a pu être retenu à titre de « circonstance atténuante », mais non de fait justificatif.

Section 2 – La légitime défense

Art. 122-5 et 6 C. pén. C'est un fait justificatif au profit de la personne qui riposte à une atteinte injustifiée envers *elle-même ou autrui*, ou, mais à des conditions plus étroites, en cas d'atteinte à *un bien*.

Le texte justifie en principe *toute infraction commise en réponse, en cas d'agression contre la personne* : ex. violence, menace en réponse à l'agresseur, soustraction de l'arme de l'agresseur.

La chambre criminelle apporte toutefois une importante exception à ce principe : ne sont pas justifiés *l'homicide et les atteintes à l'intégrité de la personne par imprudence* commis en se défendant (Crim., 16 févr. 1967, *JCP* 1967. II. 15034, note Combaldieu) ; ainsi, ne sont pas justifiées les blessures par imprudence, pour la personne ayant coincé les doigts de celui qui, illégitimement, se refusait à sortir, et tentait d'empêcher la fermeture de la porte (Crim., 28 nov. 1991, *Bull. crim.* n° 446).

Cette solution est très contestable, car la volonté n'est pas absente de l'infraction (*v. la faute d'imprudence*) ; elle conduit à la condamnation en cas d'homicide par imprudence commis en se défendant, alors que sera justifié un homicide intentionnel, si les autres conditions de la légitime défense sont réunies.

Remarque : selon la chambre criminelle, la légitime défense exclut la faute : donc l'agresseur devenu victime ne peut obtenir réparation ; il ne peut même pas agir contre l'agressé considéré comme gardien (art. 1384, al. 1 C. civ.) de l'arme qu'il a utilisée pour se défendre (Civ. 2e, 22 avr. 1992, *Bull. civ. II*, n° 127).

Il faut rechercher le fondement de la légitime défense, déterminer ses conditions générales, et préciser les cas dans lesquels la légitime défense est présumée.

§ 1 – Fondement de la légitime défense

• On ne peut faire appel à la notion de *contrainte morale*, qui supprime la liberté de choix, ce que ne fait pas la légitime défense (notamment lorsque c'est un tiers que l'on défend).

• On ne peut faire appel à l'idée de *compensation* (selon Hegel, l'attaque est la négation du droit, la défense la négation de cette négation, donc l'affirmation du droit) : car cela conduirait à ne pas appliquer de peine à l'agresseur, contrairement aux solutions admises.

• Dans la légitime défense, il s'agit moins de réprimer que de *prévenir*. Mieux vaut donc dire : l'agression prouve la *défaillance de la protection sociale*, à laquelle va porter remède la légitime défense en permettant seulement de se faire police à soi-même ; il n'y a pas remplacement de la justice publique par la justice privée, car le droit de punir reste réservé à la société, ce qui explique la possibilité d'appliquer une peine à l'agresseur (un principe important est que « *Nul ne peut se faire justice à soi-même* »).

§ 2 – Conditions générales de la légitime défense

Ces conditions concernent l'agression, et la défense.

I - L'agression

Il faut préciser de qui peut émaner l'agression, contre qui ou contre quoi elle peut être dirigée, et ensuite déterminer tous les caractères qu'elle doit revêtir.

A - L'agression peut émaner de n'importe qui

Être humain adulte normal, malade mental, enfant, animal, puisqu'il s'agit de prévention, non de répression.

B - L'agression peut être dirigée

1. Contre n'importe qui :

- l'auteur de la riposte lui-même ;
- un tiers que l'auteur de la riposte entend défendre : ex. victime sans connaissance en raison de coups reçus (Crim. 19 juill. 1989, n° 88-83.127 ; il peut s'ajouter ici l'obligation d'intervenir).

L'agression peut être physique (intégrité corporelle, ou sexuelle), ou même morale (professeur qui donne un léger coup à une élève qui l'insulte en termes grossiers et blessants : Crim., 18 juin 2002, n° 01-88.062).

2. Contre les biens ?

La justification est aujourd'hui **admise**, mais, on le verra, à des conditions plus étroites, par l'art. 122-5 C. pén. (v. aussi art. 122-6). Le problème a été longtemps discuté :

• *Contre* l'existence du fait justificatif, on observait que la défense risque d'avoir des conséquences corporelles irréparables, alors que l'agression ne menace qu'une chose, ou le droit qu'on a sur elle ; mais la riposte doit être proportionnée.

• *Pour* l'existence du fait justificatif, on faisait valoir que l'atteinte aux biens est souvent, en fait, définitive (voleurs insolvables) ; mais on pouvait dire surtout que beaucoup d'agresseurs de biens ne dédaignent pas de s'attaquer aux personnes si cela leur paraît utile, à un moment où il risque d'être trop tard pour réagir. On peut ajouter que la distinction, évidente et nécessaire, entre les personnes et les biens ne tient pas assez compte de ce que certaines agressions contre les biens peuvent légitimement être ressenties comme atteignant la personne : ex. le « vol à l'arraché » ; les considérer, et les comptabiliser, comme on le fait, uniquement comme des atteintes aux biens procède en réalité d'une conception trop matérialiste.

Le Code pénal admet la légitime défense des biens, mais en la limitant : non seulement quant à la *défense* (*v. B*), mais aussi quant à *l'agression*. La légitime défense suppose en effet qu'il s'agit d'**interrompre** l'exécution (l'agression doit donc avoir commencé) d'un **crime ou d'un délit contre un bien** (on exclut donc l'agression constituant une contravention).

C - L'agression doit être présente ou imminente, et réelle

• **Présente ou imminente** : art. 122-5 : l'acte de défense doit être accompli selon les termes mêmes du texte « dans le même temps » que l'atteinte.

Il n'y a donc pas légitime défense si l'on porte des coups après l'agression. Toutefois, il n'est pas nécessaire d'attendre, pour riposter, que l'agression soit déclenchée, ni *a fortiori* d'être atteint par l'agresseur, puisqu'il s'agit ici de prévention : il suffit que l'agression soit **imminente**. De même, il n'est pas nécessaire, pour pouvoir riposter, d'attendre le stade où sa vie est menacée (Crim., 19 juin 1990, *Bull. crim.* n° 250) ;

• et **réelle**. On admet cependant qu'il y a légitime défense si l'on a pu *raisonnablement* se croire attaqué (ex. quelqu'un faisant mine de tirer : Crim., 14 févr. 1957, *Bull. crim.* n° 155) : il y a alors *légitime défense putative*.

D – L'agression doit être inévitable

Il n'y a pas fait justificatif si l'on pouvait éviter l'agression par un autre moyen que la riposte (ex. agression d'un enfant non armé ; la chambre criminelle a jugé qu'il n'y a pas légitime défense non plus si, alors qu'on pourrait se barricader et appeler la police, on va chercher une arme et l'on tire sur l'agresseur : Crim., 26 sept. 1989, n° 88-85874). La possibilité de fuite exclut-elle la légitime défense ? Pas nécessairement, car la fuite peut mettre la personne attaquée dans une situation plus dangereuse encore.

E – L'agression doit être injustifiée

Il n'y a pas défense légitime si l'attaque est justifiée.

• *Il n'y a pas légitime défense* contre la personne qui agit en vertu d'un *ordre de la loi* ou du *commandement de l'autorité légitime* : le malfaiteur frappant le policier qui l'arrête ne peut évidemment invoquer la légitime défense.

Problème : y a-t-il légitime défense *contre l'action illégale* (ex. « passage à tabac ») ? À la différence, parfois, des juridictions du fond, la chambre criminelle (depuis 1821, 1864) n'est pas favorable au fait justificatif : ainsi l'illégalité d'un contrôle d'identité ne justifie pas un coup de pied, ni une rébellion, ni un outrage (Crim., 1er sept. 2004, *Bull. crim.* n° 190) ; l'acte illégal d'un agent de contrôle du métro ne justifie pas la menace d'un couteau (Crim., 28 janv. 1998, n° 96-86.535). Mais il en va différemment en cas d'illégalité *manifeste* (cf. Crim. 4 déc. 1997, *Bull. crim.* n° 416 ; Reims, 18 mai 1984, *JCP G* 1985, 20422, note Chambon)

• *Il n'y a pas de légitime défense contre la légitime défense* : pas de légitime défense pour l'agressé si l'agresseur est lui-même *en état de légitime défense* pour avoir été d'abord attaqué (car sa propre agression est alors elle-même justifiée). Il y aura cependant légitime défense pour l'agresseur X si Y, attaqué par X d'une manière légère, riposte d'une manière excessive. De même, en cas de rixes successives, les agressés initiaux, après s'être trouvés dans un premier temps en état de légitime défense, ne sont plus justifiés s'ils se ruent dans un second temps sans nécessité sur leurs agresseurs (Crim. 16 oct. 1979, *D.* 1980, inf. rap. 522, obs. Puech).

II – La défense

Il faut distinguer selon que l'agression est dirigée contre une personne ou contre un bien.

A – Atteinte envers une personne

Condition essentielle : la défense doit être **proportionnée à l'attaque** (*cf.* Pascal, 13e Provinciale : Peut-on « tuer pour un soufflet » ?).

Exemples : *sont justifiés* la violence par bombe lacrymogène pour se défendre contre une séquestration (Crim., 20 oct. 1993, n° 92-85736), un léger coup à la jambe d'une élève en riposte à de grossières injures (Crim., 18 juin 2002, préc.), un coup de feu dans les pieds de quatre agresseurs armés de projectiles divers (Crim., 28 nov. 1972, *Bull. crim.* n° 362) ; mais *ne sont pas justifiés* : les violences commises à l'encontre d'un individu pour avoir élevé la voix lors d'une dispute (Crim. 7 févr. 2012, *Bull. crim.* n° 37) ; des coups de feu dans la cuisse d'un agresseur sans arme qui ne s'est pas laissé impressionner par un premier tir d'avertissement (Crim., 26 juin 2012, n° 11-86.809) ; des coups portés à deux voleurs de champignons ayant pénétré par escalade dans un terrain clôturé (Crim., 7 déc. 1999, *Bull. crim.* n° 292).

En cas d'*excès de légitime défense*, et alors que l'infraction existe, les juges pourront parfois atténuer la peine.

B – Atteinte contre un bien

On rappelle que cette atteinte doit constituer un crime ou un délit. Selon l'art. 122-5, al. 2, la défense légitime suppose alors :

– un acte **strictement nécessaire** au but poursuivi ;
– une **proportion** entre les moyens employés et la gravité de l'infraction ;
– une riposte qui ne constitue **pas un homicide intentionnel**.

La question s'est posée pour la « **défense automatique** » des biens (pièges, détonateurs). La jurisprudence y fut jadis favorable, fondée (1902) sur le caractère absolu du droit de propriété. La solution pourra être différente aujourd'hui, eu égard aux conditions légales (v. toutefois le premier cas de légitime défense présumée, *§ 3*).

À noter que l'art. 122-5 C. pén. réserve la justification au fait d'« interrompre » l'exécution d'un crime ou d'un délit : on pourrait soutenir que le fait d'installer à l'avance un dispositif de défense automatique ne satisfait pas au vœu de la loi, l'agression étant future. Mais en cas, notamment, d'agressions répétées (et en tempérant la solution par exemple par l'exigence d'avertissements, ex. panneaux), et en respectant bien entendu les autres conditions de la justification, la légitime défense peut être admise : sinon, c'est à cet égard en toute quiétude que les voleurs pourraient opérer dans des résidences secondaires inoccupées. Les solutions d'espèce devront aussi tenir compte de ce que l'atteinte apparemment dirigée contre un bien peut comporter une sérieuse menace d'atteinte à la personne, lorsque par exemple l'auteur d'une tentative de vol est ostensiblement armé, même s'il veut bien faire savoir, à haute et intelligible voix, qu'il n'a en vue que la soustraction de biens matériels.

Au surplus, même s'il est évident que la personne est plus précieuse qu'un bien, comme on l'a vu à propos de l'agression, il ne faut pas dire trop sommairement que toute riposte sur la personne est plus grave que toute attaque contre les biens. Par exemple, il ne faut pas blesser grièvement le voleur de champignons ; mais on doit pouvoir saisir vigoureusement le bras de celui qui allait lacérer la Joconde ou incendier Chambord (ou même voler 10 € à une personne sans ressources).

§ 3 – Présomptions de légitime défense

La loi établit deux présomptions de légitime défense, dont il faut préciser la force.

I – Les deux cas de légitime défense présumée (art. 122-6 C. pén.)

• Il y a légitime défense lorsque l'on repousse **pendant la nuit** *l'entrée par effraction, violence ou ruse*, dans un lieu habité (clôtures, murs et entrées d'une maison ou d'un appartement habité ou de leurs dépendances ; pour une application, v. Crim., 21 févr. 1996, *Bull. crim.* n° 84). La règle fait partie de celles qui tendent à la protection nocturne des citoyens (ex. l'interdiction de principe des perquisitions nocturnes).

• Il y a légitime défense lorsque l'on réagit contre les auteurs de *vols ou de pillages exécutés avec violence* (dans le Code pénal de 1810, c'était le souvenir des bandes de « chauffeurs », torturant les victimes par le feu pour leur faire dire l'endroit où l'argent était caché ; la disposition a été maintenue dans le Code pénal actuel, en raison de la réapparition d'agressions de ce type ; pour une application, v. Crim., 5 juin 1984, *Bull. crim.* n° 209).

II – Portée du texte

• À la différence du cas général de légitime défense de l'article 122-5, qui oblige celui qui l'invoque à établir l'existence du fait justificatif, il suffit, dans les cas de l'article 122-6, de prouver les faits matériels visés par ce texte (ex. nuit, ou vols avec violence) : la légitime défense est alors présumée.

• Mais cette présomption est réfragable (ou relative, ou simple). Elle admet donc la **preuve contraire**. La victime de la riposte pourra invoquer l'excès de légitime défense.

Remarques :

• Dans de telles circonstances, il arrive que l'acquittement intervienne, pour des raisons de fait (ex. C. assises, dans l'affaire des *dames de Jeufosse*, 1857, l'affaire *Pochon*, 1958), l'acquittement supposant d'ailleurs qu'il y a eu renvoi devant la cour d'assises. Mais le caractère **réfragable** de la présomption a été consacré par la Cour de cassation : l'acte peut n'être pas justifié, selon les circonstances, notamment lorsque l'auteur de l'infraction a su ne pas être menacé (Crim., 19 févr. 1959, *Bull. crim.* n° 121 ; Crim., 13 déc. 2011, n° 10-88.699). La chambre criminelle admet que la défense est justifiée si elle n'est pas disproportionnée à l'attaque (ainsi pour le commerçant blessant l'auteur d'une tentative de vol aggravé). La légitime défense a été admise dans un cas où l'occupant d'un immeuble, bruyant (la nuit), irrité par l'intervention de la police demandée par des voisins, avait voulu identifier le dénonciateur, brisé la fenêtre de celui-ci, avait voulu le saisir, le voisin ayant alors tiré dans sa direction et l'ayant tué (Crim., 21 févr. 1996, *Bull. crim.* n° 84).
• Le cas de vols ou pillages avec violence, à la différence du premier, tend à la protection de l'ordre public : on pourrait donc soutenir que la présomption est ici absolue ; mais dans un arrêt, la chambre criminelle n'a pas distingué les deux hypothèses (Crim., 5 juill. 1984, préc.).

Section 3 – L'état de nécessité

Définition : c'est l'état dans lequel est la personne qui commet une infraction **pour éviter un danger actuel ou imminent.** Ex. enfoncer une porte pour sauver une maison de l'incendie, voler des aliments pour ne pas mourir de faim.

Ce fait justificatif a été **consacré par le Code pénal de 1992**, art. 122-7.

Il n'était auparavant visé que dans des dispositions spéciales : ex., en cas d'embarras de la voie publique par des matériaux sans nécessité (aujourd'hui art. R. 644-2

C. pén.), en matière de circulation (aujourd'hui art. R. 412-7 C. route) ; *cf.* l'interruption volontaire de grossesse par un médecin pour motif thérapeutique, dit aujourd'hui médical (art. L. 2213-1 C. santé publ.).

Mais il avait été généralisé dans son principe par la Cour de cassation (Crim., 25 juin 1958, *JCP* 1959. II. 10941, note Larguier). Le plus souvent, toutefois, les arrêts de la chambre criminelle en rejetaient l'application, parce que ses conditions n'étaient pas réunies.

§ 1 – Fondement rationnel de l'état de nécessité

• L'état de nécessité *n'est pas le défaut d'intention* coupable (il peut être invoqué aussi par l'auteur d'un délit non intentionnel) : il y a seulement, chez celui qui agit, un mobile particulier : éviter le danger (on évitera d'employer la formule critiquable utilisée par certains arrêts, selon lesquels l'état de nécessité serait « exclusif de la faute »).

• L'état de nécessité *n'est pas la contrainte* (bien que les tribunaux confondent parfois les deux notions : affaire *Ménard*, le « bon juge » Magnaud : Amiens, 22 avr. 1898, DP 1899, 2, 239). Il n'y a pas en effet force irrésistible poussant à commettre l'infraction, mais **libre choix** entre deux partis : *subir le dommage ou commettre l'acte* (sauf dans les cas extrêmes, *mourir ou tuer*).

L'exemple donné par Cicéron est célèbre : deux naufragés sur le radeau fragile ne pouvant en supporter qu'un seul ; le plus vigoureux décidera s'il doit attendre la mort, ou sacrifier son compagnon ; on rappelle aussi les affaires de meurtre (et d'anthropophagie) consécutives au naufrage du radeau de la Méduse (1816) ou à celui du petit yatch « la Mignonnette » (1884), ayant inspiré la chanson « Il était un petit navire », dans laquelle est sacrifié le petit mousse, comme ce fut le cas sur « la Mignonnette », pour sauver l'équipage (les matelots anthropophages furent condamnés).

• L'état de nécessité *n'est pas la légitime défense* : la légitime défense est un cas particulier d'état de nécessité, dans lequel *la nécessité de se défendre* en commettant une infraction a été *provoquée par l'agresseur* qui va devenir victime. Dans l'état de nécessité, la victime n'a en rien lésé l'auteur de l'infraction.

• On doit dire en réalité que l'état de nécessité constitue un fait justificatif trouvant sa source dans des *considérations d'ordre social* :

– l'auteur d'un acte commis sous l'empire de la nécessité ne témoigne d'*aucune puissance de nuire* particulière ;
– *la menace d'une peine serait impuissante* à empêcher la commission de l'infraction. « Nécessité n'a pas de loi ». La société n'a pas d'intérêt à intervenir. Mais des limites sont indispensables.

§ 2 – Conditions de l'état de nécessité

Ces conditions concernent le danger couru, et l'acte justifié.

I - Le danger

A - Il doit être réel, actuel ou imminent

Il peut être physique, moral ou matériel (visant un *bien*), et menacer *soi-même ou autrui* (« autrui » n'a pas à être nécessairement identifié).

Il a été jugé qu'il y a *justification* dans le cas où, un malfaiteur ayant tiré, un policier, après sommation et coup de feu en l'air, tire au sol, le ricochet blessant le malfaiteur (Crim., 16 juill. 1986, 2e arrêt, *D.* 1988.390, note Dekeuwer) ; de même pour l'étranger qui se soustrait à la reconduite à la frontière pour éviter ce qui le menace dans son pays.

Il n'y a *pas justification*, parce que le péril n'est qu'hypothétique, dans le cas de l'éducateur qui, pour ne pas perdre la confiance des jeunes dont il a la charge, reste passif devant leurs violences (Crim., 21 nov. 1974, *Bull. crim.* n° 345) ; de même en cas de destruction de récoltes pour protester contre les dangers de certaines cultures, danger en l'espèce inexistant (Crim., 19 nov. 2002, n° 02-80788), en cas d'infraction comptable commise pour ne pas révéler son état de fortune et éviter de s'exposer à un vol (Crim., 1er juin 2005, *Bull. crim.* n° 168), de stationnement illicite commis par un bijoutier pour se rapprocher de son lieu de livraison des bijoux et invoquant, pour tenter de se justifier, un hypothétique état général d'insécurité (Crim. 21 nov. 1974, *Bull. crim.* n° 345).

B - Il doit être injuste

On ne saurait prétendre commettre une infraction pour se soustraire à une situation imposée ou autorisée par la loi ou le règlement : l'entrave à l'IVG pour sauver l'enfant à naître n'est pas justifiée, l'IVG étant autorisée par la loi (Crim., 31 janv. 1996, *Bull. crim.* n° 57) ; il n'y a pas non plus justification pour le détenu évadé qui fait usage d'un faux nom et de faux documents pour ne pas être arrêté (Crim., 22 mai 1997, *Bull. crim.* n° 201).

C - Doit-il être dû à un fait indépendant de l'agent ?

La jurisprudence avait décidé qu'il n'y avait pas fait justificatif si l'agent, par sa *faute antérieure*, s'était mis en état de nécessité (Crim., 25 juin 1958, préc.) : ainsi, la Cour de Rennes avait condamné pour délit de dégradation de barrière, sans admettre la justification par l'état de nécessité, dans un cas où un conducteur avait défoncé la barrière d'un passage à niveau (après s'être engagé malgré l'avertissement du garde--barrière) pour éviter le train qui arrivait (Rennes 12 avr. 1954, *S.* 1954, 2, 185, note P. Bouzat).

Mais cette solution pouvait être contestée, car les éléments de l'infraction doivent s'apprécier au moment où celle-ci est matériellement commise : on a vu le même débat au sujet de la contrainte ; et comme l'art. 122-7 du Code actuel ne vise pas cette condition, on pourrait estimer qu'elle n'est pas exigée : mais la chambre criminelle a persisté à écarter la justification en raison d'une faute antérieure (Crim. 1er juin 2010, *Bull. crim.* n° 96 : chasseur s'étant mis en situation de devoir abattre un animal protégé).

II - L'acte justifié

A - Il doit être proportionné à la gravité de la menace que l'on évite

Sinon, le fondement du fait justificatif, tiré de l'utilité sociale, disparaît.

• Il y aura fait justificatif si le bien sacrifié est inférieur au bien sauvegardé.

Exemples :
– vol de pain par affamé (*cf.* affaire *Ménard*, 1898, v. ci-dessus ; en 1997, une mère qui avait volé des aliments pour nourrir mieux ses enfants a été condamnée à une amende avec sursis : Poitiers, 11 avr. 1997, *D.* 1997, 512, note Waxin) ; mais aujourd'hui on vole moins souvent du pain que du whisky : luxe « nécessaire » ? ou désir d'égalité ?
– automobiliste qui franchit la ligne continue pour ne pas heurter un piéton.

Se pose le problème du médecin qui commet un excès de vitesse pour se rendre plus rapidement au chevet d'un malade, ou d'un individu paraplégique qui cultive quelques plants de cannabis, dont la consommation est seule à même de soulager sa douleur, et de protéger sa fonction rénale des atteintes inhérentes à l'utilisations d'autres médicaments (Papeete, 27 juin 2002, *D.* 2003, 584, note Gourdon : justification admise).

La jurisprudence admet que l'on puisse commettre une infraction pour la nécessité d'assurer sa défense (ex. vol de documents par un salarié en rapport avec un litige prud'homal avec son employeur : Crim. 11 mai 2004, *Bull. crim.* n° 113 ; atteinte à la vie privée pour se procurer une preuve : Crim., 31 janv. 2007, *Bull. crim.* n° 27). Mais la solution peut se rattacher à une autorisation, implicite, de la loi et des principes généraux du droit (droits de la défense ; cf. art. 35, dern. al. L. 29 juill. 1881).

• On admet la même solution en cas d'égalité entre les biens.

• Il n'y a pas fait justificatif si le bien sacrifié est supérieur au bien sauvegardé ; par ex., un meurtre n'est pas justifié pour une menace sur un bien, même si la loi ne le précise pas comme elle l'a fait pour la légitime défense (on l'a vu dans l'étude de cette question).

B - Il doit être nécessaire pour sauvegarder la personne ou le bien (« nécessité »)

L'infraction commise doit apparaître comme seule en mesure de permettre d'éviter l'événement redouté, à défaut de tout autre moyen (Crim., 9 nov. 2004, *Bull. crim.* n° 273). Ainsi dans le cas de l'automobiliste qui franchit la ligne continue pour ne pas heurter un piéton (cf. Crim., 12 mai 1950, *Bull. crim.* n° 154). Mais la rupture de stocks ne justifie pas la contrefaçon commise pour pallier de simples difficultés commerciales (Crim., 11 févr. 1986, *Bull. crim.* n° 54) ; les faucheurs d'OGM qui entendent protester contre le danger de certaines cultures ont d'autres moyens que leur destruction (Crim., 7 févr. 2007, n° 06-80108 : ils bénéficient de « voies de droit pour discuter, devant les juridictions compétentes, de la légalité des autorisations d'essais en plein champ qu'ils considèrent comme irrégulières au regard des normes européennes »). On évoquera le problème des constructions sans permis par des sans-logis (T. corr. Colmar, 27 avr. 1956, *D.* 1956, 500 ; cf. pour la violation des règles d'urbanisme par des gens du voyage, Crim., 10 mars 2009, n° 08-86121), et celui des « *squatters* » (pour une condamnation, v. Rennes 25 févr. 1957, *D.* 1957, 338, note Bouzat ; pour une relaxe, v. T. corr. Paris, 28 nov. 2000, *D.* 2001, 512, note Garé).

Remarques :

• *État* de nécessité, n'est pas *droit* de nécessité. L'auteur de l'acte « n'est pas pénalement responsable ».
Mais, *sur le plan civil*, des *dommages-intérêts* devraient pouvoir être accordés à la victime. Cela n'est possible que :
– sur le fondement de l'art. 1384, al. 1 C. civ. ou de la L. 5 juill. 1985, et cela même par les juridictions pénales dans certains cas (art. 470-1 C. pr. pén.) ;
– ou si l'on admet qu'il peut y avoir faute malgré la nécessité (contra Crim., 12 mai 1950, *Bull. crim.* n° 154) ;
– ou sur le fondement de l'enrichissement sans cause.
Pour certains dommages, la victime peut obtenir indemnisation d'un Fonds de garantie. V. Mémento de *Procédure pénale*.
• Certains textes font expressément réserve de l'infraction commise en état de nécessité : ainsi l'art. R. 655-1, al. 1 C. pén. ne punit que le fait de tuer un animal domestique « sans nécessité ». Ainsi ratifiée légalement, la nécessité est moins un fait justificatif que son absence, un élément constitutif de l'infraction considérée.

Section 4 – Le problème du consentement de la victime

Il ne s'agit évidemment pas ici des infractions consistant à obtenir frauduleusement ce consentement (ex. l'escroquerie) : il s'agit des cas où la victime consent consciemment à l'infraction.

Ce consentement a été parfois présenté comme un fait justificatif (*volenti non fit injuria : on ne fait pas tort à celui qui consent*) : ce n'en est pas un. Les cas souvent choisis comme exemples (opérations chirurgicales, boxe), ne sont que des hypothèses d'infractions justifiées par l'autorisation de la loi ou du règlement, ou de la coutume (on l'a vu dans l'étude de ces faits justificatifs).

Il arrive cependant que le consentement de la victime s'oppose à la poursuite de l'infraction, mais pour d'autres raisons.

§ 1 – Le consentement de la victime n'est pas un fait justificatif

Un système de *délits privés* conduirait à la solution inverse, la poursuite étant alors l'affaire de la victime. Mais tel n'est pas notre système juridique, qui adopte le principe déniant au consentement de la victime le rôle de fait justificatif, et même parfois étend ce principe de telle sorte que le consentement de la victime nuit à celle-ci.

I – Principe : le consentement de la victime ne bénéficie pas au coupable

Ce consentement à l'infraction n'efface pas le caractère délictueux de celle-ci : l'application du droit pénal, d'intérêt général et d'ordre public, ne saurait être à la discrétion du citoyen. La responsabilité du coupable reste entière (même s'il peut y avoir atténuation judiciaire de la peine).

Exemples :

1. Cas du meurtre sur demande

Il y a meurtre (avec souvent indulgence de la cour d'assises quant à la peine, on l'a vu à propos du mobile) ; ainsi dans le cas de meurtre sur un malade atteint incurablement (problème de l'euthanasie). Il existe cependant des règles particulières en matière médicale : ainsi le Code de la santé publique interdit au médecin d'entamer ou de poursuivre un traitement sans l'accord du patient (art. L. 1110-5 et s., L. 1111-4 et, pour les malades en fin de vie, art. L. 1111-10 et s.), de telle sorte que le médecin qui s'abstient n'est pas punissable : mais la justification tient donc à la loi qui lui impose de tenir compte du consentement du malade, non au consentement lui-même (s'il n'est pas donné dans les conditions légales, il ne justifie pas le médecin)).

Il ne faut pas confondre ces cas avec la *provocation au suicide*, délit spécial (art. 223-13 à 15 C. pén.), ni avec le cas où l'on se borne à « laisser mourir », même sur demande : il y a alors omission de secours (art. 223-6 C. pén.).

On rappellera le cas du *duel*, jadis meurtre (ou assassinat, en raison de la préméditation) ;

2. Cas des violences

Le consentement de la victime ne justifie pas davantage les violences (v., pour le « bizutage », art. 225-16-1 C. pén.). Cela explique que si le chirurgien commet une faute grave, ou pratique un traitement dangereux sans utilité (chirurgie esthétique parfois), il redevient pénalement responsable. Dans deux cas, il y a en réalité justification mais par *autorisation de la loi*, une autorisation qui est subordonnée au consentement de l'intéressé, dont l'absence est alors pénalement sanctionnée : le prélèvement d'organes sur personne vivante consentante (art. L. 1231-1 C. santé publ.) ; les recherches biomédicales sur l'être humain, avec bénéfice individuel direct, avec consentement (art. L. 1126-1 C. santé publ.). On peut assimiler à cette autorisation de la loi, celle du *traité* : ainsi la Cour EDH légitime-t-elle les violences sado-masochistes entre personnes consentantes au nom du respect de la vie privée garanti par l'art. 8 Conv. EDH (CEDH, 17 févr. 2005, *K. A. et A. D.*) ;

3. Le consentement de la victime n'est pas davantage un fait justificatif pour le proxénétisme, punissable malgré le consentement de la personne prostituée

Le fait qu'une prostituée soit éventuellement consentante ne supprime pas l'infraction dont la finalité est de protéger la société, non les seules prostituées.

Remarque : en matière de *secret professionnel*, pour le secret médical particulièrement, la chambre criminelle affirme depuis longtemps que ce secret est « absolu » : le consentement du malade ne peut donc justifier la violation de ce secret par le médecin (Crim., 8 mai 1947, *Bull. crim.* n° 124). Cette position heurte la logique et va contre la réalité : la loi elle-même, d'ailleurs, va dans beaucoup de cas à l'encontre de cette solution ; ainsi, l'art. 226-14, 2° C. pén. autorise la révélation par le médecin au procureur de la République de certains sévices, avec l'accord de la victime : le consentement autorise alors la violation du secret professionnel.

II - Extensions : le consentement de la victime nuit parfois à celle-ci.

Ce consentement aboutit parfois à faire de la victime un coupable, à des degrés divers :

- en tant qu'*auteur principal* : ex. acceptation en connaissance de cause d'un chèque émis dans certaines conditions irrégulières (art. L. 163-2, al. 2 C. mon. et fin.) ;
- en tant que *complice* : ex. la vente « boule de neige » suppose que la victime de la supercherie la fasse prospérer à son tour au détriment d'autres victimes, ce qui peut lui conférer la qualité de complice (art. L. 122-6, L. 122-7 C. consom.).

§ 2 - Le consentement de la « victime » est dans certains cas un obstacle à l'exercice des poursuites

I - Consentement existant à l'origine

Dans certains cas en présence d'un consentement, l'infraction disparaît, non par l'effet d'un fait justificatif, mais parce que certaines infractions supposent, parmi leurs éléments, **l'absence de consentement** (de la personne, plus que de la « victime »). Il n'est pas assez de dire que l'infraction existe, mais qu'elle est justifiée par le consentement de la victime : elle n'existe pas. Encore faut-il, dans ces cas, que le consentement remplisse certaines conditions.

Cas :

• Infractions contre les *personnes*, le texte évoquant expressément cette absence de consentement (ex. interruption volontaire de grossesse dans les conditions légales : art. 223-10 C. pén. ; atteintes à la vie privée : art. 226-1 C. pén.), ou cette condition étant inhérente à l'infraction (séquestration arbitraire : art. 224-1 C. pén.).

• Infractions contre les *mœurs*, ex. viol (art. 222-23 C. pén.), agression sexuelle (art. 222-22, 222-27 C. pén.).

• Infractions contre les *biens*, ex. vol (art. 311-1 C. pén.), détournement d'objets saisis (314-6 C. pén.).

Conditions :

• Le consentement doit être *libre :* il ne l'est pas s'il est provoqué par violence, contrainte, menace, surprise, ou s'il émane d'un inconscient ou d'un enfant (ex. atteintes sexuelles sur mineur de 15 ans : art. 227-25 C. pén., ou même de 18 ans si l'acte est commis par exemple par un ascendant : art. 227-27 C. pén.).

• Le consentement doit être *antérieur* à l'acte, ou *concomitant* ; s'il intervient après l'infraction, il peut, dans certains cas seulement, on va le voir, faire obstacle à la poursuite.

II - Consentement apparaissant *a posteriori*

Il y a des cas dans lesquels la plainte de la victime est nécessaire aux poursuites, le parquet ne pouvant donc de lui-même déclencher l'action publique : on dit alors qu'il s'agit de « délits privés ». Ex. : *atteintes à la vie privée* (ex. par enregistrement d'image d'une personne dans un lieu privé, sans son consentement : art. 226-6 C. pén.) ; la *diffamation*, dans la plupart des cas (art. 48, L. 29 juill. 1881 ; *v.* Mémento de *Droit pénal spécial*).

Le défaut de cette plainte peut être considéré comme un *assentiment* donné après coup à l'infraction.

Dans ces mêmes cas, ainsi qu'il est logique, le *désistement* arrête les poursuites (art. 6 C. pr. pén.) : v. Mémento de *Procédure pénale*.

Remarque : en dehors de ces cas, il arrive que le parquet attende la plainte de la victime pour déclencher les poursuites.

Pour aller plus loin

Exemple de sujet d'examen

Dissertation

- L'infraction nécessaire

Titre 2
Classifications des infractions

Il existe de multiples façons de classer les infractions, en raison de leur grande diversité. Mais la classification ***dite légale*** *est la plus importante et mérite, pour cette raison, d'être étudiée distinctement des autres.*

Chapitre 1
La distinction légale : crimes, délits, contraventions

L'essentiel

C'est la distinction fondamentale, prévue par la loi (art. 111-1 C. pén.).
***Principe :** le Code classe les infractions selon leur gravité (crimes, délits, contraventions) : mais c'est ensuite la nature de la peine prévue qui permet de définir la nature de l'infraction. La loi ayant établi une échelle des peines criminelles, correctionnelles et contraventionnelles, c'est cette échelle qui permet de déterminer si l'infraction est un crime, un délit, ou une contravention (v., pour cette classification, cette question, 2e Partie). Ex. si une infraction est punie de réclusion criminelle, elle est un crime (art. 131-1 C. pén.) ; si elle est punie d'emprisonnement, elle est un délit (art. 131-3 C. pén. ; art. 381 C. pr. pén.) ; si elle est punie d'une amende jusqu'à 3 000 €, elle est une contravention (art. 521 C. pr. pén.).*
Remarques :
***1.** Les mots « crimes », « délits », « contraventions », ont ici un sens technique précis.*
***2.** La nomenclature du Code (crimes et délits « **contre les personnes, contre les biens, contre la nation, l'État et la paix publique** ») n'a pas beaucoup d'intérêt en tant que classification. Cependant la durée de la détention provisoire peut être différente selon les infractions dont il s'agit (art. 145-2, al. 2 C. pr. pén.).*

Section 1 – Intérêts de la distinction

La distinction a de très **nombreux intérêts**. On la retrouve dans la plupart des problèmes pénaux : aux points de vue de l'incrimination, de la peine, et de la procédure.

§ 1 – Au point de vue de l'incrimination

- **La tentative** *(art. 121-4, 2° C. pén. ; v. cette question)* :
  - est toujours punissable, par principe, en matière criminelle ;
  - n'est pas punissable, sauf texte contraire (et ces textes sont nombreux), en matière correctionnelle ;
  - n'est pas punissable en matière de contravention.
- **La complicité** *(art. 121-7 C. pén. ; v. cette question)* :
  - est punissable en matière de crime et de délit ;
  - est punissable, mais seulement pour certains cas de complicité (provocation par don, promesse, menace, ordre, abus d'autorité ou de pouvoir ou instructions données) en matière de contravention.

• **La non-révélation d'une infraction n'est punissable que s'il s'agit d'un crime (art. 434-1 C. pén.) ou de certains délits (art. 434-3 C. pén.)** *(v. ce délit, à propos de l'omission).*

• **Le non-obstacle à la commission d'une infraction n'est punissable que s'il s'agit d'un crime ou de certains délits** (V. art. 223-6, al. 1 C. pén. ; *v. ce délit, à propos de l'omission*).

§ 2 – Au point de vue de la peine

Ces questions sont étudiées dans la 2e *partie*, consacrée à la peine.

• **La diminution de peine** pour les mineurs a un effet variable selon la gravité de l'infraction.

• **Le non-cumul des amendes** ne joue pas en matière de contravention.

• **Les règles de la récidive** sont différentes selon le cas.

• **Le casier judiciaire** varie dans son contenu selon l'infraction commise.

• **Le sursis** ne s'applique qu'aux peines correctionnelles, ou de police dans certains cas.

• **Le délai de prescription de la peine** est (sauf textes particuliers, ex. terrorisme : 706-25-1 C. pr. pén., 30 ans pour les crimes, 20 ans pour les délits ; stupéfiants : art. 706-31 C. pr. pén., mêmes durées) :
- 20 ans pour les crimes (133-2 C. pén.),
- 5 ans pour les délits (art. 133-3 C. pén.),
- 3 ans pour les contraventions (art. 133-4 C. pén.).

§ 3 – Au point de vue de la procédure

Ces questions sont développées dans le Mémento de *Procédure pénale*.

• **Compétence**

Règle : la nature de l'infraction détermine la juridiction compétente :
- *crime :* compétence de la cour d'assises ;
- *délit :* compétence du tribunal correctionnel ;
- *contravention :* compétence du tribunal de police (art. 521, al. 2 C. pr. pén.).

• **Instruction**

Principe : les formes et les garanties sont d'autant plus nombreuses que l'infraction est grave.
- pour les *crimes*, l'instruction préalable est obligatoire (art. 79 C. pr. pén.).
- pour les *délits*, l'instruction préalable est en principe facultative (parfois obligatoire, ex. pour les mineurs, sauf exceptions : art. 5, al. 2 Ord. 2 févr. 1945, art. L. 212-45, al. 3 CJM).
- pour les *contraventions :* l'instruction préalable a lieu seulement sur réquisitions du procureur de la République.

• **La détention provisoire** ne peut être ordonnée que pour les *crimes*, ou les *délits punissables de 3 ans d'emprisonnement* au moins (en dehors du cas de violation du contrôle judiciaire, art. 143-1 C. pr. pén.).

• **La procédure de flagrance** n'est possible que pour les crimes, et les délits punissables d'emprisonnement (art. 54, 67 C. pr. pén.).

• **Le délai de prescription de l'action publique** (c'est-à-dire le temps après lequel la poursuite n'est plus possible) est (sauf textes particuliers, ex. terrorisme : 706-25-1 C. pr. pén., 30 ans pour les crimes, 20 ans pour les délits ; stupéfiants : art. 706-31 C. pr. pén., mêmes durées ; certains crimes ou délits contre des mineurs : art. 7, 8 C. pr. pén.) de :

– 10 ans pour les crimes, (art. 7 C. pr. pén.),
– 3 ans pour les délits (art. 8 C. pr. pén.),
– 1 an pour les contraventions (art. 9 C. pr. pén.).

De manière récurrente, les pouvoirs publics proposent d'allonger le délai de la prescription en matière de délit et de crime.

• **Les voies de recours** sont parfois organisées de manière différente selon la nature de l'infraction. Ex. appel restreint en matière de contravention.

On verra dans *l'étude complémentaire 2* du présent ouvrage que :

Les poursuites des infractions commises par des Français à l'étranger :

– n'interviennent pas pour des contraventions ;
– peuvent intervenir plus souvent pour des délits ;
– peuvent intervenir plus souvent encore pour des crimes.

L'extradition :

– n'est pas applicable en matière de contravention ;
– l'est dans certains cas en matière de délit ;
– l'est en principe en matière de crime.

Remarques :

1. Dans de nombreux cas, la distinction crimes-délits-contraventions laisse place à une **distinction bipartite**, opposant parfois la catégorie des crimes et délits, à celle des contraventions, parfois celle des crimes, à la catégorie des délits et contraventions :

D'un côté **crime et délit**, de l'autre **contravention** : ex. source de l'incrimination (loi pour les crimes et les délits ou règlement, pour les contraventions), agression de nature criminelle ou délictuelle contre les biens justifiant la légitime défense, complicité en matière criminelle et délictuelle toujours punissable, sanction du non-obstacle à une infraction délictuelle ou criminelle, non-cumul des peines, ordonnance pénale, contrainte judiciaire pour le paiement des amendes, infraction flagrante, inviolabilité parlementaire, infraction à l'étranger par un Français, extradition.

D'un côté **crime**, de l'autre **délit-contravention**, cette distinction étant plus rare que la précédente : ex. dispense et ajournement de peine seulement possible en matière correctionnelle ou contraventionnelle (art. 132-58 et s. C. pén. ; art. 469-1 C. pr. pén.).

2. Certaines des règles applicables aux *contraventions de 5e classe*, les plus graves, sont empruntées au régime des délits (ex. sursis simple, possibilité de solidarité pour le paiement des amendes, compétence à l'égard des mineurs).

Section 2 – Valeur de la distinction

1. On lui a reproché son illogisme

Certes, le Code affirme classer les infractions « suivant leur gravité, en crimes, délits et contraventions » (art. 111-1) : mais c'est ensuite la nature de la peine qui permet de savoir si l'infraction définie est un crime, un délit ou une contravention ; ce devrait être le contraire.

Réponse : le Code pénal constate un *résultat*. Les rédacteurs ont d'abord décidé du taux de la peine en fonction de la gravité de l'infraction.

2. On lui a reproché son imprécision

a. Lois extérieures au Code

Si, dans le Code pénal, la distinction se fait facilement (voir pour les contraventions, la partie réglementaire : art. R...), il peut en aller différemment dans des lois extérieures, quand, pour une infraction, plusieurs peines sont encourues, l'une de ces peines entrant dans la catégorie des peines correctionnelles, alors que l'autre entre dans celles des peines contraventionnelles.

Question : quelle est alors la nature de l'infraction ? La jurisprudence tient compte de la peine la plus sévère, car elle pourra être prononcée : il faut donc faire application des garanties prévues pour cette éventualité.

b. Cas d'atténuation de la peine

Il arrive qu'une atténuation de la peine (*v. cette question*) substitue une peine correctionnelle à une peine criminelle.

Question : le crime est-il du même coup transformé en délit ? La jurisprudence répond en principe par la négative.

3. On lui a reproché son caractère tripartite

Mieux vaudrait, a-t-on dit, une *division bipartite*, par exemple :

- délits, supposant l'intention coupable ;
- contraventions, réprimées en dehors de toute intention coupable (« *délits contraventionnels* »).

Il y a en effet, dit-on, beaucoup de ressemblances entre les crimes et les délits :

- le délit peut aisément devenir crime selon la loi, par adjonction d'une circonstance aggravante légale (ex. vol avec arme) ;
- de même en sens inverse : le crime peut être transformé en délit, par le jeu de la correctionnalisation judiciaire, consistant à omettre, dans la poursuite, la circonstance aggravante qui transformait le délit en crime (v. Mémento de *Procédure pénale*).

Réponse : la critique est exacte sur le plan rationnel. Mais des subdivisions sont toujours nécessaires.

Pour aller plus loin

Bibliographie

- Mouly, « La classification tripartite des infractions dans la législation contemporaine », *Rev. sc. crim. 1982, p. 3.*

Exemple de sujet possible d'examen

Dissertation

- Les intérêts de la classification légale des infractions

Chapitre 2
Les autres distinctions

L'essentiel

• *Certaines distinctions ont déjà été étudiées :*

– à propos de l'élément matériel : infractions de commission et d'omission ; infractions matérielles et infractions formelles ;

– à propos de l'élément moral : infractions intentionnelles et infractions d'imprudence ou de négligence.

• *D'autres distinctions seront à étudier en procédure (elles ne se fondent pas sur la nature propre de l'infraction), v. Mémento de Procédure pénale :*

– infractions flagrantes et non flagrantes ;

– infractions connexes et infractions indivisibles.

• *Sont à étudier ici trois catégories de distinctions : la distinction des infractions d'après leur mode de réalisation, la distinction des infractions militaires et des infractions de droit commun, la distinction des infractions politiques et des infractions de droit commun.*

Section 1 – Distinction des infractions d'après leur mode de réalisation

On distingue de ce point de vue les infractions instantanées et les infractions continues, les infractions permanentes et les infractions successives, les infractions simples et les infractions complexes.

§ 1 – Infractions instantanées – Infractions continues

I – Définitions

• **L'infraction instantanée** : c'est l'infraction dont l'exécution se réalise d'une manière **immédiate** (ex. vol, consommé par la soustraction de la chose).

• **L'infraction continue** : c'est l'infraction dont l'exécution **se prolonge dans le temps**, soutenue par une volonté coupable durable – *cf.* « Je n'ai jamais fait qu'une méchanceté dans ma vie » « Quand finira-t-elle ? » (Chamfort).

Exemple : séquestration (art. 224-1 C. pén.), recel de choses (consistant par exemple à détenir une chose qu'on sait provenir d'un crime ou d'un délit, art. 321-1 et s. C. pén.). Ces infractions se prolongeant dans le temps, postulent la persistance de l'intention coupable tant que dure l'activité prohibée.

Remarques :

1. La nature instantanée ou continue d'une infraction est déterminée par la loi, ou par l'interprétation jurisprudentielle. Elle n'est pas toujours conforme à la logique (ex. l'acte du *voleur* conservant la chose volée aurait pu être considéré comme une infraction continue, alors que la jurisprudence n'y voit qu'une conséquence du vol, infraction instantanée ; de même, la *bigamie*, qui consiste à contracter un second mariage alors que l'on est encore dans les liens d'un précédent mariage non dissous, aurait pu être considérée comme une infraction continue, alors qu'elle est traitée comme infraction instantanée).

2. Les *infractions d'omission* peuvent être, selon les cas, instantanées (ex. omission de secours : art. 223-6 C. pén.) ou continues (ex. non-représentation d'enfant : art. 227-5 C. pén.).

II – Intérêts de la distinction

• **L'incrimination de l'infraction continue** suppose une certaine continuité de criminalité.

Cette continuité est souvent réduite à un minimum par la jurisprudence : ainsi en matière de recel de choses, par une solution qui a été consacrée par le Code pénal de 1992, art. 321-1, le délit est constitué notamment par le seul fait de transmettre la chose d'origine délictueuse.

• **La localisation de l'infraction continue**, dans l'espace et dans le temps, est moins aisée que celle de l'infraction instantanée.

Difficultés :

- quant à la *compétence judiciaire ou législative* (le lieu de commission peut être multiple, ex. pour le recel de choses) ;
- quant à l'efficacité du *repentir* postérieur à la consommation du délit instantané ;
- quant à l'*application dans le temps des lois pénales nouvelles* (ex. incrimination par le Code pénal actuel de l'hébergement contraire à la dignité : il a été jugé que le fait est punissable même si l'hébergement a commencé avant l'entrée en vigueur du Code, s'il se continue après : Crim., 11 févr. 1998, *Bull. crim.* n° 53) ;
- quant à la *prescription :* on admet que, pour l'infraction *continue*, le point de départ du délai de prescription se situe *au jour où l'activité délictueuse prend fin* ; ex. séquestration : jour de la fin de la séquestration ; recel de choses : jour où le receleur se dessaisit de la chose.

  La solution est la même pour les *infractions d'omission continues* : pour l'infraction consistant à ne pas exécuter les travaux ordonnés, la prescription ne court pas tant qu'il n'y a pas exécution (Crim., 4 janv. 1990, *Bull. crim.* n° 9), alors que pour les infractions considérées comme étant d'omission *instantanée*, la prescription court du jour où, au plus tard, l'acte aurait dû être accompli (par exemple pour une vaccination obligatoire).

  Pour certaines infractions instantanées, lorsqu'elles ont été dissimulées, la jurisprudence reporte le point de départ de la prescription au jour de la *constatation* de l'infraction, ex. pour l'abus de confiance, l'abus de biens sociaux, pour l'enregistrement illicite de paroles et de données informatisées, pour le délit dit de favoritisme, etc. ;
- quant à *l'amnistie* (l'amnistie ne bénéficie pas à l'infraction continue pour la partie qui se prolonge après la date limite fixée par la loi d'amnistie).

§ 2 – Infractions permanentes – Infractions successives

I – Définitions

• **L'infraction permanente** crée un **résultat matériellement durable** (ex. fait d'élever un édifice au-delà des limites autorisées).

• **L'infraction successive** suppose une **volonté coupable** qui se **renouvelle** à chaque manifestation de l'infraction (ex. port illégal de décoration : art. 433-14, 1° C. pén.).

Remarque : la *jurisprudence* voit parfois dans ces deux types d'infractions *deux cas d'infractions continues*. Cela est une *erreur* : seule l'infraction successive peut être continue, car elle suppose un renouvellement de la volonté coupable. L'infraction permanente ne peut être continue, puisque son résultat se perpétue sans nouvelle intervention de la volonté (pas d'infraction sans élément moral) : *l'infraction permanente est instantanée* ; le fait que ses conséquences soient durables n'en modifie pas la nature. C'est d'ailleurs en réalité ce qu'admet le plus souvent la jurisprudence.

II – Intérêts de la distinction

• **Point de départ du délai de prescription :** pour l'infraction permanente, c'est le jour où l'infraction est consommée (infraction instantanée) ; pour l'infraction successive : c'est le jour de la cessation de l'activité délictueuse, ex. actes de corruption.

• **Application dans le temps d'une loi nouvelle :** l'infraction successive se commet à chaque renouvellement, ex. importation illicite de stupéfiants.

• **Autorité de la chose jugée :** pour l'infraction permanente, la condamnation fait obstacle à une nouvelle poursuite (ex. le stationnement gênant, selon la jurisprudence : Crim., 7 juin 1995, *Bull. crim.* n° 206) ; pour l'infraction successive, de nouvelles poursuites sont possibles, dès lors que l'activité délictueuse ne prend pas fin (ex., pour l'abandon de famille : Crim., 9 févr. 1965, *D.* 1965, 475).

• On trouve parfois, en doctrine, la notion d'**infraction collective par unité de but**, ou infraction « **continuée** », constituée par plusieurs faits dont chacun, isolé, est une infraction (à la différence de l'infraction d'habitude, *v. § 3 B.*), en considérant que l'ensemble de l'activité forme un tout et donc une seule infraction. Exemples : fabrication de fausse monnaie, constituant un seul crime et non pas plusieurs aussi nombreux que les billets falsifiés (art. 442-1 C. pén.), vol de plusieurs objets en un même temps et en un même lieu (dans le cas d'un vol de camion et de marchandises, il y a vol unique : Crim. 20 mars 1985, *Bull. crim.* n° 120 – ce qui est important en cas de recel partiel. Il s'agit de *faits de même nature*, si bien que le cas est différent de celui du concours idéal : *une seule peine* sera prononcée, *un seul délai de prescription court* (son point de départ est la fin de l'opération d'ensemble ; solution consacrée en matière d'usure, art. L. 313-5, dern. al. C. consomm. : la prescription de l'action publique court à compter du jour de la dernière perception soit d'intérêt soit de capital). Mais il doit s'agir, comme dans ces exemples, de *faits simultanés :* si les faits ne le sont pas, comme dans le cas de l'employé prenant un billet par jour dans la caisse, il s'agit d'infractions connexes, et l'hypothèse relève alors des règles du concours réel d'infractions.

§ 3 – Infractions simples – Infractions complexes

Définitions :

• **Infraction simple :** elle est constituée par un seul fait (instantané ou continu, ex. vol, recel).

• **Infraction complexe :** elle est constituée par plusieurs faits formant une seule infraction. Mais il faut ici distinguer deux sortes d'infractions complexes :

I – Infraction complexe, unique, mais composée de faits distincts

Exemple : l'escroquerie suppose des **manœuvres** aboutissant à se faire **remettre** la chose (art. 313-1 C. pén.) ; c'est le dernier acte (la remise) qui consomme l'infraction, et qui marque, par exemple, le point de départ de la prescription de l'action publique.

II – Infraction complexe, unique, mais composée de faits semblables et répétés

Il s'agit de l'**infraction d'habitude**, constituée par plusieurs faits semblables, dont chacun, isolé, n'est pas une infraction. Ex. exercice illégal de la médecine (art. L. 4161-1 C. santé publ.), voyage sans titre de transports (art. L. 2242-6 C. transports : habitude caractérisée dès lors que la personne concernée « a fait l'objet » – *sic* –, sur une période inférieure ou égale à 12 mois, de plus de dix contraventions…).

Intérêts de cette notion :

– pour l'*incrimination* : il faudra plusieurs faits (deux en principe) pour constituer l'infraction d'habitude. Difficulté : conserver la preuve du premier, qui n'est pas une infraction ;
– pour la *prescription* : le point de départ du délai est le dernier fait qui, ajouté au précédent, constitue l'habitude (v. Mémento de *Procédure pénale*) ;
– pour la *compétence* : il faut la régler lorsque les faits se répartissent sur des ressorts différents ;
– pour l'*action civile* : la victime d'un acte resté unique ne peut agir au pénal.

Remarque : il ne faut pas confondre l'infraction d'habitude (dans laquelle le premier fait n'est pas punissable) et les cas dans lesquels « *l'habitude criminologique* » aggrave la peine : dans ces cas, il y a *infraction dès le premier acte réprimé* (ex. violences sur enfant ou personne vulnérable, art. 222-14 C. pén. ; recel de choses, art. 321-2, 1° C. pén.).

Section 2 – Distinction des infractions de droit commun et des infractions militaires

Remarque : des *textes spéciaux* existent pour les infractions militaires : v. le **Code de justice militaire.**

§ 1 – Intérêts de la distinction

Des règles particulières sont prévues pour les infractions militaires, aux points de vue :

• de l'*organisation judiciaire* : par exemple, en temps de paix, pour les crimes et délits commis sur le territoire de la République, sont compétents certains tribunaux correctionnels (un par ressort de cour d'appel), mais *spécialisés* en matière militaire et pour les **crimes**, certaines cours d'assises (une par ressort de cour d'appel) *spécialisés* en matière militaire, bref des juridictions de droit commun. Il existe des juridictions particulières en temps de guerre ; v. Mémento de *Procédure pénale* ;

• de la *procédure* : v. art. 698 et s. C. pr. pén. ;

• de la *répression :* certaines peines sont spécifiquement militaires, ex. perte de grade ; le régime des peines est particulariste, ex. pour le sursis, la récidive : art. L. 265-1 et s. CJM.

§ 2 - Notion

Il y a deux sortes d'infractions militaires :

- Les infractions purement militaires : infractions « d'ordre militaire » du Code de justice militaire : manquement aux devoirs militaires, elles ne peuvent être commises que par des militaires (ex. désertion : art. L. 321-2 et s. CJM ; capitulation : art. L. 322-1, L. 322-2 CJM).
- Les infractions militaires mixtes : infractions de droit commun, pouvant être commises *par des militaires* (crimes et délits de droit commun dans l'exercice du service), *ou même par des civils* (infractions alors assimilées à des infractions militaires, ex. dépouiller un blessé en zone d'opération militaire).

Section 3 - Distinction des infractions de droit commun et des infractions politiques

Les intérêts de cette distinction sont relativement nombreux, mais la définition des infractions politiques est souvent difficile.

§ 1 - Intérêts de la distinction

1. *En matière criminelle*, la **peine** politique (*détention criminelle*) est différente de la peine de droit commun, alors qu'en *matière correctionnelle*, les **peines** sont en principe *les mêmes* (*v. l'étude des peines, 2e Partie*). Mais dans les deux cas, pour l'auteur d'une infraction politique admis au *régime spécial*, le régime pénitentiaire est adouci (v. art. D. 490 C. pr. pén. ; la libéralisation du régime de droit commun a d'ailleurs beaucoup rapproché celui-ci du régime spécial).

2. Les condamnations politiques ne font pas obstacle à certaines règles de faveur en matière de *détention provisoire* (art. 145-1 C. pr. pén.).

3. Certaines procédures en partie dépourvues des **garanties** ordinaires (composition pénale : art. 41-2 C. pr. pén., comparution sur reconnaissance de la culpabilité – « plaider coupable » – : art. 495-16 C. pr. pén., convocation par procès-verbal et comparution immédiate devant le tribunal correctionnel : art. 397-6 C. pr. pén.) ne jouent pas en matière politique.

4. Les condamnations politiques ne font pas obstacle, en cas de nouvelle infraction, à l'octroi du **sursis**, et ne révoquent pas le sursis obtenu antérieurement (mais elles ne peuvent être assorties du sursis avec mise à l'épreuve : art. 132-41 C. pén.).

5. Certains condamnés de droit commun sont frappés d'**incapacités** qui n'atteignent pas les condamnés politiques.

6. *Longtemps*, **l'amnistie** est intervenue plus souvent pour les infractions politiques que pour les infractions de droit commun.

7. L'extradition ne joue pas en matière politique (art. 696-4, 2° C. pr. pén. ; *v. cette question, étude complémentaire* 2).

Ces exemples montrent que, souvent, le délinquant politique est *mieux traité* que le délinquant de droit commun.

Ce principe mérite une *explication*, et connaît aujourd'hui une *évolution*.

• En faveur de *l'indulgence* :
- a joué la tendance à prendre en considération le *mobile*, longtemps souvent désintéressé en matière politique ;
- s'est ajoutée à cela la prise de conscience de ce que la délinquance politique avait un caractère relatif (le XIXe siècle a connu beaucoup de changements de régimes).

• Mais *l'évolution* actuelle tend, dans certains pays, à revenir à un traitement rigoureux à l'égard du délinquant politique, dangereux pour l'ordre social : cela s'explique par l'évolution à la fois de l'*État* (beaucoup d'États autoritaires sont menacés, ou moins autoritaires, souhaitent ne pas l'être), et des *délinquants politiques* (qui durcissent leurs mobiles et leurs moyens). Il arrive aussi que certaines conduites, se disant « politiques », soient en réalité inspirées de mobiles peu nobles : en 1945, dans un quartier d'hôpital réservé aux condamnés, l'un d'eux avait apposé sur son lit, pour que les visiteurs ne se méprennent pas, « Je suis un condamné de droit commun »...

En France, cette tendance avait conduit, pour certaines infractions politiques, à prévoir la peine de mort (ex. trahison, espionnage), et à adopter des règles de procédure plus rigoureuses (ex. juridiction d'exception) : mais en 1981 la peine de mort a été abolie, comme pour le droit commun, et ces règles de procédure supprimées.

En temps de paix, certains crimes (ex. trahison, espionnage et infractions connexes) sont jugés par une cour d'assises de 7 magistrats en premier ressort (9 en appel), *sans jury (art. 702 C. pr. pén.)*.

À noter que depuis une L. 9 mars 2004, la contrainte judiciaire peut s'appliquer en matière politique, ce qui n'était pas le cas de la contrainte dite auparavant par corps (art. 749 et s. C. pr. pén.). De même, les infractions politiques n'ont pas été exclues du domaine du nouveau mandat d'arrêt européen (v. cependant, art. 695-22, 5° C. pr. pén.) ;

Remarque : lorsque cette évolution, comme il arrive, renforce la répression en matière politique, elle ne s'explique pas seulement par l'autoritarisme des États et la violence des délinquants politiques : elle s'explique aussi par le danger que représente certaine philosophie, excessive, voulant voir dans toute infraction une infraction politique, et par la considération criminologique que l'assassinat politique, notamment, outre le danger qu'il présente pour l'ordre social, est souvent plus froid et plus calculé que l'assassinat de droit commun (même quand il est le fait de délirants paranoïaques), et risque de faire plus d'imitateurs (v. Mémento de *Criminologie et science pénitentiaire*). *Pour le terrorisme, v. § 2, B.*

§ 2 - Définition

Il faut distinguer les infractions purement politiques, les infractions complexes (avec le cas du terrorisme), les infractions connexes.

I - Infractions purement politiques

• **Il n'y a pas de difficulté quand la peine prévue est dans l'échelle politique** des peines criminelles (ex. détention criminelle) : l'infraction est politique (ex. violence de nature à mettre en péril les institutions de la République : art. 412-3 C. pén.). Il en est de même pour l'infraction punie d'emprisonnement, alors qu'elle est punie de détention quand elle est aggravée : elle est politique même non aggravée (ex. complot : art. 412-2 C. pén.).

• Mais une difficulté se présente quand les textes prévoient seulement une *peine non spécifiquement politique* (ex. peine correctionnelle) : est considérée comme politique l'infraction qui porte atteinte à l'*ordre politique* (ex. fraudes électorales, délits de presse).

Toutefois, il faut distinguer de l'ordre politique l'**ordre social** auquel peuvent porter atteinte des infractions considérées alors comme des infractions de **droit commun** (comme dans le cas du *terrorisme*, *v.* ci-dessous).

II - Infractions complexes

Ce sont des infractions de droit commun, mais commises pour des raisons (**mobiles**) politiques, ex. assassinat d'un chef d'État pour obtenir un changement de régime.

Deux thèses ont été soutenues.

• *Thèse subjective* ; elle met l'accent sur le mobile : donc l'infraction est politique. C'est la solution admise dans l'application du régime pénitentiaire ; le Code prévoit, on l'a vu, un régime spécial, de faveur, pour les infractions de presse – sauf par ex. la provocation au meurtre.

• *Thèse objective* ; elle ne prend pas en considération le mobile : donc l'infraction est de **droit commun.**

C'est la solution :

- de la *jurisprudence* (assassinat de Doumer par Gorguloff : Crim. 20 août 1932, *DP* 1932, 1, 121, concl. Matter) ; violences : Crim. 14 janv. 1958, *Bull. crim.* n° 52 ; graffiti : Crim. 23 févr. 1972, *Bull. crim.* n° 74) ;
- et des *traités d'extradition*, qui excluent la règle de non-extradition en matière politique dans le cas d'assassinat de chef d'État (clause belge).

En dehors de cette hypothèse, la notion d'infraction politique est *plus large*, pour l'application de la règle de non-extradition (*v. étude complémentaire* 2), et cela en raison de l'idée de droit d'asile. Toutefois, il en va différemment pour les infractions dirigées contre toute organisation sociale, et pour certaines infractions graves : c'est le cas du terrorisme.

Cas du terrorisme :

Le développement du *terrorisme* a conduit à prévoir des *règles de procédure* spéciales (art. 706-16 et s. C. pr. pén.) pour certaines infractions de droit commun, ex.

meurtre (et les infractions connexes), liées à une entreprise « ayant pour but de troubler gravement l'ordre public par l'intimidation ou la terreur ».

La notion est reprise par le Code pénal, qui consacre un titre entier au terrorisme, et prévoit, quant au fond, des peines plus sévères que pour le droit commun (art. 421-1 et s. ; v. Mémento de *Droit pénal spécial*).

L'extradition, pour le terrorisme, est possible pour certains actes graves, tels que : attentat, meurtre, prise d'otage, extorsion de fonds, vol à main armée (voire la simple appartenance à un mouvement terroriste) ; ainsi la Conv. européenne pour la répression du terrorisme du 27 janvier 1977 considère que ces infractions ne sont pas politiques (art. 1er) et peuvent donner lieu à extradition entre États contractants ; d'autres infractions, dirigées contre la vie, l'intégrité corporelle ou la liberté des personnes, peuvent n'être pas considérées comme politiques (art. 2).

III – Infractions connexes

Ce sont des infractions de droit commun, commises à l'occasion d'événements politiques, et liées d'une façon plus ou moins étroite avec ces événements.

- Exemples de *lien étroit* avec ces événements : pillage d'une boutique d'armurier pendant une émeute, pour participer au mouvement (l'infraction est alors complexe en même temps que connexe).
- Exemple de *lien plus lâche* : pillage d'une bijouterie pendant les troubles.

Selon la thèse subjective, l'infraction est politique dans le premier cas, de droit commun dans le second.

Selon une thèse mixte, adoptée par la jurisprudence, l'ensemble peut être politique (Crim. 18 nov. 1959, *JCP G* 1960. 11475), mais l'infraction est de droit commun si elle constitue un acte de barbarie (Crim. 9 mars 1849, *D.* 1849, 1, 60, concl. Dupin : assassinat d'un négociateur par des insurgés).

Remarque : l'infraction complexe n'est pas toujours considérée comme politique pour l'extradition (*v. l'extradition).*

Pour aller plus loin

Dissertation

- Les critères de l'infraction politique

Titre 3
Pluralité de participants à l'infraction

L'infraction peut être le fait de ***plusieurs participants :***

• *Parfois* ***sans entente préalable.***

Il peut se produire une impulsion collective et soudaine : telle le « crime des foules ». À l'étranger on distingue parfois les meneurs et les menés : en France, chacun est en principe puni pour son propre fait (avec connexité entre les faits, et souvent des difficultés de preuve, notamment en présence d'une action collective). Il existe cependant quelques règles spéciales (comme par exemple en matière d'attroupement : art. 431-3 C. pén., qui peut aussi être prémédité).

• *Parfois* ***avec entente préalable. Exemple :*** *les infractions collectives dont la commission par une personne agissant seule n'est pas concevable, comme l'association de malfaiteurs (art.212-3, 214-4, 323-4, 421-2-1, 450-1, 461-18 C. pén.), le complot (art. 412-2 C. pén.), les groupes de combat (art. 431-13 et s. C. pén.). On ne confondra donc pas l'hypothèse avec celle d'une infraction commise en application d'une décision collégiale ; la chambre criminelle a jugé qu'en pareil cas, la responsabilité pénale ne peut être imputée à ceux qui ont voté en faveur de la résolution délictueuse (Crim., 11 mai 1999,* Bull. crim. *n° 93, pour le vote d'une mesure discriminatoire par un conseil municipal) ; mais l'infraction est imputable au maire qui prend l'initiative d'inscrire la question à l'ordre du jour et de la soumettre au vote (Crim., 17 déc. 2002,*Bull. crim. *n° 227).*

En outre, il se produit une aggravation de nombreuses infractions quand elles sont commises en bande organisée (art. 132-71) : ainsi du meurtre (art. 221-4, 8° C. pén.), de l'enlèvement (art. 224-5-2 C. pén.), des tortures (art. 222-4 C. pén.), du vol (art. 311-9 C. pén.), de certaines destructions (art. 322-8, 1° C. pén.), de l'escroquerie (art. 313-2, dern. al. C. pén.), ou encore de l'évasion (art. 434-30 C. pén.) ; de même, une aggravation est-elle prévue pour certaines infractions commises en réunion (l'infraction est le fait de plusieurs personnes, agissant comme auteurs ou comme complices) : ainsi du viol (art. 222-24, 6° C. pén.) et autres agressions sexuelles (art. 222-28, 4° et 222-30, 4° C. pén.), du vol (art. 311-4, 1° C. pén.), des outrages (art. 433-5, al. 4 C. pén.), ou encore de la rébellion (art. 433-7, al. 2 C. pén., V. Mémento de Droit pénal spécial).

• *Parfois avec en principe entente momentanée, en vue d'une infraction déterminée.*

C'est l'important problème de la ***complicité****, qui sera étudié ici.*

Remarque : *en cas de complicité, il y a le plus souvent entente ; mais on peut concevoir une complicité sans entente (exemple de l'échelle placée intentionnellement, pour aider le voleur, mais à l'insu de celui-ci) ; et si l'entente est le plus souvent momentanée, en vue de la commission d'une infraction déterminée, il peut aussi y avoir complicité pour la commission de plusieurs infractions.*

• *Parfois des difficultés se présentent pour la détermination des responsables, dans les cas, qui seront étudiés ici, de la* ***responsabilité pénale pour autrui, et de la responsabilité pénale des personnes morales****.*

Chapitre 1
La complicité

L'essentiel

*Il faut distinguer le **complice** de l'**auteur** ou du **coauteur** (v. section 1, à propos de l'aide ou assistance) :*

- *Le coauteur est traité comme l'auteur (il réunit en sa personne tous les éléments généraux et spéciaux de l'infraction) ; comme l'auteur, son comportement correspond très précisément à l'action ou l'omission incriminées.*
- *Le complice participe moins directement à l'infraction. Il s'associe à l'acte de l'auteur principal par un comportement distinct de celui qui caractérise celui de l'auteur ou du coauteur.*

***Principe :** longtemps, le principe a été celui de la **criminalité d'emprunt** et de la pénalité d'emprunt (ou complicité-délit unique), selon lequel le complice emprunte sa criminalité, et sa peine, à celles de l'auteur principal.*

*Le Code pénal actuel (art. 121-6) décide que le complice est « **puni comme auteur** », c'est-à-dire comme s'il était l'auteur de l'infraction. Il maintient le principe de criminalité d'emprunt, selon lequel la complicité suppose un fait principal punissable (section 1, sur les conditions de la complicité) ; mais il modifie certaines des règles concernant les peines applicables au complice, en renonçant à la pénalité d'emprunt (section 2, sur les effets de la complicité).*

D'autres systèmes sont concevables (v. section 3), notamment celui de la complicité-délit distinct, dans lequel le complice est puni pour son acte personnel, mais en qualité d'auteur de cet acte, ce qui présente de l'intérêt notamment en cas de désistement de l'auteur principal, puisque le complice demeure alors punissable. Ainsi en est-il de l'incrimination de provocations non suivies d'effets (art. L. 3421-4 C. sant. publ. : provocation à l'usage de stupéfiants ; art. 227-18 C. pén. : provocation d'un mineur au même usage ; art. 221-5-1 C. pén.: provocation à un empoisonnement ou à un assassinat).

Section 1 – Conditions de la complicité

Art. 121-7 et R. 610-2 C. pén.

La complicité suppose un fait principal, et un acte de participation à ce fait principal.

§ 1 – Conditions relatives au fait principal

Elles concernent la qualification du fait, et le caractère punissable de ce fait.

I - La qualification du fait principal

A - Si le fait principal est qualifié crime ou délit

La complicité est punissable en principe, pour **tout crime ou délit**, et pour tous les cas de complicité définis par la loi.

Problème : peut-il y avoir complicité d'infraction d'imprudence ou de négligence : ex. complicité d'homicide ou d'atteinte à l'intégrité de la personne par imprudence (cas du client incitant le chauffeur de taxi à la vitesse par la promesse d'un pourboire, et provoquant ainsi un accident corporel) ?

Non, si l'on pense que l'acte de complicité suppose un acte intentionnel, c'est-à-dire avec désir du résultat ;

Oui, parfois, selon la loi : la complicité était punissable en matière de publicité trompeuse (anc. art. L. 121-5 C. consom.), alors que, selon la chambre criminelle, ce délit n'était pas intentionnel (Crim., 15 févr. 1982, *Bull. crim.* n° 50).

La chambre criminelle, elle, traite dans ces cas le coupable comme *coauteur*, car il y a faute, dommage et causalité (par ex. pour ceux qui avaient donné des ordres fautifs au conducteur d'un véhicule) ; un arrêt de cour d'appel resté isolé a condamné la personne au volant d'un bobsleigh comme auteur, les équipiers comme complices.

Toutefois, à propos du *délit de mise en danger*, elle a retenu la complicité (enjoindre à un préposé conducteur de franchir un feu rouge en lui disant : « Vas-y, vas-y, ça passe » ; Crim., 6 juin 2000, *Bull. crim.* n° 213) ; on a vu que certains en concluent que ce délit est intentionnel, mais qu'on peut aussi bien estimer que le délit est d'imprudence, et donc que la complicité d'imprudence est punissable…

On notera que si le dommage n'a pas été causé directement, il sera plus difficile de retenir la responsabilité pénale d'une personne physique comme auteur ou comme complice, en raison des dispositions nouvelles de l'art. 121-3, al. 4, *v. la faute d'imprudence*.

B - Si le fait principal est qualifié contravention

Seule est punissable, pour toutes les contraventions, la complicité par *provocation ou instructions*, art. R. 610-2 (*v. § 2, B*).

Pour certaines contraventions, toutefois, *l'aide ou assistance* est réprimée, sans que le Code la qualifie de complicité (ex. bruits ou tapages injurieux ou nocturnes : art. R. 623-2, al. 3 ; violences légères : art. R. 624-1, al. 8 ; violences avec ITT ne dépassant pas 8 jours : art. R. 625-1, al. 9 ; dégradation volontaire du bien d'autrui avec dommage léger : art. R. 635-1, al. 9) : les textes visant le fait de faciliter sciemment, par aide ou assistance, non seulement la consommation de la contravention, mais aussi sa préparation, on pourrait aboutir à cette solution étonnante que l'auteur de l'aide ou assistance dans la préparation de la contravention serait punissable même en l'absence de consommation de la contravention, contrairement au droit commun de la complicité, qui suppose un fait principal (commis ou tenté) punissable.

II – Le fait principal punissable

L'existence d'un fait principal punissable est une condition à la fois *nécessaire* et *suffisante* : il faut un *fait* principal punissable, mais il n'est pas nécessaire que *l'auteur* principal soit punissable.

A – Le fait principal, condition nécessaire

Le complice n'est pas punissable en l'absence de fait principal punissable (l'annulation des questions en cour d'assises portant sur le fait principal entraîne celle des questions portant sur la complicité. Et, comme la complicité n'existe qu'autant qu'il y a un fait principal punissable, le président d'une cour d'assises peut poser à propos du complice une question unique se rapportant tant aux faits qui constituent le crime qu'à ceux qui relèvent de la complicité : Crim. 2 sept. 2005, n° 04-87.809). Il y a absence de fait principal quand le fait n'est pas punissable, ou n'est plus punissable.

1. Fait principal non punissable (car ne constituant pas une infraction)

a. Cas du suicide ou de la tentative de suicide

La « complicité » n'est pas punissable. Toutefois, selon les cas, il peut y avoir *omission de secours* (art. 223-6 C. pén. ; notamment si des renseignements ont été donnés dans des lettres, par l'auteur au lecteur d'un ouvrage sur les méthodes de suicide : Crim., 26 avr. 1988, *Bull. crim.* n° 178), ou *provocation au suicide* (art. 223-13 et s. C. pén.) : mais il s'agit là de délits distincts, faisant encourir des peines correctionnelles, et non de complicité de meurtre. On ne confondra pas la « complicité » de suicide avec le *meurtre sur demande*, punissable malgré le consentement de la victime (*v. cette question*).

b. Infraction d'habitude

- si l'auteur principal en est resté à un premier fait (donc *non punissable*), le complice n'est pas punissable non plus, même s'il a déjà été complice d'infractions semblables commises par d'autres auteurs ;
- si l'auteur principal est *punissable* parce que le délit d'habitude est constitué, *le complice* l'est aussi, même pour une première complicité (Crim., 19 mars 2008, *Bull. crim.* n° 70).

c. La « tentative de complicité »

Elle n'est pas punissable comme telle (Crim., 23 mars 1978, Bull. crim. n° 116). Tel est le cas lorsque l'auteur principal ne commet que des *actes préparatoires*, ou *se désiste volontairement* après commencement d'exécution : le complice en bénéficie ; ainsi en a-t-il été décidé dans les affaires *Lacour, Schieb* (Crim., 25 oct. 1962, *D.* 1963. 221, note Bouzat), pour des faits – argent remis, pour faire tuer la victime, à une personne qui, volontairement, n'avait rien fait – qui, aujourd'hui, seraient punissables comme *délit distinct* (art. 221-5-1 C. pén.), le texte nouveau ne s'appliquant toutefois que si l'infraction projetée est un assassinat ou un empoisonnement, et seulement si l'acte de provocation consiste en des offres ou promesses (*v. plus loin la provocation*).

L'absence de répression de la complicité est choquante puisque la culpabilité réelle du « complice » est aussi grande que si l'auteur principal avait consommé l'infraction. C'est pourquoi dans plusieurs domaines, la loi, comme dans l'exemple ci-dessus, a érigé certaines formes de complicité (notamment par provocation) en *délits distincts*, punissables indépendamment de la commission du fait principal, donc même si la provocation, par exemple, est restée sans résultat (*v. la provocation*). Dans certains cas, on peut retenir le délit d'*association de malfaiteurs* (art. 450-1 C. pén.), dès le stade du commencement d'exécution, ou même dès le stade des actes préparatoires (ainsi jugé pour un projet d'agression au vitriol : Crim., 30 avr. 1996, *Bull. crim.* n° 176).

Mais si la *tentative de complicité* n'est pas punissable comme telle (en l'absence de fait principal punissable), la **complicité de tentative**, elle, est punissable ; il y a en effet alors complicité d'un commencement d'exécution punissable, donc d'un fait principal punissable ; ex. complicité de tentative d'assassinat, pour aider une évasion comportant « si nécessaire » la « suppression » des gardiens, avec violences et coups de feu sur les gardiens (Crim., 23 mai 1973, *Bull. crim.* n° 236).

Remarque : il ne faut pas confondre ces cas avec la **complicité de complicité** ; ex. renseignement donné au complice de l'auteur : le problème est discuté ; la complicité *peut exister* s'il y a intention d'aider l'auteur principal (la jurisprudence estime que la complicité est punissable même si les instructions n'ont pas été données directement à l'auteur : Crim., 30 mai 1989, *Bull. crim.* n° 222 ; 15 déc. 2004, *Bull. crim.* n° 322, mais qu'il n'y a *pas complicité punissable* si la participation est trop indirecte : ex. chaîne d'informateurs).

d. Cas où une infraction ne peut être commise que par une personne ayant une certaine qualité

Exemple : violation de secret professionnel, détournement d'objet saisi, abus de biens sociaux, ou infractions ne pouvant être commises que par des fonctionnaires : le fait n'est pas punissable s'il est commis par une personne dépourvue de cette qualité ; donc le complice n'est pas non plus punissable, même si lui a cette qualité ; on aurait pu déduire une solution différente de la règle du Code pénal de 1992 (le complice sera « puni comme auteur », et non pas comme l'auteur : cela aurait pu s'entendre « comme s'il avait été auteur de l'infraction », donc avec sa qualité).

Pour le cas, inverse, où seul l'auteur a la qualité requise, mais non le complice, la complicité est punissable puisqu'il y a un fait principal punissable ; peu importe que le complice n'ait pas la qualité requise pour être l'auteur principal de l'infraction (Crim., 2 mai 2001, *Bull. crim.* n° 104). C'est ainsi qu'en matière d'abus de biens sociaux, les personnes autres que les dirigeants peuvent être retenues dans les liens de la complicité (Crim., 11 janv. 1996, *Bull. crim.* n° 21).

2. Fait principal n'étant plus punissable

Ce sera le cas, par exemple, s'il est **amnistié** (par amnistie réelle), ou **prescrit** : la complicité n'est pas punissable.

Pour le cas :

- où l'auteur principal bénéficie d'une **immunité** personnelle (ex. l'immunité familiale en cas de vol), *v. infra*, p. 101, la distinction du complice et du coauteur ;
- du fait principal **commis à l'étranger** : *v. étude complémentaire* 2.

B - Le fait principal, condition suffisante

La complicité est rattachée au fait principal plus qu'à son auteur **(il existe une relative indépendance entre le complice et l'auteur principal)**.

1. Le complice peut donc être punissable, dès lors qu'il y a fait principal punissable, alors même que l'auteur principal ne l'est pas

• pour une raison de *fait* : ex. auteur principal en fuite, ou inconnu (Crim., 3 mars 1959, *Bull. crim.* n° 145), ou qui n'a pu encore être poursuivi, ou qui a été laissé en dehors des poursuites (Crim., 28 nov. 2006, *Bull. crim.* n° 294) ;

• pour une raison de *droit* : ex. auteur principal décédé.

Un *problème* se pose lorsque *l'auteur principal* bénéficie d'un *acquittement* (ou d'une relaxe, ou d'un non-lieu) : le complice est-il punissable ?

• si la décision est fondée sur *l'absence d'élément matériel*, la complicité n'est pas punissable ;

• mais si la décision est fondée sur le *défaut d'imputabilité* (ex. minorité, trouble psychique), l'infraction étant matériellement établie, la complicité est punissable malgré l'irresponsabilité de l'auteur principal ;

• si la décision est fondée sur *l'absence d'intention coupable* chez l'auteur principal : la chambre criminelle est hésitante (arrêts contradictoires à quelques années d'intervalle ; v. Crim., 8 janv. 2003, *Bull. crim.* n° 5, Crim., 15 déc. 2004, *Dr. pén.* 2005, n° 79 : condamnation du complice ; Crim., 18 juin 2003, *D.* 2004, 1620, note Rebut : relaxe du complice – mais dans une affaire politique).

En cas d'acquittement de l'auteur principal par la cour d'assises, la décision n'étant pas motivée, le complice reste en principe punissable, particulièrement si la matérialité du crime a été affirmée (Crim., 21 mai 1990, *Bull. crim.* n° 203). La solution devrait être aujourd'hui plus aisée puisque le président de la cour rédige la motivation de l'arrêt.

2. La qualification retenue à l'encontre de l'auteur principal ne lie pas le juge dans une poursuite postérieure dirigée contre le complice

Cependant, après cassation, la relaxe de l'auteur principal, seul à s'être pourvu, peut être un fait nouveau permettant la révision de la condamnation du complice (Crim. 20 juin 1994, *Bull. crim.* n° 246).

Remarque : la prescription court à l'égard du complice du jour du fait principal, non du jour de l'acte de complicité.

§ 2 – Conditions relatives à la participation au fait principal

Cette participation doit, pour être punissable, réunir un élément moral (la connaissance de cause), et un élément matériel (la participation par l'un des cas de complicité prévus par la loi).

I – La participation en connaissance de cause

C'est **l'élément moral** de la complicité. Il faut avoir voulu favoriser l'infraction : une négligence ne suffit pas. Les questions en cour d'assises doivent donc préciser la participation en connaissance de cause. Mais en matière de crime contre l'humanité et de crimes et délits de guerre, la complicité peut être imputée à celui qui « aurait dû savoir » que ses subordonnés commettaient ou allaient commettre un tel crime (art.

213-4-1, 462-7 C. pén.). De même, est punissable au titre de la complicité celui qui a « délibérément négligé » de tenir compte d'informations qui indiquaient clairement que ses subordonnés commettaient ou allaient commettre un crime contre l'humanité (art. 213-4-1 C. pén.), un crime ou délit de guerre (art. 462-7 C. pén.), ou une disparition forcée (art. 221-13 C. pén.).

1. On a examiné plus haut le problème de la complicité d'infraction d'imprudence ou de négligence (*v. ci-dessus, à propos du fait principal*)

2. Un problème se présente quand l'infraction commise diffère de l'infraction projetée :

a. Elle peut en différer seulement par des circonstances aggravantes

Le complice supporte alors certaines aggravations (*v. section 2*) ;

b. Elle peut en différer par ses éléments

• Si l'infraction commise est *plus grave*, dans sa nature, que l'infraction projetée : la complicité n'est pas punissable (ex. Crim., 13 janv. 1955, *D.* 1955. 291, note Chavanne, affaire *Nicolaï* : pistolet remis à un tiers pour impressionner un débiteur, et utilisé pour tuer une autre personne) ;

• Si l'infraction commise est *moins grave* que l'infraction projetée : la complicité n'est pas punissable (ex. fusil prêté pour un meurtre, utilisé pour un délit de chasse), sauf si elle est de nature comparable, ex. arme remise pour un meurtre, utilisée pour les blessures ;

• Si l'infraction commise est *différente* de l'infraction projetée :
- par l'identité de la *victime* (sans erreur sur la personne ni erreur du coup) : ex. projet de tuer X ; en définitive, l'auteur préfère tuer Y : la complicité n'est pas punissable (Crim., 10 mars 1977, *Bull. crim.* n° 91) ; mais si croyant tuer X, il tue Y à la suite d'une erreur, la complicité redevient punissable ;
- par le *mode d'exécution* de l'infraction : ex. projet pour une strangulation, exécution par électrocution : la chambre criminelle n'a retenu la complicité que parce qu'il y avait en même temps d'autres faits de complicité, notamment des directives et renseignements (Crim., 31 janv. 1974, *Bull. crim.* n° 50). De même, la complicité de diffamation ne peut être retenue si l'article a été publié sans l'accord de son auteur dans un journal autre que celui pour lequel il avait été rédigé (Crim., 30 mars 2005, *Bull. crim.* n° 113).

Celui qui a donné des ordres pour commettre une infraction est complice de l'ensemble des crimes et délits commis par l'auteur principal pour parvenir à la commission de cette infraction (Crim., 19 juin 1984, *Bull. crim.* n° 231).

II - La participation par l'un des cas de complicité

C'est **l'élément matériel** de la complicité. Il faut exposer les règles communes à tous les cas de complicité, et définir les trois cas de complicité.

A - Règles communes à tous les cas de complicité

Les actes de complicité doivent être des actes positifs, et des actes antérieurs à l'infraction, ou concomitants.

1. Il doit s'agir de faits positifs

a. Il n'y a pas de complicité par abstention

Exemple : assister à la commission d'une infraction (Crim., 13 mars 1812, *Bull. crim.* n° 154), être présent lors de la commission d'une infraction, la chambre criminelle ayant jugé qu'une simple « coopération morale » ne caractérise pas la complicité (on pourrait pourtant la considérer comme une aide morale mais positive).

Toutefois :

- la loi consacre parfois une complicité par abstention : ainsi, en matière de crime contre l'humanité de celui qui ne prend pas les mesures nécessaires pour éviter que ses subordonnés commettent un tel crime (art. 213-4-1 C. pén.) ; la solution est la même en matière de disparition forcée (art. 221-13 C. pén.) et de crimes et délits de guerre (art. 462-7 C. pén.) ;
- la jurisprudence *évolue dans le sens de la répression*, dans certains cas, ex. dissimulation de son état de conjoint, pour aider à l'organisation de l'insolvabilité ; ne pas enlever l'arme avec laquelle un « parricide » (ancienne terminologie) sera commis ; complicité par la présence volontaire, faisant nombre, dans la troupe des agresseurs, fortifiant ainsi moralement le groupe de ceux-ci ; directeur de publication laissant diffuser une publicité illicite pour le tabac.

b. Mais la complicité est punissable lorsqu'en réalité il s'agit de fausses abstentions

• Est une action, et non une abstention, *la promesse, antérieure à l'infraction*, d'abstention lors de la commission de l'infraction, lorsqu'elle émane d'un professionnel qui, par ses fonctions, aurait dû y faire obstacle (Crim., 27 oct. 1971, *Bull. crim.* n° 284, pour un douanier complice d'un vol).

• La complicité est punissable lorsque l'abstention constitue la violation d'un devoir engendrant l'obligation d'intervenir :

- *devoir professionnel*, ex. fonctionnaire « fermant les yeux »,
- devoir de *fonctions*, ex. banquier ne s'opposant pas à des virements délictueux (Crim., 9 oct. 1989, *Bull. crim.* n° 43), expert-comptable qui n'observe pas son obligation professionnelle d'organiser, vérifier, apprécier et redresser la comptabilité de son client (Crim., 15 janv. 1979, *Bull. crim.* n° 21), magistrat qui ne s'oppose pas à un délit de malversation (Crim., 30 juin 1999, *Bull. crim.* n° 175).

Mais il faut établir la participation personnelle de l'intéressé (Crim., 7 sept. 2005, n° 05-80163, à propos d'un dirigeant social ne s'étant pas opposé à une opération du directeur général, préjudiciable aux intérêts de la société).

En l'absence de complicité punissable, il peut y avoir dans certains cas *délit distinct*, ex. omission de secours.

Il faut réserver aussi le cas de *textes spéciaux* : ex. est réputé complice le tenancier qui laisse prendre des paris clandestins dans son établissement (art. 4, al. 10 L. 2 juin 1891).

2. Il doit s'agir de faits antérieurs à l'infraction, ou concomitants

Il n'y a pas de complicité postérieure à l'infraction ; ex. jurisprudentiels : prêt d'une balance pour le partage du butin (Crim., 23 juill. 1927, *S.* 1929, 1, 73, note A. Roux), aide à évadé après évasion (Crim., 4 mai 2000, *Bull. crim.* n° 178) ; mais il y a complicité en cas d'*accord antérieur* ou concomitant, ex. personne s'engageant à attendre dans sa voiture l'auteur d'une infraction pour faciliter sa fuite (Crim., 30 avr. 1963, *Bull. crim.* n° 157). Mais la *preuve* de l'intention peut se déduire d'un comportement ultérieur (Crim. 4 nov. 1991, *Bull. crim.* n° 391).

Même en l'absence de complicité, il y a dans certains cas *délit distinct*, ex. recel de choses (art. 321-1 C. pén.), recel de malfaiteurs (art. 434-6 C. pén.), certains faux pour procurer l'impunité à l'auteur d'un crime (art. 441-2, 3°, 441-5, 3° C. pén.).

B – Les quatre cas de complicité : provocation, instructions, aide ou assistance, enregistrement d'images

Remarques :

1. Pour les **contraventions**, seule est punissable la complicité par **provocation** ou par **instructions** (art. R. 610-2) : *l'aide ou assistance* est punissable pour certaines contraventions (*v. ci-dessus, les conditions de la complicité relatives au fait principal*), mais le Code la punit alors sans se référer à la complicité, comme s'il s'agissait d'un mode de réalisation de l'infraction.

2. En cour d'assises, la question relative à la complicité doit caractériser les éléments de l'un des modes de complicité ; mais parce que la provocation et les instructions sont visées par le même alinéa (art. 121-7, al. 2) la chambre criminelle y voit un mode de complicité unique ; une seule question peut donc être posée à ce sujet en cour d'assises (Crim., 15 déc. 1999, *Bull. crim.* n° 309). Plus largement, la cour, peut sans s'exposer au vice de complexité, réunir en une seule question les divers cas de complicité, dès lors que les divers modes de complicité retenus ne présentent entre eux aucune contradiction (Crim., 6 mars 2013, n° 12-84.057).

1. La provocation

Elle suppose :

• Certains **moyens** : *don, promesse, ordre, menace, abus d'autorité ou de pouvoir* (même de fait, ex. jurisprudentiels, meneur d'un mouvement : Crim. 29 mars 1971, *Bull. crim.* n° 112 ; passager ordonnant à un conducteur de ne pas s'arrêter à un barrage de gendarmerie (« Fonce, fonce, ne t'arrête pas ! » : complicité de violences aggravées : Crim., 18 mars 2003, *Bull. crim.* n° 70). Mais le simple conseil n'est pas la provocation-cas de complicité (Crim. 13 janv. 1954, *D.* 1954, 128, ex. le passager disant au conducteur « Fonce, voilà les flics » n'est pas complice du refus d'obtempérer : Crim. 21 sept. 1994, *Bull. crim.* n° 302). Il y a bien entendu provocation punissable, on l'a vu, même si la promesse (antérieure) n'est exécutoire qu'après infraction. Et la provocation peut exister sans instructions.

• Des moyens employés envers une **personne déterminée** : la provocation publique, collective (ex. en matière de presse, art. 24, L. 29 juill. 1881), peut être délit distinct, mais non complicité par provocation (sauf, à certaines conditions, art. 23, L. 29 juill. 1881 sur la presse).

• Des moyens employés **directement** : il n'y a pas de provocation complicité dans le fait d'attiser les sentiments de haine à l'égard d'un tiers (mais il peut y avoir délit distinct, dans certains cas, art. 24, L. 29 juill. 1881 sur la presse, art. R. 625-7 C. pén. ; et de ce délit, on peut être évidemment complice : Crim., 8 nov. 2011, *Bull. crim.* n° 229).

• Des **moyens suivis d'effet** : une infraction consommée, ou au moins une tentative punissable : sinon, il n'y a pas de fait principal punissable, donc pas de complicité punissable (*v. supra, p. 93, la « tentative de complicité »*).

On a indiqué plus haut que l'exigence de cette condition laisse impunis des actes révélant une culpabilité aussi grande que si l'auteur principal consomme l'infraction, sauf à pouvoir retenir dans certains cas le délit d'association de malfaiteurs, ou d'autres *délits distincts*, dont l'auteur est alors puni comme tel, même si la provocation reste sans effet. On a signalé que l'art. 221-5-1 permet de réprimer certaines provocations, mais avec une double restriction : l'infraction projetée doit être un assassinat (le texte pourrait désormais être appliqué dans des faits comme ceux des affaires *Lacour*, *Schieb*, citées plus haut) ou un empoisonnement, et la provocation n'est pas celle qui est définie pour la complicité (il s'agit seulement d'offres ou promesses, ou de propositions de dons, présents ou avantages quelconques ; visant les offres, le texte est plus large que l'art. 121-7, mais il ne vise ni la menace, ni l'abus d'autorité ou de pouvoir, non plus que le deuxième cas de complicité, les instructions). V. d'autres ex. de provocations délits distincts : provocation à l'abandon d'enfant (art. 227-12 C. pén.) ; provocation à la rébellion (art. 433-10 C. pén.) ; fait de *provoquer directement un mineur* à commettre un crime ou un délit (art. 227-21 C. pén.) ; provocation en matière de presse (art. 24, L. 29 juill. 1881).

Remarques :

1. Parfois on voit dans le provocateur l'auteur même de l'infraction (il en a été jugé ainsi pour un président de société ayant donné l'ordre de commettre un délit d'ouverture de correspondance : Crim. 4 déc. 1974, *RSC* 1976, 409, obs. J. Larguier ; c'est la **notion**, *doctrinale*, **d'auteur moral ou intellectuel, d'instigateur**).

2. Il peut y avoir *contrainte*, pour le provoqué, si la provocation revêt la forme d'une force irrésistible ; le provocateur est alors seul punissable, comme auteur non comme complice.

3. La loi punit certaines provocations *à des faits n'étant pas eux-mêmes des infractions*, pour éviter leur multiplication (ex. provocation au suicide : art. 223-13 C. pén. ; fait de provoquer un mineur à la consommation habituelle et excessive d'alcool, art. 227-19 C. pén. ; organiser la mendicité d'autrui pour en tirer profit, art. 225-12-5 C. pén. ; provocation à l'usage de substances inoffensives présentées comme stupéfiants, art. L. 3421-4, al. 2 C. santé publ.). Parfois le fait provoqué est punissable moins sévèrement que la provocation (ex. provocation à l'usage de stupéfiants, art. L. 3421-4 C. santé publ.), ou n'est sanctionné directement que par des mesures non pénales (ex. provocation à l'usage de produits dopants, art. L. 232-10 C. sport).

2. Les instructions pour commettre l'infraction

Il s'agit en quelque sorte de « moyens intellectuels » ; contrairement à la complicité par provocation, la complicité par instruction n'implique pas la présence de dons, promesses, menaces, abus d'autorité ou de pouvoir (Crim., 3 mars 1959, *Bull. crim.* n° 145). Ex. renseignements donnés en vue de la commission de l'infraction (plan de l'appartement, habitudes de la victime : Crim. 31 janv. 1974, *Bull. crim.* n° 50), organiser une expédition pour molester la victime, inciter autrui à commettre une infraction, même si les instructions n'indique pas le procédé qui doit être utilisé (Crim., 28 oct. 1965, *JCP G* 1966.II.14524) ; et il y a complicité punissable, on l'a vu, même si les instructions n'ont pas été données directement à l'auteur (complicité de complicité).

Il faut des renseignements suffisamment précis pour être de nature à faciliter la commission de l'infraction par l'auteur (Crim. 31 janv. 1974, préc.) ; à défaut, il ne s'agit que d'un conseil, non punissable au titre de la complicité (Crim., 21 sept. 1994, *Bull. crim.* n° 302).

3. L'aide ou assistance

En matière de *contravention*, on l'a vu, cette aide ou assistance n'est punissable que pour certaines contraventions, et, à s'en tenir au Code, comme mode de réalisation de l'infraction, non comme complicité.

L'aide ou assistance peut consister dans des actes divers ; mais elle doit être antérieure à l'infraction, ou concomitante : cette règle vaut pour tous les cas de complicité, mais l'aide ou assistance concomitante, particulièrement, est parfois difficile à distinguer de la coaction.

a. Elle peut consister dans des activités diverses

Il suffit que l'acte ait « **facilité la préparation ou la consommation de l'infraction** ». Elle peut consister dans :

• La **fourniture de moyens matériels** (spécialement visés aussi dans le Code antérieur), en connaissance de cause, ayant servi à l'action. Ex. jurisprudentiels : procurer une arme pour commettre l'infraction (Crim., 17 mai 1962, *Bull. crim.* n° 200) ; accepter le titre de gérant d'une SARL pour permettre à un étranger d'exercer une activité commerciale sans être titulaire de la carte de commerçant (Crim., 29 janv. 1980, *Bull. crim.* n° 36) ; fournir les éléments d'un article de presse diffamatoire (Crim., 19 mars 1991, *Bull. crim.* n° 132) ; établir de faux documents en vue d'une escroquerie à la TVA (ex. commissaire aux comptes, expert-comptable : Crim., 31 janv. 2007, deux arrêts, *Bull. crim.* n° 25) ; intervenir en tant que conseil lors de l'élaboration de la campagne publicitaire qui a abouti à une publicité illicite (Crim., 6 févr. 1992, *Bull. crim.* n° 60) ; servir d'intermédiaire pour embaucher des salariés pour du travail clandestin (Crim., 1er juill. 1997, *Bull. crim.* n° 262) ; remettre les clefs d'une voiture à un conducteur que l'on sait ne pas être titulaire du permis de conduire (Crim., 14 déc. 2010, *Bull. crim.* n° 200). Là encore on constate la tendance de la loi à transformer des cas de complicité en *délits distincts*, pour les mêmes raisons que pour la provocation (ex. interruption volontaire de grossesse) ;

• Un concours apporté à l'auteur principal, soit au stade de la *préparation* de l'infraction (ex. étudier les lieux où doit se commettre l'infraction), soit au stade de *l'exécution* (ex. créer une diversion facilitant la commission de l'infraction, adresser des menaces aux victimes).

b. Elle doit être antérieure à l'infraction, ou concomitante

L'aide *postérieure* peut être, on l'a vu, un *délit distinct*, mais elle n'est pas complicité sauf si, on l'a vu aussi, elle résulte d'un *accord antérieur*.

c. La distinction de la complicité par aide ou assistance et de la coaction

La complicité par aide ou assistance est parfois difficile à distinguer de la coaction, quand elle est concomitante de l'infraction (le problème de la distinction avec la coaction ne se pose pas en principe pour les complicités par provocation ou par instructions, différentes de l'aide ou assistance, et normalement antérieures à l'infraction).

1) Intérêts de la distinction

Bien qu'en principe le complice soit puni comme s'il était lui-même auteur, cette distinction continue de présenter des intérêts :

- *pour les questions posées en cour d'assises* : elles portent, pour l'auteur, sur les éléments de l'infraction ; pour le complice, sur la participation à l'infraction déjà définie.
- *pour la peine* : le Code antérieur punissait le complice de la peine applicable à l'auteur.

Le Code pénal actuel a voulu changer la formule, parce que les personnes morales peuvent être complices, et n'encourent pas les peines de l'auteur personne physique : mais en décidant que le complice « sera puni comme auteur », le Code modifie le principe ; il en résulte :

Que certaines des *anciennes conséquences* de la pénalité d'emprunt disparaissent ; par ex. :

- quant au *principe* de la peine : en cas d'immunité familiale (ex. en cas de vol, art. 311-12 C. pén.), le coauteur non parent est punissable, le complice non parent ne l'était pas : on pourrait soutenir que dans ces cas, il n'y a toujours pas de fait principal punissable, parce que l'infraction, bien qu'elle existe, « ne peut donner lieu à des poursuites pénales », même pour le complice ; mais on pourrait au contraire estimer qu'aujourd'hui le complice, puni comme s'il était auteur, peut être puni dans ce cas, malgré l'immunité personnelle de l'auteur ;
- quant au *degré* de la peine : le père coauteur de mauvais traitement à enfant encourt une peine aggravée ; complice de la même infraction, il encourait une peine moins forte : il sera aujourd'hui puni comme auteur.

Mais que *subsistent cependant des intérêts* à qualifier la participation ; par ex. :

- en matière de *contravention* : le *coauteur* est punissable (le complice par provocation ou instructions aussi), non le complice par aide ou assistance (mais l'on sait que pour certaines contraventions, cette aide ou assistance est punie, sans référence à la complicité, *v. plus haut, ex. violences contraventionnelles*) ; dira-t-on que le complice est désormais puni comme auteur ? Mais encore faut-il qu'il soit complice : et la loi conduit à décider qu'une condition de la complicité fait ici défaut, si la contravention n'a pas été commise.
- dans le cas de la complicité d'une infraction qu'*on ne peut commettre comme auteur* (*v. plus haut :* ex. violation de secret professionnel lorsqu'on n'a pas la qualité professionnelle requise), et en dehors des cas où la loi précise la solution (ex. banqueroute) : le complice était punissable, non le coauteur ; mais la jurisprudence a décidé que, désormais « puni comme auteur », le complice n'ayant pas la qualité requise est punissable comme s'il avait été lui-même l'auteur punissable d'une telle infraction (*v. les arrêts cités plus haut à propos du fait principal*).

2) Critère de la distinction

Comment distinguer ?

Pour la *doctrine*, le coauteur réunit en lui tous les éléments de l'infraction, non le complice.

La *jurisprudence* adopte parfois le critère doctrinal ; mais elle est souvent plus nuancée.

La distinction a d'ailleurs depuis longtemps perdu de sa netteté (et même aujourd'hui, on l'a dit, une partie de son intérêt) :

• Du fait de **la théorie jurisprudentielle de la complicité corespective**, qui a permis le cas échéant de considérer que tous les participants s'aidaient mutuellement : chaque coauteur était considéré comme complice de l'autre, ex. le co-auteur d'un meurtre sur l'ascendant d'un autre coauteur était puni comme complice de parricide, crime plus grave que le meurtre.

Mais aujourd'hui la théorie de la complicité corespective perd de l'intérêt, dès lors que le complice est puni comme s'il était l'auteur de l'infraction : dans l'exemple, le tiers complice, non parent, est punissable pour meurtre non aggravé (alors que le parent, même simple complice, sera puni pour meurtre aggravé).

Cependant, cette théorie garde son utilité en cas de **scène de violences collectives** : chacun est coauteur et complice, et l'on retiendra pour tous l'infraction sous la qualification la plus haute (ex. coups mortels, même si un seul coup, indéterminé, a été mortel).

On observera que si la jurisprudence traite ainsi parfois le coauteur comme un complice, inversement, il arrive qu'elle considère un complice comme coauteur (ex. pour permettre la répression dans des cas où la complicité n'est pas toujours punissable, ex. l'aide ou assistance en matière de contraventions).

• Du fait de **l'extension jurisprudentielle de la théorie de la peine justifiée** : il n'y a pas cassation, en effet, si l'erreur commise par une décision sur la qualification de complice ou de coauteur est sans conséquence sur la peine (v. par ex. Crim., 19 mars 1991, *Bull. crim.* n° 132) ; mais cette théorie pourrait être aujourd'hui abandonnée (v. Mémento de *Procédure pénale*) ; la distinction, ne jouant aucun rôle dans ce cas, ne donne donc pas lieu à précision jurisprudentielle.

4. L'enregistrement d'images de violence

Est un cas de complicité l'enregistrement d'images de tortures, de violences, d'un viol ou d'une agression sexuelle (art. 222-33-3 C. pén. – « *happy slapping* » –). L'enregistrement peut être justifié par le but d'informer le public ou par celui d'apporter une preuve en justice (art. 222-33-3, al. 3).

Contrairement aux cas précédents de complicité, de portée générale, il s'agit donc ici d'une complicité spéciale limitée à certains crimes ou délits.

Le fait de diffuser de telles images est un délit distinct (art. 222-33-3, al. 2).

Section 2 – Effets de la complicité (les peines applicables au complice)

Le complice « sera puni comme auteur » (art. 121-6 C. pén.).

Le complice n'emprunte donc pas sa criminalité à l'auteur principal en ce qui concerne les peines encourues. Par rapport à l'ancien Code pénal, le système de la *criminalité* d'emprunt subsiste, mais non celui de la *pénalité* d'emprunt.

Il faut préciser le sens de la règle légale, et les effets des causes d'aggravation, de diminution et d'exemption des peines.

§ 1 - Le sens de la règle légale

Le complice encourt la peine qu'il aurait **encourue légalement s'il avait été auteur de l'infraction.** Ex. délit punissable de 5 ans d'emprisonnement : le complice peut être condamné à 5 ans ou à moins de 5 ans, quelle que soit la peine prononcée contre l'auteur.

Le complice peut donc (comme d'ailleurs avant le Code pénal actuel) être puni d'une peine différente de celle de l'auteur – le cas échéant plus forte, dans les limites légales (ex. 3 ans, alors que l'auteur est puni de 2 ans).

Pour l'immunité familiale, *v. supra section 1, § 1, II.*

Cette règle, en réalité, résulte uniquement de la création de la responsabilité pénale des personnes morales : le législateur s'est rendu compte, en effet, que l'emprunt de pénalité aurait engendré des résultats absurdes et impraticables (comment condamner une personne morale, complice d'une personne physique, à un emprisonnement ? Comment condamner une personne physique, complice d'une personne morale, à une peine de dissolution ?). Il a donc remplacé la formule « puni comme l'auteur », par « puni comme auteur », mais sans mesurer les autres conséquences, ni les difficultés qui en résulteraient.

Remarque : selon la jurisprudence, n'est pas punissable le détenu complice (ou auteur) de l'entrée ou de la sortie d'objets irrégulière dans ou hors de l'établissement pénitentiaire ou de communication irrégulière (Crim., 7 mars 1957, *Bull. crim.* n° 238 ; contra Douai, 23 juin 2004, *Dr. pén.* 2005, n° 5 : détenu condamné pour complicité).

§ 2 - Les causes d'aggravation, de diminution ou d'atténuation des peines

I - Les circonstances aggravantes (*v. cette question*)

A - Les circonstances aggravantes objectives ou réelles

Ce sont celles qui concernent la matérialité de l'acte (ex. concomitance d'un meurtre et d'un autre crime ; vol avec violences, ou avec arme) : elles s'étendent à *tous les participants*, coauteurs ou complices *même à ceux qui les ont ignorées*, ou désapprouvées (c'est la notion de *dol éventuel*, vue à propos de la culpabilité).

Cet effet n'est pas forcément compatible avec le principe de la responsabilité pénale du fait personnel (v. Cons. const., 25 févr. 2010, n° 2010-604 DC).

B - Les circonstances aggravantes subjectives ou personnelles

Ce sont celles qui ne concernent que la qualité de l'agent, ex. récidiviste : elles restent personnelles à l'auteur principal ou au complice. La qualité de récidiviste de l'auteur n'entraîne donc pas une aggravation de la peine du complice, et réciproquement.

C – Les circonstances aggravantes mixtes

Ce sont celles qui concernent la personne et l'acte, ex. préméditation, qualité d'ascendant ou de descendant de l'agent par rapport à la victime :

• Si l'on met l'accent sur le caractère en partie personnel de la circonstance, ces circonstances devraient désormais rester propres à celui en la personne de qui elles existent, ex. :

- la qualité, *chez l'auteur principal*, de descendant de la victime d'un meurtre, restera propre à cet auteur, sans s'étendre au complice,
- de même que ces circonstances resteraient propres au *complice* si c'est chez celui-ci qu'elles existent, sans s'étendre à l'auteur ;

• Mais on pourrait aussi estimer que :

- présente *chez l'auteur seul*, la circonstance mixte s'étend au complice (il est plus grave d'être complice d'un meurtre sur un ascendant que d'un meurtre ordinaire : la circonstance aggravante est « mixte ») ;
- et que, présente *chez le complice seul*, elle s'applique à celui-ci ; mais voir les solutions concernant l'existence du fait principal lorsque seul le complice a la qualité constituant un élément de l'infraction.

• La chambre criminelle préfère une classification bipartite des circonstances aggravantes, selon qu'elles sont « *morales* » ou « *réelles* ». Les premières (comme la préméditation : Crim., 14 avr. 1999, *Bull. crim.* n° 81 ; le mobile terroriste s'agissant de l'infraction de l'art. 421-1 : Crim., 25 oct. 2000, n° 99-87864), sont personnelles et propres à celui qu'elles concernent (ex. Crim. 20 juin 2012, *Bull. crim.* n° 155), les secondes (comme l'usage d'une arme : même arrêt ; le port d'une arme : Crim., 10 avr. 1991, n° 90-84452 – mais v. Cons. const., 25 févr. 2010, n° 2010-604 DC affirmant qu'à l'art. 431-25 elle est propre au porteur de l'arme – ; la commission en bande organisée : Crim., 15 sept. 2004, *Bull. crim.* n° 213 ; la commission de violences ayant entraîné la mort : Crim., 31 mars 2010, n° 09-86337 ; le recours à des tortures et actes de barbarie : Crim., 21 nov. 1990, *Bull. crim.* n° 397 ; la minorité de la victime : Crim., 29 avr. 1998, n° 97-83277 ; la circonstance de concomitance de l'art. 311-10 : Crim., 1er avr. 1998, n° 97-84230 ; le fait qu'une personne séquestrée l'ait été comme otage : Crim., 20 mars 1991, n° 90-83864 ; la commission d'un vol la nuit, à l'aide d'effractions : Crim., 18 mai 1987, n° 87-81031 ; la commission en réunion : Crim., 29 juin 2011, n° 10-84195 ; la prise d'otage : Crim., 24 oct. 1984, *Bull. crim.* n° 321 ; la vulnérabilité de la victime : Crim., 17 oct. 1984, *Bull. crim.* n° 308) sont communes aux différents protagonistes, auteurs, coauteurs et complices. En cour d'assises, les circonstances aggravantes matérielles peuvent n'être l'objet que d'une seule question commune à tous les accusés d'un même crime, alors qu'il en va différemment des circonstances aggravantes morales qui, par leur nature même, sont personnelles à chacun d'eux (Crim., 30 oct. 1996, *Bull. crim.* n° 384, à propos de la préméditation).

II – La diminution de peine pour les mineurs, les exemptions de peine personnelles

Elles jouent, mais elles restent personnelles à celui qui en bénéficie (auteur ou complice).

Section 3 - Valeur du système français

Le système absolu de la criminalité d'emprunt avait été critiqué, et l'on avait parfois prôné d'autres solutions pour réprimer la complicité ; mais le système français actuel est parvenu à un équilibre assez satisfaisant.

§ 1 - La critique de la criminalité d'emprunt absolue

• Car elle aboutit parfois à une *impunité non justifiée* ; ex. provocation non suivie d'effet (c'est pourquoi le projet de Code pénal avait envisagé de la punir avec la notion d'instigateur ; et il existe, on l'a vu, des infractions qui incriminent de tels actes à titre de délit distinct) ;

• Car sous sa forme ancienne, elle aboutissait parfois à une *répression mal mesurée* ; ex. le tiers coauteur de violences à enfant encourait une peine moins forte que s'il avait agi comme complice, c'est-à-dire avec une participation moins directe (les juges appliquaient alors parfois au coauteur la complicité corespective, *v. cette question*). On sait qu'aujourd'hui, comme complice, il sera puni comme s'il était auteur, donc sans aggravation.

§ 2 - Les autres conceptions

Trois systèmes peuvent être envisagés.

I - L'emprunt relatif de criminalité

La peine du complice reste *rattachée* à celle de l'auteur principal, mais est *atténuée*.

Critique :

- le système reste un système d'emprunt de criminalité ;
- il faut alors bien *distinguer* le complice du coauteur, ce qui est souvent malaisé ;
- le juge français peut arriver au même résultat par ses pouvoirs élargis quant à la détermination de la peine ;
- parfois le complice est *plus coupable* que l'auteur principal (complice-auteur moral, instigateur : dans les systèmes d'emprunt relatif, ce complice, il est vrai, est souvent traité comme auteur principal).

II - La complicité-délit distinct

Le fait du complice est une infraction indépendante. À chacun selon sa nocuité.

Critique :

- la participation criminelle implique une *activité d'ensemble* : il n'est pas toujours bon de dissocier ce tout ;
- il n'est pas toujours *équitable* de traiter l'acte du complice comme délit distinct : ex. la complicité de violences par des parents sur leur enfant est plus grave que la complicité de violences ordinaires.

III – La complicité-circonstance aggravante

Le fait de la participation du complice aggrave la peine pour tous les participants (ce n'est pas le pendant exact de l'emprunt relatif, où seul le complice évidemment profite de l'abaissement).

Le *droit français* connaît des *applications* de cette idée : parfois la participation aggrave la peine normalement applicable ; parfois le seul fait de la participation fait apparaître une infraction qui n'existerait pas si le fait émanait d'une seule personne.

A – Participation aggravante

Ex. sont aggravées les peines encourues pour vol, proxénétisme, viol, agressions sexuelles, « commis » par plusieurs auteurs ou complices (circonstance aggravante de réunion).

On observera que le terme « commis » est inexact pour le complice : un complice ne « commet » pas l'infraction ; le complice d'un viol qui a empêché un tiers de porter secours à la victime n'a pas « commis » le viol.

On rapprochera de cette conception les solutions légales qui aggravent les peines pour beaucoup d'infractions commises en bande organisée (*cf. Introduction du titre III* ; v. Mémento de *Droit pénal spécial*).

B – Participation créatrice d'infraction

- infraction pouvant être *commise par un seul* : ex. cas de l'intervention d'un tiers dans l'escroquerie (l'intervention d'un tiers est l'un des moyens de réaliser l'escroquerie) ;
- infraction ne pouvant être *commise que par deux ou plusieurs* : ex. association de malfaiteurs, complot (infraction collective).

Critique : le principe ne mérite pas d'être consacré comme règle générale, car beaucoup d'infractions ne sont pas plus graves parce que commises par plusieurs.

§ 3 – L'équilibre du système français actuel

• Le *reproche essentiel* fait à la criminalité d'emprunt a été que ce système aboutissait à faire dépendre la criminalité d'une personne de celle d'une autre, contrairement à l'effort moderne d'*individualisation* (on dit aujourd'hui *personnalisation*) qui se manifeste pour les peines ; d'où la règle de l'art. 121-6, punissant le complice comme auteur (mais qui a, on l'a vu, une autre explication).

• Mais la plupart des conséquences excessives du principe ont été depuis longtemps effacées par les **nombreuses atténuations** qui lui ont été apportées, soit par la loi, soit par la jurisprudence :

I – Par la loi

• Du fait, aujourd'hui, du principe selon lequel le complice est puni comme s'il avait été l'auteur (abandon de la pénalité d'emprunt) ;

• Du fait des importants pouvoirs du juge quant à la peine (pouvant parfois aller jusqu'à la dispense de peine) ;

• Par la multiplication des délits distincts (*v. les conditions de la complicité*), pour des actes :

– *antérieurs* (provocation – v. notamment, comme dit plus haut, certaines provocations à l'assassinat ou à l'empoisonnement –, instructions, fourniture de moyens) ; v. aussi l'association de malfaiteurs ;

– *concomitants.* Et l'on réprime parfois l'*abstention*, ex. non-obstacle à la commission de certaines infractions ;

– *postérieurs* : ex. recel de choses, recel de malfaiteur, certains faux.

• Du fait que la loi prévoit dans plusieurs cas la répression de la complicité en France d'un crime ou délit commis à l'étranger (*v. étude complémentaire* 2).

II – Par la jurisprudence

• Traitant parfois les complices comme des coauteurs, et, on l'a vu, les coauteurs comme des complices par la *complicité corespective* (mais le principe de l'art. 121-6, punissant le complice comme auteur, va à l'encontre des conséquences de ce mécanisme) ;

• Étendant la théorie de la *peine justifiée (qui toutefois, on l'a vu, n'est peut-être plus actuelle)* ;

• Admettant la possibilité, dans la *poursuite postérieure* du complice, de modifier la *qualification* d'abord retenue contre l'auteur principal.

Chapitre 2
La responsabilité pénale du fait d'autrui

L'essentiel

• *Il y a en droit civil, indépendamment de la responsabilité personnelle, une responsabilité civile du fait d'autrui.*

• *Mais en droit pénal, la chambre criminelle avait affirmé depuis longtemps le principe général : « Nul n'est punissable qu'à raison de son fait personnel ».*

Le Code pénal actuel consacre ce principe (art. 121-1) : ***« Nul n'est responsable pénalement que de son propre fait ». Ce principe a valeur constitutionnelle (Cons. const., 16 juin 1999, n° 1999-411 DC, visant les art. 8 et 9, DDHC).***

Il arrive cependant, on l'a vu, que l'on soit en partie puni pour le fait d'autrui : ainsi le participant à l'infraction, ex. le complice, lorsqu'il supporte les circonstances aggravantes qu'il n'a pas voulues, ou le participant à une scène de violences de groupe. On observera aussi que la consécration par le nouveau Code pénal de la responsabilité pénale des personnes morales dans certains cas (v. le chapitre suivant) pourra parfois aboutir à faire peser les conséquences des peines sur des personnes (ex. les salariés) n'ayant en rien participé à l'infraction.

*Mais le principe demeure, de l'absence de responsabilité pénale du fait d'autrui. Spécialement, en cas d'absorption d'une société, la société absorbante ne répond pas des infractions commises par la société absorbée (Crim., 20 juin 2000,*Bull. crim. *n° 237 ; 14 oct. 2003,* Bull. crim. *n° 189). Le principe est souvent opposé à l'encontre des propositions d'instituer une sanction pénale pour les parents en raison de l'infraction de leur enfant ; un abandon moral et matériel de l'enfant a pu pourtant être imputé à des parents passifs, laissant commettre des infractions par leur enfant (rappr., mais ce n'est pas une responsabilité pénale, la possibilité de suspension des allocations familiales quand un mineur est placé dans un centre éducatif fermé, art. 34 Ord. 2 févr. 1945).*

Les ***exceptions*** *au principe de responsabilité personnelle ne sont souvent qu'apparentes. On constate qu'il y a en réalité déplacement, tantôt de la responsabilité personnelle, tantôt seulement de l'obligation de payer l'amende.*

Section 1 – Déplacement de responsabilité

Ce déplacement de responsabilité ne signifie pas toujours que *l'auteur matériel* de l'infraction n'est pas responsable : il reste responsable dans certains cas, à côté de celui que l'on dit responsable du fait d'autrui (v. par ex., à propos de l'art. 3 *bis* de l'ord. n° 58-1310 du 23 décembre 1958, Crim., 16 sept. 2003, n° 02-87245). La loi elle-même, dans de nombreux cas, assimile à celui qui commet l'acte celui qui le *fait commettre* : ex. « faire » pratiquer une recherche biomédicale de façon illégale (art. 223-8 C. pén.) ; « faire » procéder à des traitements automatisés illégaux (art. 226-16, 226-17 C. pén.) ; « faire » importer ou exporter des images pornographiques de mineur (art. 227-23, al. 2 C. pén.) ; « faire ou laisser » modifier, en tant que commettant, un dispositif de limitation de vitesse (art. L. 317-1 C. route).

En réalité, celui qu'on considère comme pénalement responsable, en dehors ou à la place de l'auteur matériel, a commis une **faute personnelle** : on parle parfois alors de « **responsabilité directe** », et d'**auteur moral** ou intellectuel de l'infraction, celui-ci connaissant, le plus souvent, les agissements de l'auteur matériel (l'existence de cette faute est parfois exigée expressément par la loi). Ces solutions concernent le plus souvent, mais non exclusivement, le chef d'entreprise, dont la responsabilité peut toutefois être écartée en cas de délégation de pouvoirs.

§ 1 – La responsabilité pénale du chef d'entreprise

Elle découle tantôt de la loi, tantôt de la jurisprudence.

I – La loi

Exemples :

• En matière d'*hygiène et sécurité du travail*, la responsabilité de l'employeur est retenue, s'il a enfreint les règles par sa **faute personnelle** (art. L. 4741-1 C. trav.).

• Pour la responsabilité du directeur de publication, pour les délits commis par voie de presse, v. art. 42, 1° L. 29 juill. 1881.

• Par une règle qui ne concerne pas seulement le chef d'entreprise, le titulaire du certificat d'immatriculation d'un véhicule est responsable pécuniairement des infractions à la réglementation du stationnement ou de l'acquittement des péages pour lesquelles seule une amende est encourue, sauf force majeure ou fourniture de renseignements permettant d'identifier l'auteur de l'infraction (art. L. 121-2 C. route) ; la chambre criminelle estime que cette présomption n'est pas contraire à la Conv. EDH (Crim., 6 nov. 2001, n° 01-82900), et le Conseil constitutionnel l'a validée (Cons. const., 16 juin 1999, n° 99-411 DC).

II – La jurisprudence

Les solutions conduisent souvent à la condamnation de celui que la doctrine appelle, pour le distinguer de l'auteur matériel de l'infraction, **l'auteur moral** (mais ce terme n'apparaît pas dans les arrêts de la chambre criminelle), notamment au sein de l'entreprise.

C'est au sein des *professions réglementées* (par des règles spéciales, ou même par des règles générales comme le Code du travail) que le chef d'entreprise (ou le chef de service) est pénalement responsable de la violation des prescriptions par les préposés : il doit en effet veiller personnellement au respect de ces prescriptions qui lui imposent personnellement, es qualités, les conditions et le mode d'exploitation de son entreprise, si bien que la responsabilité pénale remonte jusqu'à lui, en raison d'une faute qui lui est dès lors personnelle (Crim., 30 déc. 1892, *S.* 1894.1.201, note Villey). À défaut d'une telle obligation, la responsabilité pénale ne peut remonter (v. à propos d'un maire, qui n'a pas de pouvoir de contrôle et de surveillance en matière d'hygiène et de sécurité dans un centre communal d'action sociale, Crim., 22 févr. 2005, n° 04-82966).

En dehors de prescriptions de cette nature pesant sur lui, l'employeur ne peut être déclaré pénalement responsable de l'infraction commise par un préposé, quand bien même celle-ci résulterait-elle d'une organisation défaillante au sein de l'entreprise (Crim., 26 sept. 2007, n° 07-81511, à propos d'un excès de vitesse).

Exemples :

• Pour les *infractions d'imprudence* : ex. jurisprudentiels : confier sciemment sa voiture à un conducteur inapte, chef du service matériel laissant partir un véhicule sans freins : en cas d'accident faisant des victimes, il pourra y avoir condamnation pour homicide ou atteinte à l'intégrité de la personne par imprudence (indépendamment de la condamnation du conducteur, auteur matériel). Mais il s'agit de responsabilité *personnelle*, fondée sur une faute personnelle d'imprudence ayant causé le dommage (et avec la règle de l'art. 121-3, al. 4, l'employeur n'ayant pas causé directement le dommage ne sera responsable pénalement qu'aux conditions exigées par le texte ; pour la faute exigée quand le dommage a été ainsi causé indirectement, v. *la faute d'imprudence* : les juges sont plus sévères pour les chefs d'entreprise que pour les maires). Pour une pollution, Crim., 27 juill. 1970, *Bull. crim.* n° 250.

• Pour les infractions **intentionnelles**, la responsabilité est parfois retenue pour le chef d'entreprise, ou le chef de service (ex. tromperie dans les ventes, achat sans facture : Crim., 21 juin 2000, n° 99-86433).

§ 2 – L'exonération de la responsabilité pénale par la délégation de pouvoirs

Le chef d'entreprise (ou le chef de service) n'est pas responsable, sauf disposition légale contraire, s'il a **délégué** ses pouvoirs à un tiers pourvu de la **compétence**, de **l'autorité** et des **moyens** nécessaires : ce délégataire devient alors responsable (Crim., 19 janv. 1988, *Bull. crim.* n° 29) ; la délégation de pouvoirs est possible sauf lorsque la loi en dispose autrement (Crim., 11 mars 1993, 4 arrêts, *Bull. crim.* n° 112). Il peut s'agir d'un préposé, du directeur général d'une SA (Crim., 29 avr. 1998, n° 97-82420).

Ce principe a été implicitement consacré par la loi, comme une règle de portée générale en matière d'infractions d'imprudence : l'art. 121-3, al. 3 C. pén. (on l'a vu à propos de la faute de négligence), vise la compétence, le pouvoir et les moyens de l'auteur des faits (v. aussi, plus spécialement, art. L. 4741-1, R. 4511-9 C. trav.). Pour la délégation de pouvoir d'un maire à son adjoint, v. Crim., 4 sept. 2007, *Bull. crim.* n° 193.

L'appréciation de la réalité et de la portée d'une délégation de pouvoirs relève du pouvoir souverain d'appréciation des juges du fond (Crim., 24 janv. 2012, *Bull. crim.* n° 20). C'est au prévenu de prouver la délégation de pouvoirs (Crim., 11 mars 1993, 2e arrêt, n° 112), qu'il doit invoquer (Crim., 28 oct. 1998, *Bull. crim.* n° 281 ; il peut le faire même pour la première fois en cause d'appel : Crim., 5 janv. 1993, *Bull. crim.* n° 6).

Il est à noter que la délégation de pouvoirs, qui est un mode d'exonération de la responsabilité pénale pour celui qui la donne, va au contraire avoir pour conséquence d'engager celle de la personne morale, le délégataire étant considéré par la jurisprudence comme un représentant de la personne morale (v. chap. 3).

• Le procédé n'est admissible que si le chef d'entreprise ne peut pas veiller personnellement au respect de la réglementation applicable, ce qui dépend de la taille de son entreprise.

• Il faut encore, pour que joue l'exonération, que **le prévenu n'ait pas pris une part personnelle à l'infraction** (Crim., 6 févr. 2001, n° 00-84104) : en pareil cas, le cumul de responsabilités pour une même infraction étant exclu, seul l'auteur de la délégation est responsable. Et la délégation n'est pas admise lorsque les faits incriminés relèvent des *fonctions que le chef d'entreprise doit assumer personnellement* (ainsi, selon la jurisprudence, de l'entrave aux institutions représentatives : Crim., 15 mars 1994, *Bull. crim.* n° 100 ; 15 mai 2007, *Bull. crim.* n° 126 ; 6 nov. 2007, *Bull. crim.* n° 266).

La délégation suppose des *rapports d'autorité* entre le délégant et le délégataire : elle ne peut donc intervenir, en cas de redressement judiciaire, entre le chef d'entreprise et l'administrateur (Crim., 30 janv. 1996, *Bull. crim.* n° 53) ; mais rien n'interdit au chef d'un groupe de sociétés et président de la société chargée des travaux de déléguer ses pouvoirs en matière d'hygiène et de sécurité au dirigeant d'une autre société du groupe, s'il est placé sous son autorité hiérarchique (Crim., 26 mai 1994, 3 arrêts, *Bull. crim.* n° 208).

La délégation doit être certaine (elle n'est soumise toutefois à aucune condition de forme), et antérieure à la consommation de l'infraction (Crim., 10 juin 1980, *Bull. crim.* n° 184). Selon la jurisprudence, une *subdélégation* est possible, sans que soit nécessaire l'autorisation de l'auteur de la délégation (Crim., 30 oct. 1996, *Bull. crim.* n° 389) ; mais est inefficace la **délégation à plusieurs personnes pour un même travail** (Crim., 23 nov. 2004, *Bull. crim.* n° 295).

• *Les infractions pour lesquelles la délégation est le plus couramment admise* sont les infractions en matière d'hygiène et de sécurité du travail, les infractions d'homicide et atteintes à l'intégrité de la personne par imprudence, les infractions en matière de transports routiers, de démarchage à domicile ; après un revirement de jurisprudence, les infractions économiques comme l'achat sans facture, la revente à perte…

On observera que si la consécration par le Code pénal actuel de la responsabilité pénale des *personnes morales* dans certains cas (*v. chapitre 3*) peut, on l'a vu, aboutir à faire peser les conséquences de la peine sur des personnes n'ayant pas participé à l'infraction, elle peut en sens inverse, non seulement faire peser sur la personne morale les conséquences des agissements des dirigeants (la personne morale étant alors punie pour autrui), mais même, curieusement, dégager ces dirigeants de leur responsabilité pénale personnelle, si les juges ne retiennent que celle de la personne morale (bien que la loi précise que la responsabilité pénale des personnes morales n'exclut pas celle des personnes physiques, *v. chapitre 3* : art. 121-2, al. 3) : la responsabilité pénale parfois fictive de la personne morale exonère alors d'une responsabilité personnelle pourtant parfois effective.

Section 2 – Déplacement du paiement de l'amende

Ce paiement est alors mis à la charge d'autrui, alors que seul l'auteur matériel est poursuivi et condamné (on parle alors parfois de « responsabilité indirecte » : l'auteur indirect ignore, le plus souvent, les agissements de l'auteur matériel, à la différence de l'auteur moral. Pour le paiement d'une amende par l'héritier du condamné, v. cette question). Ex. :

C. route :

- art. L. 121-1, al. 2 : pour les infractions commises dans la conduite d'un véhicule, les amendes contraventionnelles prononcées contre le préposé peuvent être mises, en tout ou en partie, à la charge du commettant s'il a été cité à l'audience (mais seul le préposé est condamné pénalement) ;
- art. L. 121-3 : pour d'autres contraventions (ex. vitesse maximale), le titulaire du certificat d'immatriculation du véhicule est redevable pécuniairement de l'amende encourue pour certaines contraventions au Code de la route (par ex. à la réglementation sur les vitesses maximales autorisées), sauf preuve de certains faits, ex. vol ; mais la personne redevable n'est pas responsable pénalement (art. L. 121-3, al. 2), cet article n'étant pas un texte d'incrimination (Crim., 1er oct. 2003, *Bull. crim.* n° 179).

• *C. trav.* : art. L. 4741-2 : les amendes, même correctionnelles, prononcées contre le préposé pour infraction à la sécurité du travail ayant provoqué un dommage corporel peuvent être mises, en tout ou en partie, à la charge du commettant.

• *C. envir.* : art. L. 218-23, I : la même règle est consacrée pour les amendes, même correctionnelles, en matière de pollution de la mer.

• *C. transports* : art. L. 5111-2, L. 5111-3, L. 5523-4, L. 5531-14-2 : possibilité de mettre le paiement des amendes prononcées à l'encontre du capitaine d'un navire à la charge du propriétaire ou de l'exploitant dudit navire.

• En matière d'entreprises de presse, lorsque le directeur bénéficie de l'*immunité parlementaire*, l'amende peut être recouvrée contre l'entreprise (art. 44, al. 2, L. 29 juill. 1881).

• Certaines **amendes fiscales** doivent être payées par le chef d'entreprise (mais il s'agit ici d'une sanction *mixte*, à caractère de *réparation* en même temps que de *répression* : il n'y a pas là une véritable responsabilité pénale).

Remarques :

1. La *confiscation réelle*, la *fermeture d'établissement* atteignent parfois d'autres que le coupable : mais, comme dans le cas précédent, il s'agit là non de véritables peines, mais de **mesures de sûreté** ; on rapprochera de cela le *plan de sécurité* pouvant être *imposé* en cas de *relaxe* du chef d'homicide ou atteintes à l'intégrité de la personne par imprudence après accident du travail dans l'entreprise, et dont l'inexécution peut entraîner des sanctions pénales (art. L. 4741-11 C. trav.) ; et comme dans certains des autres cas, il y a parfois faute personnelle de celui qui est ainsi frappé.

2. Lorsque le juge décide la *solidarité passive pour le paiement des amendes* (art. 375-2, 480-1, 543 C. pr. pén., *v. l'amende* ; en matière économique, les personnes morales peuvent être condamnées solidairement au paiement des amendes prononcées contre leurs dirigeants : art. L. 470-1 C. com.), le condamné est amené à payer en partie pour les autres, malgré le recours dont il dispose.

Conclusion : si l'on écarte la responsabilité *civile* pour autrui (*amendes fiscales* à certains égards, le simple *déplacement de l'obligation de payer l'amende*), et les *mesures de sûreté*, le principe est donc bien celui posé par le Code pénal et la Cour de cassation. Il y a le plus souvent en effet :

– responsabilité **pénale**, mais au fond **personnelle** ;

– ou responsabilité **pour autrui**, mais au fond **non pénale**.

L'abus de la responsabilité pénale pour autrui serait d'ailleurs dangereux, rappelant l'antique responsabilité pénale collective.

Chapitre 3
La responsabilité pénale des personnes morales

L'essentiel

Cette responsabilité avait été admise dans l'ancien droit (Ord. 1670), avec un système de procédure et de peines.
Le Code pénal de 1810 et le Code d'instruction criminelle de 1808 furent à peu près muets sur la question ; on avait conclu, du principe de la ***personnalité des peines****, à l'irresponsabilité pénale des personnes morales ; on considérait au surplus que la personne morale ne pouvait être « intimidée » par la menace d'une peine. L'une des principales innovations du Code actuel est d'avoir consacré au contraire la responsabilité pénale des personnes morales. On exposera ce principe, avant de préciser quelles sont les personnes morales pouvant être déclarées responsables, les conditions de leur responsabilité, ainsi que la procédure et les peines qui leur sont applicables.*

Section 1 – Principe de la responsabilité pénale des personnes morales

Art. 121-2 C. pén.

Malgré le refus de reconnaître la responsabilité pénale des personnes morales sous l'empire de l'ancien Code, certains souhaitaient la consécration de cette responsabilité :

• Pour des *raisons de fait* : les anciens Codes étaient muets parce qu'à leur époque la question présentait peu d'intérêt ; il n'en est pas de même aujourd'hui en raison du développement des personnes morales et de leur délinquance (ex. ententes illicites). Et la responsabilité pénale des *administrateurs* est *insuffisante*, car elle est difficile à établir, et elle se heurte souvent à l'insolvabilité.

• Pour des *raisons de principe* : la *réalité* de la personne morale est admise par la jurisprudence depuis 1954 : la personne morale est une *personne distincte* de celle des composants, avec ses *intérêts propres* (ex. ceux de la société peuvent différer de ceux des associés, pour la répartition des dividendes) ; cette distinction était déjà consacrée en responsabilité civile, par l'irresponsabilité civile des *organes (lorsque du moins ils ont commis une faute non détachable de l'exercice de leurs fonctions)* et la responsabilité civile de la personne morale.

C'est pourquoi le Code pénal de 1992 a admis la responsabilité pénale des personnes morales (refus de la Cour de cassation de transmettre une question prioritaire de constitutionnalité soutenant, notamment, que cette disposition crée une responsabilité pénale du fait d'autrui : Crim., 27 avr. 2011 QPC, n° 11-90013). À l'origine, toutefois, le Code n'avait prévu cette responsabilité que pour certaines infractions (principe de « spécialité » conférant par conséquent à cette responsabilité le caractère d'une *exception*). Mais des textes (lois et décrets) avaient multiplié ensuite ces cas de responsabilité ; aussi la L. 9 mars 2004 a-t-elle généralisé cette responsabilité (art. 54), en l'étendant à toutes les infractions, hormis les *infractions de presse* (lois du 29 juill. 1881, art. 43-1, et du 29 juill. 1982 sur la communication, au public par voie électronique, art. 93-4 : responsabilité uniquement des différentes personnes physiques ayant la qualité d'auteur, ex. directeurs). On notera que certaines infractions ne peuvent évidemment être « commises » par des personnes morales, en tout cas directement, ex. le meurtre, ou le viol ; mais, on le verra plus loin, il résulte de l'art. 121-2 qu'il suffit que l'infraction ait été commise par une personne physique pour le compte d'une personne morale : la responsabilité pénale de la personne morale est donc juridiquement concevable même pour des infractions comme le meurtre ou le viol.

Le Code précise que la responsabilité pénale des personnes morales **n'exclut pas celle des personnes physiques auteurs ou complices** des mêmes faits (art. 121-2, al. 3) : il faut en effet veiller à ce que la responsabilité de la personne morale n'occulte pas celle des dirigeants, qui seraient alors ainsi, sans cela, et curieusement, « déresponsabilisés ».

Toutefois, en matière d'**infractions d'imprudence**, l'art. 121-2, al. 3 exclut les restrictions découlant de l'art. 121-3, al. 4 afin qu'elles demeurent propres aux personnes physiques : on sait qu'en cas de **faute non intentionnelle ayant causé un dommage indirect**, la responsabilité pénale des *personnes physiques* ne peut être engagée qu'à des *conditions particulières, qui ne sont pas requises pour la personne morale*, de telle sorte que, comme on le verra plus loin, il peut alors y avoir responsabilité pénale de la seule personne morale. Un même comportement (celui de la personne physique) serait donc constitutif d'une faute pour une personne morale, mais ne le serait pas s'agissant de la personne physique qui l'a adopté en agissant pour le compte de cette personne morale : la solution a de quoi déconcerter. Et, dans ce prolongement, pour ces mêmes infractions d'imprudence, une circulaire préconise au parquet de ne poursuivre les dirigeants que lorsque l'opportunité le justifie. Dans certaines poursuites pour homicide par imprudence, des familles de victimes pourront s'étonner de n'avoir comme adversaires que des personnes morales, malgré la comparution du représentant légal.

Il faut indiquer les personnes morales pouvant être pénalement responsables, les conditions de cette responsabilité, et les règles de procédure particulières, qui aboutissent, en cas de condamnation, au prononcé de peines parfois spécifiques (*le détail des peines applicables aux personnes morales sera exposé dans la 2e partie, chapitre 1*).

Section 2 – Personnes morales pouvant être pénalement responsables

Il n'y a pas de responsabilité pénale en l'absence de personnalité morale, ex. société de fait. Et si la personne morale coupable (ex. société) est absorbée par une autre, on ne peut condamner la personne morale absorbante (« nul n'est responsable pénalement que de son propre fait » : Crim., 20 juin 2000, *Bull. crim.* n° 237 ; 14 oct. 2003, *Bull. crim.* n° 189).

Cette responsabilité pénale est prévue pour :

• Les *personnes morales de droit privé* (ex. sociétés civiles ou commerciales, groupement d'intérêt économique, associations, syndicats, fondations, partis politiques, institutions représentatives du personnel, donc même pour des personnes morales n'ayant pas d'activité économique ni de but lucratif) ;

• Les *personnes morales de droit public* (**sauf l'État**) : établissements publics (hôpitaux, universités, etc.) ; collectivités territoriales et leurs groupements. Mais les collectivités territoriales et leurs groupements ne répondent pénalement que des seules infractions commises dans l'exercice de leurs activités *susceptibles* de faire l'objet de *délégation de service* public (refus de la Cour de cassation de transmettre une question prioritaire de constitutionnalité : Crim., 30 janv. 2013, n° 12-90066) : *c'est donc la nature de l'activité qui compte, non la question de savoir si, dans l'affaire considérée, l'activité en cause a été effectivement déléguée*. Par une telle délégation, une personne morale de droit public confie la gestion du service public dont elle a la responsabilité à un délégataire public ou privé, dont la rémunération est substantiellement liée aux résultats de l'exploitation du service (art. L. 1411-1 CGCT). Ex. d'activités pouvant être déléguées (les juges du fond doivent s'en expliquer : Crim., 23 mars 2004, n° 03-84914) : exploitation en régie de transports en commun, de distribution d'eau, de cantines scolaires, de théâtre municipal, de transport scolaire, d'un domaine skiable. Ex. d'activités ne pouvant être déléguées : toutes celles participant du service de l'enseignement public (Crim., 12 déc. 2000, *Bull. crim.* n° 371 ; 11 déc. 2001, *Bull. crim.* n° 265).

En outre, pour les personnes morales de droit public, les partis ou groupements politiques, les syndicats, les institutions représentatives du personnel, certaines sanctions ne peuvent être prononcées.

L'application du texte aux personnes morales étrangères est possible, mais avec des difficultés qui seront indiquées plus loin.

Section 3 - Conditions de la responsabilité pénale des personnes morales

Cette responsabilité pénale de la personne morale, qui peut être **auteur ou complice**, suppose la réunion de conditions relatives à l'auteur des faits, et au titre auquel celui-ci a agi.

§ 1 - L'auteur des faits

I - Qualité de l'auteur des faits

L'auteur des faits doit être **un organe ou un représentant de la personne morale**.

Ex. d'organes : assemblée générale d'une société, conseil d'administration d'une société anonyme, gérant d'une société à responsabilité limitée, maire, conseil municipal pour une commune. La jurisprudence admet qu'il puisse s'agir d'un dirigeant de fait.

Ex. de représentants : mandataire, liquidateur.

L'organe ou le représentant peut par conséquent être individuel (ex. président d'un conseil d'administration, maire) ou collectif (ex. conseil d'administration, conseil municipal).

En cas d'infraction pénale commise au sein d'une personne morale, il appartient donc au ministère public de *prouver* qu'elle émane bien d'un organe ou d'un représentant de celle-ci. Mais, qu'il s'agisse d'une infraction d'imprudence ou intentionnelle (ex. usage de faux, tromperie), la jurisprudence considère que lorsque l'infraction n'a pu être commise que par un organe ou un représentant de la personne morale, il est loisible aux juges d'en conclure, selon leur intime conviction, qu'il en a été ainsi, en sorte qu'il n'est pas nécessaire que cet organe ou représentant soit identifié (v. par ex. Crim. 20 juin 2006, *D.* 2007. 617, note Saint-Pau. La Cour de cassation a refusé de transmettre au Conseil constitutionnel une question prioritaire de constitutionnalité qui contestait cette jurisprudence : Crim., QPC, 11 juin 2010, n° 09-87884). À la lecture de certains arrêts, des auteurs ont pu toutefois s'interroger sur une éventuelle remise en cause ultérieure de cette solution (Crim., 11 avr. 2012, *Bull. crim.* n° 94 ; 22 janv. 2013, *Bull. crim.* n° 24 ; 19 juin 2013, *Bull. crim.* n° 148), pourtant réaffirmée (Crim., 18 juin 2013, *Bull. crim.* n° 144). C'est qu'en réalité, s'agissant d'une présomption du fait de l'homme, elle est entièrement dépendante des circonstances de fait.

La personne morale n'est donc pas responsable pénalement en cas d'infraction commise par un associé, un salarié ou un préposé (mais la personne morale peut alors être *civilement responsable*, comme commettant). Toutefois la jurisprudence a décidé qu'un salarié *peut avoir la qualité de* représentant dans certains cas. En premier lieu, il en est ainsi lorsqu'il a reçu une *délégation de pouvoirs* régulière, si du moins il a la compétence, l'autorité et les moyens nécessaires pour s'acquitter de la mission confiée (Crim., 14 déc. 1999, *Bull. crim.* n° 306 : « le délégataire de pouvoir représente la personne morale, au sens de l'article 121-2 du Code pénal » ; la solution est la même lorsque le délégataire délègue à son tour ses pouvoirs – sudélégation – : Crim., 26 juin 2001, *Bull. crim.* n° 161). Mais alors que, ici encore, des arrêts avaient été interprétés comme de nature à remettre en cause cette solution (Crim., 11 avr. 2012, préc.), elle a été ultérieurement confirmée (Crim., 25 mars 2014, n° 13-80376). En second lieu, un salarié représente la personne morale, au sens de l'art. 121-2 lorsqu'en raison de son statut, de ses fonctions ou attributions, il participe au pouvoir de direction de la personne morale (Crim. 6 avr. 2004, *Bull. crim.* n° 84 ; 23 juin 2009, *Bull. crim.* n° 126. Cf. Crim.11 oct. 2011, *D.* 2011. 2841, note Rias ; 11 déc. 2012, *Bull. crim.* n° 274).

II - Culpabilité de l'auteur des faits

Il faut ici distinguer deux sortes d'infractions. Mais dans tous les cas, et s'agissant de la culpabilité de la personne morale, les éléments constitutifs de l'infraction considérée sont à apprécier *en la personne de son organe (individuel ou collectif) ou de son représentant*. Ainsi, dans l'hypothèse de l'usage d'un faux par une société à responsabilité limitée à l'occasion d'un litige prud'homal, il conviendra de vérifier que c'est bien son gérant qui a pris la décision d'en faire usage et qu'il avait connaissance du mensonge contenu dans l'acte falsifié (sur les difficultés de preuve éventuelles, v. *supra* I).

A - Pour les infractions intentionnelles

La personne morale n'est responsable pénalement que si l'infraction est caractérisée à la charge de son organe ou de son représentant : **mais la personne morale peut être pénalement responsable même si cet organe ou représentant n'est pas condamné** et bénéficie d'une relaxe (inversement, la relaxe de la personne morale n'empêche pas de condamner le représentant).

Il faut souligner que, selon la jurisprudence, la personne morale est responsable en raison de l'infraction commise pour son compte par son représentant, **même en l'absence de faute distincte commise par elle** (Crim., 26 juin 2001, *Bull. crim.* n° 161). On aurait pu envisager, au contraire, que la responsabilité de la personne morale ne puisse être engagée qu'à la condition que la faute de son organe ou représentant ait été rendue possible ou favorisée par une défaillance propre de la personne morale (comme une insuffisance des procédures de contrôle). Pour le cas où il y a au contraire faute de la personne morale, et non faute du dirigeant, *v. infra*.

B - Pour les infractions d'imprudence ou de négligence

La responsabilité pénale des personnes morales existe aussi pour des infractions d'imprudence ou de négligence. En cas de dommage causé indirectement, elle est engagée même sans faute délibérée ou caractérisée de l'organe ou du représentant (ex. homicide par imprudence). En pareille hypothèse, et *en raison des exigences de l'art. 121-3, al. 4* quant à la faute de la personne physique, celle-ci n'est pas responsable, alors que *la personne morale le sera cependant* (*v. la faute d'imprudence*) : le résultat est singulier (mais compte tenu de l'impunité ainsi aménagée au profit des décideurs, notamment publics, il fallait bien donner une compensation aux victimes…).

§ 2 - Le titre auquel a agi l'auteur des faits

L'infraction doit avoir été commise **pour le compte de la personne morale.** Le sens de cette expression demeure mystérieux, la chambre criminelle ne l'ayant jamais éclairci. Mais la doctrine en déduit parfois que la personne morale n'est pas pénalement responsable si l'infraction a été commise dans l'intérêt personnel du dirigeant (ex. détournement de fonds par un dirigeant pour son propre compte ou dans son seul intérêt personnel), même si le dirigeant a agi ainsi dans l'exercice ou à l'occasion de l'exercice de ses fonctions. Il est certain, en tout cas, que la responsabilité existe même si l'organe ou le représentant a agi en dehors de ses attributions.

Section 4 - Procédure et peines

§ 1 - La procédure

Les poursuites sont dirigées contre la personne morale. Celle-ci peut donc être mise en examen (et, après non-lieu, demander réparation pour dénonciation calomnieuse, ou téméraire). V. art. 706-41 et s. C. pr. pén. (v. Mémento de *Procédure pénale*). La personne morale peut être placée sous *contrôle judiciaire* (art. 706-45).

La personne morale est prise en la personne de son *représentant légal à l'époque des poursuites ou d'un délégataire de pouvoirs désigné à cet effet* qui la représentent à tous les actes de la procédure. À défaut, un mandataire de justice est désigné pour la représenter, à la demande du ministère public, du juge d'instruction ou d'une partie civile (art. 706-43 C. pr. pén.).

1. Si le représentant légal est lui-même personnellement poursuivi pour les mêmes faits ou pour des faits connexes

Il *peut* (et non doit) saisir le président du TGI pour faire désigner un mandataire de justice (ou une personne bénéficiant d'une délégation de pouvoirs) afin de représenter la personne morale, au stade de l'instruction ou du jugement (art. 706-43, al. 1er C. pr. pén.). Mais cette désignation ne concerne que le cas où c'est le représentant légal qui est poursuivi : la jurisprudence en conclut qu'elle n'a donc pas lieu d'être si la personne morale a désigné un délégataire pour la représenter, serait-il lui-même personnellement poursuivi (Crim., 3 nov. 1999, *Bull. crim.* n° 242).

Après désignation d'un mandataire de justice, le représentant légal de la personne morale n'a évidemment plus qualité pour la représenter dans la procédure.

La relaxe du représentant poursuivi personnellement ne l'empêche pas d'être appelé à représenter la personne morale poursuivie à raison des mêmes faits (Crim., 30 mai 2000, *Bull. crim.* n° 206).

Remarque : cette possibilité que le dirigeant personnellement poursuivi puisse représenter la personne morale, elle-même poursuivie, était initialement refusée : elle peut en effet conduire le premier à se défendre en accablant la seconde…

2. Si le représentant légal n'est pas poursuivi personnellement

Il ne peut fait l'objet d'autre contrainte que celle applicable au témoin (ex. pas de garde à vue, ni de contrôle judiciaire, ni de détention provisoire) : art. 706-44 C. pr. pén. ; mais il devra, par exemple, comparaître (et on peut l'y contraindre), et subir les interrogatoires.

§ 2 - Les peines

Pour les peines applicables aux personnes morales, v. cette question. Certains mécanismes sont écartés : ex. pour les personnes morales, il n'y a pas de sursis avec mise à l'épreuve (art. 132-40 C. pén. : « la personne physique »), ni d'ajournement avec mise à l'épreuve (art. 132-63 C. pén. : « la personne physique »). D'autres sont soumis à des règles particulières, ex. la récidive, le sursis simple, le casier judiciaire, la réhabilitation (*v. ces questions*). Un problème se pose (sauf convention internationale) pour les *personnes morales étrangères* : si elles n'ont pas d'établissement en France, l'exécution de nombre de peines prononcées contre elles sera impossible.

Remarques :

1. Il faut considérer aussi que cette responsabilité des personnes morales risque de demeurer une *fiction*, si ce sont leurs membres qui en définitive souffrent de la sanction (c'était un argument contre l'admission de son principe) ; or :

– si la décision coupable a été prise à *l'unanimité* : mieux vaudrait condamner tous les responsables ;
– si elle n'a été prise qu'*à la majorité* : la minorité sera injustement frappée. S'agissant des salariés, dans la mise en œuvre de cette responsabilité, et par ex. en matière de sociétés commerciales, les juges devront veiller à ce que la gravité des peines ne cause pas à l'entreprise des difficultés créatrices de chômage.

2. La loi a dû tenir compte aussi de ce que, par exemple, la composition de la personne morale a pu beaucoup changer depuis les infractions commises ; il a fallu prévoir des règles spéciales, on l'a dit, pour le *casier judiciaire* et pour la *réhabilitation*, afin de ne pas faire subir injustement aux nouveaux membres les conséquences des condamnations pénales antérieures prononcées contre la personne morale, ou pour éviter la concurrence économique de personnes morales étrangères non responsables pénalement, donc sans casier judiciaire (*v. le casier judiciaire*). Cela montre que la « personne » morale n'est pas une personne comme les autres.

À noter que si certaines des règles du Code pénal s'appliquent aux personnes morales comme aux personnes physiques (ex. l'erreur de droit), il en est parmi elles qui n'auront pas l'occasion de jouer pour les premières : par exemple l'absence de responsabilité pour trouble neuropsychique… du moins dans l'esprit de la personne morale ; car celle-ci pourrait être responsable si c'était son représentant auteur matériel de l'infraction qui était atteint d'un tel trouble, l'infraction demeurant objectivement ; mais s'agirait-il alors vraiment d'une responsabilité pénale de la personne morale ?

Pour aller plus loin

Bibliographie

- S. Fournier, « Le nouveau Code pénal et le droit de la complicité », *Rev. sc. crim. 1995, p. 475.*

Exemples de sujets possibles d'examens

Dissertations

- Commenter cette phrase : « le complice est puni comme auteur »
- Sort du complice et sort de l'auteur principal de l'infraction
- Existe-t-il une responsabilité pénale du fait d'autrui ?
- La responsabilité pénale des personnes morales est-elle une véritable responsabilité pénale ?

Deuxième partie

La peine

La peine est la sanction infligée à l'auteur de l'infraction. L'étude des peines constitue la science pénitentiaire, ou pénologie, qui comprend aussi l'étude des mesures de sûreté (la « science pénitentiaire » peut signifier « science des peines », et non pas seulement science des établissements pénitentiaires [on préfère aujourd'hui ce terme à celui de « prisons »]).

L'infraction peut donner naissance à d'autres mesures :

– des mesures de réparation civile : la réparation allouée à la victime (mais la sanction-réparation est une peine) ;

– des sanctions disciplinaires (ex. celles qui sont prononcées par le Conseil de l'ordre d'une profession libérale) ;

– des sanctions administratives.

Aujourd'hui, à côté ou à la place des sanctions pénales, des mesures, qui ne sont pas des peines, mais qui ont un caractère de sanction punitive, émanent d'autorités à caractère administratif (ex. les sanctions pécuniaires prononcées en matière de concurrence par l'Autorité de la concurrence, en matière de bourse par l'Autorité des marchés financiers). Pour des infractions fiscales, en dehors des peines prononcées par les tribunaux, l'administration des impôts peut prononcer des amendes fiscales, à caractère répressif et sur certains points indemnitaires.

Mais ces mesures, bien qu'elles ne soient pas des peines, ont le caractère d'une punition : à ce titre, le Conseil constitutionnel a jugé à plusieurs reprises qu'elles sont soumises aux principes ayant valeur constitutionnelle applicables aux peines, notamment le principe de légalité (v. par ex., pour une sanction administrative, Cons. const. 22 avr. 1997, n° 97-389 DC ; mais en dehors du droit pénal, le principe de la légalité doit être appliqué plus souplement : Cons. const. 20 juill. 2012, n° 2012-266 QPC ; 12 juill. 2013, n° 2013-332 QPC : « Appliquée en dehors du droit pénal, l'exigence d'une définition des infractions sanctionnées se trouve satisfaite, en matière administrative, dès lors que les textes applicables font référence aux obligations auxquelles les intéressés sont soumis en raison de l'activité qu'ils exercent, de la profession à laquelle ils appartiennent, de l'institution dont ils relèvent ou de la qualité qu'ils revêtent »), avec le principe de non-rétroactivité (v. par ex. Cons. const. 21 juin 2013, n° 2013-327 QPC). Cette solution rejoint celles de la Cour EDH, s'agissant de ce même principe tel qu'il ressort de l'art. 7, Conv. EDH et de l'application du concept autonome de « peine » (CEDH 9 févr. 1995, Welch ; 8 juin 1995, Jamil) – ou, d'un point de vue procédural, de l'applicabilité de l'article 6 de la Conv. EDH (droit à un procès équitable), en vertu de la notion d' « accusation en matière pénale » (pour une sanction disciplinaire, v. CEDH 8 juin 1976, Engel et a. ; pour une sanction fiscale, v. CEDH 24 févr. 1994, Bendenoun).

Titre 1
Notions générales sur la peine

Contrairement à l'idée première, la notion de peine ne se laisse pas immédiatement saisir. Toute sanction pénale, en effet, n'est pas une peine. Il convient donc de dégager la peine de notions voisines, pour pouvoir mener l'étude des différentes peines existantes, ainsi que celle de leur régime.

Chapitre 1
Caractères et fonctions des peines

L'essentiel

Les sanctions pénales se décomposent en ***peines*** *proprement dites et en* ***mesures de sûreté****. Elles se distinguent tant par leurs caractères que par leurs fonctions ; mais ces différences ne doivent pas être exagérées, dès lors que l'on assiste à un certain rapprochement des deux notions. Mais ce rapprochement ne va pas jusqu'à une identité de régime.*

Section 1 – Les peines

§ 1 – Caractères de la peine

La peine (au sens classique du mot) doit être :

I – Légale

Il n'y a pas de peine sans texte (art. 111-3, al. 2 C. pén., *cf.* le principe de légalité des incriminations et des peines). Seule la *loi* (ou un *règlement*, dans les limites légales, pour les contraventions) détermine les peines : le juge ne peut prononcer une peine non prévue par les textes.

Exemples : un texte prévoyant l'affichage *ou* la diffusion de la décision ne permet pas de prononcer cumulativement les deux peines ; on ne peut prononcer une confiscation non prévue, ni une amende supérieure au taux légal, ni une peine complémentaire pour une durée supérieure au maximum prévu ni, pour une première infraction, l'emprisonnement prévu seulement en cas de récidive ; de même le juge ne peut prononcer une peine inférieure au minimum, lorsqu'il existe (ex. pour la réclusion).

Remarque : notre système n'est cependant pas un système de peines fixes. Le *juge* dispose de *larges pouvoirs* quant au choix de la peine et de son taux (*v. aussi, dans l'exécution de la peine, les pouvoirs du juge de l'application des peines et du tribunal de l'application des peines*) ; pour les peines privatives de liberté, dans l'aménagement de la vie carcérale, et pour la fin de peine, *l'administration pénitentiaire* a aussi des pouvoirs ; et l'on n'omettra pas le pouvoir de grâce du *chef de l'État*. Mais il reste que ces pouvoirs sont soumis aux *limites légales* : le juge, par exemple, ne peut prononcer une peine supérieure au maximum légal (*v. ci-dessus*).

II – Égale pour tous

On ne doit pas tenir compte, pour prononcer la peine, du rang social du coupable (à la différence de l'ancien droit). Et la loi doit respecter le principe constitutionnel de l'égalité des peines.

Mais le principe ne conduit pas au prononcé d'une peine identique pour tous les auteurs d'une même infraction. *La personnalisation de la peine* par le juge et, dans l'exécution, la recherche du progrès (ex. établissements pénitentiaires différents), amènent aussi des inégalités.

Remarque : il est rare qu'un même châtiment soit ressenti de façon identique par deux délinquants (ex. amende). Le juge peut parfois s'efforcer de réaliser l'équilibre ; il doit le faire pour l'amende, qu'il lui faut fixer en fonction des ressources et des charges du condamné (art. 132-20, al. 2, mod. L. dite Taubira).

III - Personnelle

Seul le coupable doit être atteint par la sanction pénale, non des tiers (ex. la famille) : c'est **le principe de personnalité de la peine.**

Remarque : il est presque inévitable que la peine ait des répercussions sur la famille, ne serait-ce que moralement : c'est évident notamment en cas d'incarcération, et de peines pécuniaires (on verra qu'il existe dans certains cas une possibilité de fractionnement de la peine). On a vu précédemment que la consécration de la responsabilité pénale des *personnes morales* peut avoir pour conséquence d'altérer le principe de personnalité des peines.

§ 2 - Fonctions de la peine

Les fonctions de la peine, variables selon les époques, on l'a vu à propos du fondement du droit de punir, *dépendent du but poursuivi.* C'est pourquoi les peines peuvent être différentes selon le but qu'on leur assigne ; mais chaque peine peut avoir des fonctions diverses.

I - La diversité des peines en raison de leur fonction

Les peines pourront être différentes selon que l'on vise essentiellement :

A - L'expiation pour l'infraction commise

La peine est proportionnée à la gravité de l'infraction, et donc *tournée vers le passé.*

B - La prévention des infractions futures

La peine est *orientée vers l'avenir* : outre les peines d'élimination, comme, jadis, la peine de mort et, aujourd'hui, la rétention de sûreté, il peut s'agir d'intimider, ou de resocialiser :

- Peines d'**intimidation** ; l'intimidation peut être :
  - **individuelle** ;
  - ou **collective** (il faut pour cela des peines sévères, mais surtout des peines effectivement subies).

• Mesures en vue de la **réinsertion sociale** : c'est l'un des aspects essentiels de certaines peines privatives de liberté, art. 707, al. 2 et 3 C. pr. pén. (v. Mémento de *Criminologie et science pénitentiaire*).

II - La pluralité des fonctions des peines

Chaque peine peut avoir des fonctions diverses, en elle-même, ou par l'autorité qui la détermine ou la fait exécuter.

1. La plupart des peines remplissent plusieurs des fonctions vues ci-dessus. Ainsi les peines ont pour fonction « Afin d'assurer la protection effective de la société, de prévenir la commission de nouvelles infractions et de restaurer l'équilibre social, dans le respect des droits reconnus à la victime, la peine a pour fonctions : 1° / de sanctionner le condamné ; 2°/ de favoriser son amendement, son insertion ou sa réinsertion » (art. 130-1, mod. L. dite Taubira C. pén. ; art. 707, II, mod. L. dite Taubira C. pr. pén. : « Le régime d'exécution des peines privatives et restrictives de liberté vise à préparer l'insertion ou la réinsertion de la personne condamnée afin de lui permettre d'agir en personne responsable, respectueuse des règles et des intérêts de la société et d'éviter la commission de nouvelles infractions »). Les peines privatives de liberté, plus spécialement, visent à protéger la société et à assurer la punition du coupable, mais aussi à favoriser son amendement et à préparer son éventuelle réinsertion (Cons. const. 25 avr. 2014, n° 2014-393 QPC).

2. La fonction de la peine dépend en partie du *rôle respectif des diverses autorités* chargées de sa détermination ou de son application :

• Le **législateur** détermine les peines dans l'abstrait : il est essentiellement préoccupé d'**intimidation collective**. L'individualisation légale de la peine (on dit aujourd'hui personnalisation : la personne morale n'est pas un « individu ») est donc difficile, même si le législateur tend, à son échelon, à y pourvoir, en prévoyant des *circonstances aggravantes*, des cas d'*exemption et de diminution de peine*, ou encore des *immunités*.

• Le **juge** prononce une peine ; intervenant pour des cas concrets, il vise donc la **prévention individuelle** : il se préoccupe de **personnalisation judiciaire** (on a longtemps dit **individualisation** judiciaire – et on le dit parfois encore : v. art. 132-1 C. pén., mod. Loi dite Taubira : « Toute peine prononcée par la juridiction doit être individualisée » ; art. 707, al. 3 C. pr. pén. ; Cons. const. 28 mars 2014, n° 2014-385 QPC –) de la peine (art. 132-24, mod. L. dite Taubira ; ex. détermination de la peine, semi-liberté, sursis, ajournement, dispense, suspension et fractionnement de peine, exclusion du casier judiciaire, relèvement d'interdiction). Ainsi l'article 132-1, mod. L. dite Taubira précise-t-il, en son alinéa 2, qu'il revient aux juridictions de déterminer « la nature, le quantum et le régime des peines prononcées en fonction des circonstances de l'infraction et de la personnalité de son auteur ainsi que de sa situation matérielle, familiale et sociale, conformément aux finalités et fonctions de la peine énoncées à l'article 130-1 » – sur ces fonctions, v. *supra*).

• On n'omettra pas le rôle du **juge de l'application des peines** et du **tribunal de l'application des peines** : ces magistrats interviennent principalement *après jugement*, au stade de l'exécution de la peine (ex. semi-liberté, permissions de sortir, suspension et fractionnement, réductions de peine, libération conditionnelle, v. *titre* 2) ; ils jouent un rôle longtemps dévolu, pour l'exécution des peines privatives de liberté, à l'administration pénitentiaire ; il s'est produit ainsi une « **judiciarisation** » de l'exécution de la peine, parachevée par la L. 9 mars 2004.

• **L'administration pénitentiaire** fait exécuter les peines privatives de liberté : elle vise donc la **réinsertion sociale**, par principe essentielle dans le régime pénitentiaire ; elle se préoccupe de **personnalisation administrative** ; c'est pourquoi elle aurait été favorable à l'adoption du système de la sentence indéterminée. Rappelons aussi le pouvoir de grâce du chef de l'État.

Remarques :

1. Dans la seconde moitié du XXe siècle, la tendance a été de faire apparaître, à côté des peines proprement dites, des **mesures de sûreté**, dépendant surtout du caractère plus ou moins dangereux du délinquant (*v. section 2, et le chapitre qui leur est consacré*). Le recours à de telles mesures a connu un spectaculaire renouveau à la fin de ce siècle.

2. Il est bon que la peine conserve sa **fonction de réprobation** (*blâme social*) : d'une part cela suffit à arrêter beaucoup de gens sur le chemin du crime ; d'autre part, cela peut jouer un rôle dans le développement moral du coupable en rendant à ce dernier le sens de sa responsabilité.

Section 2 – Les mesures de sûreté

Notion : le châtiment ordinaire (peine) peut avoir plus d'inconvénients que d'avantages. On s'efforce donc de concevoir des mesures différentes, contribuant à diminuer la criminalité : il s'agit des mesures de sûreté, non préoccupées de répression mais de **prévention**, et fondées aujourd'hui sur le principe de la **réadaptation (défense sociale),** mais aussi sur l'idée d'empêcher de nuire, comme le souhaitait l'école positiviste : ainsi de la rétention de sûreté et de la surveillance de sûreté, pour des criminels jugés dangereux et maintenus en incarcération après pourtant l'expiration de leur peine (L. 25 févr. 2008).

Il existe d'autres moyens de *politique criminelle* (hors du droit pénal au sens strict), ex. :

– des *mesures de prophylaxie sociale* (ex. lutte contre l'alcoolisme) ;

– des *mesures d'assistance* (supposant le consentement des intéressés).

La dualité de mesures, peines et mesures de sûreté, impose une comparaison entre elles, et pose le problème de leur coexistence.

§ 1 – Comparaison de la peine et de la mesure de sûreté

Un fossé semble les séparer toujours : mais un pont les unit souvent.

I – Distinction de la peine et de la mesure de sûreté

Ces deux mesures **diffèrent :**

A – Quant à leur objet

• *Châtiment*, pour la peine ;

• *Traitement*, réadaptation, sans caractère afflictif, pour la mesure de sûreté (*cf.* les stages de responsabilité parentale, de sensibilisation à la sécurité routière, aux dangers de l'usage de stupéfiants, le stage de citoyenneté…).

B – Quant à leur fondement

• La peine suppose une *infraction* ;

• La mesure de sûreté peut s'appliquer au simple *état dangereux*, indépendamment de toute faute, donc à un irresponsable (ainsi des mesures de sûreté prononcées contre celui qui a agi sous l'empire d'un trouble mental : art. 706-135 et s. C. pr. pén.) ou avant infraction (« *ante delictum* »), ou après l'expiration de la peine (ex. : rétention de sûreté, surveillance de sûreté).

C – Quant à leur régime

1. Taux

• pour la peine : la durée, ou le taux, sont *fixés par le juge* ;

• pour la mesure de sûreté : la durée sera plus souvent *indéterminée* (la mesure est révisable, au moins relativement, en fonction de l'état dangereux : ainsi pour les mineurs en liberté surveillée ; pour les détenus dangereux soumis à une rétention de sûreté, reconductible aussi longtemps que dure la dangerosité).

2. Application dans le temps des lois nouvelles

• pour la peine : *non-rétroactivité* de la loi plus sévère ;
• pour la mesure de sûreté : *rétroactivité souvent admise* (*v. étude complémentaire 1*).

3. Plus généralement, souvent la mesure de sûreté s'applique alors que la peine serait écartée

Ex. pour la dispense de peine, la jurisprudence juge qu'elle est inapplicable aux mesures de police réelles : Crim., 23 mai 1977, *Bull. crim.* n° 183) ; amnistie (c'est le principe général : mais certaines lois d'amnistie s'en écartent).

4. Organisation judiciaire et procédure spéciales peuvent être prévues pour les mesures de sûreté

Ex. : expertises médicales, publicité restreinte.

II – Rapprochement de la peine et de la mesure de sûreté

A – Par la rigueur

Les deux mesures nécessitent parfois le recours à des procédés voisins : **coercition, privation de liberté**. Mais l'on s'efforce d'adopter un régime distinct pour les mesures de sûreté : traitements, désintoxications, etc.

B – Par le libéralisme

1. La peine se rapproche de la mesure de sûreté

La peine peut en effet avoir un effet de réadaptation pour la **réinsertion sociale** (mais cela résulte en partie du progrès de l'idée de mesure de sûreté).

2. La mesure de sûreté se rapproche de la peine

L'on admet en effet difficilement, en droit français, l'application d'une mesure coercitive **avant toute infraction** (v. cependant, dès l'instruction, alors qu'il y a infraction, mais que la personne mise en examen est encore présumée innocente, les mesures du contrôle judiciaire, l'assignation à résidence avec surveillance électronique, la détention provisoire, certaines fermetures d'établissement).

On s'efforce de soumettre ces mesures au principe de la légalité, en quoi elles se rapprochent donc de la peine : le juge ne peut appliquer d'autres mesures que celles qui sont prévues par la loi (ex. liste limitative des obligations dans le sursis avec mise à l'épreuve), et doit respecter les limites fixées (ex. la majorité pour le mineur en liberté surveillée, interdiction de séjour jusqu'à 5 ou 10 ans).

Mais ces limites sont moins rigoureuses que pour les peines (ex. durée du traitement non précisée pour la cure des toxicomanes ; rétention de sûreté, renouvelable tous les ans tant que la dangerosité et le risque de récidive persisteront : art. 706-53-16 C. pr. pén. ; pour la surveillance de sûreté, v. art. 706-53-19, 723-37, 763-8).

Il est en réalité difficile de concilier souplesse des mesures et respect de la liberté individuelle.

§ 2 - Coexistence de la peine et de la mesure de sûreté

Les *systèmes unitaires*, ou *monistes* en faveur de la mesure de sûreté ont révélé leur insuffisance ; ils étaient d'ailleurs rares (ex. l'ancienne URSS ne connaissait que des mesures de sûreté, jusqu'en 1958).

Les *systèmes dualistes* sont plus fréquents (ex. France, Italie, Belgique, Danemark, Suisse, Allemagne, Espagne, Amérique latine) ; mais ils peuvent avoir plusieurs formes :

• parfois le juge prononce une peine *ou* une mesure de sûreté (ex. Belgique, Danemark) ; ce système existe dans certains cas en France, lorsque le juge peut prononcer une peine autre que l'emprisonnement (peines « alternatives », ex. suivi socio-judiciaire) ;

• parfois le juge prononce une peine *et* une mesure de sûreté (ex. en France : emprisonnement et suspension du permis de conduire, pour homicide par imprudence ; suivi socio-judiciaire et placement sous surveillance électronique mobile ; privation de liberté et injonction de soins, peine et stage de sensibilisation à la sécurité routière ; peine ordinaire et liberté surveillée pour les mineurs) ;

• parfois la mesure prononcée est *mixte*, tenant de la peine et de la mesure de sûreté ; ainsi d'un régime pénitentiaire médico-psychologique, avec soins appropriés, assuré au sein d'un service médico-psychologique régional aménagé dans un établissement pénitentiaire, pour les délinquants punissables mais atteints de troubles psychiques ou neuropsychiques ayant altéré leur discernement ou entravé le contrôle de leurs actes (art. R. 3221-5 C. sant. publ.). De même, les personnes condamnées à un suivi socio-judiciaire et les personnes condamnées pour le meurtre ou l'assassinat d'un mineur de quinze ans précédé ou accompagné d'un viol, de tortures ou d'actes de barbarie, ou pour agressions ou atteintes sexuelles exécutent leur peine dans les établissements pénitentiaires permettant d'assurer *un suivi médical et psychologique adapté*, notamment dans un établissement pénitentiaire siège d'un service médico-psychologique régional (art. R. 57-8-3 C. pr. pén.). En cas de rétention de sûreté, le condamné est placé, à l'issue de sa peine, en centre socio-médico-judiciaire de sûreté où une prise en charge médicale, sociale et psychologique lui est proposée, afin de permettre la fin de cette mesure (art. 706-53-13 C. pr. pén.)

Par de nombreux traits, certaines peines actuelles se rapprochent des mesures de sûreté (ex. interdiction de séjour) : on les étudiera comme peines, mais sans perdre de vue ce double caractère.

Les mesures de sûreté existant en droit français seront étudiées dans le *titre* 2.

Remarque : longtemps les textes n'ont retenu que le terme de « peine » : mais, désormais l'expression de mesure de sûreté est souvent expressément utilisée, dans le Code pénal (ex. art. 131-36-9 ; *cf.* art. 113-8-1, 226-19) et, bien davantage, dans le Code de procédure pénale (ex. art. 706-53-5, 706-125, 706-131, 706-133, 706-136, 723-29, 763-10), de même que d'autres qui s'en inspirent (ex. « rétention de sûreté », « surveillance de sûreté ») ; en outre, la jurisprudence pourra distinguer, parmi les peines, plusieurs catégories. Pour les mesures de sûreté, la chambre criminelle a longtemps visé les « mesures de police et de sécurité », ou « de police et de sûreté ».

Pour aller plus loin

Exemple de sujet d'examen

Dissertation

- Mesures de sûreté et droits de l'homme

Chapitre 2
Classifications des peines

L'essentiel

Les classifications essentielles sont d'ordre ***juridique****. Mais il faut aussi faire état de classifications d'ordre* ***criminologique****.*

Section 1 – Classifications juridiques

La classification fondamentale, résultant directement de la loi, distingue les peines selon leur gravité. Une autre classification importante est fondée sur la façon dont les peines sont encourues.

§ 1 – La classification légale

Distinction fondamentale : peines criminelles, correctionnelles, contraventionnelles (car elle commande la classification des infractions définie par l'art. 111-1 C. pén., *v. cette question*, même si celles-ci sont dites classées « suivant leur gravité » : celle-ci est appréciée à l'aune des peines prévues par la loi – et non en fonction des peines prononcées par la juridiction de jugement).

I – Peines criminelles

A – Peines principales, privatives de liberté (art. 131-1)

– réclusion criminelle à perpétuité ;
– détention criminelle à perpétuité ;
– réclusion criminelle de 30 ans au plus ;
– détention criminelle de 30 ans au plus ;
– réclusion criminelle de 20 ans au plus ;
– détention criminelle de 20 ans au plus ;
– réclusion criminelle de 15 ans au plus ;
– détention criminelle de 15 ans au plus.

La durée de la réclusion criminelle à temps ou de la détention criminelle à temps est de **10 ans au moins** (si la cour d'assises veut prononcer une peine d'une durée inférieure à 10 ans, elle doit donc prononcer une peine d'emprisonnement).

Remarque : cette énumération (« *échelle générale* ») ne présente guère d'intérêt que pour l'appréciation de la peine la plus forte (ex. application des lois pénales plus douces). Cette échelle générale se dédouble en échelle de droit commun et échelle politique :

- **peines de droit commun** : réclusion criminelle à perpétuité, réclusion criminelle à temps ;
- **peines politiques** : détention criminelle à perpétuité, détention criminelle à temps.

On reste dans chaque échelle pour déterminer la peine applicable en cas d'atténuation.

B – La loi prévoit en outre, selon les cas (art. 131-2)

– une amende ;
– une ou plusieurs **peines complémentaires** de l'art. 131-10 : ex. interdiction de séjour, peines privatives de droits, injonction de soins ou obligation de faire, confiscation d'un objet ou d'un animal, fermeture d'établissement, affichage. Contrairement à la matière délictuelle, ces peines ne peuvent pas être prononcées à titre de peine principale. Leur violation est sanctionnée pénalement (art. 434-38 et s.).

Pour les personnes morales, sont encourues, selon les dispositions légales, l'amende, et les peines de l'art. 131-39, identiques à celles que les personnes morales encourent en matière correctionnelle (art. 131-37, *v. II, B)*. Le montant de l'amende est égal au quintuple du taux prévu pour les personnes physiques (au décuple en cas de récidive : art. 132-12 et s.) ; si la loi n'en prévoit pas à l'encontre de celles-ci, son montant est de 1 000 000 € (art. 131-38).

II – Peines correctionnelles

A – Pour les personnes physiques

1. Peines principales (art. 131-3)

Le Code pénal actuel a entendu mettre toutes les peines correctionnelles sur le même plan, sans prééminence pour l'emprisonnement (le souci de ce Code de ne pas paraître donner à l'emprisonnement une sorte de premier rang n'empêche qu'il faut bien, parfois, comparer la gravité de peines différentes : ainsi pour le conflit de lois pénales dans le temps, *v. cette question*). Le Code prévoit de nombreux cas de peines que l'on appelle « **alternatives** », que la juridiction peut prononcer à la place de l'emprisonnement (ou de l'amende encourue seule).

L'emprisonnement, notamment, peut en effet être remplacé soit par d'autres *peines principales*, soit par des *peines complémentaires devenant alors peines principales* (sur *l'interdiction de cumuler certaines de ces peines, v. plus loin, et les pouvoirs du juge*).

L'expression « **peines alternatives** », qui ne figure pas dans le Code, mais qui est souvent utilisée par les commentateurs, doit être précisée :

• On peut vouloir la réserver aux cas dans lesquels une peine peut *remplacer l'emprisonnement* (ou parfois l'amende), mais alors *sans pouvoir être cumulée* avec l'emprisonnement (ou l'amende) : ainsi, le *travail d'intérêt général* peut être prononcé « à la place de l'emprisonnement » (art. 131-8), ce qui signifie que celui-ci ne pourra alors être décidé (art. 131-9, al. 1er) ; il en est de même des *peines principales privatives de droits* (art. 131-9, al. 1er – ou, selon une autre terminologie, « de liberté » : art. 131-6), de l'obligation de suivre un stage de citoyenneté (art. 131-5-1, 131-9, al. 2) pouvant les unes comme l'autre remplacer l'emprisonnement – ou l'amende : pour les peines de l'art. 131-6, v. art. 131-7.

Il s'agit alors de peines *réellement alternatives* (au sens étroit), l'adjectif, dans le langage juridique, signifiant qu'il y a une option entre deux éléments, sans cumul possible des deux (comme dans « l'obligation alternative ») : ce sont en quelque sorte des *peines alternatives légales*.

• On peut donner un sens plus large à la formule « peines alternatives », en considérant comme peines alternatives, en dehors des peines qui le sont réellement, celles qui peuvent remplacer l'emprisonnement (ou l'amende), mais tout en pouvant, si le juge le décide, être *cumulées avec l'emprisonnement* (ou l'amende) : ainsi, les peines de *jours-amende* ou de sanction-réparation peuvent remplacer l'emprisonnement, mais peuvent aussi se *cumuler* avec lui (art. 131-5, 131-8) ; il en est de même des *peines complémentaires* prévues par le texte réprimant l'infraction, qui peuvent, selon la décision du juge, remplacer l'emprisonnement notamment (art. 131-11), mais qui peuvent aussi, par définition, accompagner l'emprisonnement prononcé comme peine principale : dans tous ces cas, ces peines peuvent remplacer une peine principale, et pourraient donc être qualifiées de peines alternatives, au sens large, ou de *peines alternatives judiciaires*. V. aussi, pour certains condamnés, **le suivi socio-judiciaire**, qui peut être ordonné comme peine principale (art. 131-36-7 C. pén.).

Peines correctionnelles principales pour les personnes physiques :

- l'**emprisonnement**, selon une échelle comportant 8 degrés : au plus, 10 ans, 7 ans, 5 ans, 3 ans, 2 ans, 1 an, 6 mois, 2 mois (art. 131-4) ;
- l'**amende** égale ou supérieure à 3 750 € (art. 381 C. pr. pén. ; la chambre criminelle a implicitement admis qu'une amende pouvait être inférieure à 1 F, aujourd'hui 1 €) ;
- le suivi socio-judiciaire, dans le cas particulier de certains délits (v. par ex. art. 222-48-1) ;
- le travail d'intérêt général dans le cas particulier de certaines dégradations de bien (v. par ex. art. 322-2).

b. Peines alternatives

- le **jour-amende**, qui peut être prononcé lorsque le délit est puni d'emprisonnement (art. 131-5) ;
- le **stage de citoyenneté**, qui peut être prononcé, si le prévenu est présent à l'audience et ne le refuse pas, lorsque le délit est puni d'emprisonnement, à la place de celui-ci (art. 131-5-1 ; pour le mineur, art. 20-4-1, Ord. 2 févr. 1945) ;
- le **travail d'intérêt général**, qui peut être prononcé lorsque le délit est puni d'emprisonnement, à la place de celui-ci (art. 131-8 ; pour le mineur, art. 20-5, Ord. 2 févr. 1945) ;
- la **sanction-réparation** qui peut être prononcée à la place de l'emprisonnement ou de l'amende (lorsqu'elle est la seule peine principale), ou en même temps qu'eux (art. 131-8-1) ;
- certaines **peines privatives ou restrictives de droits (ou « de liberté »** : la terminologie du code est hésitante : comp. art. 131-6, al. 1er et 131-7, 131-9, al. 1er), qui peuvent être prononcées lorsque le *délit est punissable d'emprisonnement, ou d'une amende seule*, à leur place, même si le texte réprimant l'infraction ne les prévoit pas (art. 131-6, 131-7 : ex. suspension du permis de conduire, confiscation, interdiction d'émettre des chèques, interdictions professionnelles, interdiction de fréquenter certaines personnes).
- la **contrainte pénale** (art. 131-3, 2°, 131-4-1 et 131-9, L. dite Taubira)

Pour les cumuls des peines principales et alternatives, possibles ou interdits, v. *plus loin les pouvoirs du juge quant à la nature des peines en matière correctionnelle.*

Les peines précitées, prévues par les art. 131-5 à 131-8-1, peuvent être déclarées *exécutoires par provision*, c'est-à-dire immédiatement, même en cas de recours (art. 471, al. 4 C. pr. pén.).

La **violation** de ces règles est sanctionnée pénalement (art. 131-8-1, al. 5, 131-4-1, al. 10, 434-41, 434-42).

Certaines de ces peines alternatives sont de mise en œuvre difficile, et leur sanction souvent illusoire, ce qui explique que les juges ne les prononcent pas très souvent à la place de l'emprisonnement.

2. Peines complémentaires

Elles sont prévues par le texte réprimant l'infraction et emportent **interdiction**, **déchéance**, **incapacité** ou **retrait d'un droit**, **obligation de faire** (ex. suspension du permis de conduire, interdictions professionnelles, interdiction d'émettre des chèques, stage de citoyenneté, stage de responsabilité parentale, stage de sensibilisation à la sécurité routière, stage de sensibilisation aux dangers de l'usage de produits stupéfiants), **injonction de soins**, **immobilisation ou confiscation d'un objet**, confiscation d'un animal, **fermeture d'établissement**, **affichage ou diffusion de la décision** (art. 131-10).

Comme son nom l'indique, la peine complémentaire a vocation à **s'ajouter à la peine principale**, à la différence des peines alternatives au sens strict.

Mais la juridiction peut aussi ne prononcer *que la peine complémentaire* (ou l'une ou plusieurs des peines complémentaires encourues), **à titre de peine principale** (art. 131-11), sauf si la mesure n'est pas une sanction pénale, mais a un caractère réel (ex. la démolition d'une construction sans permis : Crim. 8 juin 1989, *Bull. crim.* n° 248). Elle peut aussi prononcer une peine alternative, comme peine principale, et une peine complémentaire comme telle (sauf pour des peines ayant un objet identique, ex. deux suspensions de permis de conduire).

Les peines complémentaires sont par principe *facultatives* : il en existe cependant d'obligatoires, le juge devant les prononcer (art. 131-21, al. 7 ; ex. la confiscation d'appareils destinés à porter atteinte à l'intimité de la vie privée, art. 226-31, 5° C. pén.) ; on ne confondra pas cette situation avec celle où la confiscation est encourue de plein droit (art. 131-21, al. 1er) : elle ne s'impose pas pour autant au juge.

Les peines complémentaires de l'art. 131-10 peuvent être déclarées *exécutoires par provision*, c'est-à-dire immédiatement, même en cas de recours (art. 471, al. 4 C. pr. pén.).

En cas de **violation** des obligations ou interdictions résultant des art. 131-10 C. pén., sont applicables les peines prévues par l'art. 434-41 C. pén.

B – Pour les personnes morales

Lorsque la loi, pour une infraction déterminée, prévoit la responsabilité pénale des personnes morales, sont encourues (art. 131-37) :

• L'amende ; elle est d'un taux maximum quintuple de celui prévu pour les personnes physiques (art. 131-38) – et décuple en cas de récidive : art. 132-12 et s. –, et si la loi n'en prévoit pas à l'encontre de celles-ci, son montant est de 1 000 000 € (art. 131-38).

• La sanction-réparation, à la place ou en même temps que l'amende (art. 131-39-1) ;

• Selon les cas prévus par la loi, d'autres peines (art. 131-39 ; en effet, en matière correctionnelle – et criminelle –, le Code, pour les personnes morales, ne distingue pas en principe les peines principales et les peines complémentaires) :

- dissolution (dans certains cas : *v. titre 2, les peines privatives de droits applicables aux personnes morales*). Pour les *mouvements sectaires*, après condamnation, pour certaines infractions, de la personne morale ou de ses dirigeants (ex. meurtre, homicide par imprudence), la *dissolution* de la personne morale peut être prononcée par le *TGI* (art. 1er, L. 12 juin 2001) ;
- interdictions professionnelles ;
- placement sous surveillance judiciaire ;
- fermeture d'établissement ;
- exclusion des marchés publics ;
- interdiction de s'adresser à l'épargne publique, en offrant au public des titres financiers ou en faisant admettre ses titres financiers aux négociations sur un marché réglementé ;
- interdiction d'émettre certains chèques ;
- confiscation d'un objet ou d'un animal (confiscation de plein droit pour les délits punissables d'une peine d'emprisonnement supérieure à un an, sauf les délits de presse) ;
- interdiction de détenir un animal ;
- affichage ou diffusion de la décision.

Mais les peines de dissolution et de placement sous surveillance judiciaire ne sont pas applicables aux personnes morales de droit public, aux partis ou groupements politiques, aux syndicats professionnels ; la peine de dissolution n'est pas applicable aux institutions représentatives du personnel (art. 131-39, dern. al.).

La violation par une personne physique des obligations de l'art. 131-39 est punie des peines des art. 434-43 et 434-47 C. pén. En cas d'atteinte aux affiches après une peine d'affichage et de violation d'une interdiction d'exercer une profession commerciale ou industrielle, des peines sont prévues par les art. 434-39, 434-40-1 et 434-47.

III - Peines contraventionnelles

A - Pour les personnes physiques

1. Peines principales

Art. 131-12 et s.

• **L'amende jusqu'à 3 000 €** (art. 131-13 C. pén.). Il y a *cinq classes* de contraventions ; maximums respectifs de 38 €, 150 €, 450 €, 750 €, 1 500 €, ce dernier montant pouvant être porté, lorsque les textes le prévoient, à 3 000 € en cas de récidive (art. 131-13). L'amende peut être cumulée avec les *peines complémentaires* des art. 131-16.

- En outre, pour les **contraventions de 5e classe**, peuvent être prononcées :
  - des **peines privatives ou restrictives de droits** (art. 131-14), ex. suspension du permis de conduire, confiscation d'une ou de plusieurs armes, interdiction d'émettre certains chèques. Il peut y avoir cumul entre ces peines (art. 131-15, al. 2), et, par définition, entre ces peines et des *peines complémentaires* des art. 131-16 et 17. **Mais il ne peut y avoir cumul entre une amende et l'une de des peines privatives de droits** de l'art. 131-14 ; ces peines peuvent donc remplacer l'amende : ce sont des *peines alternatives* (art. 131-15, al. 1) ;
  - la **sanction-réparation**, à la place ou en même temps que l'amende (art. 131-12, 3°, 131-15-1).

2. Peines complémentaires

Elles sont prévues par le règlement qui réprime la contravention (art. 131-16 et 17) : ex. suspension du permis de conduire, confiscation d'un objet ou d'un animal, stage de sensibilisation à la sécurité routière, stage de citoyenneté ou de responsabilité parentale ; pour les contraventions de 5e classe, *si le règlement le prévoit*, en outre, interdiction d'émettre des chèques, travail d'intérêt général.

Complémentaires, ces peines peuvent se cumuler avec l'amende, et avec les peines privatives ou restrictives de droits ou la sanction-réparation (art. 131-12, al. 4).

Mais lorsque la contravention est punie d'une ou plusieurs de ces peines, la juridiction peut se borner à prononcer la peine complémentaire ou l'une ou plusieurs des peines complémentaires encourues (art. 131-18).

En cas de violation des peines privatives de droits des art. 131-14, 16 et 17, sont applicables les peines prévues par l'art. 434-41 C. pén.

B - Pour les personnes morales (art. 131-40 à 131-44-1)

1. Peines principales

Art. 131-40 et s.

- **Amende** ; son taux maximum est le *quintuple* de celui prévu pour les personnes physiques (art. 131-41), ou même le *décuple* en cas de récidive de contravention de 5e classe (art. 132-15) : l'amende peut donc dépasser le taux maximum de 3 000 € : mais l'infraction reste une contravention.

- Pour les contraventions de 5e classe : l'interdiction d'émettre des chèques et la confiscation peuvent toujours *remplacer l'amende* (art. 131-42). La **sanction-réparation** peut être prononcée en même temps que l'amende ou à sa place (art. 131-44-1).

2. Peines complémentaires

Selon ce que prévoit le règlement réprimant la contravention : la confiscation d'un objet ou d'un animal, l'interdiction de détenir un animal ; pour les contraventions de 5e classe, en outre : l'interdiction d'émettre certains chèques (art. 131-43).

Complémentaires, ces peines peuvent se cumuler avec l'amende, et avec les peines privatives ou restrictives de droits ou la sanction-réparation (art. 131-40, al. 4).

Si la contravention est punissable d'une ou plusieurs de ces peines complémentaires, la juridiction peut se borner à prononcer la peine complémentaire encourue, ou l'une ou plusieurs des peines complémentaires encourues (art. 131-44).

§ 2 – La classification fondée sur la façon dont les peines sont encourues

La distinction, longtemps consacrée, des peines principales, accessoires et complémentaires, est aujourd'hui en partie remise en question.

I – Peine principale

Peine essentielle de l'infraction.

Caractères :

- elle peut être prononcée *seule* ;
- elle doit être prononcée expressément par la décision (mais c'est aujourd'hui le cas de toutes les peines, *v. infra*). Exemples : réclusion, emprisonnement.

II – Peine accessoire

Elle s'ajoute **automatiquement** à la peine principale (certaines peuvent cependant faire l'objet d'un relèvement par le juge). Cette catégorie subsiste en partie, *v. ci-dessous.*

Caractères de principe :

- elle ne peut être infligée seule, sauf quand elle est prononcée à la place de la peine principale ;
- sauf dans ce dernier cas, elle peut être **sous-entendue** : elle découle automatiquement de la peine principale, et a donc un caractère occulte.

Actualité des peines accessoires :

Cette dernière solution était fâcheuse, car la condamnation ne faisait pas apparaître ces peines. C'est pourquoi le Code pénal actuel, d'une part, a supprimé le caractère accessoire de certaines peines – ainsi de la *privation des droits civiques, civils et de famille (art. 132-21, al. 1er)*, et, *pour les mineurs*, des interdictions, déchéances ou incapacités (art. 20-6, Ord. 2 févr. 1945) – et exige, d'autre part, que **chaque peine soit prononcée** (art. 132-17, al. 1er), exigence valant pour les peines accessoires qui ont de la sorte disparu : elles sont devenues des *peines complémentaires obligatoires* (*v. infra*). Mais les juges, même aidés par l'informatique, pourront-ils prendre le temps d'énoncer toutes ces peines ? Ou pourront-ils, en les omettant, éviter de les faire encourir, sans provoquer des recours du parquet ?

En outre, on se demande si l'art. 132-17, al. 1er s'applique aux peines accessoires extérieures au Code pénal, du moins pour celles qui subsistent (par exemple certaines interdictions professionnelles).

Au demeurant, même dans le Code pénal, il subsiste des mesures automatiques : par exemple la période de sûreté de plein droit dans certains cas ; l'annulation de plein droit du permis de conduire en cas d'homicide par imprudence par un conducteur avec certaines circonstances aggravantes. Il y a aussi, dans le C. pr. pén., l'interdiction de séjour après prescription d'une peine criminelle (art. 763). On peut toujours justifier ces solutions en avançant que ces deux mesures ne sont pas exactement des *peines*. D'autres peuvent se demander si ce n'est pas parce qu'elles sont automatiques qu'on les considère comme n'étant pas des peines… En outre, certains textes, postérieurs au Code, avaient fait renaître des peines automatiques : ex. art. L. 7 C. élect., sur la privation du droit de vote du fait de certaines condamnations. Mais le sort de toutes ces peines est aujourd'hui incertain : le Conseil constitutionnel a jugé que le caractère automatique d'une peine serait contraire aux principes de nécessité et d'individualisation des peines, constitutionnellement garantis par l'art. 8, DDHC, nonobstant la possibilité d'un relèvement ou d'une exclusion de la condamnation du B.2, dès lors que le juge ne peut tenir compte des circonstances de l'espèce, ni agir sur la durée ou les modalités de la peine (les solutions du Conseil constitutionnel sont néanmoins hasardeuses, même s'il a pu censurer un texte au motif qu'il instaurait une peine accessoire, v. Cons. const., 7 août 2014, n° 2014-696 DC : pour l'art. 7, C. élect. et l'interdiction d'inscription sur les listes électorales, v. Cons. const., 11 juin 2010, n° 2010-6/7 QPC : abrogation ; pour l'annulation du permis de conduire, v. Cons. const., 29 sept. 2010, n° 2010-40 QPC : validation ; pour l'affichage et la publication d'une condamnation, v. Cons. const., 10 déc. 2010, n° 2010-72/75/82 QPC : abrogation ; Cons. const., 28 juin 2013, n° 2013-329 QPC : validation ; pour la publication d'une condamnation, v. Cons. const. 29 sept. 2010, n° 2010-41 QPC : validation ; pour une peine privative de droits civiques, v. Cons. const., 27 janv. 2012, n° 2011-211 QPC : abrogation ; pour l'incapacité d'exercer une fonction publique élective, v. Cons. const., 15 mars 1999, n° 99-410 DC : invalidation ; pour la perte de grade, v. Cons. const., 3 févr. 2012, n° 2011-218 QPC : abrogation. Peu importe, également, que le juge puisse exclure la mention de la condamnation au bulletin n° 2 de l'intéressé : Cons. const., 3 févr. 2012, n° 2011-218 QPC).

Le législateur a donc pris acte de ces positions du Conseil constitutionnel en rendant le prononcé de certaines de ces peines désormais facultatif pour le juge. Ainsi de l'incapacité d'exercer une fonction publique élective en cas de faillite personnelle (v. art. L. 653-10 C. comm. : « Le tribunal… *peut* prononcer » – antérieurement v. art. 194, L. n° 85-998 du 25 janv. 1985), de l'interdiction d'exercer une profession commerciale ou industrielle, ou de diriger, administrer, gérer ou contrôler une entreprise commerciale ou industrielle ou une société commerciale (art. 131-27, al. 2 C. pén.) devenue une peine complémentaire facultative – v. par ex. art. 313-7, 2° ; v. antérieurement art. 1er, L. n° 47-1634 du 30 août 1947). De même, en présence de peines qui résultent automatiquement d'une condamnation, la loi autorise désormais le juge à en réduire la durée (v. par ex., art. L. 500-1 C. mon. fin., à propos d'une interdiction professionnelle).

III – Peine complémentaire

Elle s'ajoute à la peine principale, mais ne peut être sous-entendue (ex. certaines interdictions professionnelles).

Caractères :

– elle vient renforcer la peine principale, et se rapproche en cela de la peine accessoire ; elle peut souvent être prononcée à sa place ;

– elle n'est pas automatique, et se rapproche en cela de la peine principale.

Le Code pénal ne connaît en principe que des **peines complémentaires facultatives** (la confiscation est cependant obligatoire dans certains cas : art. 131-21, al. 7 ; on dira, comme plus haut, qu'il ne s'agit pas alors d'une peine…). Mais dans d'autres textes, il faut distinguer deux sortes de peines complémentaires :

- Peine complémentaire facultative

Le juge peut, librement, la prononcer ou non.

• Peine complémentaire obligatoire

Le juge *doit* la prononcer (v. par ex., certains cas de confiscation : art. 131-21, al. 7). Mais un relèvement, même immédiat, est souvent possible (v. cette question).

La peine complémentaire obligatoire paraît **se rapprocher de la peine accessoire**, puisque toutes deux seront encourues comme suite à la peine principale dont elles découlent. Mais il y a eu longtemps une *différence* : si la peine accessoire ne figurait pas dans le jugement, elle devait cependant être subie. Si la peine complémentaire obligatoire était omise, elle n'était pas subie. Aujourd'hui, on l'a vu, toutes les peines doivent être mentionnées pour être applicables (art. 132-17, al. 1).

La peine complémentaire *obligatoire* paraît alors *se confondre avec la peine complémentaire facultative*, puisqu'il suffirait au juge de ne pas la mentionner pour en dispenser le condamné. Mais il y aurait là une faute dans l'application de la loi, pouvant fonder un pourvoi en cassation aboutissant à faire casser la décision. Comme dans le cas des peines accessoires, et le Conseil constitutionnel s'attachant au régime des peines (automaticité), non à leur nature juridique de peine accessoire ou complémentaire, la question se pose de la conformité des peines complémentaires obligatoires aux principes du droit pénal constitutionnel (v. *supra*, II). Dorénavant, d'ailleurs, il arrive au législateur de préciser que le juge peut décider, par une décision spécialement motivée, de ne pas prononcer une peine complémentaire obligatoire, notamment en considération des circonstances de l'infraction et de la personnalité de son auteur (v. par ex. art. 221-8, I, 10°, 221-8, II, 224-9, II, 222-44, I, 13°, 321-10).

Section 2 - Classifications criminologiques

§ 1 - Classification des peines fondée sur leur but pénologique

On retrouve ici la distinction des fonctions de la peine :

- jadis peines d'élimination ;
- peines d'intimidation ;
- peines de réformation.

§ 2 - Classification des peines fondée sur ce qu'elles atteignent chez le condamné

C'est cette classification qui constituera le plan du titre suivant.

1. Peines privatives de liberté.
2. Peines restrictives de liberté.
3. Peines patrimoniales.
4. Peines privatives ou restrictives de droits.
5. Peines morales.
6. Mesures de sûreté.
7. Mesures applicables aux mineurs délinquants.

Pour aller plus loin

Exemples de sujets possibles d'examens

Dissertations

- Les peines alternatives
- Le remplacement d'une peine par une autre

Titre 2
Étude des différentes peines

Ces peines sont étudiées d'une façon plus approfondie dans le Mémento de Criminologie et science pénitentiaire.
La peine de mort a été supprimée en France par la loi du 9 octobre 1981 (elle existe dans certains pays, de même qu'existent dans certains pays d'autres mesures corporelles, notamment la stérilisation, ex. certains États des États-Unis ; en France, il s'est trouvé un garde des Sceaux pour ne pas exclure radicalement ce type de mutilation). À l'époque contemporaine, en France, la peine de mort tenait d'ailleurs peu de place, pour trois raisons :
– elle n'était prévue par la loi que dans un nombre de cas limité ;
– même lorsqu'elle était prévue par la loi, elle était rarement prononcée par la cour d'assises ;
– même lorsqu'elle était prononcée par la cour d'assises, elle était rarement exécutée (droit de grâce du chef de l'État).
Ainsi, sur les 5 ans précédant l'abolition, 4 068 crimes passibles de la peine de mort ont été commis (officiellement ; en fait, bien davantage) ; 67 peines de mort ont été requises, 11 prononcées, 3 exécutées.
Mais le problème philosophique de la légitimité de la peine de mort était et est cependant toujours discuté, et passionnément, par beaucoup de gens, même non philosophes. La Cour EDH décide désormais que cette peine, en temps de paix, n'est pas autorisée par la Conv. EDH. V. aussi art. 66 Constitution (L. 23 févr. 2007) : « nul ne peut être condamné à la peine de mort ».
Après l'abolition de la peine de mort, la peine la plus forte est donc désormais la réclusion criminelle à perpétuité, peine applicable notamment aux meurtres aggravés, par exemple commis avec préméditation.
Au-dessous de la réclusion criminelle à perpétuité, le nouveau Code pénal a créé la peine de 30 ans de réclusion criminelle pour le meurtre simple, auparavant punissable de réclusion à perpétuité : on aboutit à l'abaissement général des peines.

Chapitre 1
Les peines privatives de liberté

L'essentiel

Il faut observer que de façon fort maladroite, le législateur utilise parfois l'expression de « peine privative de liberté » dans des cas où, en réalité, il s'agit de priver le condamné de certains de ses droits, et non pas de le priver de sa liberté d'aller et de venir (v. art. 131-6).
Plan : *On indiquera les différentes catégories de peines privatives de liberté ; on décrira ensuite le régime pénitentiaire.*

Section 1 – Diverses catégories de peines privatives de liberté

Les peines privatives de liberté existent en matière criminelle et correctionnelle. Mais *l'emprisonnement n'est plus prévu pour les contraventions*, même de 5e classe, les plus graves (ex. violences ayant entraîné une incapacité totale de travail inférieure ou égale à 8 jours, art. R. 625-1 C. pén.).

Pour l'exécution des condamnations à une peine privative de liberté dans l'Union européenne (exécution en France des condamnations prononcées par une juridiction d'un État membre, exécution par les États membres des condamnations prononcées par une juridiction française), v. art. 728-10 et s. C. pr. pén.

§ 1 – Peines criminelles

– de droit commun : réclusion criminelle à perpétuité ou à temps (comprise entre 10 et 30 ans selon les cas : art. 131-1) ;
– politiques : détention criminelle à perpétuité ou à temps (comprise entre 10 et 30 ans selon les cas : art. 131-1).

En cas de *réclusion criminelle à perpétuité* prononcée pour certains meurtres ou assassinats aggravés commis à l'encontre de certaines victimes, comme les mineurs de 15 ans, peut être décidée une période de sûreté, pour une durée *en principe* illimitée (« perpétuité réelle » : peine incompressible), entraînant la privation de mesures de faveur telles que des permissions de sortir ou la libération conditionnelle (art. 221-3, 221-4, dern. al.). Cette durée peut toutefois être réduite par le tribunal de l'application des peines après 30 ans (art. 720-4, al. 3, C. pr. pén.), ce qui la rend compatible avec les exigences de la Cour EDH : celle-ci juge qu'une peine privative de liberté perpétuelle ne constitue pas un traitement inhumain et dégradant au sens de l'art. 3, Conv. EDH, dès lors que le condamné peut avoir l'espoir d'un aménagement de sa peine, tel une libération conditionnelle, et qu'il en connaît les conditions dès le début de son incarcération (v. par ex. CEDH 11 avr. 2006, *Léger* ; gd. ch. 12 févr. 2008, *Kafkaris* ; gd ch. 9 juill. 2013, *Vinter*).

§ 2 – Peines correctionnelles

Emprisonnement jusqu'à 10 ans en principe ; l'échelle légale comporte 8 degrés : au plus, 10 ans, 7 ans, 5 ans, 3 ans, 2 ans, 1 an, 6 mois, 2 mois (art.131-4), les juges pouvant toujours prononcer une peine inférieure au seuil considéré (ex. 8 ans, 6 ans, 4 ans, 18 mois, 1 mois, etc.).

L'emprisonnement peut être remplacé par d'autres peines (art. 131-5 et s. C. pén. : on l'a dit, et on le reverra dans les chapitres suivants), parfois plus utiles qu'une courte peine d'emprisonnement entraînant une brève incarcération : par exemple par une peine de jours-amende (sauf pour les mineurs), un travail d'intérêt général (TIG), une sanction-réparation, un stage de citoyenneté, par une ou plusieurs des peines privatives ou restrictives « de liberté » de l'art. 131-6 (la suspension du permis de conduire, l'immobilisation du véhicule, l'interdiction d'émettre des chèques, la confiscation du moyen ou du produit du délit, une interdiction professionnelle, etc.).

Aux termes de l'art. 131-9, il ne peut y avoir cumul entre :

- l'emprisonnement et le TIG peine alternative ;
- l'emprisonnement et les peines définies par l'art. 131-6 (ex. suspension du permis, confiscation), sauf exception légale ;
- l'emprisonnement et la contrainte pénale.

Un *placement* **sous surveillance** *électronique* (ex. à domicile) peut être décidé par la juridiction de jugement qui prononce une condamnation à une peine d'emprisonnement inférieure ou égale à 2 ans, ou, pour les récidivistes, à 1 an (art. 132-26-1 C. pén. ; art. 723-7-1 C. pr. pén.) ou par le juge de l'application des peines pour les condamnés à deux ans d'emprisonnement au plus ou à qui il ne reste pas plus de deux ans à subir, ou un an pour les récidivistes (art. 723-7 et s. C. pr. pén. ; pour le mineur, art. 20-8, Ord. 2 févr. 1945).

Section 2 – Régime pénitentiaire

Cette question suppose résolus le problème du régime d'exécution, et celui du lieu d'exécution de ces peines (*v.*, pour une étude plus complète, Mémento de *Criminologie et science pénitentiaire*).

§ 1 – Régime d'exécution

Ces peines impliquent privation de liberté, mais peuvent permettre la réinsertion sociale du condamné (on a jadis parlé de « traitement en milieu carcéral »).

I – Privation de liberté

Pour l'incarcération, plusieurs systèmes sont concevables : *emprisonnement en commun*, de jour et de nuit ; *emprisonnement cellulaire* de jour et de nuit ; *système mixte* (système d'Auburn) : en commun de jour, isolement cellulaire de nuit (v. art. 717-2, D. 93 C. pr. pén.) ; *système progressif* : passage d'un système précédent à l'autre, avec libération par étapes (ex. semi-liberté, puis libération conditionnelle).

Le système progressif a été appliqué en France. On avait fini par lui préférer l'incarcération du détenu dans l'établissement le mieux approprié, mais l'individualisation des peines doit permettre le retour progressif du condamné à la liberté (art. 707, al. 3 C. pr. pén.).

De mauvaises conditions de détention peuvent constituer un **traitement inhumain et dégradant** au sens de l'art. 3 Conv. EDH (v. par ex., pour la France, CEDH 25 avr. 2013, *Canalli* : promiscuité avec un codétenu, vétusté des lieux, manquements aux règles d'hygiène ; un détenu malade doit recevoir des soins appropriés à son état : v. par ex. CEDH 23 juill. 2013, *Çetinkaya*. Pour l'alimentation forcée d'un détenu faisant la grève de la faim, v. CEDH 26 mars 2013, *Rappaz*).

II – En vue de la réinsertion sociale du détenu

Des efforts peuvent être entrepris dans plusieurs domaines : **scolaire, professionnel** (ex. formation professionnelle accélérée), **individuel et social**, et s'accompagner de l'exécution d'un **travail**. On retiendra ici ces deux dernières formes.

A – Le domaine individuel et social

Interviennent le **juge de l'application des peines** et le **tribunal de l'application des peines** (JAP, TAP) (v. Mémento de *Criminologie et science pénitentiaire*), le *service pénitentiaire d'insertion et de probation*, les *visiteurs de prison* (bénévoles), les *médecins*, les *ministres du culte*, le cas échéant.

Diverses méthodes sont mises en œuvre : il s'agit de **mesures d'assouplissement du régime**, qui peuvent déboucher sur des **diminutions de la durée de la peine**.

1. Assouplissement du régime pénitentiaire

Peuvent être accordées par le JAP (dans certains cas par le TAP) pour les condamnés, la **semi-liberté** (art. 723, 723-1, 723-4 C. pr. pén.), le **placement à l'extérieur**, avec ou sans surveillance (art. 723, 723-1, 723-4, D. 126 et s. C. pr. pén.), le **placement sous surveillance électronique** (art. 723-7 C. pr. pén.), la suspension de peine (art. 720-1, 720-1-1 C. pr. pén.) ; ces décisions sont *juridictionnelles*, avec en principe débat contradictoire (art. 712-6 – JAP –, 712-7 – TAP – C. pr. pén.) ; un appel est prévu (art. 712-11 C. pr. pén.) ; le JAP peut aussi, après avis de la commission de l'application des peines, accorder des permissions de sortir (art. 712-5 C. pr. pén.). JAP ou TAP, selon le cas, peuvent accorder la libération conditionnelle (art. 712-6, 712-7 C. pr. pén.). Pour les condamnés *non encore incarcérés*, le bénéfice d'une *semi-liberté*, d'un *placement à l'extérieur*, d'un *placement sous surveillance électronique*, d'un *fractionnement* ou d'une *suspension de peine*, ou encore d'une *libération conditionnelle* est même *de principe* s'ils ont été condamnés à un emprisonnement inférieur ou égal à 2 ans ou pour lesquels la durée de privation de liberté restant à subir est inférieure ou égale à ce seuil, durées ramenées à 1 an pour les récidivistes, par l'effet de *procédures simplifiées d'aménagement des peines* ; la règle vaut également pour les condamnés exécutant leur peine sous le régime de la semi-liberté, du placement à l'extérieur ou du placement sous surveillance électronique lorsqu'ils ont été condamnés à une peine ou qu'il leur reste à subir une peine de ces mêmes durées (art. 723-15 C. pr. pén., L. dite Taubira). En outre, lorsque la condamnation n'a pas été mise à exécution dans le délai de 3 ans à compter de la date à laquelle elle est devenue définitive, le condamné est convoqué devant le JAP, préalablement à la mise à exécution de la condamnation, afin de déterminer les modalités d'exécution de sa peine les mieux adaptées aux circonstances, à sa personnalité et à sa situation matérielle, familiale et sociale. Cette convocation suspend la possibilité pour le parquet de mettre la peine à exécution, sous réserve de l'urgence (art. 723-17-1, L. dite Taubira). Pour les condamnés en fin de peine, v. art. 723-19 et s. L'objectif est d'éviter qu'un condamné ne soit remis en liberté à la fin de sa peine sans avoir pu bénéficier d'un retour progressif à la liberté : « Toute personne condamnée incarcérée en exécution d'une peine privative de liberté bénéficie, chaque fois que cela est possible, d'un retour progressif à la liberté, dans le cadre d'une mesure de semi-liberté, de placement à l'extérieur, de placement sous surveillance électronique, de libération conditionnelle ou d'une libération sous contrainte, afin d'éviter une remise en liberté sans aucune forme de suivi judiciaire » (art. 707, III, L. dite Taubira, C. pr. pén.).

Ces mesures peuvent être aussi accordées par la juridiction de jugement, lors du prononcé de la peine (*v. cette question*).

Exclusion de ces mesures

Ces mesures sont **exclues** pendant la **période de sûreté** (art. 132-23 C. pén. ; 720-2 C. pr. pén.). Cette période est *inapplicable aux mineurs* (Ord. 2 févr. 1945, art. 20-2), ainsi qu'en cas de suspension de peine pour raisons médicales très graves (art. 720-1-1, dern. al. ; *v. cette question*).

1. La période de sûreté joue **de plein droit** après condamnation, pour *certaines infractions* (ex. génocide : art. 211-1 ; meurtre aggravé : art. 221-4), à *dix ans au moins de privation de liberté sans sursis*.

La durée de cette période est en principe de la **moitié** de la peine (18 ans pour la réclusion à perpétuité).

Mais la juridiction peut **réduire** cette durée, ou au contraire la porter aux **deux tiers**, ou à *22 ans* en cas de réclusion à perpétuité.

La période de sûreté peut être portée à **30 ans** en cas de meurtre, ou d'assassinat, précédés ou accompagnés de viol, de tortures ou d'actes de barbarie, sur **mineur de 15 ans ou commis sur certaines victimes à l'occasion ou en raison de l'exercice de leurs fonctions, comme les magistrats, policiers, gendarmes** (art. 221-3 et 221-4 C. pén.). Pour ces mêmes crimes, la cour d'assises peut aussi décider, si elle prononce la **réclusion à perpétuité**, qu'**aucune des mesures de faveur** empêchées par la période de sûreté ne pourra être accordée au condamné (*ibid.* ; peine incompressible ; sur la compatibilité d'une telle peine avec la Conv. EDH, v. *supra* section 1).

2. La période de sûreté **peut être décidée** par la juridiction *pour les autres infractions*, pour une *peine de plus de 5 ans sans sursis* (maximum : les *deux tiers* de la peine, ou *22 ans* en cas de réclusion à perpétuité).

3. Que la période de sûreté soit encourue de plein droit ou décidée par la juridiction, le **TAP** peut ultérieurement la **réduire** ou **y mettre fin** (pour ce dernier cas, les textes évoquent parfois un « relèvement » de la période de sûreté : art. 712-7, D. 49-23), si le condamné manifeste des *gages sérieux de réadaptation sociale* (v. art. 720-4 C. pr. pén.). Dans le cas où la période de sûreté a été portée à **30 ans** (v. 1), le TAP ne peut prendre ces décisions qu'après 20 ans d'incarcération au moins (art. 720-4, al. 2 C. pr. pén.) ; dans le cas d'une peine incompressible (v. 1), qu'après 30 ans d'incarcération au moins, et seulement après expertise spéciale sur l'état de dangerosité du condamné (art. 720-4, al. 3, 4 C. pr. pén.). *Pour la libération conditionnelle, v. cette question.*

Pour le calcul de la période en cas de *grâce*, on consultera l'art. 720-2, al. 2 C. pr. pén. et les art. 221-3 et 4 C. pén.

Des *autorisations de sortie sous escorte* sont possibles, même pendant la période de sûreté (arg. art. 723-6 C. pr. pén.).

2. Diminution de la durée de la peine

- outre le *crédit de réduction de peine* (art. 721 C. pr. pén.), la **réduction supplémentaire de peine** (art. 721-1), et la réduction de peine exceptionnelle (art. 721-3) engendrent une diminution de la durée de la peine : *v. cette question.*
- la **libération conditionnelle** : v. *cette question.*
- pour les condamnés ayant au moins accompli une fraction de leur peine correspondant au double de celle qu'il leur reste à subir, la loi dite Taubira a instauré en outre la **libération sous contrainte** qui entraîne l'exécution du reliquat de peine sous le régime, selon la décision prise par le JAP, de la semi-liberté, du placement à l'extérieur, du placement sous surveillance électronique ou de la libération conditionnelle (art. 720 C. pr. pén.).

Pour les mesures pouvant être prises en fin de peine, v. art. 723-19 et s C. pr. pén., préconisant que si sa personnalité et la situation le permettent, le condamné en fin de peine bénéficie du régime de la **semi-liberté**, du **placement à l'extérieur**, du **placement sous surveillance électronique ou de la liberté conditionnelle**.

B – Le travail

Le travail en établissement pénitentiaire est *facultatif* pour le détenu depuis 1987.

1. Organisation du travail

• *Travail dans l'établissement* (outre le service général de la prison, pour la propreté des locaux et le fonctionnement des services : art. D. 433-3 C. pr. pén.) : v. annexe art. R. 57-6-18, art. 15 (tout détenu peut demander à travailler), art. D. 433 et s. C. pr. pén.

Travail à l'extérieur :

- sous surveillance, sauf pour certains détenus : *placement à l'extérieur* ;
- ou en *semi-liberté* (travail chez un employeur comme travailleur ordinaire, rentrée ensuite à l'établissement pénitentiaire).

2. Rémunération du travail

Une partie des produits du travail est attribuée au détenu. Après déduction des cotisations à caractère social (art. D. 434 C. pr. pén.), une partie est attribuée aux parties civiles et aux créanciers d'aliments (v. art. D. 320-1, D. 325 C. pr. pén. ; pour la possibilité de pratiquer une saisie-attribution, v. art. D. 333), une autre constitue le **pécule de libération** (obligatoirement mis de côté pour être remis au détenu à sa sortie de l'établissement pénitentiaire : c'est un moyen de lutte contre la récidive : art. D. 320-2, D. 324 C. pr. pén.), sauf en cas de semi-liberté ou de placement à l'extérieur sans surveillance, le reste constitue la **part disponible**, librement employée par le détenu, ex. pour des achats à la cantine ou envois à la famille (art. D. 320-3, D. 323 C. pr. pén. ; retenues possibles par l'administration pénitentiaire, art. D. 332).

§ 2 – Lieux d'exécution : les établissements pénitentiaires

On distingue (art. 717 et D. 70 et s. C. pr. pén.) les **établissements pour peines**, pour les *condamnés*, et les **maisons d'arrêt**, en principe pour la *détention provisoire*. Dans les établissements pour peines, isolement de nuit seulement, après une éventuelle période d'observation en cellule ; dans les maisons d'arrêt, emprisonnement individuel de jour et de nuit (art. 717-2, C. pr. pén.).

L'affectation des condamnés à un établissement déterminé est décidée à l'issue d'une *procédure d'orientation* (v. art. D. 74 et s. C. pr. pén.), obligatoire si le temps d'incarcération à subir est supérieur à deux ans ou, pour les mineurs, à 3 mois (art. D. 75 C. pr. pén.). V. aussi, pour certains condamnés, les Centres nationaux d'évaluation (notamment de Fresnes) : art. D. 81-1, D. 81-2, C. pr. pén.

I – Établissements pour peines

Art. D. 70 C. pr. pén.

• *Maisons centrales* (ou, au sein des établissements pénitentiaires, quartiers maisons centrales), comportant une organisation et un régime de sécurité renforcé, permettant également de préserver et développer les possibilités de réinsertion sociale (art. D. 71 C. pr. pén.).

• *Centres de détention* (ou quartiers centres de détention), comportant un régime essentiellement orienté vers la réinsertion sociale (art. D. 72 C. pr. pén.).

• *Centres pour peines aménagées* (ou *quartiers pour peines aménagées*), pouvant recevoir, avec leur accord, les condamnés dont la peine restant à subir est inférieure à deux ans, et les condamnés en semi-liberté ou en placement à l'extérieur (régime essentiellement orienté vers la réinsertion sociale et la préparation à la sortie) : art. D. 72-1 C. pr. pén.

• *Centres de semi-liberté* (ou quartiers de semi-liberté), comportant également un régime essentiellement orienté vers la réinsertion sociale et la préparation à la sortie : art. D. 72-1, C. pr. pén.

• Pour les auteurs de certaines infractions pour lesquelles un suivi socio-judiciaire est encouru (ex. viol avec meurtre d'un mineur de 15 ans), les établissements permettant un suivi médical et psychologique adapté (art. 717-1, al. 3 C. pr. pén.) ; il en est *a fortiori* de même pour les condamnés à un suivi socio-judiciaire comprenant une injonction de soins (art. 763-7 C. pr. pén.). De même, la rétention de sûreté se déroule dans un centre socio-médico-judiciaire de sûreté, permettant une prise en charge médicale, sociale et psychologique destinée à permettre qu'il soit mis fin à la mesure de rétention (art. 706-53-13, al. 4 C. pr. pén.). Des établissements de santé seront aménagés pour les détenus atteints de troubles mentaux afin de leur prodiguer, avec ou sans leur consentement, des soins psychiatriques (art. L. 3214-1 et s. C. santé publ. ; art. L. 3222-1, L. 6112-1, 11° C. sant. publ.) : unités hospitalières spécialement aménagées. Sans préjudice des dispositions du Code de la santé publique relatives à l'hospitalisation complète, cette mesure peut être ordonnée par la juridiction d'instruction ou de jugement qui prononce un arrêt ou un jugement de déclaration d'irresponsabilité pénale pour cause de trouble mental (art. 706-135 C. pr. pén.).

• *Établissements pénitentiaires spécialisés pour mineurs* (EPSM) : art. D. 70 C. pr. pén.

II – Maisons d'arrêt

Art. 714, D. 53 et s. C. pr. pén.

Pour la détention provisoire (v. Mémento de *Procédure pénale*), et, le cas échéant, « à titre exceptionnel », pour les condamnés à un emprisonnement égal ou inférieur à deux ans qui y sont maintenus, ou pour les condamnés à qui il reste à subir moins d'un an qui y sont affectés (art. 717, al. 2, D. 70, al. 2 C. pr. pén. ; ex. Fleury-Mérogis). Pour les mineurs, possibilité d'une incarcération dans un établissement spécialisé (art. D. 53, al. 3, C. pr. pén.).

Chapitre 2
Les peines restrictives de liberté

L'essentiel

On peut rapprocher, de ces peines restrictives de liberté : les mesures d'assignation à résidence (de nature administrative : v. par ex. art. L. 561-1, C. entr. et séj. étrangers) ou d'obligation de résidence (judiciaires, ex. dans le contrôle judiciaire, art. 138, 2°, C. pr. pén., le placement sous surveillance électronique, art. 132-26-2 C. pén.), les mesures d'interdiction de se rendre dans certains lieux (ex. avant même l'exercice de l'action publique, ex. composition pénale : art. 41-2, 9°, 14° C. pr. pén., ou comme peine selon l'art. 131-6,12° C. pén.), les mesures d'interdiction de paraître (de nature judiciaire, ex. dans la libération conditionnelle, art. 731, C. pr. pén., renvoyant à l'art. 132-45, 9°, C. pén.).
Peuvent aussi porter atteinte à certaines libertés le sursis avec mise à l'épreuve (art. 132-43 et s. C. pén.), pouvant comporter un TIG (art. 132-54 et s. C. pén.), la liberté surveillée des mineurs (Ord. 2 févr. 1945, art. 8, 21), les mesures de sûreté, le placement sous surveillance électronique (mais qui remplace l'exécution de l'emprisonnement : art. 132-26-1 et s.), les stages (ex. stage de citoyenneté : art. 131-3, 4°, 131-5-1, art. 131-16, 8°, de responsabilité parentale : art. 131-16, 9°, 131-35-1, de sensibilisation à la sécurité routière : art. 131-16, 7°, 131-35-1, de sensibilisation aux dangers de l'usage de produits stupéfiants : art. 131-35-1).
L'art. 131-6 relatif aux peines alternatives range, sous la rubrique peines privatives ou restrictives de « liberté », des mesures de nature différente, les unes touchant la liberté, d'autres les droits, d'autres le patrimoine – la terminologie du code est d'ailleurs hésitante ; v. art. 131-3, 6°, 131-7, 131-9, al. 1er, 132-31 : peines privatives ou restrictive de « droits » ; cf. en matière contraventionnelle, ar. 131-12, 2°, 131-14, 131-15, al. 2, 131-40, 2°, 131-42.
L'interdiction de séjour et l'interdiction du territoire sont des restrictions à la liberté d'aller et venir ; mais il est d'autres mesures, qui restreignent d'autres libertés ; exemple important : le travail d'intérêt général.

Section 1 – L'interdiction de séjour

§ 1 – Définition

C'est la **défense faite au condamné** de résider dans certaines localités, avec mesures de **surveillance** et d'**assistance** (art. 131-31 et 32 C. pén. ; 762-1 et s. C. pr. pén.).

Elle a aujourd'hui les caractères d'une **véritable mesure de sûreté** (nombreux assouplissements dans le prononcé et les effets ; ex. le JAP peut modifier la liste des lieux interdits, les mesures de surveillance et d'assistance : art. 762-4, C. pr. pén.). Elle est **inapplicable aux mineurs** (Ord. 2 févr. 1945, art. 20-4) ; elle cesse après l'âge de 65 ans, sauf si elle est perpétuelle (art. 131-32 C. pén.) ; elle ne peut donc être prononcée contre un condamné ayant atteint l'âge de 65 ans. Toutefois, selon la chambre criminelle, l'interdiction de séjour, étant juridiquement une peine, peut se prescrire (Crim., 16 nov. 1983, *Bull. crim.* n° 302). Selon la même, la juridiction peut décider le **relèvement** de la peine complémentaire d'interdiction de séjour qu'elle a prononcée (Crim., 5 sept. 1994, *Bull. crim.* n° 294).

§ 2 – Fonctions

• C'est un instrument de **lutte contre la récidive**, par l'interdiction de résider dans les localités où le condamné risquerait de retomber dans un milieu néfaste.

• C'est un instrument de **réinsertion**, par les mesures d'assistance et de surveillance.

§ 3 – Durée

• *Maximum de 10 ans* (sauf exception), en cas de condamnation pour crime, art. 131-31.

• *Maximum de 5 ans* (sauf exception), en cas de condamnation pour délit, art. 131-31.

• *Perpétuelle* en cas de prescription d'une peine prononcée en matière criminelle (interdiction de séjour dans le département où demeurent la victime ou ses héritiers directs), art. 763 C. pr. pén.

Des sanctions pénales sont prévues en cas de violation de l'interdiction de séjour par le fait de paraître dans un lieu interdit, ou de se soustraire aux mesures de surveillance (art. 434-38).

Section 2 – L'interdiction du territoire

C'est l'interdiction, **pour l'étranger**, de séjourner sur le territoire français ; selon les cas, elle est définitive, ou d'une durée de 10 ans maximum (art. 131-30). Il ne faut pas la confondre avec la mesure, *administrative*, d'expulsion, qui n'est pas une peine, et peut donc être décidée en sus d'une peine (art. L. 521-1 et s. C. entr. et séj. étrangers).

Elle concerne l'étranger coupable d'un **crime** ou d'un **délit**, dans les cas prévus par la loi (art. 131-30, al. 1er). Elle entraîne de plein droit *reconduite à la frontière*, le cas échéant à l'expiration de la peine privative de liberté (art. 131-30, al. 2).

Elle est exclue pour beaucoup d'étrangers, et pour d'autres elle suppose, en matière correctionnelle, une motivation spéciale.

§ 1 – Domaine de l'exclusion

I – Principe de l'exclusion

Pour six catégories d'étrangers, cette interdiction ne peut pas être prononcée, sauf les exceptions indiquées ci-dessous *B.* (art. 131-30-2, C. pén., art. 20-4 Ord. 2 févr.

1945). Ex. : étranger justifiant *résider en France habituellement depuis l'âge de 13 ans* au plus ; étranger mineur.

II - Exceptions

Même pour les catégories d'étrangers exclues en principe de la mesure, l'interdiction du territoire peut être prononcée, *sauf à l'encontre d'un mineur*, pour certaines infractions, ex. actes de terrorisme, groupes de combat, fausse monnaie (art. 131-30-2, dern. al.).

§ 2 - Exigence d'une motivation spéciale en matière correctionnelle

En matière correctionnelle, le prononcé de l'interdiction suppose une **motivation spéciale** au regard de la gravité de l'infraction et de la situation personnelle et familiale de l'étranger, pour cinq catégories d'étrangers, quelle que soit l'infraction commise (art. 131-30-1). Ex. : étranger résidant en France, ne vivant pas en état de polygamie, père ou mère d'un enfant français mineur résidant en France, à certaines conditions ; étranger marié depuis au moins trois ans avec un conjoint français, à certaines conditions.

Ces conditions visent à respecter la jurisprudence de la Cour EDH qui considère qu'une mesure d'expulsion prononcée à l'encontre d'un délinquant peut constituer une ingérence injustifiée dans le droit au respect de la vie familiale et, plus largement, de la vie privée tel que garanti par l'art. 8, Conv. EDH (v. par ex. CEDH 13 févr. 2001, *Ezzouhdi* ; 15 nov. 2012, *Shala*). La chambre criminelle veille à ce qu'en application de l'art. 8 de la Conv. EDH, le juge recherche si la mesure respecte la proportionnalité entre le respect de la vie privée et familiale, et le but recherché par la mesure d'éloignement, les impératifs de la sûreté publique et de prévention des infractions pénales (v. par ex. Crim., 30 mars 2011, *Bull. crim.* n° 68 ; 20 févr. 2013, *Bull. crim.* n° 45).

Un **relèvement** de l'interdiction du territoire est possible (sauf si l'interdiction a été prononcée comme peine principale). Pour la procédure, v. art. 702-1 C. pr. pén., et *v. le relèvement*. L'étranger ne peut obtenir le relèvement d'une interdiction du territoire que s'il réside hors de France (sauf, notamment, pendant le temps où il subit en France un emprisonnement sans sursis) : art. L. 541-2 C. entr. et séj. étrangers.

Section 3 - Le travail d'intérêt général

Il s'agit d'un travail non rémunéré, effectué au profit, par exemple, d'une association habilitée (art. 131-8, 131-9, 131-17, al. 2, 131-22 à 131-24, 131-36, R. 131-12 à R. 131-34).

Le TIG peut aussi être prévu au titre du sursis avec mise à l'épreuve (art. 132-54 et s.).

§ 1 - Conditions

• Le TIG, comme peine alternative, suppose un *délit punissable d'emprisonnement*, ou, *dans les cas prévus, une contravention de 5e classe* (art. 131-8, 131-17, al. 2 ; le

TIG est parfois appelé familièrement « TIG-TAG », car il est souvent utilisé pour faire enlever certains graffitis...).

• Le TIG peut s'appliquer aux *mineurs de 16 à 18 ans* (art. 20-5 Ord. 2 févr. 1945).

• Le TIG, *comme peine alternative*, ne peut être cumulé avec l'emprisonnement (art. 131-9, al. 1er ; à distinguer évidemment du cas où il y a emprisonnement avec sursis avec mise à l'épreuve et TIG).

• Le TIG est directement prévu comme *peine principale correctionnelle* pour certaines dégradations (ex. « TAG ») : art. 322-1 à 322-3.

• Le TIG est applicable comme *peine complémentaire* pour certaines infractions au Code de la route (ex. art. L. 224-18, L. 231-2, 233-2 II C. route) ; mais comme il suppose que le condamné ne le refuse pas, on imagine que celui-ci n'acceptera ce complément que moyennant un abaissement des peines principales...

§ 2 - Procédure

• Le prononcé du TIG suppose le *prévenu présent*, car celui-ci a le droit de refuser (art. 131-8, al. 2 ; v. art. 4, § 2, Conv. EDH proscrivant le travail forcé).

• Le tribunal qui prescrit le TIG peut ordonner l'*exécution provisoire* (art. 471 C. pr. pén.).

§ 3 - Durée

- pour les *délits* : elle est comprise entre **20 et 280 heures** (art. 131-8 mod. L. dite Taubira), dans un délai fixé par la juridiction, avec un maximum de **18 mois** (art. 131-22) ;
- pour les *contraventions de 5e classe* : entre **20 et 120 heures** (art. 131-17, al. 2).

Le délai peut être *suspendu* provisoirement, ex. pour motif grave d'ordre médical, familial, professionnel ou social, ou pendant le temps d'incarcération (art. 131-22, al. 1er).

§ 4 - Régime

• Le condamné doit accomplir un travail d'intérêt général, au profit d'une personne morale de droit public, d'une personne morale de droit privé chargée d'une mission de service public ou d'une association habilitée (art. 131-8 ; v. aussi art. 131-22, al. 3).

Ex. : élagage de haies au bord des routes, débroussaillement de forêts, nettoyage de plages, réparation d'actes de vandalisme ou déprédation (graffiti, bombage, affichage sauvage, dégâts dans les cabines téléphoniques, les Abribus, les jardins publics).

• *Les modalités* sont fixées par le *juge de l'application des peines (art. 131-22, al. 2)*, ou, pour les mineurs, par le juge des enfants (art. 20-9 Ord. 2 févr. 1945 ; le travail doit être adapté, formateur, ou de nature à favoriser l'insertion sociale : art. 20-5 Ord. 2 févr. 1945).

• Le travail *n'est pas rémunéré* – pour éviter de concurrencer le travail salarié – (art. 131-8) ;

• Le TIG peut se cumuler avec l'exercice d'une activité professionnelle (art. 131-23) ;

• L'État répond du dommage causé par le condamné – ce sont les tribunaux judiciaires qui sont compétents – (art. 131-24).

• Le *Code du travail* s'applique en ce qui concerne le travail de nuit, l'hygiène, la sécurité, le travail des femmes et des jeunes travailleurs (art. 131-23).

§ 5 - Sanctions

Le problème difficile est le contrôle de l'exécution de travail.

En cas de violation des obligations, s'appliquent les peines prévues par les art. 434-42 et 434-44 C. pén. (emprisonnement, amende, peine complémentaire d'interdiction des droits civiques, civils et de famille ; le maximum de l'emprisonnement ou de l'amende peut être fixé par la juridiction prononçant le TIG : art. 131-9, al. 2) ; selon la chambre criminelle, le prononcé de ces peines pour violation des obligations ne dispense pas de l'exécution du TIG (Crim., 7 janv. 1997, *Bull. crim.* n° 1). V. art. 733-2, 712-17 C. pr. pén.

Section 4 - La contrainte pénale

• La loi dite Taubira a instauré cette nouvelle peine restrictive de liberté (art. 131-3, 2° C. pén.), , qui emporte pour le condamné l'obligation de se soumettre, sous le contrôle du JAP, pendant une durée comprise entre 6 mois et 5 ans et qui est fixée par la juridiction de jugement, à des *mesures de contrôle et d'assistance* ainsi qu'à des *obligations et interdictions particulières* destinées à **prévenir la récidive** en favorisant son insertion ou sa réinsertion au sein de la société (art. 131-4-1, al. 2). La juridiction peut la prononcer lorsque la personnalité et la situation matérielle, familiale et sociale de l'auteur d'un délit puni d'une peine d'emprisonnement (inférieure ou égale à 5 ans, condition qui disparaîtra au 31 déc. 2016) et les faits de l'espèce justifient un accompagnement socio-éducatif individualisé et soutenu (art. 131-4-1, al. 1er). Cette peine est *inapplicable aux mineurs* (Ord. 2 févr. 1945, art. 20-4).

• Les obligations et interdictions particulières sont : 1°/ les *obligations et interdictions prévues à l'article 132-45* en matière de sursis avec mise à l'épreuve (exercer une activité professionnelle ou suivre un enseignement ou une formation professionnelle, se soumettre à des mesures d'examen médical, de traitement ou de soins, même sous le régime de l'hospitalisation, etc. ; *v. le sursis avec mise à l'épreuve*) ; 2°/ l'obligation d'effectuer un *travail d'intérêt général* ; 3°/ *l'injonction de soins*, si la personne a été condamnée pour un délit pour lequel le suivi socio-judiciaire est encouru et qu'une expertise médicale a conclu qu'elle était susceptible de faire l'objet d'un traitement (art. 131-4-1, al. 4, 1°, 2°, 3°). En outre, dès le prononcé de la condamnation et pour toute la durée d'exécution de la peine, le condamné doit se soumettre aux mesures de contrôle prévues, pour le sursis avec mise à l'épreuve, par l'article 132-44 (art. 131-4-1, al. 3 ; répondre aux convocations du juge de l'application des peines, recevoir les visites du travailleur social et lui communiquer les renseignements ou documents de nature à permettre le contrôle de ses moyens d'existence et de l'exécution de ses obligations, etc.).

Le condamné peut bénéficier des mesures d'aide prévues au titre du sursis avec mise à l'épreuve de l'article 132-46 et destinées à seconder les efforts du condamné en vue de son reclassement social (art. 131-4-1, al. 8).

• C'est la juridiction de jugement qui fixe ces obligations et interdictions, si elle dispose des éléments pour le faire (art. 131-4-1, al. 9 ; mais le JAP pourra les modifier, les supprimer ou les compléter : art. 713-43, al. 1er C. pr. pén.) ; sinon c'est le **JAP** qui le fait, après évaluation de la personnalité et de la situation matérielle, familiale et sociale du condamné par le service pénitentiaire d'insertion et de probation ; c'est lui également qui fixe les mesures d'aide (art. 131-4-1, al. 12 C. pén., art. 713-42, 713-43 C. pr. pén. : ce service adresse au JAP un rapport comportant des propositions relatives au contenu et aux modalités de mise en œuvre des mesures de contrôle et d'assistance, des obligations et des interdictions). Le JAP statue dans les 4 mois qui suivent la condamnation (art. 713-43, al. 3 C. pr. pén.) au vu des réquisitions écrites du parquet et après avoir entendu les observations du condamné et, le cas échéant, de son avocat (art. 713-43, al. 2 C. pr. pén.). Ces obligations et interdictions peuvent être modifiées, complétées ou supprimées au cours de l'exécution de la contrainte pénale au regard de l'évolution du condamné (art. 131-4-1, al. 12 C. pén. ; la situation matérielle, familiale et sociale de la personne est réévaluée à chaque fois que nécessaire au cours de l'exécution de la peine, et au moins une fois par an, par le service pénitentiaire d'insertion et de probation et le JAP : art. 713-44 C. pr. pén.).

• La condamnation à la contrainte pénale est *exécutoire par provision* (art. 131-4-1, al. 13 C. pén.).

• Si le condamné a satisfait aux mesures, obligations et interdictions qui lui étaient imposées pendant au moins un an, que son reclassement paraît acquis et qu'aucun suivi ne paraît plus nécessaire, le JAP peut, par ordonnance motivée rendue sur réquisitions conformes du procureur de la République, décider de mettre fin de façon anticipée à la peine de contrainte pénale ; en l'absence d'accord du ministère public, le JAP peut saisir par requête motivée le président du TAP, qui statue à la suite d'un débat contradictoire public. En cas de refus, une nouvelle demande ne peut être présentée qu'après un an ; il en est de même, éventuellement, des demandes ultérieures (art. 713-45 C. pr. pén.).

• En cas d'inobservation par la personne condamnée des mesures, obligations ou interdictions qui lui sont imposées, le JAP peut, d'office ou sur réquisitions du procureur de la République, les modifier ou compléter ; il peut également procéder à un rappel à ces mesures, obligations et interdictions. Sinon, le JAP, d'office ou sur réquisitions du procureur de la République, saisit, par requête motivée, *le président du TGI* afin que soit mis à exécution contre le condamné tout ou partie de l'emprisonnement fixé par la juridiction de jugement en prévision de cette éventualité et qui ne peut excéder 2 ans ni le maximum de la peine encourue (art. 131-4-1, al. 10 C. pén., art. 713-47, al. 2 C. pr. pén.). Le président, après débat contradictoire public, fixe la durée de la peine d'emprisonnement qui ne peut excéder celle fixée par la juridiction de jugement, en fonction de la personnalité et de la situation du condamné, de la gravité des inobservations commises, du délai pendant lequel la contrainte pénale a été exécutée et les mesures respectées (*ibid.*). Si l'intéressé a été condamné à une peine inférieure ou égale à deux ans d'emprisonnement ou pour lesquelles la durée de la détention restant à subir est inférieure ou égale à deux ans, ou pour lesquelles, en cas de cumul de condamnations, le total des peines d'emprisonnement prononcées ou restant à subir est inférieur ou égal à deux ans, le président peut décider que cet emprisonnement s'exécutera sous le régime de la *semi-liberté*, du *placement à l'extérieur* ou de la *surveillance électronique* (*ibid.*). Ces dispositions peuvent être utilisées à plusieurs reprises au cours de l'exécution de la contrainte pénale, tant que la durée des emprisonnements successifs ne dépasse pas celle qui avait été fixée par la juridiction de jugement ; si leur total atteint cette durée, il est mis fin à la contrainte pénale (art. 713-47, al. 4 C. pr. pén.).

• Enfin, si le condamné commet, pendant la durée d'exécution de la contrainte pénale, un crime ou un délit de droit commun suivi d'une condamnation à une peine privative de liberté sans sursis, la juridiction de jugement peut, après avis du juge de l'application des peines, ordonner la mise à exécution de tout ou partie de l'emprisonnement fixé par la juridiction de jugement en prévision de l'inexécution des obligations et interdictions imposées au condamné (art. 713-48 C. pr. pén.).

Chapitre 3
Les peines patrimoniales

L'essentiel

Notion : *ces peines ont pour objet d'atteindre le condamné dans son patrimoine. Il en existe deux formes :*
– création d'une dette à la charge du condamné : c'est ***l'amende*** *(et les jours-amende) et la* ***sanction-réparation*** *;*
– privation de la propriété de tout ou partie du patrimoine : c'est la ***confiscation****, générale ou spéciale.*
De nombreuses peines privatives ou restrictive de droits ou de liberté (v. cette question) ont aussi des conséquences pécuniaires : ex. les interdictions professionnelles qui privent de revenus, le stage de sensibilisation à la sécurité routière qui s'effectue aux frais du condamné (art. 131-35-1, al. 2).

Section 1 – L'amende

Il faut étudier la valeur de l'amende comme peine, les garanties de son recouvrement, et la peine de jours-amende.

L'amende ne peut être cumulée avec la peine de jours-amende (art. 131-9, al. 3).

Si un délit est punissable seulement d'une amende, la juridiction peut remplacer celle-ci par une ou plusieurs peines de l'art. 131-6 (art. 131-7) : mais ces peines ne peuvent pas alors se cumuler avec l'amende.

§ 1 – Valeur de l'amende en tant que peine

I – Avantages

- l'amende reste toujours **efficace**, alors que l'on peut s'habituer à l'emprisonnement ;
- elle est, pour beaucoup d'infractions (ex. de lucre), un bon antidote ;
- elle évite l'emprisonnement et la **corruption** qui peut en résulter ;
- c'est une peine **divisible**, pouvant être aisément proportionnée à la gravité de l'infraction ;
- c'est une peine **réparable** au cas d'erreur judiciaire ;
- elle est **avantageuse** pour l'État, à qui elle rapporte au lieu de coûter, comme le fait l'emprisonnement.

II – Inconvénients

- l'amende n'est **pas assez personnelle** ; elle rejaillit sur la **famille** du condamné : mais c'est l'effet de la plupart des peines ;

- elle risque d'être **inégale**, frappant différemment le riche et le pauvre : mais le juge doit tenir compte, non seulement, comme pour toute peine, des circonstances de l'infraction et de la personnalité de son auteur, mais aussi, ici, des ressources et charges de celui-ci (art. 132-240, al. 2, mod. L. dite Taubira) ; on verra, fondée sur le même principe, la peine de jours-amende ;
- elle n'a pas d'effet de **réinsertion** : mais on recherche surtout ici l'intimidation.

Mais la critique essentielle est que l'amende n'est **pas efficace**. Tous ses avantages supposent en effet qu'elle puisse être effectivement payée. Or, le taux de recouvrement des amendes est trop faible ; de nombreux délinquants sont insolvables, ou simulent l'insolvabilité (l'organisation frauduleuse de l'insolvabilité est d'ailleurs un délit : art. 314-7 et s. C. pén.) : il a donc été proposé de prévoir des peines de remplacement, ex. journées de travail, ou corvées pénales. D'autres délinquants, au contraire, peuvent payer si aisément que, pour eux, la menace d'amende n'est pas plus efficace.

§ 2 - Recouvrement

Pour faciliter le paiement de l'amende correctionnelle ou contraventionnelle, le juge peut décider le **fractionnement** du paiement de l'amende, s'il existe des motifs graves d'ordre médical, familial, professionnel ou social (art. 132-28 C. pén. : v. cette question). En matière correctionnelle ou contraventionnelle, l'amende est **réduite de 20 %** (dans la limite de 1 500 €) si le condamné la paie dans **le mois** du jugement (art. 707-2, 707-3, R. 55 et s. C. pr. pén.).

Pour l'exécution des sanctions pécuniaires dans l'Union européenne, v. art. 707-1, dern. al.

Il faut préciser les personnes chargées du recouvrement de l'amende, et les garanties de recouvrement.

I - Personnes chargées du recouvrement

Principe : le **percepteur** des contributions directes, au nom du procureur de la République (art. 707-1, al. 2 C. pr. pén.).

Exceptions :

• *Pour certaines contraventions des quatre premières classes* (ex. C. route : art. R. 48-1, 1° C. pr. pén.) : est prévu le système de l'**amende forfaitaire** (art. 529 et s., R. 48-1 et s. C. pr. pén.), si l'on ne constate pas en même temps une autre contravention ne pouvant donner lieu à cette procédure ou si la récidive de la contravention constitue un délit ; le contrevenant verse l'amende à l'agent verbalisateur, *ou* la paie dans les 45 jours (art. 529-1 C. pr. pén.) *ou* formule une *requête en exonération* (art. 529-2 C. pr. pén. Pour certaines contraventions, ex. l'excès de vitesse, la recevabilité de la requête peut être subordonnée à la consignation préalable d'une somme égale à l'amende : art. 529-10, 2° C. pr. pén. ; en cas d'échec de la requête, la consignation vaut paiement de l'amende et, partant, **extinction de l'action publique** : art. R. 49-18, al. 2 ; ce mécanisme a été entériné par le Conseil constitutionnel, sous réserve de la possibilité pour le contrevenant de contester la décision d'irrecevabilité devant une juridiction : Cons. const. 29 sept. 2010, n° 2010-38 QPC ; mais, en l'absence d'une procédure qui le permette – puisque la déclaration d'irrecevabilité conduit à une extinction de l'action publique –, la Cour EDH a considéré que ces dispositions violent le droit d'accès à un tribunal : Cour EDH, 8 mars 2012, 2 arrêts, *Cadène*, *Célice*) ; à défaut de paiement ou de requête, il y a **amende forfaitaire majorée** (art. 529-2 C. pr. pén.).

• *Pour certaines contraventions au Code de la route*, **l'amende forfaitaire est minorée** s'il y a **paiement immédiat** à l'agent verbalisateur ou dans les 3 jours (ou dans les 15 jours de l'avis) ; à défaut de paiement, amende forfaitaire (art. 529-7, 529-8 C. pr. pén.) ; à défaut de paiement dans les 45 jours, l'amende forfaitaire est majorée (art. 529-2).

• *Pour certaines autres contraventions* (art. 529-3 ; ex. transport ferroviaire) : il peut y avoir *transaction* : le contrevenant verse une **indemnité forfaitaire**, immédiatement, ou dans les 2 mois (art. 529-4), ou formule une *protestation* (art. 529-5, al. 1er) ; à défaut, amende forfaitaire majorée (art. 529-5, al. 2).

Quand il y a AF majorée, le contrevenant doit, dans les 30 jours, payer, *ou* former une *réclamation* auprès du ministère public qui annule le titre exécutoire (art. 530).

Le paiement de ces amendes éteint l'action publique et exclut l'application des règles de la récidive (art. 529).

En cas de rejet de la requête, protestation ou réclamation, le ministère public, s'il ne renonce pas aux poursuites, peut avoir recours à la procédure de l'**ordonnance pénale**, procédure simplifiée par rapport à la comparution devant le tribunal de police (art. 530-1, C. pr. pén. V. Mémento de *Procédure pénale*).

II – Garanties de recouvrement

A – Garanties à caractère civil

1. Les différentes saisies

Avec une hypothèque légale, et le privilège du Trésor (D. n° 64-1333 du 22 déc. 1964, art. 4). Une opposition peut être adressée aux personnes détenant des fonds pour le compte du condamné, ou ayant une dette envers lui (art. 6-1).

2. Le cautionnement

Il a pu être demandé au titre du contrôle judiciaire pendant l'instruction, par le juge d'instruction ou le juge des libertés et de la détention (art. 138, 11°, C. pr. pén. V. Mémento de *Procédure pénale*).

3. La solidarité passive

Elle peut être prononcée, sur **décision du juge**, spéciale et motivée, en cas de crime, délit, ou contravention de 5e classe, commis par *plusieurs participants* (art. 375-2, al. 2, 480-1, al. 2 et 543 C. pr. pén.) : le prévenu qui s'est entouré de coauteurs ou complices insolvables se voit alors réclamer *le paiement de toutes les amendes*.

Le procédé est *contraire à la personnalité des peines* (d'où l'exigence d'une décision spéciale et motivée), car le recours contre les autres de celui qui a payé pour eux est le plus souvent illusoire. La jurisprudence a pourtant étendu cette solidarité au cas d'auteurs de délits différents mais constituant des infractions connexes (ex. : vol et recel de choses ; violences mortelles et recel de malfaiteur).

On notera qu'à la différence de la règle consacrée pour les amendes, la solidarité joue de plein droit pour les restitutions et les dommages-intérêts (de même, en cas de condamnation pour crime ou délit, pour le recouvrement des droits fixes de procédure, art. 1018 A, al. 12 CGI, ex. 375 € pour les décisions des cours d'assises).

4. Paiement de l'amende à la charge d'un tiers non condamné

Parfois le paiement de l'amende peut être mis à la charge d'un tiers non condamné (ex. employeur pour certaines amendes : v. C. route, C. trav., *v. la responsabilité pénale pour autrui*).

5. Recouvrement contre les héritiers

Le principe étant celui de la responsabilité pénale du fait personnel (art. 121-1, C. pén.) et le décès étant une cause d'extinction de l'action publique (art. 6, C. pr. pén.), une personne ne saurait être déclarée coupable d'une infraction commise par un tiers dont elle est l'héritière. Mais lorsque l'amende a été prononcée contre un défunt de son *vivant*, la question de la transmission de cette dette à son héritier est évidemment différente. La jurisprudence a donc pu forger une garantie contraire à la personnalité des peines, en admettant le recouvrement de l'amende contre l'héritier lorsque le condamné meurt après le jugement définitif sans avoir payé. Approuvée par le Conseil constitutionnel (Cons. const. 4 mai 2012, n° 2012-239 QPC), la solution est consacrée à l'art. 133-1 C. pén. On notera que, sur le fondement de l'art. 6, § 2 (29 août 1997, *A.P., M.P. et T.P.* ; 29 août 1997, *E.L., R.L. et J.O.-L.*) comme sur celui de l'art. 7, § 1 Conv. EDH (29 oct. 2013, *Varvara*), la Cour EDH n'accepte pas en revanche que l'on recouvre contre des héritiers une amende qui n'a pas été prononcée contre leur auteur de son vivant.

B – Garantie à caractère pénal : la contrainte judiciaire

En matière criminelle ou correctionnelle pour un délit puni d'emprisonnement, en cas d'inexécution volontaire d'une condamnation à l'amende, c'est une incarcération qui peut être ordonnée, pour convaincre le débiteur de l'amende de s'acquitter de celle-ci. Supprimée en matière civile et commerciale en 1867 et pour les réparations civiles en 1958 (elle s'appelait alors contrainte « par corps »), la mesure subsiste en matière **pénale** au profit du Trésor, pour le paiement des amendes. Elle existe aussi en matière **fiscale** pour le recouvrement des amendes pénales. Art. 749 C. pr. pén.

Elle est **décidée par le JAP**, sur requête du procureur de la République à la demande du Trésor, après débat contradictoire, sauf accord (art. 754, al. 3 C. pr. pén.). La durée de l'incarcération, pour le « dettier », peut aller *de 20 jours à 3 mois*, selon le montant de l'amende prononcée (art. 750 C. pr. pén. ; la durée peut aller jusqu'à un an, pour certaines infractions en matière de stupéfiants et infractions douanières connexes, pour une condamnation dépassant 100 000 € : art. 706-31 C. pr. pén.). La Cour de cassation a jugé que l'évasion du condamné soumis à cette mesure n'est pas punissable pénalement.

La mesure ne peut être *prononcée* contre des *mineurs, ni contre une personne âgée d'au moins 65 ans (art. 751* C. pr. pén.*)*, ni contre une *personne morale*, ni contre des *insolvables (art. 752* C. pr. pén.*)*.

Selon la jurisprudence classique, cette incarcération, en principe, ne dispensait pas du paiement : ce n'était pas une pénalité de remplacement, mais une mesure d'exécution à caractère pénal (en cas de concours d'infractions, elle ne peut être confondue avec une peine d'emprisonnement : Crim., 29 mai 1997, *Bull. crim.* n° 212) ; l'incarcération ne vaut donc pas paiement, sauf pour les deux formes de réhabilitation (*v. cette question*). Mais la Cour EDH a vu dans cette mesure, dite alors contrainte par corps, une « privation de liberté à caractère punitif » (CEDH, 8 juin 1995, *Jamil*) : d'où la réforme de 2004 et la nouvelle contrainte « judiciaire ».

§ 3 – La peine de jours-amende

C'est une modalité de l'amende (Crim., 26 sept. 1990, *Bull. crim.* n° 323), mais qui, sous cette forme de jours-amende, est calculée en tenant compte des ressources et des charges du condamné (art. 131-5, 131-9, 131-25, 132-28 C. pén.).

I – Domaine

• Elle peut être prononcée lorsqu'un *délit* est *punissable d'emprisonnement*, même si le texte réprimant l'infraction ne la prévoit pas (art. 131-5). Elle peut se cumuler avec l'emprisonnement, mais *ne peut se cumuler avec l'amende* (art. 131-9, al. 3).

• Cette peine est *exclue pour les mineurs* (art. 20-4 Ord. 2 févr. 1945).

• La peine peut, par décision du JAP, remplacer le TIG, même partiellement exécuté, ou le sursis avec mise à l'épreuve avec TIG, après débat contradictoire (art. 733-1, 747-1 C. pr. pén.).

• Elle est applicable comme *peine complémentaire* pour certaines infractions au Code de la route (ex. art. L. 231-2, 3°, L. 233-1, 3°, L. 234-2, I, 4° C. route).

II – Régime

• Le montant de chaque jour-amende est déterminé en tenant compte des ressources (souvent difficiles à connaître) et des *charges* du prévenu (que celui-ci indiquera plus volontiers). Le maximum de chaque jour-amende est de 1 000 €. Par exemple, un condamné à 30 jours-amende à 30 € par jour doit payer 900 €. Art. 131-5.

• Le nombre de jours-amende est déterminé en tenant compte des circonstances de l'infraction : ce nombre ne peut excéder le maximum de 360 jours-amende (art. 131-5).

Le montant global de l'amende est *exigible à l'expiration du délai correspondant au nombre de jours-amende* prononcés (art. 131-25). Pour les personnes physiques, et pour un motif grave d'ordre médical, familial, professionnel ou social, le paiement peut être fractionné par décision du tribunal (art. 132-28).

Le *défaut total ou partiel du paiement entraîne l'incarcération* du condamné (régime de l'emprisonnement) pour une durée correspondant au nombre de jours-amende impayés (art. 131-25).

Section 2 – La sanction-réparation

Introduite par la loi du 5 mars 2007, cette sanction est prévue en matière de **délit et de contravention de 5e classe**, pour les **personnes physiques et morales** (art. 131-3, 8°, 131-8-1, 131-12, 3°, 131-15-1, 131-37, 131-39-1, 131-40, 131-44-1). Elle consiste en l'obligation pour le condamné de procéder à l'indemnisation du préjudice de la victime, dans les délais et selon les modalités fixés par la juridiction ; en cas d'accord entre le prévenu et la victime, il peut s'agir d'une réparation en nature, notamment de la remise en état du bien endommagé à la suite de l'infraction (art. 131-8-1).

La violation de cette obligation par le prévenu est sanctionnée de la peine prévue d'avance par la juridiction pour cette éventualité. Le maximum de l'emprisonnement et de l'amende ainsi préfixés varie selon les cas : il est de six mois d'emprisonnement et de 15 000 € d'amende en matière de délit (art. 131-8-1, al. 5), de 1 500 € d'amende en matière de contravention (art. 131-15-1). Pour les personnes morales, l'amende ne peut dépasser 75 000 € ou le maximum de l'amende encouru pour le délit considéré (art. 131-39-1), et en cas de contravention de 5e classe 7 500 € (art. 131-44-1). C'est le juge de l'application des peines qui ordonne la mise à exécution de la peine, en tout ou en partie.

En matière délictuelle, qu'il s'agisse d'une personne physique ou d'une personne morale, la *sanction-réparation* est prononcée à la place *ou* en même temps que l'emprisonnement *ou* que l'amende (art. 131-8-1, 131-39-1) ; il en est de même pour l'amende en matière contraventionnelle (art. 131-15-1, 131-44-1).

Cette peine est curieuse en son principe même : elle paraît procéder d'une confusion entre responsabilité civile et responsabilité pénale, action civile et action publique. La procédure d'aide au recouvrement est d'ailleurs applicable au bénéfice d'une personne physique qui s'est constituée partie civile, comme en matière de dommages et intérêts (art. 706-15-1 C. pr. pén.).

Section 3 – La confiscation

Le Code pénal classe la confiscation spéciale parmi les peines privatives ou restrictives de liberté (art. 131-6, 4°, 7°, 10° – ou selon une autre terminologie « de droits » : art. 131-9, al. 1er, 131-14, 3°, 6°) ; en réalité, cette peine ne relève pas de la théorie des privations ou restrictions de liberté ou de droits, mais de la théorie du patrimoine.

En la matière, la notion de *mesure de sûreté* apparaît parfois (confiscation « **réelle** », frappant la chose plus que la personne ; ce type de confiscation ne peut faire alors l'objet d'une dispense de peine). Pour les objets qualifiés de dangereux ou nuisibles par la loi ou le règlement, le Code pénal précise donc que la confiscation est obligatoire, même si le bien confisqué n'est pas la propriété du condamné (art. 131-21, al. 7) ; pareille solution est cependant rejetée par la Cour EDH, sur le fondement de l'art. 6, § 2 Conv. EDH (CEDH 1er mars 2007, *Geerings*), comme de l'art. 7, § 1 (CEDH 29 oct. 2013, *Varvara*).

Si la chose confisquée ne peut être représentée, la confiscation est ordonnée **en valeur** ; la contrainte judiciaire est applicable pour le recouvrement de la somme représentative de la valeur de la chose confisquée (art. 131-21, al. 9).

Lorsqu'elle est prévue comme peine complémentaire, la confiscation peut s'appliquer à tous les droits incorporels (art. 131-21, al. 8).

La chose confisquée est, sauf disposition particulière prévoyant sa destruction ou son attribution, **dévolue à l'État**, mais elle demeure grevée, à concurrence de sa valeur, des droits réels licitement constitués au profit de tiers (art. 131-21, al. 10).

§ 1 - La confiscation générale

Elle porte sur tout ou partie du patrimoine du condamné (art. 131-21, al. 5, 6).

La confiscation générale existe en matière de crime ou de délit *sur prévision de la loi* (art. 131-21, al. 6 ; ex. trafic de stupéfiants, art. 222-49, al. 2 C. pén.). Elle est possible également, *même si le texte d'incrimination considéré ne le précise pas*, en matière de crime ou de délit puni d'au moins cinq ans d'emprisonnement, ayant procuré un profit direct ou indirect à son auteur, lorsque celui-ci ou le propriétaire (sous réserve de sa bonne foi ; pour la mauvaise foi d'une société, induite de l'infraction commise par son gérant et à l'origine de la confiscation, v. Crim., 15 janv. 2014, n° 13-81874), mis en mesure de s'expliquer sur les biens dont la confiscation est envisagée, ne peuvent en justifier l'origine (art. 131-21, al. 5).

La confiscation porte sur les biens meubles ou immeubles, divis ou indivis, appartenant au condamné ou, sous réserve des droits du propriétaire de bonne foi, dont il a la libre disposition (art. 131-21, al. 5, 6).

§ 2 - La confiscation spéciale

Elle porte sur un ou plusieurs *objets* ou *animaux déterminés* (art. 131-6, 4°, 7°, 10°, 131-10, 131-14, 3°, 6°, 131-16, 3°, 5°, 10°, 131-21, al. 2, al. 3, al. 4, al. 7, 131-21-1 C. pén.).

C'est, selon les cas, une peine alternative, ou une peine complémentaire, donc par principe facultative : elle est cependant obligatoire pour les objets qualifiés, *par la loi ou le règlement*, dangereux ou nuisibles, ou dont la détention est interdite, ex. stupéfiants : c'est alors, dira-t-on, une mesure de sûreté plus qu'une peine (art. 131-21, al. 7).

I - Objet de la confiscation spéciale

• Cette confiscation porte sur la chose *moyen* ou *instrument* de l'infraction (qui a servi ou qui était destinée à servir à commettre l'infraction, ex. arme de chasse) dont le condamné est propriétaire ou, sous réserve du droit du propriétaire de bonne foi, dont il a la libre disposition (art. 131-21, al. 2). Elle peut porter aussi sur la chose qui en est le *produit* direct ou indirect (ex. produit du travail effectué par des étrangers dépourvus d'autorisation, maison construite avec matériaux et sur terrain financés par des sommes de provenance illicite), ou qui a été *l'objet* de l'infraction (le « corps du délit »), à l'exception des biens susceptibles d'être restitués à la victime (art. 131-21, al. 3). Si le produit a été mêlé à des fonds d'origine licite pour l'acquisition d'un ou plusieurs biens, la confiscation ne porte sur ces biens qu'à concurrence de la valeur estimée de ce produit (art. 131-21, al. 3).

• La confiscation spéciale peut aussi porter sur un *animal* utilisé pour commettre ou tenter de commettre l'infraction ou à l'encontre duquel l'infraction a été commise (art. 131-21-1, al. 1er), ainsi que sur un animal, dont le condamné est propriétaire ou a la libre disposition, susceptible d'être utilisé pour commettre l'infraction ou encore sur l'animal à l'encontre duquel l'infraction aurait pu être commise (art. 131-21-1, al. 2).

• La confiscation comme peine alternative peut porter non seulement sur la chose moyen ou produit de l'infraction, sauf infraction de presse (art. 131-6, 10°), mais aussi sur le véhicule appartenant au condamné ou l'arme dont il est propriétaire ou dont il a la libre disposition (art. 131-6, 4° et 7° ; comp., en matière de contravention, art. 131-14, 3°, 6°).

• La confiscation peut aussi porter sur tout bien meuble ou immeuble précisé par la loi ou le règlement réprimant l'infraction (art. 131-21, al. 4).

II - Domaine de la confiscation spéciale

La confiscation est prévue dans les cas suivants, pour les personnes physiques (pour les personnes morales, v. art. 131-39, 8°, 10°, et al. 13, 131-42 à 131-44, 131-48) :

A - En matière criminelle

La confiscation d'un objet ou d'un animal peut être prévue comme peine complémentaire (art. 131-10). Elle est alors encourue **de plein droit** (art. 131-21, al. 1) ; le juge est libre de ne pas la prononcer, sauf lorsqu'elle est obligatoire.

B - En matière correctionnelle

1. La confiscation spéciale peine principale alternative

Pour les délits punissables d'emprisonnement, ou d'une amende seule, la confiscation peut être prononcée comme peine principale, *alternative*, à la place de l'emprisonnement (art. 131-6, 4°, 7°, 10°), ou de l'amende encourue seule (art. 131-7), même si le texte réprimant le délit ne la prévoit pas (elle peut alors être déclarée exécutoire par provision, art. 471 C. pr. pén.).

Comme peine alternative, elle ne peut se cumuler avec l'emprisonnement (art. 131-9, al. 1er), ni avec l'amende (art. 131-7) ; mais elle peut être cumulée avec d'autres peines de l'art. 131-6 (art. 131-6, al. 1er).

2. La confiscation spéciale peine complémentaire

• La confiscation spéciale peut aussi être prévue par les textes comme peine complémentaire (art. 131-10) et la juridiction peut alors ne prononcer que cette peine (art. 131-10 et 131-11), le cas échéant avec exécution provisoire (art. 471 C. pr. pén.).

• La confiscation spéciale est encourue de **plein droit** pour les délits punis d'une peine d'emprisonnement supérieure à un an, à l'exception des délits de presse (art. 131-21, al. 1er) ; le juge est libre de ne pas la prononcer, sauf lorsqu'elle est obligatoire.

C - En matière contraventionnelle

1. Pour les contraventions de 5e classe

La confiscation des choses indiquées peut toujours être prononcée comme **peine principale** (art. 131-12, 2° et al. 5, 131-14, 3°, 6°), mais elle ne peut être cumulée avec l'amende (art. 131-15).

2. Pour toutes les contraventions

Le texte les réprimant peut prévoir les confiscations indiquées, comme **peines complémentaires** (art. 131-16, 3°, 5°, 10°), et la juridiction peut alors ne prononcer que la peine complémentaire (art. 131-18).

Des sanctions pénales sont prévues en cas de destruction ou de détournement d'objet confisqué (art. 434-41, al. 2 et 434-44).

Chapitre 4
Les peines privatives ou restrictives de liberté ou de droits

L'essentiel

Notion : *ces peines sont destinées à priver le condamné, pour une durée plus ou moins longue, de la jouissance de certaines libertés ou de certains droits. On a déjà remarqué la fragilité de la notion : le législateur range dans cette catégorie des peines (ou mesures de sûreté) qui ne devraient sans doute pas y figurer (voir ce qui a été dit de la confiscation), et la terminologie utilisée est hésitante, qui, à propos des mêmes peines, les désignent tantôt comme des peines privatives ou restrictives « de liberté » (art. 131-6), tantôt comme des peines privatives ou restrictives « de droits » (art. 131-9, al. 1er, renvoyant aux peines de l'art. 131-6, art. 131-14 ; cf. pour les personnes morales, art. 131-40, 2°). D'ailleurs, certaines d'entre elles ont des effets de peines pécuniaires (ex. les interdictions professionnelles) : mais leur objet direct est la privation ou la restriction d'un droit ou d'une liberté. Et l'on pourrait ranger dans cette catégorie les différentes obligations de suivre un stage (stage de citoyenneté : art. 131-3, 4°, 131-5-1, art. 131-16, 8°, de responsabilité parentale : art. 131-16, 9°, 131-35-1, de sensibilisation à la sécurité routière : art. 131-16, 7°, 131-35-1, de sensibilisation aux dangers de l'usage de produits stupéfiants : art. 131-35-1).*

Nature juridique *: nombre de ces peines (art. 131-6 à 131-7, 131-9 à 131-11 C. pén.) constituent des* ***peines alternatives*** *pouvant être prononcées à la place de l'emprisonnement ou de l'amende.*

Ces sanctions constituent souvent de ***véritables mesures de sûreté****, destinées à lutter contre l'****état dangereux****, parfois avec application rétroactive des textes nouveaux qui les prévoient (v. étude complémentaire 1).*

Avantage et inconvénients *: le domaine de ces peines a été beaucoup élargi par le Code pénal actuel, car elles ont pour elles, outre le fait qu'elles peuvent limiter le prononcé des peines privatives de liberté, d'être sans frais pour l'État : mais en réalité la mise en œuvre et le contrôle de l'exécution réelle de beaucoup de ces peines présente de sérieuses difficultés. En outre, elles ne sont pas sans inconvénient : elles peuvent risquer d'entraver la réinsertion du condamné (ainsi des interdictions professionnelles) ; mais la plupart peuvent faire l'objet d'un* ***relèvement*** *(art. 702-1 et 703 C. pr. pén., v. cette mesure), même lorsqu'elles sont encourues de plein droit en vertu d'un texte extérieur au Code pénal (art. 132-21, al. 2 C. pén.).*

Il reste que le législateur ne devrait pas abuser de ces peines ; il faudrait en tout cas un lien entre l'infraction commise et la peine prononcée (notamment dans le cas des interdictions professionnelles), lien que ni le Code pénal actuel ni les textes extérieurs au Code ne savent respecter.

On doit distinguer la privation de droits civiques, civils et de famille, et de nombreuses autres déchéances.

Section 1 – La privation de droits civiques, civils et de famille

C'est une privation de droits, qui peut porter sur le droit de vote, d'éligibilité (ces deux interdictions emportant l'interdiction d'exercer une fonction publique – y compris élective : CE 6 oct. 2000, n° 221716 –), le droit d'exercer une fonction juridictionnelle, d'être expert devant une juridiction, de représenter et d'assister une partie en justice, de témoigner en justice (sauf pour y faire de simples déclarations), d'être tuteur ou curateur, sauf pour ses enfants (art. 131-26). Cette sanction est inapplicable à un mineur (art. 20-4 Ord. 1945).

Cette peine est **divisible** : le juge peut ne priver le condamné que de certains des droits énumérés par le texte (art. 131-26, al. 8).

Cette interdiction ne peut dépasser *10 ans*, sauf exception, pour une condamnation pour crime (même si la peine principale prononcée est correctionnelle), *5 ans*, sauf exception (10 ans pour un membre du gouvernement ou une personne exerçant un mandat public électif au moment des faits : art. 131-26-1), pour une condamnation pour délit (art. 131-26, al. 6).

Cette peine **ne peut résulter de plein droit** d'une condamnation pénale, *malgré toute disposition contraire* (art. 132-21 ; cf. Cons. const., 15 mars 1999, n° 99-410 DC).

En raison de l'hostilité, précédemment évoquée, du Conseil constitutionnel aux peines résultant automatiquement d'une condamnation, qui violeraient les principes de nécessité et d'individualisation des peines, le législateur s'est efforcé de faire disparaître l'automaticité de celles qui figuraient dans des textes antérieurs à la mise en vigueur du Code pénal en rendant leur prononcé facultatif pour la juridiction – ainsi de l'incapacité d'exercer une fonction publique élective en cas de faillite : v. art. L. 653-10 C. comm. (« Le tribunal… *peut* prononcer »).

On notera que la condamnation pour certains crimes ou délits peut empêcher des étrangers d'acquérir la nationalité française, sauf réhabilitation ou exclusion du casier (art. 21-27 C. civ.).

Section 2 – Déchéances diverses

On distinguera les personnes physiques et les personnes morales.

On notera que la condamnation pour certains crimes ou délits peut emporter déchéance de la nationalité française acquise (art. 25 et 25-1 C. civ.).

§ 1 – Peines applicables aux personnes physiques

Les peines prononcées en application des art. 131-6 à 131-11 C. pén. peuvent l'être avec **exécution provisoire** (art. 471 C. pr. pén.).

Des sanctions pénales sont prévues en cas de violation de ces peines (art. 434-40, 434-41, et 434-44 ; pour l'interdiction de conduire certains véhicules, la loi réprime le « détournement »).

I – En matière criminelle

Le texte réprimant le crime peut prévoir une ou plusieurs peines privatives de droits, comme peines complémentaires : ex. interdiction, déchéance, incapacité, retrait d'un droit, fermeture d'établissement (art. 131-10).

II – En matière correctionnelle

A – Peines principales alternatives (art. 131-6 et 131-7)

Lorsqu'un délit est puni d'emprisonnement, ou d'une amende, le juge peut, **à la place de l'emprisonnement, ou de l'amende si elle est encourue seule**, prononcer une ou plusieurs des peines privatives ou restrictives de droits de l'art. 131-6, même si le texte réprimant le délit ne prévoit pas ces peines.

Ces peines peuvent **se cumuler entre elles** (art. 131-6, al. 1er « une ou plusieurs »), mais elles **ne peuvent pas se cumuler avec l'emprisonnement** (art. 131-6, al. 1er : « à la place de l'emprisonnement », art. 131-9, al. 1er ; ex., pour l'interdiction professionnelle, et même avec un emprisonnement avec sursis), ni avec l'amende lorsque l'amende est encourue seule (art. 131-7 : « à la place de l'amende »).

Ces peines sont :

1. La suspension du permis de conduire pour 5 ans au plus. On ne confondra pas cette peine avec la perte des points du permis, qui n'est pas une sanction pénale.

2. L'interdiction de conduire certains véhicules pour 5 ans au plus.

3. L'annulation du permis de conduire (et interdiction d'en solliciter un nouveau avant 5 ans au plus).

4. La confiscation de véhicule (classée par le Code comme peine privative de liberté).

5. L'immobilisation de véhicules pour un an au plus.

6. L'interdiction pendant 5 ans au plus de conduire un véhicule non équipé d'un anti-démarrage par éthylotest.

7. L'interdiction de détention d'arme pour 5 ans au plus.

8. La confiscation d'arme (même remarque que *ci-dessus*, 4).

9. Le retrait du permis de chasser (et interdiction d'en solliciter un nouveau avant 5 ans au plus).

10. L'interdiction d'émettre des chèques et d'utiliser des cartes de paiement, pour 5 ans au plus.

11. La confiscation d'une chose en rapport avec l'infraction (même remarque que *ci-dessus*, 4).

12. Les interdictions professionnelles pour 5 ans au plus.

Elles tendent à protéger la société, la profession, mais aussi le condamné lui-même (sur leur nature de mesure de sûreté, v. Crim., 3 sept. 2008, n° 07-88501).

Il s'agit de l'interdiction d'exercer une activité professionnelle ou sociale (ex. activité de sapeur-pompier volontaire : Crim., 2 nov. 2005, *Bull. crim.* n° 274), sauf pour l'exercice d'un mandat électif ou de responsabilités syndicales, ou en matière d'infractions de presse (art. 131-6, 11°, 131-27, al. 3). L'interdiction suppose que les facilités procurées par l'activité professionnelle ou sociale ont été utilisées pour préparer ou commettre l'infraction (art. 131-6, 11°). La peine est inapplicable aux *mineurs* (art. 20-4, Ord. 2 févr. 1945).

L'interdiction peut porter sur l'activité à l'occasion de laquelle l'infraction a été commise, ou sur toute autre activité définie par la loi qui réprime l'infraction (art. 131-28).

On rapprochera, de cette peine, les interdictions professionnelles pouvant être décidées dans le sursis avec mise à l'épreuve (art. 132-45, 8°), et, pendant l'instruction, dans le contrôle judiciaire (art. 138, 12° C. pr. pén.).

13. L'interdiction de paraître dans certains lieux.

14. L'interdiction de fréquenter certains condamnés pour 3 ans au plus.

15. L'interdiction d'entrer en relation avec certaines personnes.

16. L'interdiction, pour 5 ans au plus, d'exercer une profession commerciale ou industrielle, de diriger, administrer, gérer ou contrôler une entreprise commerciale ou industrielle ou une société commerciale.

B – Peines complémentaires, pouvant aussi remplacer la peine principale (art. 131-11)

Le texte réprimant le délit peut prévoir ou une plusieurs peines complémentaires privatives ou restrictives de droits mentionnées à l'article 131-10, qui vise, de manière large et sans autres précisions (comp. art. 131-6, *supra* A), des « interdiction », « déchéance », « incapacité », « retrait d'un droit », « fermeture d'établissement ». Ces peines peuvent alors être prononcées cumulativement avec la peine principale. Mais la juridiction peut aussi prononcer, *à titre de peine principale*, mais alors sans cumul avec celle-ci, une ou plusieurs des peines complémentaires prévues.

Exemples :

• **Interdictions professionnelles :**

Il s'agit de l'interdiction d'exercer une fonction publique, ou d'exercer une activité professionnelle ou sociale, sauf pour l'exercice d'un mandat électif ou de responsabilités syndicales, ou en matière d'infractions de presse (art. 131-27, al. 3). La peine est inapplicable aux *mineurs* (art. 20-4, Ord. 2 févr. 1945).

Ex. :

– interdiction d'exercer des professions commerciales et industrielles (art. 131-27, al. 2, C. pén. ; sur le fichier national des interdits de gérer, v. art. L. 128-1 et s. C. com.) ;

– interdiction d'exercer la profession à l'occasion de laquelle a été commis un recel de choses (art. 321-9, 2° C. pén.) ;

– interdiction d'exercer une activité professionnelle impliquant un contact habituel avec des mineurs (ex. art. 225-20 C. pén.) ;

– interdictions diverses, après condamnation pour proxénétisme ou infractions assimilées (art. 225-20, 2°, 4° et 7 °C. pén.) ;

– *V. aussi*, mais au titre du suivi socio-judiciaire pour certains condamnés, l'interdiction d'exercer une activité professionnelle (ou bénévole) impliquant un contact habituel avec des mineurs (art. 131-36-2, 2° C. pén., renvoyant à l'art. 132-45, notamment 8°).

• **Fermeture d'établissement** (ex. proxénétisme : art. 225-22, 2°), même si le condamné n'est pas propriétaire du fonds ; cette peine emporte l'interdiction d'exercer dans l'établissement (ex. hôtel) l'activité à l'occasion de laquelle l'infraction a été commise (art. 131-33 C. pén.). La peine est inapplicable aux mineurs (art. 20-4, Ord. 2 févr. 1945)

• **Suspension du permis de conduire** (*v. supra, A.1*).

• **Exclusion des marchés publics** (art. 131-34 C. pén.).

• Des textes prévoient des peines complémentaires particulières : ex. pour certains condamnés, interdiction de participer à des manifestations, (art. L. 211-13, C. sécur. int.).

Lorsque le tribunal prononce l'une des peines précédentes, comme peine principale ou complémentaire, il peut fixer d'avance le maximum de l'amende ou de l'emprisonnement dont le juge de l'application des peines aura à ordonner l'exécution en tout ou en partie, si le condamné viole les obligations ou les interdictions qui lui ont été imposées (art. 131-9, al. 2 ; art. 131-11, al. 2).

III - En matière contraventionnelle

A - Peines principales alternatives

Pour les contraventions de 5e classe (art. 131-14) : les peines sont celles indiquées ci-dessus en matière correctionnelle, nos 1, 5, 7, 8, 9, 10, leur éventuelle durée maximale étant ramenée à 1 an (6 mois pour l'immobilisation de véhicules). Ces peines peuvent être cumulées entre elles, mais, alternatives, ne peuvent être cumulées avec l'amende (art. 131-15).

B - Peines complémentaires, pouvant aussi remplacer la peine principale

• Pour toutes les contraventions : le règlement qui réprime la contravention peut prévoir les peines 1, 2, 6, 7, 8, 10, citées à propos des peines correctionnelles de l'art. 131-6 (v. *supra* II, A), un stage de sensibilisation à la sécurité routière, un stage de citoyenneté (il ne peut être prononcé contre un prévenu qui le refuse ou n'est pas présent à l'audience : Crim., 5 mars 2013, n° 12-80891, étendant la solution évoquée à l'art. 131-5-1), un stage de responsabilité parentale, la confiscation d'un animal, l'interdiction de détenir un animal, le retrait des titres de conduite en mer de certains navires et l'interdiction de naviguer dans les eaux territoriales ou les eaux intérieures maritimes françaises (art. 131-16).

• Pour les contraventions de 5e classe : le règlement qui réprime la contravention peut aussi prévoir l'interdiction d'émettre des chèques et d'utiliser des cartes de paiement, jusqu'à 3 ans (art. 131-17).

Lorsque la contravention est punie de l'une ou de plusieurs de ces peines complémentaires, la juridiction peut en prononcer une seule ou plusieurs (art. 131-18).

§ 2 - Peines applicables aux personnes morales

I - Pour les crimes et les délits

Dans les seuls cas prévus par les textes, peuvent être prononcées les peines suivantes (art. 131-39 ; ce texte prévoit aussi d'autres peines, autres que privatives de droits : confiscation, affichage de la décision, *v. le chapitre sur les classifications des peines*) :

• Dissolution :
– si la personne morale a été *créée* pour commettre les faits ;

– ou, pour un crime ou un délit puni pour les personnes physiques d'un emprisonnement supérieur ou égal à 3 ans, si elle a été *détournée de son objet* pour commettre les faits ;

Est punissable le fait, pour toute personne physique, de participer au maintien ou à la reconstitution d'une personne morale dont la dissolution a été prononcée en application de l'art. 131-39 (art. 434-43 et 434-47).

Pour les personnes morales *mouvements sectaires*, après condamnation, pour certaines infractions, de la personne morale ou de ses dirigeants (ex. meurtre, homicide par imprudence), la *dissolution* de la personne morale peut être prononcée par le *TGI* (art. 1, L. 12 juin 200).

• interdiction professionnelle.

• placement sous surveillance judiciaire (v. art. 131-46).

• fermeture d'établissement.

• exclusion des marchés publics.

• interdiction de faire appel public à l'épargne en procédant à une offre au public de titres financiers ou en faisant admettre ses titres financiers aux négociations sur un marché réglementé.

• interdiction d'émettre certains chèques ou d'utiliser des cartes de paiement.

• interdiction de détenir un animal.

Mais les peines de *dissolution* et de *placement sous surveillance* ne s'appliquent pas aux personnes morales de droit public, ni aux partis ou groupements politiques, ni aux syndicats professionnels ; la peine de dissolution ne s'applique pas aux institutions représentatives du personnel (art. 131-39, dern. al.).

En cas de violation, par la personne morale, des obligations découlant de la peine, sont encourues les peines de l'art. 434-47. En cas de violation, *par une personne physique* (ex. un dirigeant), des obligations découlant pour la personne morale d'une peine prononcée contre elle en vertu de l'art. 131-39 (ex. interdiction professionnelle), des peines sont prévues par les art. 434-43 et 44.

II – Pour les contraventions (art. 131-40 et s.)

A – Peines principales alternatives à l'amende pour les contraventions de 5e classe

Interdiction d'émettre des chèques ou d'utiliser des cartes de paiement (art. 131-42, 1°) ; cette peine peut se cumuler avec les peines complémentaires privatives de droits de l'art. 131-43.

B – Peines complémentaires, pouvant aussi remplacer la peine principale

Le règlement réprimant la contravention peut prévoir :

– pour toutes les contraventions : l'interdiction de détenir un animal (art. 131-43) ;

– en outre, pour les *contraventions de 5e classe* : l'interdiction d'émettre des chèques (art. 131-44).

Lorsque la contravention est punie de l'une ou de plusieurs des peines complémentaires de confiscation ou d'interdiction de chèques, la juridiction peut en prononcer une seule ou plusieurs (art. 131-44).

Pour les personnes morales, la loi n'a pas prévu de sanction en cas de violation par une personne physique ou morale d'une peine contraventionnelle ci-dessus.

Chapitre 5
Les peines morales

L'essentiel

Notion : *si toutes les peines ont (ou doivent avoir) un aspect déshonorant, il peut y en avoir qui n'aient pour but que ce déshonneur. Ces peines ont presque toutes disparu de notre droit, comme contraires à la dignité humaine (cf. jadis le carcan, le pilori), et aussi à l'égalité des peines, étant ressenties très différemment selon les personnes.*

Il reste surtout aujourd'hui la **publicité du jugement de condamnation pénale** : affiches, et/ou diffusion dans les journaux ou par voie électronique, aux frais du condamné ; la durée ne peut dépasser deux mois, sauf disposition légale contraire (art. 131-10, 131-35 C. pén. ; pour les personnes morales, art. 131-39, 9°) ; cette peine n'est pas prévue en matière de contraventions et elle est exclue pour les mineurs (art. 20-4, Ord. 2 févr. 1945). La décision appliquant la disposition du Code pénal, ou une règle identique, peut prononcer l'affichage et la diffusion (art. 131-35, dern. al.) ; mais si un texte prévoit seulement la publication « ou » l'affichage de la condamnation, ou une seule de ces deux peines, il n'autorise pas le prononcé des deux cumulées ou de celle qui n'est pas prévue (v. par ex. Crim., 12 sept. 2000, Bull. crim. n° 268).

Le **relèvement** est **possible** (art. 702-1 et 703 C. pr. pén.), sauf si la mesure remplace la peine principale, ou s'il s'agit d'un relèvement immédiat.

Il est à noter que l'affichage ou la publication d'une décision peut être prononcé à titre de réparation civile du dommage causé par l'infraction ; en pareil cas, ces mesures peuvent donc intervenir même si le texte d'incrimination ne les prévoit pas comme peines (v. par ex. Crim. 4 avr. 2006, Bull. crim. n° 100).

Chapitre 6
Les mesures de sûreté

L'essentiel

Il s'agit ici des ***applications*** *de ces mesures. On se reportera, pour les* ***notions générales*** *sur ces mesures, au titre 1, chapitre 1.*
Ces mesures ont tendu à se multiplier, soit par l'adoption de mesures inspirées de la notion de mesure de sûreté, soit par la transformation de certaines peines, acquérant ainsi des caractères de ces mesures.
Si l'évolution des idées a fait adopter la notion de mesure de sûreté par le droit français dans plusieurs domaines, l'expression elle-même n'est apparue qu'en 1970, du moins dans les textes législatifs, et cela, on doit le souligner, pour des personnes non condamnées définitivement, à propos du contrôle judiciaire, de la détention provisoire et du mandat décerné par le tribunal dans certains cas (v. Mémento de Procédure pénale) ; la chambre criminelle l'a utilisée à son tour (Crim., 26 nov. 1997, préc.), après avoir longtemps employé, on l'a vu, les termes de « mesures de police et de sécurité », ou « de police et de sûreté ». Depuis, la loi y a fait littéralement référence, on l'a signalé, et de plus en plus fréquemment.

Section 1 – Mesures de sûreté véritables

1. *Mesures applicables aux mineurs délinquants* (*v. le chapitre suivant*).

2. *Traitement des toxicomanes* (art. L. 3423-1 et s. C. santé publ.).

3. *Cures de désintoxication* pouvant concerner le condamné avec sursis avec mise à l'épreuve (art. 132-45, 3° C. pén.), le libéré conditionnel (art. 731 C. pr. pén.), et, avant condamnation, la personne soumise au contrôle judiciaire (art. 138, 10° C. pr. pén.) ou à une assignation à résidence avec surveillance électronique (art. 142-5, dern. al. C. pr. pén.), ou encore la personne ayant accepté une composition pénale (art. 41-2, 17 ° C. pr. pén.).

4. Certaines des obligations du *sursis avec mise à l'épreuve* (probation), avec exécution provisoire possible (*v. cette question*).

5. Régime rééducatif dans les centres pour mineurs.

6. Suspension et annulation judiciaires du *permis de conduire*, retrait du *permis de chasser, confiscation d'une arme, interdiction de détention ou de port d'une arme.*

7. Pour certaines infractions, le *suivi socio-judiciaire* (art. 131-36-1 et s. V. Mémento de *Criminologie et science pénitentiaire*) : mesures de surveillance et d'assistance en milieu ouvert (sauf traitement avec la privation de liberté), avec en principe injonction de soins s'il est établi que le condamné peut faire l'objet d'un traitement (art. 131-36-4 C. pén., 763-3, al. 3 C. pr. pén.) – interdiction qui peut être prononcée, on l'a vu, comme peine complémentaire (art. 131-36-7), mais aussi au titre d'un placement sous surveillance judiciaire (art. 723-30 C. pr. pén.) ou d'un placement sous surveillance de sûreté (art. 706-53-19, 723-37 C. pr. pén.) ; elle peut être aussi une condition de la libération conditionnelle (art. 731-1 C. pr. pén.).

8. V. aussi des mesures comme le stage de *sensibilisation à la sécurité routière*, le stage de *citoyenneté*, le stage de *sensibilisation aux dangers de l'usage de produits stupéfiants*, le stage de *responsabilité parentale* (le cas échéant avant même l'exercice des poursuites : art. 41-1, 2°, 41-2, 13°, 15° C. pr. pén.).

9. *Surveillance judiciaire* applicable à certains condamnés libérés, pour prévenir un risque avéré de récidive (art. 723-29 et s., D. 147-31 et s. C. pr. pén. utilisant expressément l'expression de « mesure de sûreté ») : mesures de contrôle identiques à celles du sursis avec mise à l'épreuve, obligations identiques à certaines de celles prévues en matière de sursis avec mise à l'épreuve et de suivi socio-judiciaire, mesures de surveillance identiques à celles du suivi socio-judiciaire, injonction de soins.

10. *Surveillance électronique mobile* applicable à certains condamnés libérés, au titre d'un suivi socio-judiciaire ou d'une surveillance judiciaire (art. 131-36-9 et s., utilisant expressément l'expression de « mesure de sûreté », 723-30, 2°, 763-10 et s., R. 61-7 et s. C. pr. pén.) : port d'un émetteur permettant la localisation de l'intéressé.

11. *Rétention de sûreté* pour certains condamnés ayant exécuté leur peine mais présentant une dangerosité renforcée en raison d'un trouble grave de la personnalité (art. 706-53-13 et s. C. pr. pén.) : placement de l'intéressé dans un centre socio-médico-judiciaire de sûreté, avec possibilité d'une prise en charge médicale, sociale et psychologique.

12. *Surveillance de sûreté* pour les condamnés après cessation d'une rétention de sûreté (art. 706-53-19 C. pr. pén.), ou après cessation d'une surveillance judiciaire (art. 723-37 C. pr. pén.), ou encore après cessation d'un suivi socio-judiciaire (art. 763-8 C. pr. pén.) : obligations identiques à celles de la surveillance judiciaire.

13. *Mesures de sûreté* (expression de la loi) pouvant être prononcées à la suite d'une déclaration d'irresponsabilité pénale pour cause de trouble mental : interdiction d'entrer en relation avec certaines personnes, interdiction de paraître dans certains lieux, interdiction professionnelle, suspension et annulation du permis de conduire (art. 706-131, 706-133, 706-136 C. pr. pén.).

14. Inscription sur le fichier national automatisé des auteurs d'infractions sexuelles ou violentes (art. 706-53-1 et s. C. pr. pén. ; cf. Crim., 31 oct. 2006, *Bull. crim.* n° 267 : « mesure ayant pour seul objet de prévenir le renouvellement des infractions sexuelles et de faciliter l'identification de leurs auteurs »).

15. Mesures de sûreté (expression de la loi) auxquelles sont astreintes les personnes enregistrées dans le fichier national automatisé des auteurs d'infractions sexuelles ou violentes (art. 706-53-5 C. pr. pén. : justification d'adresse, déclaration de changement d'adresse).

Section 2 - Peines devenant mesures de sûreté

1. Interdiction de séjour.

2. En établissement pénitentiaire, mesures en vue de la réinsertion.

3. Confiscation (dans certains cas).

4. Interdictions professionnelles (ex. une loi nouvelle est d'application immédiate : Crim., 26 nov. 1997, *Bull. crim.* n° 404, utilisant expressément, on l'a dit, l'expression « mesure de sûreté »).

5. Fermeture d'établissement.

Remarques :
Certaines *mesures administratives* peuvent jouer en fait le rôle de mesures de sûreté ; ex. placement des personnes atteintes de troubles mentaux (avec des garanties judiciaires : art. L. 3211-9, 10, 12, L. 3112-1 et s., L. 3213-1 et s. C. santé publ., avec le rôle du juge des libertés et de la détention ou du président du TGI ; art. L. 3215-1 et s.), expulsion des étrangers, suspension administrative provisoire du permis de conduire, assignation à résidence.

Chapitre 7
Les mesures applicables aux mineurs délinquants

L'essentiel

Il est difficilement contestable que le mineur qui commet une infraction n'est pas un délinquant comme les autres (mais le droit pénal contemporain s'éloigne parfois de cette évidence, spécialement à propos des récidivistes). Il faut donc, choix de politique pénale délicat, déterminer comment il convient de réagir à cette forme particulière de délinquance. C'est ainsi qu'il existe des mesures particulières, adaptées à son cas, qu'il s'agisse de mesures éducatives, de sanctions éducatives ou encore de la liberté surveillée.

Section 1 – Les choix de politique pénale

Ord. 2 févr. 1945, modifiée plus de 30 fois (à ce jour) par des lois ou ordonnances.

§ 1 – Principes

On peut en principe appliquer au mineur âgé de 13 à 18 ans capable de discernement une peine normale, sauf certaines exclusions (*v. infra*), et sous réserve le cas échéant, d'une *diminution de peine* (*v. cette question*). Selon le Conseil constitutionnel, en effet, il existe un *principe fondamental reconnu par les lois de la République* en matière de justice des mineurs : l'atténuation de la responsabilité pénale des mineurs en fonction de l'âge, comme la nécessité de rechercher le relèvement éducatif et moral des enfants délinquants par des mesures adaptées à leur âge et à leur personnalité, prononcées par une juridiction spécialisée ou selon des procédures appropriées, principe qui, toutefois, ne consacre pas de règle selon laquelle les mesures contraignantes ou les sanctions devraient toujours être évitées au profit de mesures purement éducatives (Cons. const. 29 août 2002, n° 2002-461 DC) : principe de **primauté de l'éducatif sur le répressif**.

Il est à remarquer cependant, *en dehors même des règles de procédure* (ex. pas de « plaider coupable » : art. 495-16 C. pr. pén. ; au-dessous de 13 ans, pas de mandat d'arrêt européen : art. 695-22, 3° C. pr. pén.), que même en matière de peine, le mineur bénéficie de diverses *faveurs*. Ex. en cas de privation de liberté, il n'y a pas de période de sûreté (art. 20-2 Ord. 2 févr. 1945) ; un régime pénitentiaire particulier est prévu (*cf.* les établissements pour mineurs). Ne sont applicables ni l'interdiction de séjour, ni l'interdiction du territoire, ni la peine de jours-amende, ni l'interdiction des droits civiques, civils et de famille, ni les interdictions professionnelles, ni la fermeture d'établissement, ni l'exclusion des marchés publics, ni l'affichage ou la diffusion de la décision (art. 20-4 Ord. 2 févr. 1945), ni la contrainte judiciaire (art. 751 C. pr. pén.) ; aucune interdiction, déchéance, incapacité, ne peut résulter de plein droit d'une condamnation pénale du mineur (art. 20-6 Ord. 2 févr. 1945) ; le stage de citoyenneté doit être adapté (art. 20-4-1 Ord. 2 févr. 1945), l'ajournement du prononcé de la peine est plus largement ouvert que pour un majeur (art. 24-5 Ord. 2 févr. 1945) ; le casier judiciaire du mineur est plus vite expurgé que celui des adultes (art. 770 C. pr. pén.).

Cependant, malgré ces faveurs, on préfère aujourd'hui, le plus souvent :

• *Éviter une sanction répressive*. On parle de *protection*, *d'assistance*, *d'éducation* (c'est la notion de **mesure de sûreté**). Joue un rôle important la Direction de la *protection judiciaire de la jeunesse*, au ministère de la Justice : le service de la protection judiciaire de la jeunesse compétent établit, à la demande du procureur de la République, du juge des enfants ou de la juridiction d'instruction, un rapport écrit contenant tous renseignements utiles sur la situation du mineur ainsi qu'une proposition éducative ; sa consultation est souvent obligatoire (art. 12, 15-1 Ord. 2 févr. 1945). Pour éviter l'incarcération, fonctionne auprès des tribunaux pour enfants importants un *service éducatif (SEAT)*, qui adresse un compte rendu et des propositions aux magistrats.

• *Prévoir des mesures* réellement *adaptées* au mineur, d'où :
– des mesures *nombreuses* et variées ;
– des mesures *révisables* (notion de mesure de sûreté).

§ 2 - Application

Pour qu'il puisse prendre les bonnes décisions (le choix dépend de la **personnalité du mineur**, non de la gravité de l'infraction), le juge doit connaître la personnalité du mineur :
- par **l'enquête sociale** (art. 5-1, Ord. 2 févr. 1945 : renseignements sur la situation matérielle et morale de la famille, sur le caractère et les antécédents du mineur, sur ses fréquentations scolaires, son attitude à l'école, sur les conditions dans lesquelles il a vécu ou a été élevé, etc.) ;
- par **l'examen médical** et éventuellement **médicopsychologique** (art. 8, 8-3, 9, 14-2, 24-6, Ord. 2 févr. 1945 : état physique, psychologique, psychiatrique du mineur) ;
- il peut y avoir placement du mineur dans un centre d'observation (médecins, éducateurs) : art. 8, 10, Ord. 2 févr. 1945.

L'ensemble des éléments relatifs à la personnalité d'un mineur recueillis au cours des enquêtes dont il fait l'objet, y compris dans le ressort de juridictions différentes, est versé au **dossier unique de personnalité** placé sous le contrôle du procureur de la République et du juge des enfants qui connaissent habituellement de la situation de ce mineur. Ce dossier comprend également les informations sur sa personnalité et son environnement social et familial éventuellement réunies lors d'une procédure, de nature civile, d'*assistance éducative* dont il a pu faire l'objet.

Ce dossier est ouvert dès qu'une mesure d'investigation sur la personnalité est ordonnée ou si le mineur fait l'objet d'une liberté surveillée préjudicielle, d'un placement sous contrôle judiciaire, d'une assignation à résidence avec surveillance électronique ou d'un placement en détention provisoire. Il est actualisé par les investigations menées dans la procédure pénale en cours et par les éléments de procédures d'assistance éducative et pénales postérieures et versé au dossier de toute procédure pénale le concernant. Il est accessible aux avocats du mineur, de ses père et mère, tuteur ou représentant légal, et de la partie civile, aux professionnels de la protection judiciaire de la jeunesse et aux magistrats saisis de la procédure suivie devant une juridiction pour mineur.

Remarques :

1. Ont été créés des *Centres de placement immédiat* (CPI), foyers d'accueil d'urgence ; v. aussi plus loin les centres éducatifs fermés (CEF : art. 33, Ord. 2 févr. 1945).

2. Avant d'engager des poursuites, le *procureur de la République* peut proposer au mineur une activité de réparation, pour la victime (avec l'accord de celle-ci) ou dans l'intérêt de la collectivité (art. 12-1 Ord. 2 févr. 1945). Cela suppose *l'accord du mineur* et des titulaires de l'autorité parentale. Ces règles évoquent la procédure de l'art. 41 du Code de procédure pénale ; la bonne exécution de la mesure ne s'oppose pas à l'engagement de poursuites.

La *juridiction d'instruction* (avec l'accord du mineur) et *de jugement* peuvent faire de même (*ibid.*).

3. Le tribunal pour enfants ne peut prononcer d'**emprisonnement**, avec ou sans sursis, qu'après avoir spécialement **motivé** ce choix (art. 2, al. 3 Ord. 2 févr. 1945). Si une peine d'emprisonnement est prononcée (pour la *diminution de peine, v. cette question*), le mineur bénéficie d'un régime particulier : ex., en principe, séparation avec les adultes, isolement en cellule la nuit (art. R. 57-9-12 C. pr. pén.), meilleure alimentation (art. D. 519-1 C. pr. pén.), continuité de l'accès à l'enseignement (art. D. 516 C. pr. pén.), pas de placement à l'isolement par décision administrative (art. 726-1 C. pr. pén.). Ce régime, toujours prévu jusqu'à 21 ans, a été maintenu tel quel, après hésitations, au bénéfice des jeunes adultes, alors que la majorité a été abaissée à 18 ans (art. D. 521, D. 521-1 C. pr. pén.).

En cas de condamnation à l'emprisonnement avec sursis avec mise à l'épreuve ou TIG, la juridiction peut prononcer l'une des mesures que l'on verra ci-après.

4. On doit rapprocher de ces mesures celles qui sont prévues, pour les mineurs *non délinquants* (ou considérés comme non délinquants), par la législation protectrice des mineurs en danger (*mineurs dont la santé, la sécurité, la moralité sont en danger*, ou les *conditions de leur éducation gravement compromises)* : il s'agit de mesures d'**assistance éducative**, *de nature civile* (art. 375 et s. C. civ. ; c'est le juge des enfants qui est compétent).

On rappelle qu'une peine ne peut être prononcée qu'à l'encontre d'un mineur de 13 à 18 ans, capable de discernement (art. 122-8 C. pén. ; une commission a proposé d'abaisser l'âge minimum à 12 ans).

Mais la loi prévoit, pour les mineurs, des mesures éducatives et des sanctions éducatives, ainsi que la liberté surveillée, pouvant accompagner une mesure éducative ou une peine.

Section 2 - Les mesures éducatives

Elles peuvent s'appliquer à tout mineur capable de discernement (pour certaines, au-dessous de 13 ans, pour d'autres, de 13 à 18 ans) : art. 122-8, al. 1 C. pén. Elles ne sauraient se prolonger après l'âge de 18 ans, sauf pour la mise sous protection judiciaire (art. 16, *bis*, dern. al. Ord. 2 févr. 1945).

En dehors de la plus légère, l'admonestation, peuvent être décidés, selon que le mineur a ou non plus de 13 ans (art. 15, 16 Ord. 2 févr. 1945) :

1. Remise de l'enfant aux parents, tuteur, gardien, personne digne de confiance.

2. Placement dans une institution ou un établissement (public ou privé) d'éducation ou de formation professionnelle.

3. Placement dans un établissement médical ou médico-pédagogique.

4. Remise à l'assistance à l'enfance (pour les mineurs de 13 ans).

5. Placement dans un internat approprié aux mineurs délinquants *d'âge scolaire*.

6. Placement dans un établissement public d'éducation surveillée ou d'éducation corrective (mineur de plus de 13 ans).

7. Mesure d'activité de jour, emportant la participation du mineur à des activités d'insertion professionnelle ou scolaire auprès d'une personne morale ou au sein du service de la protection judiciaire de la jeunesse, pour une durée maximale de 12 mois (art. 16, *ter* Ord. 2 févr. 1945).

8. Avertissement solennel (mineur de plus de 13 ans).

9. Pour les mineurs âgés *de 13 à 18 ans*, longtemps, *placement dans une institution publique d'éducation surveillée (IPES)*, puis, pour les mineurs difficiles, *institutions spéciales de protection judiciaire de la jeunesse* (ISPJJ), sans résultats très heureux ; aujourd'hui, pour les mineurs multirécidivistes, *centres éducatifs renforcés* (CER), les centres d'action éducative (CAE ; action en milieu ouvert pour les mineurs maintenus dans leur famille) ; *cf. supra* les centres de placement immédiat. Ont été créés des *centres éducatifs fermés* (CEF : petits effectifs de mineurs), dont le caractère « fermé », de nature juridique, réside uniquement dans la sanction du non-respect des obligations auxquelles est astreint le mineur ; peuvent y être placés des mineurs en cas de contrôle judiciaire (art. 10-2 Ord. 2 févr. 1945), sursis avec mise à l'épreuve ou sursis avec obligation d'accomplir un travail d'intérêt général (art. 20-10 Ord. 2 févr. 1945), placement à l'extérieur ou libération conditionnelle (art. 33 Ord. 2 févr. 1945), la violation des obligations pouvant donc entraîner détention provisoire (art. 10-2 Ord. 2 févr. 1945) ou emprisonnement (art. 33 Ord. 2 févr. 1945), avec le cas échéant suppression des allocations familiales (art.34 Ord. 2 févr. 1945).

10. Mise sous protection judiciaire (art. 8, 16 *bis* Ord. 2 févr. 1945 ; mesures de protection, assistance, surveillance, éducation), pouvant durer jusqu'à 5 ans ; mais en cas de placement dans l'un des établissements précités, ce placement ne peut se poursuivre après 18 ans (jeunes majeurs) que sur *demande de l'intéressé* (art. 16, *bis* Ord. 2 févr. 1945).

Section 3 – Les sanctions éducatives

Elles peuvent être prononcées à l'égard des mineurs, capables de discernement, à partir de 10 ans (art. 122-8, al. 2 C. pén. ; art. 15-1 Ord. 2 févr. 1945).

1. Confiscation d'un objet « détenu ou appartenant » au mineur et ayant été le moyen ou le produit de l'infraction.

2. Interdiction de paraître (un an maximum) dans les lieux où l'infraction a été commise, sauf pour les lieux de résidence habituelle du mineur.

3. Interdiction (un an maximum) d'entrer en relation avec les victimes de l'infraction.

4. Interdiction (un an maximum) d'entrer en relation avec les coauteurs ou complices de l'infraction.

5. Mesure d'aide ou de réparation visée plus haut, prévue par l'art. 12-1 Ord. 2 févr.1945.

6. Stage de formation civique (un mois maximum).

7. Placement dans un établissement d'éducation (3 mois maximum – 1 mois, pour un mineur de 10 à 13 ans –, renouvelable) permettant la mise en oeuvre d'un travail psychologique, éducatif et social portant sur les faits commis et situé en dehors du lieu de résidence habituel.

8. Travaux scolaires.

9. Avertissement solennel.

10. Placement en internat pour une année scolaire (autorisation de rentrer dans la famille lors des fins de semaine et des vacances).

11. Interdiction pour le mineur d'aller et venir sur la voie publique entre vingt-trois heures et six heures sans être accompagné de l'un de ses parents ou du titulaire de l'autorité parentale (trois mois maximum, renouvelables une fois).

Le service de la protection judiciaire de la jeunesse est chargé de faire un rapport sur l'exécution de ces mesures, qui doivent être exécutées dans les trois mois à compter du jugement.

En cas de non-respect, le tribunal pour enfants pourra prononcer un placement dans l'un des établissements énumérés à l'article 15 précité.

Section 4 – La liberté surveillée

§ 1 – Principes

• Elle consiste à mettre le mineur sous surveillance d'un « **délégué à la liberté surveillée** », sous l'autorité du juge des enfants (art. 25 et s. Ord. 2 févr. 1945) – cela rappelle le sursis avec mise à l'épreuve, sorte de *probation*.

• Elle peut être provisoire (avant décision sur le fond, art. 8, 11, dern. al., 19, al. 2 Ord. 2 févr. 1945 ; ex. juge des enfants : **liberté surveillée d'observation**, ou **d'épreuve**, *préjudicielle*), ou prononcée comme mesure **d'éducation**, intervenant alors *parallèlement à une peine ou à une autre mesure ou sanction éducative* – ex. remise à la famille – (art. 19, al. 1er Ord. 2 févr. 1945 ; pour le sursis avec mise à l'épreuve, v. art. 20-10, al. 1er Ord. 2 févr. 1945).

• Elle a pour objet la **rééducation** du mineur (art. 25 Ord. 2 févr. 1945) et consiste en *mesures de protection, d'assistance, de surveillance, d'éducation ou de réforme*, révisables à tout instant (art. 27 Ord. 2 févr. 1945) – notion de mesure de sûreté.

§ 2 – Rôle du délégué

• Il assure une action de contrôle et d'éducation pour l'enfant.

• Il adresse des rapports au juge en cas de mauvaise conduite du mineur, de péril moral, d'entraves systématiques à l'exercice de la surveillance, de modification souhaitable à apporter au placement ou à la garde (art. 26, al. 2 Ord. 2 févr. 1945).

Un tel rapport crée un « **incident à la liberté surveillée** » *(art. 28 Ord. 2 févr ; 1945)*, pouvant entraîner :

- des modifications des mesures prises ;
- une condamnation à une amende civile pour les parents, tuteurs ou gardiens (art. 26, al. 4 Ord. 2 févr. 1945 : de 1,5 à 75 €...).

Observation générale : on se demande parfois s'il n'y aurait pas intérêt à prévoir, pour certains mineurs, une assistance « postcure » (c'est le rôle qu'ont joué les *services de suite* des IPES, aidant et conseillant les anciens élèves, sur leur demande), pouvant se prolonger après la majorité, et même, pour certains, toute la vie.

En dehors du domaine spécifique des mineurs délinquants, l'idée a été appliquée en droit positif, mais seulement dans certains cas. Ainsi, pour la libération conditionnelle des auteurs de certains crimes, les mesures d'assistance et de contrôle peuvent ici être prolongées sans limitation dans le temps (art. 720-4, dern. al. C. pr. pén.) ; et l'idée n'est pas étrangère à la surveillance judiciaire (art. 723-29 C. pr. pén.), ni aux rétention et surveillance de sûreté (art. 706-53-13, art. 706-53-19 C. pr. pén.).

Pour aller plus loin

Exemple de sujet d'examen

Dissertation

- Les sanctions pénales tendant à prévenir la récidive

Titre 3
Mesure des peines

Notre système est très éloigné du système de la peine fixe, déterminée exclusivement par la loi : le juge, quant à la détermination de la nature de la peine et de son taux, dispose de pouvoirs qui, encore accrus dans le Code pénal de 1992, sont aujourd'hui considérables, on le verra. Cela permet la personnalisation de la peine, personnalisation qui est ici ***judiciaire*** *(on a longtemps dit « individualisation » – et l'expression est encore parfois utilisée : v. art. 707, al. 3 C. pr. pén. ; Cons. const. 28 mars 2014, n° 2014-385 QPC – : la personne morale n'est pas un « individu »). On observera toutefois :*

• que le système ne donne pas au juge un pouvoir arbitraire : les ***limites légales*** *autorisant le juge à personnaliser la peine ne peuvent être dépassées. Ces pouvoirs sont tels, cependant, que, souvent, la légalité n'est plus aujourd'hui qu'un principe évanescent.*

• que, traditionnellement, si ces pouvoirs permettaient au juge de tenir compte, notamment, de l'état dangereux, ils étaient toujours prévus dans le sens de l'indulgence. L'objectif de lutte contre la récidive a mis un terme à cette tradition libérale ; en application des règles légales, le juge pénal peut désormais considérablement aggraver le sort d'un condamné en raison de son état dangereux, jusqu'à rendre possible des sanctions de durée indéterminée : ainsi, en matière de libération conditionnelle, de mesures d'assistance et de contrôle applicables au libéré et pouvant être prolongées sans limitation dans le temps (art. 720-4, dern. al. C. pr. pén.), ainsi de la rétention de sûreté permettant de priver de liberté certains condamnés considérés comme particulièrement dangereux qui ont purgé leur peine en les maintenant dans un centre socio-médico-judiciaire de sûreté (art. 706-53-13 C. pr. pén.) par une décision renouvelable indéfiniment (art. 706-53-16 C. pr. pén. ; pour la surveillance de sûreté, v. art. 706-53-19). C'est un ***changement de conception radical*** *: une sanction est prononcée non pas en raison de ce qu'un homme a fait, mais en raison de ce qu'il est (ou est censé être selon les experts).*

Remarque : *le procureur de la République lui-même peut éviter la poursuite, dans certains cas, et donc le prononcé éventuel d'une peine, en recourant à des mesures telles que la demande de réparation du dommage, ou, avec l'accord des parties, la médiation (art. 41-1 C. pr. pén.), notamment pour la petite délinquance : cela peut permettre d'indemniser rapidement la victime (on a vu une règle voisine en cas d'infraction commise par un mineur) ; il peut aussi, pour certains délits, proposer à la personne majeure (ou à un mineur d'au moins 13 ans : art. 7-2 Ord. 2 févr. 1945) une composition pénale (art. 41-2 et 41-3 C. pr. pén.) : v. Mémento de Procédure pénale.*

Principes :

1. *La peine, telle qu'elle est prévue par la loi pour une infraction déterminée, est susceptible de* ***diverses variations :***

• *Le plus souvent, la peine comporte un taux qui est un* ***maximum****, au-dessous duquel* ***le juge*** *peut descendre. Avant le Code pénal actuel, la plupart des peines comportaient un maximum et un minimum, limites entre lesquelles le juge pouvait se mouvoir librement, sans pouvoir aller au-delà du maximum, mais en pouvant descendre au-dessous du minimum en cas de circonstances atténuantes ; le Code pénal de 1992 a supprimé le mécanisme des circonstances atténuantes, devenu inutile : en effet, seul le maximum de la peine est fixé, au-dessous duquel le juge peut descendre librement, sauf les limites en matière criminelle ou en cas de récidive ou les limites concernant les auteurs non récidivistes de certains délits (violences, v. plus loin) ; v. aussi le TIG, comportant des limites minimales de durée, et certaines règles en matière d'amende forfaitaire.*

• ***Au-delà*** *même de cette limite du maximum, il arrive que la peine soit* ***aggravée par la loi*** *(circonstances aggravantes), le maximum normal étant dépassé.*

• *Le maximum normal est parfois* ***atténué*** *par la loi (causes légales de diminution de peine) ; la peine est même parfois* ***supprimée****, par la loi (exemption de peine), ou par le juge (ex. dispense de peine).*

2. *La* ***pluralité d'infractions*** *commises par un même auteur est une cause d'aggravation de peine dans le cas de la* ***récidive****, non dans le cas du* ***cumul d'infractions****, sauf pour certaines infractions (les atténuations de peines peuvent jouer dans les deux cas).*

Seront donc étudiées les variations pouvant affecter la peine (chapitre 1), et les conséquences sur la peine de la pluralité d'infractions (chapitre 2).

Chapitre 1
Aggravation, atténuation, exemption des peines

L'essentiel

Le Code pénal actuel fixe le maximum de la peine encourue. Mais ce seuil peut parfois être dépassé, en présence de circonstances aggravantes, ou au contraire être abaissé en raison de causes d'atténuation diverses. De même, il peut arriver que la personne déclarée coupable soit exemptée de peine. On étudiera donc, successivement, les circonstances aggravantes, les causes d'atténuation de la peine et l'exemption de la peine.

Section 1 – Les circonstances aggravantes

Définition : ce sont des faits **définis par la loi**, entraînant une **peine plus élevée** que celle normalement encourue.

• Ce sont des **faits légaux**. Il n'y a pas de circonstances aggravantes « judiciaires », qui seraient laissées à l'arbitraire du juge : c'est la conséquence du principe *nullum crimen, nulla pœna sine lege*. Dans le sens de l'atténuation au contraire, et hormis les cas où celle-ci résulte de la loi, la décision est laissée à l'appréciation du juge : par l'effet de la suppression de tout minimum fixé par la loi, il n'existe plus, on l'a vu, de limite à l'abaissement de la peine voulu par le juge, sauf exceptions (v. section 2).

• Certaines circonstances aggravantes ont pour effet de transformer l'infraction de délit en crime (ex. vol commis à main armée, art. 311-8 C. pén.), ou de contravention en délit, voire en crime (ex. violences, art. 222-7 C. pén.) : la compétence est modifiée parallèlement, sauf s'il y a *correctionnalisation judiciaire*, la poursuite omettant volontairement la circonstance aggravante (v. Mémento de *Procédure pénale*).

§ 1 – Classifications des circonstances aggravantes

On distingue :

I – Au point de vue de l'étendue d'application

A – Les circonstances aggravantes générales

Ce sont celles qui peuvent intervenir pour toute infraction ; ex. récidive (*v. cette question*) ; recours à la cryptologie pour préparer ou commettre un crime ou un délit (n'importe lequel !) : art. 132-79 C. pén.

B – Les circonstances aggravantes spéciales

Ce sont celles qui sont particulières à chaque infraction ; ex. circonstance d'effraction pour le vol ; dans certains cas, racisme.

II – Au point de vue du caractère de la circonstance

A – Les circonstances aggravantes objectives ou réelles

Ce sont celles qui sont relatives à l'exécution matérielle de l'infraction (ex. l'effraction ou le port d'arme dans le vol).

B – Les circonstances aggravantes subjectives ou personnelles

Ce sont celles qui sont relatives à la personne de l'agent (ex. récidive).

C – Les circonstances aggravantes mixtes

Ce sont celles qui sont relatives à la personne et à l'acte (ex. préméditation dans l'assassinat).

On a vu les conséquences de ces notions en matière de complicité.

§ 2 – Distinction des circonstances aggravantes et des éléments constitutifs de l'infraction

I – Intérêts de la distinction

A – Cour d'assises

1. Compétence de la cour d'assises

– la cour d'assises n'est pas compétente pour connaître du crime révélé par les débats qui diffère, par ses éléments, du crime objet de la poursuite ;
– elle l'est si c'est une circonstance aggravante qui apparaît au cours des débats.

2. Position des questions

– une question *unique* (question *principale*) est posée pour tous les éléments de l'infraction (art. 349, al. 1er C. pr. pén. ; pour certaines causes d'irresponsabilité pénale, v. art. 349-1) ;
– une question *spéciale* est posée pour chaque circonstance aggravante (art. 349, al. 3, 350 C. pr. pén.).

B – Complicité

Le complice supporte l'aggravation résultant de ce qu'à l'infraction projetée s'est ajoutée une circonstance aggravante, même inconnue de lui (sauf pour les circonstances personnelles à l'auteur) ; il ne la supporte pas si l'infraction est différente dans ses éléments (*v. la complicité*).

C – Spécialité de l'extradition

V. cette question infra, p. 321.

Remarque : la chambre criminelle estime qu'un même fait ne peut être retenu comme élément constitutif d'une infraction et circonstance aggravante d'une autre (Crim., 20 févr. 2002, *Bull. crim.* n° 38).

II - Critère de la distinction

Une circonstance de commission de l'infraction est aggravante lorsque, en son absence, *l'infraction n'est pas modifiée dans sa nature*. Exemples :

• vol avec effraction : l'effraction, circonstance aggravante, ne fait pas partie des éléments constitutifs du vol, qui sont la soustraction frauduleuse de la chose d'autrui ;

• la préméditation ne fait pas partie des éléments du meurtre qu'elle aggrave, le meurtre prémédité constituant un assassinat.

Au contraire :

• à défaut de soustraction, élément du vol, il n'y a pas vol (mais éventuellement une infraction différente, par ex. abus de confiance, ou escroquerie) ;

• à défaut d'intention de donner la mort, il n'y a pas meurtre (mais éventuellement une infraction différente, par ex. violences mortelles, ou homicide par imprudence).

Section 2 - Les causes d'atténuation

Principe : Les causes d'atténuation de la peine sont de deux sortes :

– **légales** : il s'agit d'une *diminution légale de peine* ;

– **judiciaires** : elles résultent de l'exercice des pouvoirs du juge.

Il faut distinguer ces causes d'atténuation d'une peine, intervenant par principe *au moment de la condamnation*, des mécanismes pouvant jouer *après la condamnation* (en modifiant la peine, mais non la condamnation elle-même), ex. réduction de peine, grâce, libération conditionnelle (*v. ces questions*).

§ 1 - Les causes légales de diminution de peine

Ce sont des faits **définis par la loi**, entraînant une **atténuation de peine** au-dessous du taux normalement prévu par la loi (on disait auparavant « excuses atténuantes »). On distingue les causes de diminution de peine spéciales à certaines infractions, la diminution spéciale au mineur et la diminution spéciale au majeur au discernement altéré.

I - Les causes spéciales de diminution de la peine

Elles sont propres à telle ou telle infraction : leur étude relève donc du *droit pénal spécial*.

Dans les cas légaux, il y a réduction de la peine encourue. Il y a diminution de *moitié* de la peine privative de liberté encourue (ou diminution à 20 ans en cas de peine perpétuelle, ex. art. 224-5-1 C. pén.) si l'auteur d'un crime ou d'un délit, ayant averti l'autorité administrative ou judiciaire, a permis de faire cesser l'infraction, d'éviter que l'infraction ne produise un dommage, « ou » d'identifier les autres auteurs ou complices (plusieurs textes spéciaux exigent « *et* » d'identifier : ex. art. 224-5-1, 414-4 C. pén.) : art. 132-78, al. 2 C. pén. ; pour les cas d'exemption de peine, *v. section 3*. Ex. (v. la liste des infractions à propos de l'exemption de peine) : blanchiment (art. 324-6-1) ; corruption passive et active (art. 435-1, 435-11-1 C. pén.). Pour la protection des repentis et leur réinsertion (autorisation, notamment, de faire usage d'un nom d'emprunt), v. art. 706-63-1 C. pr. pén., décr. n° 2014-346 du 17 mars 2014.

Remarque : selon la jurisprudence, ces diminutions de peine ne peuvent être prises en compte que par la juridiction de jugement, et *non par une juridiction d'instruction.* Ex. pour la détermination de la peine encourue, au sujet de la prolongation de la détention provisoire : on tient compte de la peine encourue indépendamment de la diminution (Crim., 23 avr. 1992, *Bull. crim.* n° 176).

II – La diminution de peine applicable au mineur

(On disait auparavant « excuse de minorité »).

Art. 20-2, 20-3 Ord. 2 févr. 1945 ; pour les questions en cour d'assises des mineurs, v. art. 20 Ord. 2 févr. 1945.

Elle vaut pour tous les mineurs et est *obligatoire* de *13 à 16 ans*.

Mais pour les mineurs de *plus de 16 ans*, le tribunal pour enfants ou la cour d'assises des mineurs *peut écarter à titre exceptionnel* la diminution de peine compte tenu des circonstances de l'espèce, de la personnalité et de la situation du mineur (art. 20-2, Ord. 2 févr. 1945, mod. L. dite Taubira ; motivation spéciale du tribunal des enfants).

A – Effets sur la peine

Il y a atténuation de la peine par rapport à celle qui est encourue par les majeurs :

- pour la réclusion criminelle à perpétuité : le maximum est de 20 ans de réclusion ;
- pour une autre peine privative de liberté : le maximum est la moitié de la peine encourue (art. 20-2, al. 1er Ord. 2 févr. 1945).
- pour l'amende : le maximum est la moitié de l'amende encourue, ou 7 500 € (art. 20-3 Ord. 2 févr. 1945).

Remarque : selon la jurisprudence la diminution de peine ne peut être prise en compte que par la juridiction de jugement, et *non par une juridiction d'instruction* (ex. pour la détermination de la peine encourue, au sujet de la prolongation de la détention provisoire : Crim., 17 juin 1987, *Bull. crim.* n° 256).

B – Conséquence de la diminution de peine sur la nature de l'infraction

Supposons une peine encourue de 10 ans de réclusion : le maximum devient une peine de 5 ans, qui ne peut être qu'un emprisonnement (puisque la réclusion criminelle ne peut être inférieure à 10 ans) ; une peine correctionnelle se substituant à une peine criminelle, doit-on dire que, parallèlement, le *crime devient délit* ?

La question présente de l'intérêt par exemple pour la prescription de l'action publique, qui est de 10 ans pour un crime, de 3 ans pour un délit.

En faveur de la *non-disqualification* du crime, on fait valoir que *la diminution de peine modifie la culpabilité, non le fait* lui-même.

On objecte à cela que la *classification des infractions* est fondée par la loi sur la nature de la peine encourue. Le délit auquel s'ajoute une circonstance aggravante devient crime : l'inverse devrait être admis.

Pour la jurisprudence (Crim., 9 juill. 1891, *Bull. crim.* n° 149 – revirement), en principe l'infraction ne dégénère pas : elle reste un crime.

C – La diminution de peine applicable au majeur au discernement altéré

La loi dite Taubira a introduit une cause de diminution de peine pour la personne qui, au moment, des faits souffrait d'un trouble psychique ou neuro-psychique ayant altéré son discernement ou entravé le contrôle de ses actes : les peines privatives de liberté sont réduite de moitié ; en cas de réclusion ou détention criminelle à perpétuité, la peine est ramenée à 30 ans. Mais la juridiction peut décider de ne pas appliquer la diminution de peine (art. 122-1, al. 2 C. pén.).

§ 2 – Les pouvoirs du juge

• Le Code pénal de 1992, on l'a dit, a *supprimé le mécanisme des circonstances atténuantes*, qui permettait au juge de tenir compte d'éléments de toute nature pour minorer la sanction et descendre en dessous du minimum légal de la peine, et cela sans donner les raisons de sa décision : il lui suffisait d'affirmer, sans avoir à s'en expliquer : « Attendu qu'il existe des circonstances atténuantes » (en cour d'assises, la décision était prise par des réponses aux questions, par oui ou non, lors des votes).

• Mais les pouvoirs donnés au juge par le Code pénal actuel sont tels qu'ils ont rendu inutile ce mécanisme, puisqu'il n'existe plus de minimum légal, sauf exception. Le juge est donc libre, désormais, de prononcer les peines et de fixer leur nature, leur quantum et leur régime « en fonction des circonstances de l'infraction et de la personnalité de son auteur ainsi que de sa situation matérielle, familiale et sociale» (art. 132-1 créé L. dite Taubira C. pén.) : ainsi peut se réaliser la **personnalisation de la peine, personnalisation** ici **judiciaire**, nécessaire puisque la loi ne peut prévoir tous les cas. Il reste évidemment sinon un risque de relatif arbitraire du juge, du moins le danger d'une inégalité entre les coupables condamnés : mais l'on préfère les avantages de la personnalisation (comme on l'a dit plus haut, on a longtemps parlé d'*individualisation*), et on en parle parfois encore : v. par ex. art. 132-1, al. 1er, créé L. dite Taubira C. pén. : « Toute peine prononcée par la juridiction doit être individualisée »).

Cette évolution est due à l'influence de courants de pensée pour lesquels la « loi » est un phénomène abstrait, déshumanisé : contre la loi, on veut donc faire prévaloir l'appréciation concrète, humaine, portée par un juge. Craindra-t-on l'arbitraire ? La conscience du juge doit donner à ce sujet tous apaisements aux citoyens.

Mais la question reste posée de savoir si la « bonne conscience » des juges, également réelle, ne représente pas un danger, surtout si des juges sont tentés de traduire dans leurs décisions leur vision personnelle de la société, dont il n'est certes pas établi qu'elle soit fausse, mais dont il n'est pas prouvé non plus qu'elle soit « juste ». « Dieu nous garde, disait-on dans l'ancien droit, de l'équité des Parlements », à l'époque où toutes peines étaient « arbitraires en ce Royaume ». Il est significatif que dès 1978, l'auteur du présent ouvrage ait pu relever, mais après s'être posé la question, que toutes peines n'étaient « pas encore arbitraires en cette République ». On observera que les juristes étrangers sont d'ailleurs souvent surpris de l'importance des pouvoirs du juge français, au regard du principe de la légalité criminelle dont ils nous considèrent souvent comme les inventeurs.

• Ainsi, le juge *n'a même pas à motiver* sa décision d'atténuation.

• On notera qu'au contraire, *en matière correctionnelle*, une peine d'emprisonnement **sans sursis** ne peut être prononcée qu'*en dernier recours* si la gravité de l'infraction et la personnalité de son auteur rendent cette peine **nécessaire** et **si toute autre sanction est manifestement inadéquate** ; en outre, dans ce cas, lorsque la peine d'emprisonnement n'est pas supérieure à 2 ans, elle doit, si la personnalité et la situation du condamné le permettent, et sauf impossibilité matérielle, faire l'objet d'un aménagement de peine, sous forme d'*une mesure de semi-liberté, de placement à l'extérieur ou de placement sous surveillance électronique* (art. 132-19, al. 2 mod. L. dite Taubira C. pén.). Le juge est alors astreint à une **motivation spéciale de la décision d'emprisonnement au regard des faits de l'espèce, de la personnalité et de la situation matérielle, familiale et sociale de l'auteur** (art. 132-19, al. 2 ; pour les *mineurs, v. infra*), *même en cas de sursis partiel* (ex. Crim., 16 janv. 2013, *Bull. crim.* n° 17 : 24 mois d'emprisonnement dont 16 avec sursis ; mais, évidemment, pas en cas de sursis total : Crim., 19 déc. 1996, *Bull. crim.* n° 482, ni pour une peine autre que l'emprisonnement, ex., pour une peine complémentaire : Crim., 16 déc. 1997, *Bull. crim.* n° 428). Le juge doit donc notamment expliquer en quoi toute autre mesure qu'un emprisonnement ferme serait manifestement inadéquate (Crim., 17 avr. 2013, *Bull. crim.* n° 91) et pourquoi une mesure d'aménagement n'est pas possible (Crim., 31 oct. 2012, *Bull. crim.* n° 228). *Depuis la réforme dite Taubira, il y a lieu à cette motivation spéciale même en cas de récidive.*

Exemples : la chambre criminelle n'est guère exigeante qui considère, par exemple, comme satisfaisante une motivation relevant que la peine ferme est justifiée eu égard : à la gravité des faits et au passé pénal fort chargé du condamné (Crim., 27 nov. 2013, n° 12-85447) ; à la nature et à la gravité des infractions ainsi qu'à la personnalité de son auteur, et affirmant seulement que toute autre peine serait manifestement inadéquate (Crim., 12 sept. 2012, *Bull. crim.* n° 185) ; à la gravité du trouble porté à l'ordre social, à la moralité de l'économie, et affirmant que toute autre sanction serait manifestement inadéquate (Crim., 7 mars 2012, *Bull. crim.* n° 62). Mais la référence à la seule gravité des faits est insuffisante (Crim., 27 sept. 2011, *Bull. crim.* n° 185). De même, la juridiction peut décider de ne pas se prononcer sur un éventuel aménagement de peine, en relevant qu'elle ne dispose pas de renseignements suffisamment précis pour évaluer la situation personnelle et professionnelle du condamné (Crim., 22 févr. 2012, *Bull. crim.* n° 53). Mais le juge ne saurait reprocher au prévenu de nier sa culpabilité pour prétendre justifier sa décision de lui infliger une peine ferme, tout prévenu ayant le droit de ne pas contribuer à sa propre incrimination (Crim., 1er oct. 2008, *Bull. crim.* n° 201). En cas de cassation, celle-ci est limitée à la partie de la décision se prononçant sur la peine, sans indivisibilité avec la déclaration de culpabilité si celle-ci n'encourt pas la censure (Crim., 26 oct. 1995, *Bull. crim.* n° 324)

La *durée* de l'emprisonnement, elle, ne nécessite pas de motivation (Crim., 19 mai 1999, *Bull. crim.* n° 102 : faculté dont les juges ne doivent aucun compte).

Le *tribunal pour enfants* et le tribunal correctionnel pour mineurs doivent également motiver spécialement le choix de l'emprisonnement, *même s'il prononce le sursis* : Ord. 2 févr. 1945, art. 2, al. 3.

Devant la *cour d'assises*, qui ne motive pas ses décisions sur la peine, tiennent lieu de motivation la délibération et le vote sur la peine (Crim., 29 avr. 1997, *Bull. crim.* n° 155 ; refus de transmettre une question prioritaire de constitutionnalité : Crim., QPC, 29 mai 2013, n° 12-86630).

• Le juge doit également motiver spécialement le prononcé de l'*interdiction du territoire* contre certains étrangers (art. 131-30-1, *v. cette peine*).

• En cas de condamnation, le juge dispose, pour atténuer la peine, de très larges pouvoirs dans le sens de l'indulgence ; et les limites apportées à ces pouvoirs pour l'empêcher de cumuler certaines peines vont en réalité dans le même sens ; dans l'éventail des peines, le juge est souvent libre de soustraire, plus rarement d'additionner.

• Les pouvoirs du juge portent sur la nature de la peine, et sur son taux.

I - Quant à la nature de la peine

Pour les différentes peines, applicables aux personnes physiques et aux personnes morales, on se reportera au *titre 1*.

A - En matière criminelle

• Comme on le verra plus loin à propos du taux des peines, la réclusion et la détention criminelles peuvent être abaissées *dans leur taux*, et avec des *limites*. Quant à la *nature* de la peine, la réclusion ou la détention peuvent être remplacées par un emprisonnement (mais la peine peut être de 10 ans d'emprisonnement, soit le maximum de cette peine – art. 131-4, 1° – qui est en même temps la durée minimale de la réclusion ou de la détention – art. 131-1. dern. al. –), mais l'intéressé reste alors condamné pour crime, non pour délit : la nature d'une infraction est déterminée par la nature de la peine encourue, et non de la peine prononcée.

• En matière criminelle, en tout cas, la juridiction ne peut se contenter de retenir seulement une peine *complémentaire* en la prononçant comme peine *principale* à la place de la peine principale : ce pouvoir n'existe qu'en matière correctionnelle et contraventionnelle. On ne pourrait donc pas, par exemple, condamner l'auteur d'un vol avec tortures (encourant la réclusion criminelle à perpétuité, une amende et diverses peines complémentaires) à la seule confiscation de la valise lui ayant permis de transporter ses instruments de tortures.

Mais pour les *personnes morales*, les peines privatives ou restrictives de droits sont des peines principales : on peut donc les prononcer (ou prononcer l'une d'elles), en écartant une autre peine principale prévue, par exemple l'amende.

B - En matière correctionnelle

Le juge dispose de trois pouvoirs importants.

1. Quand une infraction fait encourir plusieurs peines

Le juge peut ne prononcer que **l'une de celles-ci** (art. 132-17, al. 2 C. pén.) : par ex., il prononce l'amende, non l'emprisonnement.

2. Peines alternatives

Quand **l'emprisonnement** est encouru, le juge peut, **à sa place**, prononcer une peine de TIG (art. 131-8 C. pén.) ou une peine de jours-amende (art. 131-5 C. pén.) ou une sanction-réparation (art. 131-8-1 C. pén.) ou l'obligation de suivre un stage de citoyenneté (art. 131-5-1 C. pén.), ou une ou plusieurs peines privatives ou restrictives de droits ou « de liberté » de l'art. 131-6 vues précédemment, ex. la suspension du permis de conduire. Si une **amende est encourue seule**, le juge peut prononcer à la place une ou plusieurs peines privatives ou restrictives de droits (art. 131-7 C. pén.).

À noter que, comme on l'a vu, si le Code actuel n'a pas entériné à ce sujet le terme de « *substitut à l'emprisonnement* » pour mieux marquer le principe selon lequel toutes les peines correctionnelles sont sur le même plan, les peines appelées à remplacer l'emprisonnement (dites souvent peines **alternatives**) sont en réalité plus douces que celui-ci : il s'agit donc en définitive d'une atténuation de la peine.

Le juge a la possibilité de cumuler certaines peines ; mais il doit respecter les interdictions de cumuler certaines peines principales et des peines **alternatives**.

a. Cumuls possibles

- *avec l'emprisonnement* : amende ; jours-amende (art. 131-5 – mais la solution est discutée –) ; sanction-réparation (art. 131-8-1 : « à la place ou en même temps que la peine d'emprisonnement ») ;
- *avec l'amende* : emprisonnement ; sanction-réparation (art. 131-8-1, al. 1er) ; TIG (sauf ensuite en cas d'inexécution du TIG) ; peines privatives ou restrictives de droits (sauf si elles sont prononcées comme peines alternatives à l'amende encourue seule : art. 131-7) ;
- *avec les jours-amende* : emprisonnement (art. 131-5) ;
- *avec le TIG* : amende ; jours-amende ; peines privatives ou restrictives de droits ;
- *avec les peines privatives ou restrictives de droits* : amende, sauf si elles sont prononcées comme peine alternative à celle-ci (art. 131-7) ; jours-amende ; TIG ; peines privatives ou restrictives de droits entre elles.

b. Cumuls interdits avec des peines alternatives

- *avec l'emprisonnement* (même avec sursis) : TIG (art. 131-9) ; stage de citoyenneté (art. 131-5-1 : « à la place de l'emprisonnement ») ; peines privatives ou restrictives de droits de l'art. 131-6, sauf exception légale (art. 131-9).
- *avec l'amende* : jours-amende ; si l'amende est encourue seule, les peines privatives ou restrictives de droits ou de « liberté » de l'art. 131-6 prononcées à la place de celle-ci ne peuvent se cumuler avec elle (art. 131-7) ;
- *avec les jours-amende* : amende (art. 131-9, al. 3) ;
- *avec le TIG* : emprisonnement (art. 131-9, al. 1er) ;
- *avec les peines privatives ou restrictives de droits* : l'emprisonnement (art. 131-9, al. 1er) ; si elles sont prononcées à la place de l'amende encourue seule, l'amende (art. 131-7).

Rien n'est plus simple…

Quand la juridiction prononce l'une des peines alternatives (sanction-réparation, stage de citoyenneté, privation ou restriction de droits ou libertés, TIG), elle peut fixer les *maximums de l'emprisonnement ou de l'amende* dont le JAP pourra ordonner l'exécution en tout ou partie si le condamné ne respecte pas ses obligations (limites : les peines encoures pour le délit, et 2 ans ou 30 000 € d'amende) : art. 131-8-1, al. 5, 131-9, al. 2.

3. Quand un délit est puni d'une ou plusieurs peines complémentaires

Il s'agit des peines mentionnées à l'art. 131-10 (ex. interdiction professionnelle). La juridiction, qui peut évidemment prononcer ces peines en plus de la peine principale, peut aussi ne prononcer **que la peine complémentaire** ou l'une ou plusieurs des peines complémentaires encourues, à titre de **peine principale** (art. 131-11) ; même règle que ci-dessus pour la possibilité de fixer les maximums en cas d'inexécution des obligations (art. 131-11, al. 2).

Remarques :
1. Le fait que toutes les peines *complémentaires* prévues par le Code sont désormais par principe *facultatives* permet également au juge de ne prononcer que certaines d'entre elles, ou aucune : tout cela va dans le sens de l'atténuation judiciaire de la peine. Et pour les peines *accessoires* qui existeraient encore, le *relèvement* permettra au juge de les écarter s'il le souhaite.
2. Le juge peut aussi, pour une même infraction, prononcer une peine alternative, et une peine complémentaire, sauf si celle-ci, par son objet, ne peut être exécutée (ex. confiscation et immobilisation d'un même véhicule).

C – En matière contraventionnelle

Outre la remarque ci-dessus pour les peines complémentaires comme telles, pouvant être prononcées ou non en plus de la peine principale :

• Le juge peut ne prononcer que l'une des peines encourues (art. 132-17, al. 2 C. pén.).

• Quand une contravention est punissable d'une ou plusieurs des peines *complémentaires* privatives ou restrictives de droits des art. 131-16 ou 17 (ou de l'art. 131-43 pour les personnes morales) :
- la juridiction peut, à titre de peine alternative, ne prononcer que la peine complémentaire ou l'une ou plusieurs de ces peines encourues (art. 131-18 ; pour les personnes morales, art. 131-44).
- pour les *contraventions de 5e classe*, le juge peut prononcer une peine de sanction-réparation ; cette peine peut être prononcée à la place ou en même temps que l'amende (art. 131-15-1).
- pour les *contraventions de 5e classe*, le juge peut remplacer l'amende par une ou plusieurs peines privatives ou restrictives de droits de l'art. 131-14, alors peines *alternatives à l'amende* ; il peut y avoir cumul de ces peines (art. 131-15, al. 2), mais il ne peut y avoir cumul entre ces peines et l'amende (art. 131-15, al. 1er).

II – Quant au taux de la peine

Un principe général donne de grands pouvoirs à la juridiction. C'est seulement en matière criminelle qu'existent certaines limites. En matière délictuelle, en effet, avait été instauré, dans certains cas, des « peines plancher » : la loi dite Taubira les a supprimées – de même qu'en matière criminelle.

A – Principe général

Avant le Code actuel, le juge pouvait, même sans circonstances atténuantes, retenir une peine d'un degré intermédiaire entre le maximum et le minimum alors prévu, et pouvait toujours descendre au-dessous de ce minimum par les circonstances atténuantes. **Désormais, la loi fixe un seul taux, le maximum de la peine** : mais le juge peut toujours prononcer une **peine inférieure à ce maximum**. Il peut ainsi tenir compte des faits les plus divers (circonstances de l'infraction, antécédents du condamné, sa situation familiale, économique, etc. : il peut même tenir compte de faits postérieurs à l'infraction, ex. repentir actif). On rappelle qu'il n'a même pas sur ce point à motiver sa décision (alors qu'il doit la motiver, on l'a vu, pour certaines décisions plus sévères).

Exception : art. 530-1, al. 2 C. pr. pén., en cas de condamnation après requête ou réclamation en matière d'amende ou d'indemnité forfaitaires : le texte prévoit des minimums.

B – Limitations en matière criminelle

1. Quant au minimum

• Si le crime est punissable de réclusion criminelle ou de détention criminelle *à perpétuité*, la juridiction peut prononcer une peine de réclusion ou de détention à temps (mais la *réclusion* ne peut être inférieure à 10 ans), ou un *emprisonnement qui ne peut être inférieur à* deux ans (le cas échéant avec sursis) : art. 132-18, al. 1er. Au-dessous de 10 ans, la peine ne peut être qu'un emprisonnement : on ne peut prononcer par exemple une réclusion de 9 ans (mais, on l'a vu, la peine peut être de 10 ans d'emprisonnement, maximum de cette peine).

• Si le crime est punissable de réclusion criminelle ou de détention criminelle *à temps*, la juridiction peut prononcer une peine de réclusion ou de détention pour une durée inférieure, ou un *emprisonnement qui ne peut être inférieur à* 1 an (le cas échéant avec sursis) : art. 132-18, al. 2 ; mais la peine peut être de 10 ans d'emprisonnement, maximum de cette peine (ex. Crim., 20 nov. 1996, *Bull. crim.* n° 416).

Mais l'art. 132-17, al. 2 C. pén. permet à la juridiction de ne prononcer que l'une des peines encourues : on a pu se demander si, lorsque le crime est punissable de réclusion et d'amende (ex. vols criminels), la cour d'assises ne pourrait se borner à prononcer une amende (en abaissant même celle-ci, par exemple jusqu'à un euro, voire au-dessous, le cas échéant avec sursis…), ce qui serait un moyen singulier de tourner les limites inférieures des peines privatives de liberté, et cela, paradoxalement, parce que la loi aurait prévu cette amende en plus de la réclusion…

Remarque : la loi dite Taubira a supprimé les peines dites « plancher » qui fixaient des minima, en dessous desquels, sous certaines conditions, les juges pouvaient descendre (par ex. en matière de récidive).

2. Quant au maximum

Si le crime est passible de *réclusion (ou de détention) à perpétuité*, et si cette peine n'est pas retenue lors de la délibération de la cour d'assises, la cour ne peut prononcer plus de 30 ans ; si la *réclusion (ou la détention) de 30 ans* est encourue, mais non retenue, la cour ne peut prononcer plus de 20 ans (art. 362, al. 2 C. pr. pén.).

Mais la cour d'assises ne peut prononcer une peine *d'emprisonnement* supérieure à 10 ans (sauf dans certains cas de récidive), puisque l'emprisonnement (peine correctionnelle) a pour maximum de principe 10 ans (art. 131-4, 1°) : si elle veut prononcer par exemple une peine de 12 ans, il lui faut s'en tenir, quant à la nature de la peine, à la réclusion (ou à la détention selon le cas).

Remarque : les pouvoirs du juge sont donc considérables (même s'ils sont enfermés dans les limites légales). Un délit punissable de 10 ans d'emprisonnement et de 150 000 € d'amende, et le cas échéant de plusieurs peines complémentaires (ex. vol avec violences ayant entraîné une incapacité totale de travail de plus de 8 jours), *peut être puni uniquement* – en dehors du cas de la récidive et de l'article 132-19-2–, et sans motivation spéciale, par exemple de *l'une de ces peines complémentaires*, ex. confiscation d'une chose ayant permis le vol. Des pouvoirs aussi étendus étonnent souvent les pénalistes étrangers.

Section 3 – L'exemption de peine

Principe : l'exemption de peine a deux sortes de sources : des sources **légales**, et une source **judiciaire** (sous la forme de *dispense de peine*).

§ 1 – Les causes légales d'exemption de la peine

(On disait auparavant « excuses absolutoires »)

I – Cas

Il s'agit de *faits postérieurs* aux agissements, provenant de l'agent, pour certaines infractions. On citera d'abord le cas des « repentis », puis d'autres exemples.

A – Cas des repentis

On a vu plus haut les cas de diminution de peine pour les « repentis » mais ceux-ci peuvent même, pour des infractions déterminées, bénéficier d'une exemption de peine : il s'agit de la personne qui, après *avoir tenté de commettre l'infraction*, a averti l'autorité administrative ou judiciaire, et ainsi permis d'éviter *la réalisation de l'infraction*, et, le cas échéant, d'identifier les autres auteurs ou complices (art. 132-78, al. 1).

Ex. terrorisme (art. 422-1), certaines atteintes aux intérêts fondamentaux de la nation (art. 414-2), évasion (art. 434-37 – sans condition d'identification –, assassinat et empoisonnement (art. 221-5-3), tortures et actes de barbarie (art. 222-6-2), trafic de stupéfiants (art. 222-43-1), enlèvement et séquestration (art. 224-5-1), traite d'êtres humains (art. 225-4-9), proxénétisme (art. 225-11-1), vol en bande organisée (art. 311-9-1), extorsion en bande organisée (art. 312-6-1), blanchiment (art. 324-6-1).

Pour la protection des repentis, v. art. 706-63-1 C. pr. pén.

B – Autres exemples

- *rétracter spontanément* un faux témoignage avant la décision mettant fin à la procédure rendue par la juridiction d'instruction ou de jugement (art. 434-13, al. 2) ;
- toute personne ayant participé à une association de malfaiteurs (donc stade de la consommation, ici, et non de la tentative) est exempte de peine si elle a, avant toute poursuite, révélé le groupement ou l'entente aux autorités compétentes et permis l'identification des autres participants (art. 450-2) ;
- en matière douanière, v. art. 59, 2 C. douanes (dénonciation de corruption si celle-ci est établie).

II – Effet

Il y a **exemption légale de la peine**, valant **dispense de peine** (on disait auparavant « absolution »).

A – Principe

L'exemption de peine suppose des agissements coupables réalisés (elle résulte en effet de circonstances postérieures à ces agissements). Elle ne fait disparaître que la peine, laissant subsister les faits, tantôt une tentative (art. 414-2, 422-1, 434-37), tantôt une infraction consommée (art. 434-13, 450-2). Elle diffère donc :

– des *causes de non-imputabilité*, de non-culpabilité, des faits justificatifs ;
– des *immunités*, qui sont un obstacle aux poursuites.

B – Conséquences

a) Les causes de non-imputabilité, de non-culpabilité, et les faits justificatifs peuvent être étendus au-delà des textes, non les exemptions.

b) Le juge d'instruction, en présence d'une cause d'irresponsabilité ou d'un fait justificatif établis, rend une ordonnance de non-lieu, une *ordonnance d'irresponsabilité pénale pour cause de trouble mental*, alors qu'en cas d'exemption, il y a nécessairement *renvoi devant la juridiction du jugement.*

c) Pour les questions en cour d'assises : une seule question est posée pour tous les éléments de l'infraction (sauf si une cause d'irresponsabilité pénale est invoquée), alors qu'une *question spéciale* est posée pour l'exemption (art. 349, al. 4 C. pr. pén.).

d) *Exemption de peine n'est pas acquittement : il y a déclaration de culpabilité*, et la décision est inscrite au casier judiciaire. Celui qui est exempt de peine, étant coupable, peut donc :

– être condamné civilement (art. 468 C. pr. pén. ; pour l'acquittement, dans certains cas, v. Mémento de *Procédure pénale*) ;
– demander la révision du procès en cas d'erreur judiciaire.

e) L'exemption est un obstacle à toute peine, alors que la *dispense* (judiciaire) *de peine*, que l'on va étudier, et qui, comme l'exemption, laisse aussi subsister l'infraction, peut ne pas s'appliquer à certaines peines.

§ 2 – La dispense de peine par le juge

La *dispense* peut être prononcée par le juge si les conditions indiquées ci-dessous sont déjà réalisées. Si elles sont en voie de réalisation, le juge peut prononcer *l'ajournement* de la peine, qui peut ensuite aboutir à la dispense de peine.

Dans le cas des mineurs, le législateur rattache ces mesures au concept de césure du procès pénal (Ord. 2 févr. 1945 : v. son ch. 3 *ter*).

I – Conditions réalisées

Art. 132-58 et s. C. pén. et 469-1 C. pr. pén.

A – Conditions

En matière de **délit** et de **contravention**, s'il apparaît que le **reclassement** du coupable est acquis, le **dommage** réparé (*cf.* le repentir actif) et que le **trouble** résultant de l'infraction a **cessé**, le juge peut dispenser de peine le coupable (art. 132-59. La dispense de peine est possible pour les *mineurs* aux mêmes conditions (Ord. 2 févr. 1945, art. 8, al. 11, 24-5). C'est la consécration d'un pouvoir très important de **pardon judi-**

ciaire, fréquemment utilisé, avec appréciation discrétionnaire des juges du fond selon la chambre criminelle (Crim., 9 juill. 1991, *Bull. crim.* n° 293). En 1999, dans l'affaire dite du sang contaminé, décidément singulière à tous égards, la Cour de justice de la République a accordé au ministre déclaré coupable une dispense de peine alors que ces conditions n'étaient pas remplies.

La dispense ne peut pas être prononcée par la cour d'assises même pour une peine non criminelle ; le tribunal de police et la juridiction de proximité peuvent prononcer une dispense de peine même à l'issue d'une procédure d'amende forfaitaire, selon la jurisprudence (Crim., 9 nov. 2005, *Bull. crim.* n° 291 ; 30 oct. 2012, *Bull. crim.* n° 230).

Toujours selon la jurisprudence, la dispense de peine est exclue pour les infractions en matière de presse (Crim., 2 déc. 1980, *Bull. crim.* n° 326) et pour les sanctions fiscales (Crim., 11 avr. 1983, *Bull. crim.* n° 93). Elle est applicable en matière militaire (art. L. 222-65 CJM).

B - Conséquences

Il y a dispense de peine, mais l'infraction subsiste.

1. Il y a dispense de peine

• Il ne peut y avoir prononcé de peine, ex. 3 mois d'emprisonnement, même avec dispense immédiate ;

• La dispense de peine exclut les *interdictions*, *déchéances*, *incapacités* qui résulteraient de plein droit de la condamnation (donc en principe dans des textes extérieurs au Code pénal) : art. 469-1, al. 2 C. pr. pén. ; ex. l'annulation de plein droit du permis de conduire : Crim., 4 févr. 2004, *Bull. crim.* n° 31 ;

• S'agissant des mineurs, la dispense de peine s'applique non seulement aux peines, mais aussi aux mesures éducatives et aux sanctions éducatives (Ord. 2 févr. 1945, art. 24-5, al. 1er) ;

• Mais la dispense laisse subsister la confiscation d'objets dangereux ou nuisibles (art. 132-58), et, selon la jurisprudence, les mesures de police et de sécurité de caractère réel (ainsi de certains cas de confiscation, ex. balance fausse : Crim., 23 mai 1977, *Bull. crim.* n° 183 ; mais la dispense est possible s'il s'agit d'une confiscation-peine : Crim., 6 nov. 1984, *Bull. crim.* n° 337 : confiscation de marchandises dans la vente au déballage).

2. Mais il y a seulement dispense de peine : l'infraction subsiste

• Il y a **déclaration de culpabilité**, inscrite au B.1 (la décision de dispense sera retirée du casier judiciaire après 3 ans : *v. le casier judiciaire*) ; toutefois, *la juridiction peut décider immédiatement que la décision ne sera pas inscrite au casier*. Il peut donc y avoir inscription de la personne déclarée coupable au *fichier national automatisé des empreintes génétiques* (art. 706-54 C. pr. pén., mod. L. n° 2010-242 du 10 mars 2010 : personnes « déclarées coupables » ; l'ancien texte ne le permettait pas : Crim., 9 avr. 2008, *Bull. crim.* n° 97).

Mais la déclaration de culpabilité **n'est pas une condamnation** : la décision, ultérieurement, ne sera donc ni obstacle au sursis, ni terme de récidive ; néanmoins, la *révision* est possible en cas d'erreur judiciaire (art. 622 C. pr. pén.).

• L'action civile subsiste (art. 132-58, al. 2 C. pén. ; art. 469-1 C. pr. pén.).

II - Conditions en voie de réalisation

Si les conditions prévues sont seulement en voie de réalisation, il peut y avoir **ajournement de peine** (avec *déclaration de culpabilité*), pouvant aboutir à une dispense de peine lors de l'audience de renvoi.

Lors de cette audience, il ne peut y avoir de relaxe par la juridiction ayant déclaré la culpabilité par décision devenue définitive (Crim., 12 juin 1979, *Bull. crim.* n° 206), ni par la cour d'appel saisie d'un appel limité à la seule peine prononcée après ajournement : lorsque la décision de culpabilité est définitive, la cour d'appel ne peut statuer que sur la peine (Crim., 13 déc. 2006, *Bull. crim.* n° 311).

Le juge des enfants, le tribunal pour enfants ou le tribunal correctionnel pour mineurs qui prononce un ajournement peut ordonner à l'égard du mineur, à titre provisoire, le placement dans un établissement habilité, une mesure de liberté surveillée préjudicielle, une mesure ou une activité d'aide ou de réparation dans les conditions prévues à l'article 12-1 ou une mesure d'activité de jour (Ord. 2 févr. 1945, art. 24-6, al. 1er).

L'ajournement connaît trois formes (art. 132-58 et 132-60 et s. C. pén. ; 469-1, 747-3 et 747-4 C. pr. pén. ; art. L. 222-65 CJM), auxquelles la loi dite Taubira a ajouté deux formes supplémentaires.

A - Ajournement simple (art. 132-60 et s.)

L'ajournement suppose la *présence* du prévenu (art. 132-60, al. 2), à peine de nullité (Crim., 17 nov. 1987, *Bull. crim.* n° 414). Pour les *mineurs*, outre les conditions habituelles d'un ajournement, il peut être décidé, lorsque le juge des enfants, le tribunal pour enfants ou le tribunal correctionnel pour mineurs considère « que les perspectives d'évolution de la personnalité du mineur le justifient » ou que « des investigations supplémentaires sur la personnalité du mineur sont nécessaires » (Ord. 2 févr. 1945, art. 24-5).

À l'audience de renvoi (la charge de la preuve de la réparation incombe au prévenu : Crim., 16 oct. 1991, *Bull. crim.* n° 352), il peut y avoir *dispense de peine*, ou *prononcé de peine*, ou *nouvel ajournement (art. 132-61).*

La décision sur la peine doit intervenir au plus tard *un an après le premier ajournement* (art. 132-62 ; 6 mois pour un mineur : Ord. 2 févr. 1945, art. 24-5, dern. al.) ; le tribunal peut cependant statuer après (Crim., 3 oct. 1984, *Bull. crim.* n° 286). En cas d'appel, la cour ne peut renvoyer au tribunal le soin de fixer la peine (Crim., 27 mars 1984, *Bull. crim.* n° 129). En cas d'appel du ministère public, la cour doit statuer sans égard pour la date à laquelle le tribunal avait prévu de le faire (Crim., 28 févr. 1991, *Bull. crim.* n° 101) ; sur appel du prévenu et pour ne pas aggraver son sort, elle ne peut statuer qu'après expiration de ce délai (Crim., 18 mars 1987, *Bull. crim.* n° 129).

B – Ajournement avec mise à l'épreuve (art. 132-63 et s.)

L'ajournement suppose la *présence* du prévenu (il peut s'agir d'un mineur : Ord. 2 févr. 1945, art. 24-5).

Le tribunal décidant l'ajournement peut placer le prévenu (personne physique uniquement : art. 132-63) sous le régime de la *mise à l'épreuve* (la décision est exécutoire par provision : art. 132-63, al. 2), avec mêmes surveillance, assistance et obligations que dans le sursis avec mise à l'épreuve (art. 132-63 C. pén.). Le prévenu est placé sous le contrôle du JAP ou, pour les mineurs, du juge des enfants (art. 747-3 C. pr. pén. ; Ord. 2 févr. 1945, art. 24-5).

Le JAP peut aménager ou supprimer les obligations imposées, ou en prévoir de nouvelles (art. 747-3, al. 2 C. pr. pén.). Si le prévenu ne se soumet pas aux mesures de contrôle et d'assistance ou à ses obligations particulières, le JAP peut délivrer un mandat d'amener ou d'arrêt, le tribunal étant alors saisi dans les meilleurs délais pour statuer sur la peine, au plus tard dans les 5 jours de l'écrou, avec, à défaut, remise en liberté d'office (art. 747-3, al. 4, 712-17 C. pr. pén.) ; il peut saisir le tribunal avant l'expiration du délai d'épreuve afin qu'il soit statué sur la peine (art. 747-3, al. 3).

À l'audience de renvoi (*un an au plus tard après l'ajournement : art. 132-63, six mois pour un mineur : Ord. 2 févr. 1945, art. 24-5, dern. al.*), les mêmes décisions que pour l'ajournement simple peuvent être prises, compte tenu de la conduite du coupable. Mais avec l'accord du procureur de la République, le JAP peut, 30 jours avant l'audience de renvoi, prononcer lui-même la dispense de peine après débat contradictoire (art. 132-65).

C – Ajournement avec injonction (art. 132-66 et s.)

Cet ajournement n'est **pas applicable aux mineurs** (Ord. 2 févr. 1945, art. 24-8).

Lorsque la loi ou le règlement répriment des **manquements à des obligations déterminées** (ex. délits en matière d'égalité professionnelle entres les hommes et les femmes, C. trav., art. L. 1146-2, art. L. 3222-1, de protection de l'environnement, C. envir., art. L. 173-9, art. L. 596-31, en matière forestière, C. for., art. L. 163-5, III), la juridiction peut, en décidant l'ajournement, **enjoindre** à la *personne physique ou morale* coupable, et *même en leur absence (art. 132-68)*, de se conformer à ces prescriptions, avec un délai pour l'exécution (art. 132-66), et le cas échéant, lorsque les textes le prévoient, sous **astreinte** (art. 132-67 ; ex. C. for., art. L. 163-5, III, C. minier, art. L. 512-10). La décision peut être assortie de l'**exécution provisoire** (art. 132-68, al. 2). Cet ajournement ne peut intervenir qu'une fois (art. 132-68, al. 1er ; mais v. C. trav., art. L. 1146-3, al. 2 autorisant un nouvel ajournement). Le JAP s'assure de l'exécution des prescriptions (art. 747-4 C. pr. pén.).

À l'audience de renvoi (en principe *un an au plus tard après l'ajournement : art. 132-69, al. 4*), la juridiction peut dispenser le coupable de peine, ou prononcer la peine. En cas d'inexécution des prescriptions, la juridiction prononce la peine, et peut ordonner l'exécution aux frais du condamné des prescriptions selon les conditions légales ou réglementaires (*art. 132-69, al. 3) ; elle liquide s'il y a lieu l'astreinte* (art. 132-69, 132-70).

On rapprochera de ces règles les dispositions de l'art. L. 4741-11 C. trav., sur le *plan de sécurité* ordonné, après accident du travail, en cas de *relaxe* du chef d'homicide ou d'atteinte à l'intégrité de la personne par imprudence. La violation de ces règles est sanctionnée pénalement.

D – Ajournement aux fins d'investigations complémentaires sur la personnalité ou la situation matérielle, familiale et sociale (art. 132-70-1, créé L. dite Taubira)

Cette nouvelle forme d'ajournement a été créé pour permettre à une juridiction d'ajourner le prononcé de la peine à l'égard d'une personne physique lorsqu'il apparaît nécessaire d'ordonner à son égard ces investigations complémentaires. L'article 132-70-2 nouveau prévoit que la juridiction pourra octroyer immédiatement à la victime des dommages et intérêts soit à titre provisionnel, soit à titre définitif. La décision sur la peine devra intervenir au plus tard dans un délai de 4 mois (pouvant être prolongé de 4 mois supplémentaires) après la décision d'ajournement (art. 132-70-1, al. 3, délai ramené à 2 mois quand le prévenu est placé en détention provisoire).

Le tribunal pourra, pour cette durée, placer ou maintenir la personne déclarée coupable sous *contrôle judiciaire*, sous *assignation à résidence avec surveillance électronique*, ou, en cas de convocation par procès-verbal ou de comparution immédiate, en *détention provisoire*. La détention provisoire ne pourra alors être décidée que pour l'un des motifs suivants : 1°/ empêcher une pression sur les témoins ou les victimes ainsi que sur la famille ; 2°/ empêcher une concertation frauduleuse entre la personne condamnée et ses coauteurs ou complices ; 3°/ prévenir le renouvellement de l'infraction (art. 397-3-1 C. pr. pén.).

E – Ajournement aux fins de consignation d'une somme d'argent (art. 132-70-3 créé L. dite Taubira)

Cette autre forme nouvelle d'ajournement permet à une juridiction de recourir à un ajournement en soumettant le prévenu à l'obligation de consigner une somme d'argent en vue de garantir le paiement d'une éventuelle peine d'amende. La juridiction déterminera le montant de cette consignation et le délai dans lequel celle-ci devra être déposée, qui ne saurait être supérieur à un an. Elle pourra prévoir que cette consignation sera effectuée en plusieurs versements, selon un échéancier qu'elle déterminera. La décision sur la peine devra intervenir au plus tard dans un délai d'un an après la décision d'ajournement.

Pour aller plus loin

Exemple de sujet d'examen

Dissertation

- La dispense de peine

Chapitre 2
La pluralité d'infractions

Section 1 – Notions

Deux infractions sont commises, successivement, par la même personne : il peut, selon le cas, y avoir concours d'infractions, récidive, ou simple réitération.

1. La notion de concours réel d'infractions

Si, au moment de la deuxième infraction, la personne **n'a pas été condamnée définitivement** pour l'infraction antérieure, il y a **concours réel d'infractions** (on dit parfois *concours matériel, ou cumul, matériel ou réel, d'infractions*) ; art. 132-2 C. pén.

On appelle condamnation **définitive** (irrévocable) celle pour laquelle les *voies de recours* sont *épuisées* (ex. rejet du pourvoi en cassation) ou leur *délai* (le plus long) *écoulé* : *20 jours* pour la condamnation par le tribunal correctionnel (délai d'appel du procureur général : art. 505, al. 1er C. pr. pén.), *5 jours* pour la condamnation par la chambre des appels correctionnels (délai du pourvoi en cassation : art. 568, C. pr. pén.). Il s'agit des recours du droit français : on ne tient pas compte par exemple d'un recours devant la Cour européenne des droits de l'homme.

Exemples de concours réel :

– infraction le 1er janvier ; deuxième infraction le 1er février, sans condamnation pour la première ;

– ou même : infraction le 1er janvier ; condamnation le 15 janvier ; 2e infraction le 16 janvier ; car le 16, la condamnation du 15 n'est pas définitive.

2. Les notions de récidive et de réitération

Si, au moment de la deuxième infraction, la personne a été **condamnée définitivement** pour l'infraction antérieure : il y a récidive, si les conditions de la **récidive** sont réunies.

Si les conditions de la récidive ne sont pas réunies, il y a simple **réitération** : chaque infraction est punie pour elle-même, si bien que les peines se **cumulent** sans limitation de quantum et sans possibilité de confusion avec les peines de la condamnation précédente (art. 132-16-7), et *sans aggravation* de la peine prononcée pour la seconde infraction ; mais la réitération, avec condamnation définitive, peut faire obstacle au sursis, ou le révoquer (on ne confondra pas ce problème avec les cas où, s'agissant de *faits qui, isolément, ne sont pas une infraction*, seule leur réitération fait apparaître l'infraction : ex. infraction d'habitude, comme les appels téléphoniques malveillants, certaines menaces) ; la réitération peut aussi constituer, pour les juges déterminant la peine pour une deuxième infraction, un élément d'appréciation les inclinant à la sévérité (mais dans les limites du maximum légal prévu).

Seule la récidive constitue en principe une **circonstance aggravante**, du fait que le coupable a réitéré l'infraction malgré l'avertissement de la justice, à la différence du concours : en législation, il n'est pas sûr que cette différence se justifie, d'autant plus qu'il y peut y avoir concours, on vient de le voir, dans le cas d'une deuxième infraction commise après condamnation pour la première, tant que cette condamnation n'est pas définitive, et alors que le condamné a donc été averti. Mais la différence existe en droit positif : on étudiera donc le concours réel d'infractions, puis la récidive.

Section 2 - Le concours réel d'infractions

Il faut d'abord distinguer, du concours réel ou matériel d'infractions, le *concours idéal*, le cas de *l'infraction complexe*, le cas où une infraction est la *circonstance aggravante* d'une autre.

• **Il ne faut pas confondre** le **concours réel** d'infractions avec le **concours idéal** d'infractions, qui suppose un **seul acte**, pouvant répondre à plusieurs qualifications pénales : *la plus haute* est en principe retenue (on dit parfois *cumul idéal*, ou *formel*, ou *intellectuel*, d'infractions).

- s'il s'agit d'un acte déterminé tombant sous le coup de *plusieurs qualifications*, il y a **concours** ou **conflit de qualifications** (ex. délit de fraude dans un divorce et faux ; contravention absorbée par un délit : ex., en matière d'environnement).
- s'il s'agit d'un acte comportant une *faute d'intention multiple*, bien que l'acte matériel soit unique, l'acte recouvre *plusieurs infractions* (ex. Crim., 3 mars 1960, *Bull.* n° 138 : lancement d'une grenade dans une boutique : destruction d'un immeuble par explosion, et meurtre ; violences, et atteintes à la liberté individuelle). Dans ce cas, *une seule peine est prononcée*, mais avec *deux déclarations de culpabilité*, car il y a deux infractions distinctes et *les intérêts protégés sont distincts* ; il en est de même dans le cas d'une diffamation raciale et d'une contestation de crimes contre l'humanité ; d'une usurpation de fonctions et d'une complicité de prise illégale d'intérêts ; d'une discrimination syndicale et d'un harcèlement moral.
- s'il s'agit d'un acte comportant *une seule faute*, à l'occasion d'un acte matériel unique : la jurisprudence considère qu'il y a *une seule infraction*. Ex. : une faute d'imprudence causant des blessures *à plusieurs personnes* ; *usage de faux et tentative d'extorsion de fonds*.

Il ne faut pas confondre ce cas avec le concours réel, ex. s'il y a à la fois contravention au Code de la route et atteinte, par imprudence, à l'intégrité de la personne, les intérêts lésés sont distincts : il y a plusieurs infractions commises en concours réel.

• **Il ne faut pas confondre** le concours réel avec l'**infraction complexe** qu'est par exemple *l'infraction d'habitude* (plusieurs actes matériels distincts, mais chaque acte, en soi, *n'étant pas une infraction*).

• **Il ne faut pas confondre** le concours réel avec **les infractions dont l'une est la circonstance aggravante** de l'autre : on ne retient qu'une seule infraction. Un même fait ne peut être élément constitutif d'une infraction et circonstance aggravante d'une autre (Crim., 20 févr. 2002, *Bull. crim.* n° 38). Exemples : la violence aggravant le vol (art. 311-4), la conduite en état alcoolique, aggravant l'homicide par imprudence (art. 221-6-1). Il y a deux infractions distinctes, mais on n'en retient qu'une, l'autre étant absorbée par elle.

On fera d'abord état, à propos du concours réel, des solutions pouvant être admises en législation, puis du droit positif.

§ 1 – Les solutions concevables

I – Le cumul des peines

Le système consiste à faire l'addition des peines (ex. États-Unis). Il est apparemment juste, mais il présente des *inconvénients* :

- *quant aux principes* : le coupable n'a pas reçu l'avertissement que constitue la condamnation ;
- *quant à la mise en œuvre* : le système ne vaut que pour les peines légères (on aboutit sinon à des condamnations à plusieurs centaines d'années d'emprisonnement qui n'ont guère de sens).

II – Le non-cumul (ou absorption) des peines

Le système consiste à appliquer la sanction correspondant à l'infraction **la plus grave.**

- le système a l'avantage d'éviter les inconvénients du cumul ;
- mais il aboutit à traiter également celui qui commet une infraction grave et celui qui y ajoute d'autres infractions moins graves (sauf appréciation sévère du juge, mais dans les limites légales).

III – Le cumul juridique des peines

Le système consiste à retenir la peine **la plus forte**, mais **aggravée** en fonction du cumul d'infractions (sans aller jusqu'à l'addition) ; c'est le *concours circonstance aggravante.*

Ce système est juste, en ce qu'il aggrave (à cause du cumul d'infractions), et en ce qu'il n'aggrave pas jusqu'à l'addition (car il n'y a pas eu d'avertissement judiciaire comme en cas de récidive), mais il est complexe.

§ 2 – Le droit positif

Le principe général est le non-cumul des peines, mais ce principe est aujourd'hui **très atténué** : il ne joue plus que dans un nombre fort limité de cas.

Le droit français a été longtemps attaché au principe du non-cumul, mais la loi et la jurisprudence avaient apporté à ce principe d'importantes atténuations, que le Code actuel a largement consacrées, en étendant même leur domaine (art. 132-3 et s.).

Le système est donc en réalité mixte, *mêlé de cumul et de non-cumul* ; *mais le principe reste cependant le non-cumul*, puisque le Code considère que le cumul des peines, qu'il prévoit dans certains cas, déroge aux règles générales qu'il édicte.

Remarque : si une personne est poursuivie pour plusieurs crimes contre les personnes ou contre l'État, la détention provisoire peut être plus longue (v. art. 145-2, al. 2 C. pr. pén.).

Il faut d'abord préciser que les règles générales de la matière sont exclues pour certaines infractions et peines, ensuite analyser ces règles générales.

I – Exclusion des règles générales pour certaines infractions et peines

A – Sont exclues des règles générales les amendes prononcées pour contraventions (art. 132-7)

Il y a donc **addition des peines d'amende** :

1. Pour toutes les contraventions

Cela vaut quelle que soit la gravité des contraventions. L'addition peut donc aboutir à des amendes très élevées (le législateur doit y penser, quand il transforme des délits en contraventions) ; il est vrai que le juge peut minorer chaque amende.

Exemples jurisprudentiels : 14 400 amendes pour 14 400 bouteilles revêtues d'étiquettes irrégulières ; 75 000 amendes pour utilisation abusive du terme d'artisan.

2. S'il y a contravention et délit ou contravention et crime

Mais l'addition suppose qu'il y a des infractions distinctes. La question se pose souvent pour l'atteinte à l'intégrité de la personne par imprudence, qui peut être délit ou contravention, selon la gravité des blessures (art. 222-19 et s., R. 625-2 et s. C. pén.).

Exemples :
- Il y a plusieurs infractions, donc addition, en cas de délit (ou contravention) d'atteintes à l'intégrité de la personne par imprudence *et* de contravention routière (Crim., 12 mai 1993, *Bull. crim.* n° 177).
- Autres exemples d'addition : délit de fuite *et* contravention de défaut de maîtrise du véhicule (Crim., 18 mars 1992, *Bull. crim.* n° 119) ; fait de faire travailler des salariés plus de 6 jours par semaine *et* ne pas respecter la durée du repos hebdomadaire (Crim., 17 juill. 1986, *Bull. crim.* n° 237).

Si en réalité il n'y a qu'*une seule contravention*, c'est-à-dire *une seule faute* (il y a alors concours idéal), il n'y a donc pas addition. Ex. imprudence faisant *plusieurs victimes*, dont l'une subit un dommage corporel qualifiant le fait de contravention, les autres un dommage qualifiant le fait de contravention ou de délit (Crim., 28 janv. 1969, *Bull. crim.* n° 51) ; injurier des agents des douanes : une seule infraction, le délit d'outrage, sans la contravention d'injure envers des agents des douanes (Crim., 16 juill. 1997, *Bull. crim.* n° 274).

Remarques :
1. En cas de peine contraventionnelle *prononcée pour délit*, l'infraction reste délit : s'applique alors le régime des délits (*v. B*).
2. S'il s'agit de peines contraventionnelles autres que l'amende (ex. peines alternatives ou complémentaires), s'applique alors le même régime que pour les crimes et délits (v. par ex. Crim., 11 janv. 2005, *Bull. crim.* n° 12 ; *v. B*).

B – Certains crimes ou délits échappent à la règle de non-cumul

Il y a alors **addition** des peines (cumul), **sans confusion possible**, ou même parfois aggravation (c'est-à-dire cumul juridique).

1. Cumul des peines

Exemples :

- *Rébellion de détenu* (art. 433-9), ou *évasion* de détenu (art. 434-31) : il y a cumul entre les peines prononcées pour ces infractions et celles qui étaient subies en raison des infractions antérieures. Mais il y a non-cumul pour l'évasion et les infractions commises *pendant* ou *après* l'évasion (Crim., 26 mai 1992, *Bull. crim.* n° 213), même si l'évasion et ces infractions font l'objet de poursuites distinctes (Crim., 21 mars 1989, *Bull. crim.* n° 141).

• En cas de délit d'*organisation de l'insolvabilité* pour échapper à une obligation patrimoniale résultant d'une condamnation pénale (ex. amende) : le tribunal *peut* décider que la peine qu'il prononce pour organisation de l'insolvabilité ne se confondra pas avec la peine précédemment prononcée (art. 314-8, al. 2).

• *Usurpation d'identité* pouvant déterminer des poursuites pénales contre un tiers (art. 434-23 C. pén.) : il y a cumul avec les peines prononcées pour l'infraction à l'occasion de laquelle l'usurpation a été commise.

• L'emprisonnement prononcé pour *inobservation des obligations du suivi socio-judiciaire* se cumule avec les peines privatives de liberté prononcées pour des infractions commises pendant l'exécution de la mesure (art. 131-36-5, al. 3).

• Les peines prononcées pour refus de se soumettre à un prélèvement biologique se cumulent, sans possibilité de confusion, avec celles que la personne subissait ou celles prononcées pour l'infraction ayant fait l'objet de la procédure à l'occasion de laquelle les prélèvements devaient être effectués (art. 706-56, II, al. 3, C. pr. pén.)

• En cas de *réduction de peine*, v. art. 721, al. 5 C. pr. pén.

2. Cumul juridique

Si le concours démontre l'*habitude* (au sens criminologique) : *dans certains cas, il y a aggravation* (ex. recel de choses, art. 321-2, violences sur enfant ou personne vulnérable, art. 222-14).

Remarques :

1. En certaines matières, les amendes, parce qu'elles ont un caractère mixte, répressif et réparateur, se cumulent entre elles, et aussi avec les sanctions pénales ; ex. contributions indirectes (Crim., 17 févr. 1992, *Bull. crim.* n° 75), douanes (Crim., 2 oct. 1975, *Bull. crim.* n° 201 ; 27 juin 2012, *Bull. crim.* n° 162 ; mais il en va différemment d'une amende douanière exclusivement pénale, ex. réprimant les injures envers des agents). La règle est approuvée par la CJUE (26 févr. 2013, n° C-617-10, à propos du cumul d'une amende fiscale et d'une amende pénale pour un même fait)

2. La règle du non-cumul des peines ne s'applique pas *en matière disciplinaire* dans la limite toutefois du maximum le plus élevé (Crim., 19 juin 2013, n° 12-87558).

II – Analyse des règles générales

Le Code distingue, comme le faisait la jurisprudence, selon que les infractions commises en concours sont englobées ou non dans une même poursuite (art. 132-3, 132-4).

A – Unité de poursuites

Il faut déterminer les pouvoirs de la juridiction, et préciser les conséquences de ces règles sur l'infraction la moins grave.

1. Pouvoirs de la juridiction

Deux hypothèses doivent être distinguées, selon que les infractions en concours sont passibles de *peines de même nature*, ou de *peines de nature différente*.

Sont notamment des *peines de même nature* les peines privatives de liberté (art. 132-5, al. 1er) criminelles : ex. réclusion, ou correctionnelle : emprisonnement ; peu importe que le *taux* de ces peines soit différent : ex. 3 ans d'emprisonnement pour une infraction, 5 ans pour une autre. Le maximum des peines en concours est donc déterminé, pour les peines privatives de liberté, par leur durée : 20 ans d'emprisonnement (pouvant être encourus par un récidiviste) sont plus graves que 10 ans de réclusion. Il a été jugé que sont de même nature la confiscation en nature et la confiscation en valeur (Crim., 21 mars 1996, *Bull. crim.* n° 127). Les peines de même nature peuvent être aussi bien des peines *principales* que des peines *complémentaires* (ainsi, on ne peut prononcer plusieurs suspensions du permis de conduire pour plusieurs contraventions routières : Crim., 11 janv. 2005, *Bull. crim.* n° 12 ; 22 juin 2010, *Bull. crim.* n° 113).

a. Cas où toutes les infractions en concours sont passibles de peines de même nature

1) Il y a dans ce cas application du non-cumul ; une seule peine peut être prononcée, avec pour limite le maximum légal le plus élevé (art. 132-3, al. 1er)

Exemple : 3 ans et 10 ans : le maximum sera 10 ans. Pour deux délits commis en concours, on ne peut donc prononcer, dans une même poursuite, deux amendes distinctes (Crim., 5 déc. 2000, *Bull. crim.* n° 363), ni deux emprisonnements (Crim., 5 déc. 1996, *Bull. crim.* n° 454), ni, on l'a vu, deux suspensions du permis de conduire. Mais la règle est parfois écartée : en cas de concours entre une infraction de l'article L. 4741-1 du code du travail et une infraction d'homicide ou de blessures par imprudence réprimée par les articles 221-6, 222-19 et 222-20 du code pénal, les peines de même nature *se cumulent*, dès lors que leur total n'excède pas le maximum légal de la peine la plus élevée qui est encourue (Crim., 2 mars 2010, *Bull. crim.* n° 44).

2) Mais si, pour chacune des infractions commises en concours, plusieurs peines sont prévues (ex. emprisonnement, amende), une peine de chaque nature peut être prononcée, dans la limite de son maximum légal (art. 132-3, al. 1er)

Plusieurs peines, prévues pour les différentes infractions, peuvent donc être prononcées : ex. une peine d'emprisonnement, une peine d'amende ; et, *à la différence des solutions antérieures, chaque peine peut être prononcée dans son maximum, même si la peine dont il s'agit est prévue pour l'infraction la moins grave.*

Exemple : s'il y a concours entre des *violences sur mineur de 15 ans* (maximums : 5 ans d'emprisonnement et 75 000 € d'amende) et un *abus de confiance non aggravé* (maximums : 3 ans d'emprisonnement et 375 000 € d'amende), la juridiction peut prononcer 5 ans, et 375 000 €.

b. Cas où les peines applicables aux infractions commises en concours sont de nature différente

Exemple : une peine d'emprisonnement pour une infraction, et une peine d'amende pour l'autre.

Chaque peine peut être prononcée (art. 132-3, al. 1er). Ex. réclusion et amende : chacune peut être prononcée, jusqu'à son taux légal maximum. S'il y a en concours deux crimes punissables de 15 ans et 10 ans de réclusion, et un délit punissable de 5 ans d'emprisonnement et d'une amende : une seule peine privative de liberté peut être prononcée, jusqu'à 15 ans (car réclusion et emprisonnement sont des peines de même nature), mais ici, de plus, l'amende peut être prononcée.

Remarques :

1. *Notion de maximum légal* : le maximum s'apprécie en tenant compte des causes de *diminution* de peine (ex. pour un mineur : Ord. 2 févr. 1945, art. 20-2, 20-3), et des causes d'*aggravation* (ex. l'état de récidive : art. 132-5, al. 2). Pour les peines de jours-amende, le maximum est de 360 jours et de 1 000 € au plus par jour (art. 131-5) et pour le travail d'intérêt général, il est de 210 heures (131-8) : art. 132-5, al. 4.

2. Les *peines complémentaires* encourues pour toutes les infractions en concours peuvent toutes être prononcées, sauf, on l'a vu, si elles sont de même nature.

2. Conséquences concernant l'infraction la moins grave

Lorsque, dans le jugement, il n'est fait mention que de la peine la plus forte, qu'en est-il des peines les moins fortes, et de l'infraction qu'elles sanctionnaient ? En cas, notamment, de *cassation* ou de *révision* faisant disparaître la condamnation prononcée pour l'infraction la plus grave, que devient l'infraction la moins grave ? En cas d'amnistie ne touchant que l'infraction la plus grave, qu'en est-il de l'autre infraction ?

Sur ce dernier point, aujourd'hui, généralement les lois d'amnistie amnistient l'ensemble dès lors que l'infraction la plus grave est amnistiée (sauf pour les infractions exclues de l'amnistie).

Mais sur le problème général, la solution est la suivante. **Seule la peine la plus forte** figure dans le jugement (ou chaque peine la plus forte de chaque catégorie, si chaque infraction est punissable de plusieurs peines). Mais pour éviter les inconvénients du seul prononcé de la peine la plus forte (ou des peines les plus fortes), **la peine (ou chaque peine) prononcée est réputée commune** à chaque infraction en concours, *dans la limite du maximum légal de* **chacune** *d'elles* (ce principe était déjà connu sous les termes d'*autonomie* des peines les plus faibles) : art. 132-3, al. 2.

Exemple : en cas de concours entre violences sur mineur de 15 ans (ex. 5 ans d'emprisonnement) et abus de confiance non aggravé (3 ans), la peine la plus forte est celle des violences ; si par exemple la première condamnation fait l'objet d'une révision, la peine sera exécutée pour l'abus de confiance, mais dans la limite de 3 ans.

B - Pluralité de poursuites

Cette situation est fréquente : les infractions en concours peuvent être par ex. de la compétence de tribunaux différents, ou bien être poursuivies successivement parce qu'elles n'ont pas été découvertes en même temps.

En dehors des cas, évidemment, où la loi *impose le cumul* (ex., on l'a vu, en matière de sécurité du travail), *peut* être décidée, et parfois *doit* être décidée la *confusion des peines*. Il faut déterminer les pouvoirs de la juridiction, et les effets de la confusion des peines.

1. Pouvoirs de la juridiction

On doit, comme dans le cas de poursuite unique, distinguer selon que les peines encourues pour les infractions commises en concours sont ou non de même nature (sur la notion de peines de même nature, *v. 1. a)*).

a. Cas où toutes les infractions commises en concours sont passibles de peines de même nature

Les peines prononcées s'exécutent **cumulativement**, mais avec une **limite** : le **maximum légal le plus élevé** (art. 132-4).

Si la réclusion à perpétuité, encourue pour l'une des infractions en concours, *n'a pas été prononcée*, le maximum légal est de 30 ans de réclusion (pour éviter une addition sans limite des peines cumulées : ex. Crim., 12 févr. 2003, *Bull. crim.* n° 38) : art. 132-5, al. 1er, 3. Lorsque la peine de 30 ans de réclusion criminelle encourue *n'a pas été prononcée*, le maximum légal est de 20 ans de réclusion (art. 362, C. pr. pén. ;

Crim., 10 nov. 2004, n° 04-85020 ; disposition inapplicable devant la cour d'assises spécialement composée sans jury : Crim., 21 mai 2008, *Bull. crim.* n° 129).

b. Au-dessus du maximum, la peine la plus forte absorbe donc la (les) moins forte(s)

Il y a **confusion** *obligatoire* des peines ; on parle de *peine absorbante* et de *peine absorbée*. Toute peine privative de liberté est confondue avec une peine perpétuelle prononcée (art. 132-5, al. 1er), si bien que la peine perpétuelle est la seule à être exécutée.

c. Au-dessous, la juridiction *peut* ordonner la confusion des peines prononcées

La confusion n'est pas de droit (sauf que toute peine privative de liberté est nécessairement confondue, on l'a vu, avec une peine perpétuelle). Les juges exercent alors une faculté dont ils ne doivent aucun compte (Crim., 20 juill. 1977, *Bull. crim.* n° 266) et soustraite, sauf contradiction, au contrôle de la Cour de cassation (Crim., 23 mai 1978, *Bull. crim.* n° 164).

La confusion peut être totale ou partielle. La confusion est totale lorsque la peine la plus forte absorbe l'intégralité de la peine la plus faible. La confusion est partielle lorsque, saisie par exemple de la demande de confondre trois peines, la juridiction n'accorde confusion que pour deux d'entre elles ; elle l'est encore lorsqu'en réponse à la demande de confusion d'une peine de 8 ans et d'une autre de 5 ans, la juridiction décide que le condamné exécutera 9, 10 et six mois, 11 ou 12 ans.

La confusion peut aussi jouer entre *peines complémentaires* de même nature.

Remarques :

1. L'éventuelle confusion des peines suppose des *condamnations* : elle ne joue donc pas devant les juridictions d'instruction, ni pour une décision ayant prononcé une dispense de peine (Crim., 8 nov. 2006, *Bull. crim.* n° 281).

2. La confusion suppose des condamnations *définitives*, sauf évidemment pour la dernière condamnation prononçant la confusion (Crim., 3 sept. 2008, *Bull. crim.* n° 176).

3. La confusion est ordonnée par la dernière juridiction appelée à statuer, soit *immédiatement* soit *ultérieurement* sur requête (art. 132-4, C. pén. ; art. 710, C. pr. pén. ; pour une cour d'assises, la requête est de la compétence de la chambre de l'instruction : art. 710, al. 2). La jurisprudence juge que la juridiction peut prononcer la confusion des peines principales, sans être tenue de statuer sur celle des peines complémentaires *(Crim., 6 mars 2002, Bull. crim. n° 60).* La décision sur requête est rendue en chambre du conseil (art. 711, C. pr. pén.).

d. Cas où les peines applicables aux infractions commises en concours sont de nature différente

Les peines prononcées s'exécutent **cumulativement**, mais seulement dans la limite du **maximum légal le plus élevé de chacune d'elles**.

La confusion, si elle est décidée, ne joue qu'à l'intérieur de chaque catégorie de peine de même nature.

Remarque : si la juridiction saisie en second ne s'est pas prononcée sur la confusion, le condamné peut la saisir (pour ordonner la confusion, la juridiction doit avoir prononcé au moins l'une des condamnations : Crim., 2 déc. 1992, *Bull. crim.* n° 400). Mais le rejet d'une demande de confusion a autorité de chose jugée (Crim., 25 juill. 1995, *Bull. crim.* n° 262) : on ne peut présenter une seconde requête, même si la confusion est demandée pour des peines qui ne sont qu'en partie les mêmes que lors de la première demande et même si le demandeur invoque une évolution de sa situation (Crim., 9 juin 2010, n° 09-87656), sauf pour des peines complémentaires sur la confusion desquelles il n'a pas été statué (Crim., 6 mars 2002, *Bull. crim.* n° 60).

2. Effets de la confusion des peines

Selon la formule utilisée depuis longtemps par la jurisprudence (Crim. 13 juill. 1888, *Lapierre*), la « confusion n'affecte que l'exécution de la peine la moins forte ; **elle n'enlève pas aux peines confondues leur existence propre et leurs conséquences légales** » et son effet est subordonné à la survivance de la peine la plus forte : au cas où celle-ci vient à disparaître (ex. en cas de révision), « les autres peines, que la confusion n'a pas effacées et qui sont demeurées entières, doivent donc être intégralement subies jusqu'à concurrence du maximum édicté par la loi pour l'infraction la plus grave » (Crim., 24 juill. 1968, *Bull. crim.* n° 237) : les peines absorbées deviennent exécutoires. On a parlé, on l'a déjà dit, de « l'autonomie des peines les plus faibles » (v. cependant plus loin le cas des peines exclues des grâces collectives). Par exemple, après une première confusion, on peut demander une deuxième confusion avec une peine déjà absorbée par une condamnation antérieure (Crim., 11 janv. 1993, *Bull. crim.* n° 11). Pour le cas d'une peine absorbante à son tour absorbée, v. Crim., 24 juill. 1968, préc. Il résulte de cette autonomie que chacune des condamnations en concours continue de figurer au casier judiciaire et peut constituer le premier terme d'une récidive ou révoquer un sursis antérieur (mais pour le calcul du délai d'épreuve d'une libération conditionnelle, v. Crim., 1er févr. 2012, *Bull. crim.* n° 33 ; *contra*, avant l'art. D. 150-2, C. pr. pén., Crim., 30 sept. 1997, *Bull. crim.* n° 315).

Des difficultés se présentent en cas d'**inexécution de la peine la plus forte, ou de diminution de l'une des peines absorbantes ou absorbées.**

a. Sursis

• Les solutions résultent, classiquement, du cumul de deux règles. En premier lieu, pour la détermination de la peine la plus forte, il n'est pas tenu compte de la présence éventuelle de sursis (Crim., 18 nov. 1980, *Bull. crim.* n° 304 ; 19 oct. 1981, *Bull. crim.* n° 278) : 6 mois d'emprisonnement, dont 4 avec sursis est une peine plus forte que 4 mois d'emprisonnement, dont 1 avec sursis, même si la partie ferme de l'emprisonnement n'est que de 2 mois avec la première, de 3 mois avec la seconde, car 6 font plus que 4 ; en conséquence, en cas de confusion, c'est la première qui absorbe la seconde et le condamné exécutait non pas 5 mois fermes (3 + 2) mais seulement 3 mois fermes (auxquels s'ajouteraient 3 mois supplémentaires en cas de révocation du sursis attaché à la peine la plus forte) ; de même, 2 ans d'emprisonnement avec sursis sont plus forts que 1 an ferme. Si la peine absorbante a été prononcée sans sursis, l'avantage de la confusion, pour le condamné, est que le sursis qui assortit la peine absorbée ne peut donc pas donner lieu à une révocation. En second lieu, la confusion est sans effet sur une peine absorbée exécutoire : en cas de confusion entre une peine absorbante non exécutoire (sursis total) et une peine absorbée exécutoire (peine ferme, en totalité ou en partie), la peine ferme doit recevoir exécution en dépit de son absorption. Ainsi, en cas de sursis *total*, la jurisprudence classique considérait que la confusion ne pouvait conduire à écarter l'exécution immédiate de la partie ferme de peine absorbée : 6 mois d'emprisonnement avec sursis étant une peine plus forte que 4 mois d'emprisonnement dont 2 avec sursis, même si cette dernière, contrairement à la première, contient donc une partie ferme, le condamné, en cas de confusion et bien que la première peine absorbât la seconde, exécutait les 2 mois fermes résultant de la peine pourtant absorbée ; en cas de révocation du sursis attaché à la peine absorbante, le condamné n'exécutait donc que 4 mois d'emprisonnement (Crim., 16 mars 1964, *Bull. crim.* n° 99). En affirmant, de façon peu explicite, que « le bénéfice du sursis attaché en tout ou en partie à l'une des peines prononcées pour des infractions en concours ne met pas obstacle à l'exécution des peines de même nature assorties du sursis » (art. 132-5, al. 5), le code actuel a voulu *généraliser* la solution jusqu'alors propre au sursis total et, dans le cas de deux peines assorties du sursis partiel, permettre en conséquence le cumul de leurs parties fermes en cas de confusion.

Exemples : 1) première condamnation à 1 an d'emprisonnement (peine absorbée), seconde condamnation à 2 ans avec sursis (peine la plus forte, absorbante) : en raison de la confusion, le condamné exécute 1 an d'emprisonnement (peine absorbée exécutoire), et en cas de révocation du sursis, il exécute 1 an supplémentaire ; 2) Crim., 24 janv. 2007, *Bull. crim.* n° 21 : première condamnation à 3 ans (36 mois) d'emprisonnement, dont 16 mois avec sursis (soit 20 mois fermes) – peine absorbante –, seconde condamnation à 2 ans (24 mois) d'emprisonnement, dont 12 mois avec sursis (soit 12 mois fermes) – peine absorbée – : en raison de la confusion, le condamné exécute 32 mois d'emprisonnement (20 + 12), et en cas de révocation du sursis, 4 mois supplémentaires (36 mois – 32 mois). Mais, ultérieurement, la Cour de cassation a jugé que lorsque deux condamnations à l'emprisonnement assorties ou non d'un sursis partiel ont été prononcées et que la confusion totale a été accordée, seule doit être exécutée la partie d'emprisonnement sans sursis la plus longue : en cas de condamnation à 4 ans d'emprisonnement dont 2 avec sursis, et à 1 an d'emprisonnement sans sursis, le condamné exécute 2 ans fermes et non plus 3 ; mais en cas de condamnation à 2 ans d'emprisonnement dont 18 mois avec sursis et à 1 an d'emprisonnement dont 4 mois avec sursis, la peine ferme « la plus longue » est celle de 8 mois, afférente à la peine absorbée (Crim., 12 avr. 2012, QPC, *Bull. crim.* n° 100). En cas de révocation du sursis, l'emprisonnement correspondant sera mis à exécution, mais dans la limite de la peine absorbante.

Lorsque deux condamnations *identiques* à une même peine d'emprisonnement assortie d'un même sursis partiel ont été prononcées, et que la confusion totale a été accordée, seule doit être exécutée l'une des deux parties d'emprisonnement sans sursis (Crim., 10 mai 2012, *Bull. crim.* n° 117).

Lorsque la peine absorbante et la peine absorbée sont toutes deux assorties d'une amende, seule l'amende attachée à la peine la plus forte est due, serait-elle d'un montant inférieur à celle de l'amende attachée à la peine absorbée (Crim., 30 mars 1960, *D.* 1960.40, note JMR).

• *La confusion ne doit pas aggraver le sort du condamné (Crim., 27 janv. 1972, Bull. crim. n° 36).* Ex. : pour un délit exposant à une peine de 5 ans d'emprisonnement (60 mois), première condamnation à 3 ans (36 mois), dont 20 mois avec sursis, seconde condamnation identique : du fait de la confusion, le maximum encouru est de 60 mois (et non, sans confusion, 72 : 36 + 36) et le condamné devrait donc exécuter 40 mois (60 – 20) ; mais en pareil cas, son sort serait aggravé puisque, sans confusion, il aurait exécuté 32 mois (16 + 16) : il n'exécutera donc que 32 mois (avec 28 mois avec sursis : 60 – 32).

b. Grâce (art. 132-6 C. pén.).

On tient compte, pour la confusion, de la peine résultant de la grâce. Ex. 1re condamnation à la réclusion à perpétuité, commuée en réclusion à temps, puis 2e condamnation à la réclusion à perpétuité : la 2e est donc plus sévère. La grâce portant sur une peine ultérieurement absorbée ne s'impute pas sur la peine absorbante (Crim., 29 sept. 2004, *Bull. crim.* n° 228 ; mais en cas de confusion partielle, les remises gracieuses s'imputent sur la partie de la peine non absorbée : Crim., 31 oct. 2006, *Bull. crim.* n° 271).

c. Relèvement (art. 132-6)

On tient compte, pour la confusion, de la peine résultant du relèvement. Le relèvement intervenant après confusion s'applique à la peine résultant de la confusion (al. 2) : donc même s'il concerne la peine absorbée, il aura effet sur la peine absorbante.

d. Réduction de peine (art. 132-6)

Cette réduction, elle, porte sur la durée totale de l'incarcération à subir, et non sur une peine déterminée, comme la grâce et le relèvement ; elle s'imputera donc sur la peine à subir après confusion.

e. Prescription de la peine

Elle n'est pas visée, elle, par l'art. 132-6. Lorsque la jurisprudence jugeait qu'une peine prescrite devait être considérée comme exécutée, elle en concluait qu'une confusion avec une peine non prescrite était possible ; la première, prescrite, absorbait la seconde, non prescrite, si celle-ci n'était pas plus forte ; la seconde n'était donc pas exécutoire. Une *exception* avait été apportée par la jurisprudence ayant jugé qu'une condamnation pour *crime contre l'humanité*, imprescriptible, doit être exécutée, si la peine antérieure la plus forte, ayant été prescrite, n'a pas été subie (Crim., 3 juin 1988, *Bull. crim.* n° 246). Mais aujourd'hui, la prescription, on le verra, empêche seulement d'exécuter la peine. La confusion suppose donc des peines *non prescrites*, puisque la prescription d'une peine ne vaut plus exécution (Crim., 9 févr. 1994, *Bull. crim.* n° 62 ; 11 juin 2008, *Bull. crim.* n° 146).

Remarques :

1. En définitive, le « principe » du non-cumul n'est appliqué que dans l'un des cas indiqués (unité de poursuite avec peines de même nature) ;

2. Il peut en résulter des injustices, la solution d'un même problème dépendant du fait qu'il y aura poursuite unique ou pluralité de poursuites ;

3. Il y a confusion entre une peine prononcée par une juridiction étrangère, pouvant être exécutée en France (art. 728-2 et s., 728-10 et s. C. pr. pén.), et une peine prononcée par une juridiction française (art. 132-23-1).

Section 3 – La récidive

Art. 132-8 et s. C. pén.

Notion : la récidive suppose d'une part une infraction constituant une **réitération** après **condamnation définitive** prononcée pour une infraction antérieure, d'autre part la réunion de plusieurs conditions. Sur la notion de condamnation définitive (irrévocable), *v. supra*.

- Le droit positif voit dans la récidive une **cause d'aggravation**,
  – car, *subjectivement*, elle révèle une nocuité persistante ;

– et, *objectivement*, l'utilité sociale commande une sanction plus sévère.

- Certains ont pourtant objecté, contre cette aggravation :
  – *subjectivement*, que le récidiviste est moins coupable que le délinquant primaire (moindre résistance au mal, promiscuité des prisons, difficultés de réinsertion). *À quoi l'on pourra répondre* que la notion de récidiviste-malade (comme celle de délinquant-malade) présuppose une notion de la délinquance fondée sur des théories discutées ;
  – que l'accroissement de sévérité aboutit à violer la règle *non bis in idem*, la première infraction ayant déjà été jugée définitivement. *À quoi l'on pourra répondre* qu'il n'est pas question de punir deux fois le premier acte ; on entend seulement réprimer le second d'autant plus sévèrement qu'il révèle des penchants plus dangereux.

Problèmes généraux posés par la récidive :

1. Conditions de la récidive

• Une *condamnation antérieure* est nécessaire, prouvant la nocuité. Il y a donc récidive même en cas de grâce ou de prescription de la peine (on a préconisé parfois d'exiger l'*exécution de la peine*, démontrant alors, en cas de rechute, l'inefficacité des mesures en vue de la réinsertion).

• « *Termes* » *de la récidive* : la récidive peut être **générale** (existant quelles que soient les infractions commises), ou **spéciale** (n'existant qu'en cas de réitération de la même infraction). On admet que, pour les infractions graves, la récidive peut être générale.

• Le plus souvent, un *délai :* la récidive peut être **permanente** (existant quel que soit le délai séparant les infractions) ou **temporaire** (n'existant que si la seconde infraction est commise dans un certain délai) ; elle est en général permanente pour les infractions graves.

2. Effets de la récidive

Principe : il y a **aggravation de la peine**. On rappellera que, jadis, certains *multirécidivistes* étaient condamnés à la *relégation* (à l'origine, présomption d'incorrigibilité), qui avait été remplacée par la *tutelle pénale*, elle-même supprimée en 1981. Pour les *mineurs multi-récidivistes*, en cas d'urgence, ont été créés des *centres de placement immédiat*, sous contrôle éducatif, avant même la comparution. Cette aggravation a deux aspects : traditionnellement, elle élève le maximum de la peine prévue, mais, plus récemment (L. 10 août 2007, 14 mars 2011), et elle a eu en outre pour effet d'instaurer des **minimums** en matière de crime et de délit (« *peines plancher* »), que le juge, toutefois, pouvait ne pas respecter. La loi dite Taubira a supprimé les « peines plancher ». L'aggravation doit-elle être **obligatoire**, ou **facultative ?** À l'étranger, elle est souvent facultative ; en France : la récidive aggrave le maximum encouru, mais la juridiction peut toujours diminuer la peine (sauf à respecter les limites en matière criminelle) ; en réalité, les juges ne dépassent pas souvent le taux prévu par la loi pour la première infraction.

• Souvent la récidive produit des effets particuliers, dans le sens d'une plus grande sévérité : ex. elle permet une détention provisoire plus longue (mais pour déterminer la peine encourue afin de décider d'une prolongation de la détention provisoire, le juge des libertés et de la détention ne peut pas tenir compte de la récidive : Crim., 25 mai 2005, *Bull. crim.* n° 160), la délivrance d'un mandat par le tribunal à des conditions plus larges (art. 465-1 C. pr. pén.), le prononcé du placement sous surveillance électronique (art. 132-26-1 C. pén.), d'une confiscation (ex. art. 221-8, 222-44 C. pén.), elle limite le sursis avec mise à l'épreuve (art. 132-41, al. 3 C. pén. ; pour la durée du délai d'épreuve, allongée : art. 132-42), elle rend plus strictes les conditions de la réhabilitation (art. 133-13, 133-14 C. pén. ; 787 C. pr. pén.), du fractionnement des peines (art. 132-27 C. pén.), de la libération conditionnelle (art. 729-1 C. pr. pén.), elle aggrave certaines peines complémentaires (v. par ex. art. 221-8, I, 10°, pour la confiscation, et al. 15 pour la durée de l'annulation du permis de conduire), etc. La procédure d'ordonnance pénale n'est pas applicable (art. 495, III, 4° C. pr. pén.). Mais la loi dite Taubira a supprimé plusieurs règles défavorables aux récidivistes.

• Le risque de récidive rend possible des mesures de sûreté comme le suivi socio-judiciaire (art. 131-36-1 C. pén.), le placement sous surveillance judiciaire (art. 723-29 C. pr. pén.), la rétention de sûreté (art. 706-53-13 C. pr. pén.) ; *adde* art. 712-22-1. Pour les expertises destinées à déterminer ce risque, v.art. 712-21 mod. L. dite Taubira, 723-31, 732-1 C. pr. pén.

Il faut étudier le régime de la récidive, et la preuve de l'état de récidive.

§ 1 – Le régime de la récidive

I – Les conditions générales

La récidive implique l'existence de deux « termes » :

A – Premier terme

La récidive suppose une **condamnation antérieure à la nouvelle infraction**, condamnation qui doit réunir trois conditions :

1. Une condamnation

Il n'y a donc pas de récidive :

• En cas d'*effacement de la condamnation* : ex. amnistie (Crim., 20 févr. 1989, *Bull. crim.* n° 81) ; au contraire, il y a récidive si seule la *peine disparaît*, ex. grâce, prescription.

• **Mais :** désormais (la solution antérieure était en sens contraire), une condamnation *réhabilitée* peut constituer le premier terme d'une récidive (art. 133-16, al. 5, créé L. n° 2007-297 du 5 mars 2007) ; de même, après un revirement se rattachant à la solution précédente, la jurisprudence juge qu'une *condamnation avec sursis* quoique *réputée non avenue* peut constituer le premier terme d'une récidive (*Cass., avis, 26 janv. 2009, Bull. avis n° 1 ; 11 janv. 2011, Bull. n° 4 ; contra auparavant, Crim., 30 mai 2006, Bull. crim. n° 153), car le non-avenu a pour effet non pas de faire disparaître la condamnation, mais de lui retirer son caractère exécutoire (Crim., 28 avr. 2011, 2 arrêts, Bull. crim. n° 84, 85) ;*

• En cas d'*absence de condamnation :* le jugement constate les éléments de l'infraction et la culpabilité mais ne prononce *aucune peine*, ex. dispense ou ajournement de peine, exemption de peine, mesure de rééducation, mesure ou sanction éducatives contre un mineur (Ord. 2 févr. 1945, art. 20-2, al. 8) ; de même en cas d'extinction de l'action publique par composition pénale exécutée (Crim., 30 nov. 2010, *Bull. crim.* n° 190), transaction sur l'action publique, paiement d'une amende forfaitaire (art. 529, C. pr. pén.).

2. Une condamnation définitive

Le premier terme n'existe qu'en cas de condamnation irrévocable, en force de chose jugée : voies de recours épuisées, ou délais écoulés. À défaut, on l'a vu, il y a concours d'infractions.

En cas de *condamnation par défaut en matière criminelle* : celle-ci n'est pas un premier terme de récidive, car elle tombe par le seul fait que le condamné se constitue prisonnier ou est arrêté dans le délai de prescription ; après ce délai, la peine est prescrite : la condamnation est alors un premier terme de récidive, car elle est définitive.

3. Une condamnation par une juridiction française ou d'un État de l'UE (art. 132-23-1 C. pén.)

Remarques :
1. Lorsque les circonstances de l'infraction ou la personnalité de l'auteur le justifient, le président de la juridiction avertit, lors du prononcé de la peine, le condamné des conséquences qu'entraînerait une condamnation pour une nouvelle infraction (art. 132-20-1 mod. L. dite Taubira C. pén.).
2. Les condamnations pour crime ou délit militaire ne constituent pas l'état de récidive (art. L. 265-3 CJM).

B – Second terme

La récidive suppose une **nouvelle infraction**, *indépendante* de la première (une évasion n'est pas indépendante de l'infraction cause de l'incarcération).

Une loi instituant un nouveau régime de récidive est d'*application immédiate*, dès lors que l'infraction constituant le second terme (« qu'il dépend de l'agent de ne pas commettre ») est postérieure à son entrée en vigueur ; cette position de la chambre criminelle (Crim., 29 févr. 2000, *Bull. crim.* n° 95), initialement condamnée par la Cour EDH, en raison d'une prétendue rétroactivité *in pejus*, a finalement été adoptée par cette dernière (gr. ch., 29 mars 2006, *Achour*, à propos d'une loi nouvelle allongeant le délai de la récidive : application de la loi nouvelle dès lors que la seconde infraction a été commise après sa mise en vigueur, quand bien même elle a été commise après l'expiration du délai de récidive tel que fixé par la loi ancienne).

Remarques :
La récidive *peut* être *relevée d'office* par la juridiction de jugement, même si elle n'est pas mentionnée dans l'acte de poursuites, dès lors que la personne poursuivie, en ayant été informée au cours de l'audience, a été en mesure d'être assistée d'un avocat et de faire valoir ses observations (art. 132-16-5 C. pén. ; la règle s'applique même si l'absence de l'avocat procède d'un obstacle insurmontable, comme la grève d'un barreau : Crim., 23 mai 2013, n° 12-83721). Mais le juge n'est donc pas tenu de le faire.

II - Les cas de récidive

A - Règles générales

• Certaines réitérations *ne permettent pas l'aggravation car celle-ci n'est pas prévue* (notion d'« état de récidive légale » : v. art. 132-16-7. En leur absence, il s'agit d'une réitération, v. *supra*, section 1 ; v. Crim., 12 mars 2014, n° 13-81273) ; ainsi :
- il n'y a pas d'aggravation en cas de récidive de contravention à délit ou crime, ou de récidive de délit ou crime à contravention ;
- il n'y a pas d'aggravation en cas de récidive de délit à crime (sauf pour les délits très graves) : l'avertissement représenté par la condamnation est en effet insuffisant, et les larges pouvoirs de la cour d'assises permettent de tenir compte des antécédents ;
- il n'y a pas d'aggravation pour la récidive des contraventions des quatre premières classes ;
- il n'y a *pas d'aggravation* en cas d'*exception légale* (ex. presse, sauf pour certaines infractions, v. art. 63, al. 1, L. 29 juill. 1881) ou *jurisprudentielle* (ex. évasions successives).

• *Même quand il y a réitération* constituant une récidive légalement aggravante, l'aggravation prévue par la loi *n'empêche pas le juge d'atténuer la peine à l'égard du récidiviste* (sauf les limites en matière criminelle, *v. l'atténuation de la peine*). Le juge n'est donc jamais tenu de prononcer le maximum de la peine aggravée, ce qui relativise beaucoup la portée des règles gouvernant la récidive (et des réformes en la matière) : après aggravation d'une peine de réclusion criminelle jusqu'à la perpétuité, la juridiction peut descendre jusqu'à une peine de 2 ans d'emprisonnement (art. 132-18, al. 1er).

B - Analyse des cas de récidive

Dans tous les cas, la peine critère du premier terme de la récidive est la **peine encourue**, *non la peine prononcée*. Pour la détermination de la peine encourue (par ex. en matière criminelle 15 ans, 20 ans, 30 ans, perpétuité), il ne doit pas être tenu compte de la récidive (Crim., 6 mars 2012, *Bull. crim.* n° 60 – solution rendue à propos de l'art. 132-19-1, mais de portée générale).

Le Code distingue les personnes physiques et les personnes morales.

1. La récidive des personnes physiques

Il y a **trois sortes de cas** de récidive (art. 132-8 à 132-11 C. pén.).

a. Cas n° 1 (art. 132-8, 132-9)

Premier terme : condamnation définitive pour **crime, ou pour délit punissable de 10 ans d'emprisonnement** (donc délit très grave) ;

Second terme : il faut distinguer trois situations, selon que :

• Le second terme est un **crime** :
- si le maximum de la peine encourue pour ce crime est la peine de réclusion ou de détention criminelle de 20 ou 30 ans, *la peine encourue sera la réclusion ou la détention à perpétuité*.

– si le maximum prévu est de 15 ans : *il sera porté à 30 ans.*

Cette récidive est *générale* et *permanente*. La loi dite Taubira a supprimé les peines minimales (« peines plancher ») qui étaient auparavant prévues et qui avaient produit des résultats décevants.

• Le second terme est un **délit** punissable de **10 ans d'emprisonnement**, commis **dans les 10 ans** de l'expiration (ou exécution) ou de la prescription de la peine précédente : *le maximum de l'emprisonnement et de l'amende est doublé* (l'emprisonnement peut donc ici aller jusqu'à 20 ans, mais il demeure une peine correctionnelle).

Cette récidive est *générale* et *temporaire* (il n'y a pas aggravation si la rechute se produit après 10 ans suivant l'expiration ou la prescription de la peine précédente ; mais l'aggravation peut jouer dès que la condamnation précédente est définitive). Ici aussi la loi dite Taubira a supprimé le système des « peines plancher » fixant des minima.

Évidemment, la juridiction peut prononcer en outre une amende et une ou plusieurs des peines complémentaires prévues.

• Le second terme est un **délit punissable d'emprisonnement de plus d'un an et de moins de 10 ans**, commis **dans les 5 ans** de l'expiration (ou exécution) ou de la prescription de la peine précédente : *les maximums de l'emprisonnement et de l'amende sont doublés.*

Cette récidive est *générale* et *temporaire.*

Ici aussi la loi dite Taubira a mis un terme aux peines dites plancher.

b. Cas n° 2 (art. 132-10)

Premier terme : condamnation pour **délit** ;

Second terme : le **même délit** (la jurisprudence considère comme tel deux comportements différents mais réprimés par le même article : Crim., 3 avr. 2001, *Bull. crim.* n° 89) ou un délit *assimilé* par la loi ; ex. l'homicide ou les atteintes à l'intégrité de la personne par imprudence par un conducteur, dans certains cas : art. 132-16-2, al. 1 ; certains délits du C. route : art. 132-16-2, al. 2, ex. conduite sans permis et conduite en état alcoolique ; le vol, l'extorsion, le chantage, l'escroquerie, l'abus de confiance, le recel et son infraction d'origine, le blanchiment et son infraction d'origine sont considérés comme une même infraction pour la récidive : art. 132-16, 321-5, 324-5 ; de même les délits d'agressions sexuelles et d'atteintes sexuelles, art. 132-16-1 ; les violences et les délits commis avec la circonstance aggravante de violences, art. 132-16-4 ; les délits de traite d'un être humain et de proxénétisme (art. 132-16-3) ; certaines infractions en matière de chèque (art. L. 163-8 C. mon. fin.) ; v. aussi, par ex., art. L. 213-5 C. consomm. Le délit doit être commis **dans les 5 ans** de l'expiration (ou exécution) ou de la prescription de la peine précédente ; *les maximums de l'emprisonnement et de l'amende sont doublés.*

Cette récidive est « *générique* » et *temporaire.*

La loi dite Taubira a supprimé, comme dans les hypothèses précédentes, le système des peines dites plancher.

c. Cas n° 3 (art. 132-11)

Premier terme : condamnation pour contravention de 5e classe ;

Second terme : la même contravention de 5e classe, commise, après expiration (ou exécution) ou la prescription de la peine précédente :

- **dans l'année** ;
- ou **dans les 3 ans**, *quand la récidive fait de la contravention un délit* (v. un ex. dans la remarque *ci-après*).

Le maximum de l'amende est porté à 3 000 €.

Cette aggravation ne se produit que dans les **cas prévus par le règlement**.

Cette récidive est *spéciale* et *temporaire*.

Remarque : il existe parfois certains régimes spéciaux ; ex. la récidive d'excès de vitesse de 50 km ou plus au-dessus de la vitesse autorisée transforme la contravention de 5e classe (art. R. 413-14-1 C. route) en délit (art. L. 413-1 C. route : emprisonnement et amende) ; la récidive de vente frauduleuse de titres d'accès à une manifestation sportive, culturelle ou commerciale (art. 313-6-2 C. pén. : aucune allusion au caractère temporaire de la récidive).

2. La récidive des personnes morales

Il y a **trois sortes de cas** de récidive (art. 132-12 à 132-15).

a. Cas n° 1

Premier terme : condamnation pour **crime, ou pour délit punissable pour les personnes physiques de 100 000 € d'amende au moins** ;

Second terme : il faut distinguer trois cas, selon que :

- Le second terme est un **crime** (art. 132-12) ; les peines encourues sont alors :
  - une amende : le maximum prévu pour les personnes physiques est multiplié par 10 ;
  - et les peines de l'art. 131-39, ex. (certaines de ces peines ne pouvant être prononcées contre les personnes morales de droit public, les partis et groupements politiques, les syndicats, les institutions représentatives du personnel, *v. les peines privatives de droits*) : dissolution, interdictions professionnelles, surveillance judiciaire, fermeture d'établissement, interdiction d'émettre des chèques.

Cette récidive est *générale* et *permanente*.

• Le second terme est un **délit** punissable pour les personnes physiques d'au moins 100 000 € d'amende, commis **dans les 10 ans** de la peine précédente (art. 132-13, al. 1er, 3): *le maximum de l'amende prévue pour les personnes physiques est multiplié par 10*, et sont encourues les peines de l'art. 131-39.

Cette récidive est *générale* et *temporaire*.

• Le second terme est un **délit** punissable, pour les personnes physiques, d'une amende d'au moins 15 000 €, commis **dans les 5 ans** de la peine précédente (art. 132-13, al. 2, 3): le taux de l'amende applicable est multiplié par 10, et sont encourues les peines de l'art. 131-39.

Cette récidive est *générale* et *temporaire*.

b. Cas n° 2

Premier terme : condamnation pour **délit** ;

Second terme : le **même délit**, ou un délit assimilé, commis **dans les 5 ans** (art. 132-14) : *le maximum prévu pour les personnes physiques est multiplié par 10.*

Cette récidive est *spéciale* et *temporaire*.

c. Cas n° 3

Premier terme : condamnation pour **contravention de 5e classe** ;

Second terme : la même contravention, commise **dans l'année** (art. 132-15) : *le maximum prévu pour les personnes physiques est multiplié par 10* (l'infraction reste une contravention, bien que l'amende dépasse le maximum de l'amende contraventionnelle).

Cette aggravation ne se produit que dans les **cas prévus par le règlement**.

Cette récidive est *spéciale* et *temporaire*.

§ 2 – La preuve de la récidive

I – L'identité judiciaire

Pour prouver la récidive, il faut établir *l'identité* de la personne, puis ses *antécédents judiciaires*.

1. L'anthropométrie (Bertillon)

Le système consiste à mesurer des *longueurs somatiques* ; mais la méthode applicable aux seuls détenus et inapplicables aux jeunes délinquants ne permet qu'une conclusion négative.

Elle se complète par le **portrait parlé** : observation et description de la personne par des termes précis, caractères *morphologiques* (ex. nez), *chromatiques* (ex. cheveux), *d'ensemble* (ex. démarche), *accidentels* (ex. tatouages) ; *photographie*. Le système Canonge (fiches désormais informatisées) établit des classements par aspect et par spécialité criminelle (ex. les escrocs).

2. Les empreintes digitales (dactyloscopie)

• Le dessin papillaire est *invariable* chez une personne donnée (donc préférable à l'anthropométrie car peut servir pour les mineurs) et est *varié* d'une personne à l'autre,

• Les empreintes font l'objet d'un *classement décadactylaire*, en 5 groupes numérotés de 1 à 5 : la *formule digitale* comporte donc deux nombres de 5 chiffres, représentant les *caractères généraux* et *distinctifs* des empreintes (pour *l'identification* par les traces laissées sur les lieux de l'infraction, problème différent, on étudie les « *coïncidences* », particularités identiques sur deux empreintes comparées, avec un classement monodactylaire).

Il existe un *fichier automatisé des empreintes digitales* (FAED : décr. n° 87-249 du 8 avr. 1987), pour les personnes déjà interpellées pour crime ou délit (les conditions dans lesquelles sont conservées les empreintes de personnes non condamnées peuvent violer l'art. 8 Conv. EDH protégeant la vie privée : CEDH 18 avr. 2013, *M. K.*). Rappr., pour certaines identifications, le traitement d'antécédents judiciaires (regroupant les fichiers STIC et JUDEX : art. R. 40-23 et s., C. pr. pén.) le *fichier judiciaire national automatisé des auteurs d'infractions sexuelles ou violentes* (pas seulement pour les condamnés) : art. 706-53-1 et s. C. pr. pén. (le contenu de ce fichier ne peut servir de preuve à l'état de récidive : art. 706-53-4, al. 5 C. pr. pén.), le *fichier national automatisé des empreintes génétiques* (FNAEG ; art. 706-54 à 56 C. pr. pén.), les *fichiers d'analyse sérielle* (art. 230-12 et s. C. pr. pén.), les *fichiers d'antécédents* (art. 230-6 et s. C. pr. pén.). Pour les interdits de gérer existe un fichier national automatisé tenu par le Conseil national des greffiers des tribunaux de commerce (art. L. 128-1 et s. C. comm.).

II – Le casier judiciaire

Les règles sont contenues dans le Code de procédure pénale (art. 768 et s. ; R. 62 et s. ; D. 571-4 et s.).

Il y a conflit entre le souci de connaître le passé judiciaire du délinquant, qui fait partie de sa personnalité et que l'on souhaite donc pouvoir scruter pour mieux personnaliser la peine, et la préoccupation de ne pas entraver la réinsertion : c'est à ce dernier dessein que la préférence a été donnée, par les réformes successives qui ont limité le contenu et la diffusion du casier judiciaire.

Le casier judiciaire est constitué par des fiches adressées par le greffier de la juridiction au service du *casier judiciaire national automatisé* (à Nantes). Les fiches sont enregistrées sur un support magnétique (le casier judiciaire national reçoit un million de fiches par an).

Le *sommier de police technique*, tenu au ministère de l'Intérieur, porte mention des condamnations à des peines privatives de liberté (art. 773-1).

V. aussi les fichiers indiqués supra.

Il faut déterminer le contenu du casier judiciaire, ses règles de communication, et sa valeur probante.

A – Contenu du casier judiciaire

Il faut indiquer ce qui doit figurer au casier, puis ce qui entraîne suppression des fiches.

1. Doivent figurer au casier (art. 768)

• **Toutes les condamnations pénales** (*même avec sursis* : mention du sursis), contradictoires ou par défaut s'il n'y a pas eu opposition, prononcées pour **crime, délit ou contravention de 5ᵉ classe**, par une juridiction répressive de droit commun ou d'exception, ainsi que les *déclarations de culpabilité avec dispense ou ajournement de peine* (*mais la juridiction peut exclure la mention de ces dernières décisions* : art. 132-59 C. pén.) ; pas de mention en cas de composition pénale inexécutée.

• Les condamnations contradictoires ou par défaut s'il n'y a pas eu opposition, prononcées pour contraventions des quatre premières classes, si a été prise, à titre principal ou complémentaire, une mesure d'interdiction, de déchéance ou d'incapacité.

• Les décisions prononcées à l'égard des *mineurs* de 10 à 18 ans (même les sanctions éducatives, même les décisions prises par le juge des enfants, même de simples mesures de garde, d'admonestation).

• Les décisions *disciplinaires* des autorités judiciaires et administratives créant des incapacités (ex. destitution d'officier ministériel).

• Les jugements prononçant la liquidation judiciaire à l'égard d'une personne physique, ou les interdictions prévues en cette matière (ex. la faillite personnelle).

• Les jugements portant déchéance de l'autorité parentale ou retrait de tout ou partie des droits y étant attachés.

• Les arrêtés d'*expulsion* contre un étranger.

• Certaines condamnations prononcées par des juridictions étrangères, en application d'accords (v. art. 768-8°).

• Les *compositions pénales exécutées.*

• *Les décisions d'irresponsabilité pénale* pour cause de trouble mental, en cas d'hospitalisation d'office ou de prononcé d'une ou plusieurs mesures de sûreté.

Doivent également figurer au casier les décisions modifiant celles qui sont portées sur les fiches (art. 769) ; ex. dispense après ajournement, suspension, réduction de peine, grâce, libération conditionnelle et sa révocation, surveillance judiciaire, surveillance de sûreté, rétention de sûreté, renouvellement des mesures de surveillance et rétention de sûreté, réhabilitation, peine prononcée à l'étranger à subir en France, v. le texte ; relèvement de certaines peines (art. 703, dern. al.).

Remarques :
1. Les décisions non pénales n'ont pas d'intérêt pour la récidive (sauf, en cas d'infraction, l'arrêté d'expulsion) : mais leur mention renseigne sur le passé de l'intéressé.
2. Les contraventions ne figurent pas au casier (sauf celles de 5e classe, et, pour les autres, si certaines peines ont été prononcées, *v. supra).*
Pour les **personnes morales** (v. art. 768-1) : le contenu du casier a dû être adapté. Pour les modifications des décisions, v. art. 769-1.

2. Suppression de la fiche

De nombreux événements entraînent la suppression de la fiche (art. 769, al. 3 et s., 770 ; pour les **personnes morales**, art. 769-1) :

• *amnistie* ;

• condamnation ayant fait l'objet d'une *réhabilitation judiciaire*, sur ordre de la juridiction ;

• *erreur* dans le casier ;

• *révision* en cas d'erreur judiciaire ;

• après un délai de *3 ans* suivant :
– la décision définitive de *dispense de peine* ;
– la condamnation définitive pour *contravention* (le délai est de **4 ans** pour les contraventions dont la récidive constitue un délit) ;
– la condamnation pour les faits commis par une personne âgée de *18 à 21 ans*, si le tribunal juge le « *reclassement* » acquis (mais cette suppression ne peut intervenir qu'après exécution des peines privatives de liberté, paiement des amendes, et expiration de la durée des peines complémentaires prononcées : art. 770, al. 4) ;
– l'*exécution d'une composition pénale*, en l'absence de condamnation à une peine criminelle ou correctionnelle et d'exécution d'une nouvelle composition pénale.

• condamnations (sauf pour des faits imprescriptibles ou par une juridiction étrangère) prononcées depuis plus de *40 ans*, et non suivies de condamnation à une peine criminelle ou correctionnelle ;

• condamnations prononcées par une juridiction étrangère dès réception d'un avis d'effacement de l'État de condamnation ou d'une décision de retrait de mention ordonnée par une juridiction française – mais si la condamnation émane d'une juridiction d'un État membre de l'Union européenne, le retrait ordonné en France ne fait pas obstacle à la transmission de cette condamnation aux autres États membres de l'Union ;

• décisions de déclaration d'irresponsabilité pénale pour cause de trouble mental lorsque l'hospitalisation d'office a pris fin ou que les mesures de sûreté ordonnées ont cessé leur effet ;

• *décès* du condamné, ou âge de cent ans (art. R. 70, 1° C. pr. pén.) ;

• pour les mineurs, s'ajoute deux autres cas de suppression : 1°/ *3 ans après le prononcé de la mesure éducative ou de la sanction éducative*, si, pendant ce délai, la personne n'a pas été condamnée à une peine criminelle ou correctionnelle, ou exécuté une composition pénale, ou fait l'objet d'une nouvelle mesure ou sanction éducatives (art. 769, 7°) ; 2°/ si la rééducation du mineur paraît acquise, *3 ans après la condamnation, à la demande du mineur, du parquet ou d'office, même s'il est devenu majeur (art. 770, al. 1, 2).* Toutefois, l'Ordonnance du 2 févr. 1945 (art. 38) prévoit un *registre spécial non public*, mentionnant toutes les décisions concernant les mineurs ;

• *jugement de faillite personnelle ou d'interdiction*, lorsque ces mesures sont effacées par jugement de clôture pour extinction du passif, *ou* par la réhabilitation, *ou* 5 ans après ces condamnations définitives (mais si la durée de la faillite personnelle ou de l'interdiction est de plus de 5 ans, la condamnation reste au casier pendant la même durée) ; jugement prononçant la *liquidation judiciaire d'une personne physique*, après 5 ans suivant le jugement définitif, *ou* après jugement emportant réhabilitation ;

• décision disciplinaire après réhabilitation.

Pour l'effacement des mesures affectant le permis de conduire, v. art. L. 225-2-1 C. route.

B – Communication du casier judiciaire

Selon le cas, la communication est intégrale ou incomplète, car le relevé intégral peut entraver la réinsertion, et la preuve de la récidive entraîner ainsi, paradoxalement, la récidive (le casier judiciaire national délivre 4 500 000 bulletins chaque année).

1. Le bulletin n° 1, ou « B.1 » est le relevé intégral des fiches

Art. 774, 774-1 C. pr. pén. Il est délivré aux *autorités judiciaires* et aux *greffes des établissements pénitentiaires* afin de permettre aux directeurs des services pénitentiaires d'insertion et de probation de proposer un aménagement de peine ou un placement sous surveillance électronique comme modalité d'exécution d'une fin de peine d'emprisonnement ou d'apprécier, avant la libération d'une personne faisant l'objet d'un sursis avec mise à l'épreuve, les modalités de son suivi (copies aux autorités militaires pour les décisions intéressant ces autorités : art. 772 C. pr. pén. ; communication à l'Insee pour les décisions entraînant privation des droits électoraux : art. 773 C. pr. pén.). Pour la délivrance du B. 1, v. art. R. 76 et s., C. pr. pén.

Un ressortissant français condamné par une juridiction étrangère peut demander le *retrait* de la mention de cette condamnation au B. 1, à l'expiration d'un délai compris entre 3 et 40 ans : art. 133-16-1 ; si la condamnation émane d'une juridiction d'un État de l'Union européenne, ce retrait ne fait pas obstacle à sa retransmission aux autres États membres (art. 770-1).

En l'absence de fiche, le B.1 porte la mention « néant ».

Le *sommier de police technique* ne peut être consulté que par les autorités judiciaires, les services de police et de gendarmerie (art. 773-1).

Toute personne, y compris morale, peut obtenir *communication* du relevé intégral des mentions du casier la concernant (art. 777-2) ; est un délit le fait de se faire délivrer par l'intéressé des mentions du relevé intégral (art. 781, al. 3 C. pr. pén.). Toute personne peut également obtenir relevé du *sommier de police technique (art. 777-2, dern. al.)*.

Remarque : la *décision de déclaration d'irresponsabilité pénale pour cause de trouble mental* ne peut être portée au B.1, selon une réserve du Conseil constitutionnel (21 févr. 2008, n° 2088-562 DC) que si une mesure de sûreté, au nombre de celles de l'art. 706-136 C. pr. pén., a été prononcée, et tant qu'elle n'a pas cessé de produire son effet.

2. Le bulletin n° 2 (B.2)

a. Contenu

Art. 775. C'est le relevé des fiches du casier, à l'exclusion de celles qui en sont **exclues, à savoir** :

• Les condamnations (y compris étrangères) *dont la mention a été* exclue du B.2 *par le tribunal, immédiatement ou par la suite en application de l'*art. 775-1 ; **cette exclusion n'est pas possible pour les infractions de l'art. 706-47** (ex. meurtre sur mineur précédé de viol) ; en cas de rejet de la requête, le condamné peut réitérer celle-ci, sa situation s'étant modifiée (Crim., 14 nov. 1991, *Bull. crim.* n° 408). Cette décision est, pour la juridiction, une faculté discrétionnaire (Crim., 5 févr. 1990, *Bull. crim.* n° 62), qu'elle n'a donc pas spécialement à motiver (Crim., 4 mai 2006, *Bull. crim.* n° 119) et échappant au contrôle de la Cour de cassation sauf motifs insuffisants ou contradictoires (Crim., 19 nov. 1979, *Bull. crim.* n° 322).

Cette exclusion emporte relèvement de toutes les interdictions, déchéances ou incapacités résultant de la condamnation exclue (art. 775-1, al. 2). Les peines complémentaires n'en font pas partie (Crim., 28 janv. 2004, *Bull. crim.* n° 20. *Contra* art. 775, 4° ; Crim., 26 nov. 1990, *Bull. crim.* n° 403), seraient-elles obligatoires (Crim., 30 mai 1991, *Bull. crim.* n° 229 : annulation de plein droit du permis de conduire). Ces interdictions, déchéances et incapacités doivent résulter de plein droit de la condamnation, selon la jurisprudence : ainsi des peines accessoires (Crim., 19 oct. 1982, *Bull. crim.* n° 223).

Cette exclusion *ne peut pas jouer* pour des mesures prononcées par des *juridictions disciplinaires*, ne résultant donc pas de la condamnation (ex. destitution d'un notaire : Crim., 4 janv. 1990, *Bull. crim.* n° 3), ou par des *juridictions civiles ou commerciales*, comme les interdictions en matière de redressement judiciaire.

Les *juridictions de l'application des peines* peuvent aussi exclure du B.2 les décisions qui font obstacle à un projet d'aménagement de peine (art. 712-22 C. pr. pén.).

• Les condamnations sans sursis à une *peine prononcée comme peine principale à la place de l'emprisonnement ou de l'amende* (art. 131-5 à 131-11 C. pén.), 5 ans après la condamnation définitive (ou 3 ans pour la peine de jours-amende). Mais si la condamnation a été prononcée en application des art. 131-10 et 131-11 pour plus de 5 ans, elle demeure au B.2 pendant la durée de la peine.

• Les *déclarations de culpabilité* avec dispense de peine ou ajournement de peine ;

• Les décisions concernant les *mineurs* délinquants (ex. sanctions éducatives, et même peines, quelle que soit leur gravité, ex. réclusion criminelle) ;

• Les condamnations pour contravention ;

• Les condamnations avec *sursis* lorsque la condamnation est considérée comme *non avenue* ; toutefois, en cas de suivi socio-judiciaire ou d'interdiction d'activité professionnelle ou bénévole impliquant un contact habituel avec des mineurs, la décision continue de figurer au B.2 pendant la durée de la mesure ; la solution est identique pour les interdictions, incapacités ou déchéances prononcées comme peines complémentaires, à titre définitif.

• Les condamnations ayant fait l'objet d'une *réhabilitation judiciaire ou de plein droit* ;

• *Sur simple requête du condamné* : les condamnations ne pouvant faire l'objet d'une réhabilitation légale (plus de 10 ans d'emprisonnement, de réclusion ou de détention), 20 ans après la libération, en l'absence de condamnation, depuis la libération, à une peine criminelle ou correctionnelle (art. 775-2) ;

• Les dispositions prononçant la déchéance de l'autorité parentale ;

• Les arrêtés d'expulsion abrogés ou rapportés ;

• Les condamnations prononcées par des juridictions étrangères concernant un mineur ou dont l'utilisation à des fins autres qu'une procédure pénale a été expressément exclue par la juridiction de condamnation ;

• Les condamnations considérées comme non avenues (art. L. 263-4 CJM) pour infractions au code de justice militaire ;

• Les compositions pénales exécutées.

• Sauf décision contraire du juge, les condamnations prononcées pour les délits du titre IV du livre IV du code de commerce, en matière de transparence, de pratiques restrictives de la concurrence et autres pratiques prohibées (revente à perte, hausse ou baisse artificielles de prix).

Pour les personnes morales (v. art. 775-1-A) : le contenu du B.2 est allégé, pour les raisons indiquées ci-dessous ; on exclut par ex. les condamnations à une amende inférieure à 30 000 €.

En l'absence de mention à mettre au B.2, est portée la mention « néant ».

Les informations du B. 2 relatives à une condamnation prononcée par une juridiction étrangère sont retirées à l'expiration d'un délai compris entre 3 et 40 ans selon les hypothèses : v. art. 133-16-1 (art. 775-3).

b. Communication du B.2

Le B.2 est délivré notamment (art. 776 ; v. la liste complète dans l'art. R. 79, D. 571-4 et s. C. pr. pén.) aux administrations publiques de l'État (par ex. pour demande d'emploi public, adjudications de travaux publics), à certaines administrations et organismes (ex. ceux qui sont chargés du contrôle de l'exercice d'une profession quand celui-ci est restreint par des condamnations pénales), aux autorités militaires (demandes d'engagement), présidents des tribunaux de commerce (procédures de faillite), autorités compétentes pour répondre à une demande de communication de sanctions pénales ou disciplinaires adressée par un État étranger en application d'une convention internationale, ou par un État de l'Union européenne ou partie à l'accord sur l'Espace économique européen, autorités compétentes de ces mêmes États, dirigeants de personnes morales exerçant une activité ex. éducative auprès des mineurs, pour un recrutement subordonné à l'absence de mention de condamnations au B.2. **Pour les personnes morales** : l'accès à leur casier judiciaire est limité (v. art. 776-1), pour ne pas risquer d'entraver leur activité, surtout quand leurs membres ont été renouvelés, et pour éviter la concurrence économique de sociétés étrangères sans casier judiciaire parce que non responsables pénalement. Exemple de communication : le B.2 délivré à l'Autorité des marchés financiers, pour les personnes morales demandant l'admission de leurs titres aux négociations sur un marché réglementé.

Remarque : depuis que le B.3 a été allégé de plein droit, ou peut l'être sur décision du juge, il y a eu, pour le casier des personnes physiques, une multiplication des personnes ou autorités pouvant demander le B.2 (pour les personnes morales, seulement les 5 catégories de l'art. 776-1).

3. Le bulletin n° 3 (B.3)

Il ne concerne que les condamnations prononcées pour crime ou délit ; c'est le relevé (art. 777 et 777-1) :

- des condamnations, y compris étrangères, à une *peine privative de liberté* **supérieure à deux ans, sans aucun sursis** (le B.3 ne mentionne donc pas les condamnations avec sursis partiel), ou avec révocation du sursis entraînant exécution totale ;
- des condamnations à une *peine privative de liberté* **inférieure ou égale à deux ans**, mais alors seulement **sur décision de la juridiction** ;
- des condamnations à une *interdiction, déchéance, incapacité* prononcée sans sursis à titre de peine principale en application des art. 131-6 à 131-11 C. pén., mais cela seulement pendant la durée de ces mesures.
- des décisions prononçant le suivi socio-judiciaire ou l'interdiction d'activité professionnelle ou bénévole impliquant un contact habituel avec des mineurs, pendant la durée de la mesure.

Il y a cependant exclusion du B.3 pour les condamnations ci-dessus :

- si elles sont exclues du B.2 (art. 777, al. 1er) ;
- ou si, même figurant au B.2, elles ont été exclues du B.3 par la juridiction, immédiatement ou par la suite (art. 777-1 ; une condamnation qui ne peut être exclue du B.2 peut être exclue du B.3 : Crim., 22 juin 2005, *Bull. crim.* n° 188, à propos des infractions énumérées par l'art. 706-47).

En l'absence de mention à inscrire au B.3, on trace sur la feuille une diagonale, *qui ne prouve donc pas l'absence totale de condamnation*, car on fait de même (diagonale sur la feuille) s'il n'y a vraiment rien au casier (art. R. 84), *ce qu'on ne peut donc prouver par le B.3*. Exemples de condamnations ne figurant pas au B.3 : une condamnation à 5 ans d'emprisonnement *dont un an avec sursis* (sauf s'il y a révocation du sursis) ; de même plusieurs condamnations successives à 2 ans, sauf décision contraire de la juridiction.

C'est en raison de ces règles que plus de 99 % des B.3 portent seulement une diagonale, ce qui ne reflète évidemment pas la réalité des condamnations.

Le B.3 ne peut être délivré qu'à la personne qu'il concerne, et à l'autorité centrale d'un État de l'Union européenne saisie par l'intéressé (art. 777, al. 7) ; il ne peut être demandé que par la personne (ou son représentant légal, pour un mineur ou un majeur sous tutelle), par lettre ou en se présentant au service (art. R. 82 et s. C. pr. pén.). On peut demander cet extrait par téléinformatique (réponse par courrier postal).

Il n'y a *pas de B.3 pour les personnes morales* (v. les raisons indiquées *supra*).

Remarque : sont punissables d'une amende de 7 500 € la prise de faux nom ou de fausse qualité ayant permis de se faire délivrer un extrait du casier d'un tiers et le fait de fournir de faux renseignements pouvant provoquer des mentions erronées au casier (art. 781 C. pr. pén.).

C - Force probante du casier judiciaire

Les bulletins ne sont que des copies de copies de copies (reproduction de l'extrait de sentence de condamnation), malgré l'informatique : ils n'ont que la valeur de simples renseignements.

- Si l'intéressé *dénie* l'exactitude du B.1 : le ministère public devra faire la preuve des condamnations (le casier servant à retrouver trace des condamnations).
- Si l'intéressé *ne conteste pas* cette exactitude : le casier fait preuve.

Remarque : l'art. 434-23 C. pén. punit de peines correctionnelles le fait :

- de *prendre le nom d'un tiers*, dans des circonstances pouvant déterminer des poursuites pénales contre celui-ci (la rétractation ultérieure est sans effet).

Il existe ici une **exception au droit commun du concours d'infractions** : la peine prononcée pour usurpation d'état civil doit se **cumuler, sans confusion**, avec celles prononcées pour l'infraction à propos de laquelle l'usurpation a été commise ;

- de faire une *fausse déclaration sur l'état civil* d'une personne, pouvant avoir le même effet.

Pour aller plus loin

Exemples de sujets possibles d'examens

Dissertations

- Les cas de récidive
- La personnalisation de la peine (sujet portant sur l'ensemble du titre 3)

Titre 4
Suspension et extinction des peines

Principe : *normalement, et sauf dispense totale et immédiate de peine correctionnelle ou contraventionnelle, qui empêche même de prononcer la peine, la peine prononcée s'exécute totalement, quand la condamnation devient condamnation définitive ; et l'exécution éteint la peine.*

On rappelle qu'une condamnation devient définitive (irrévocable) lorsque les voies de recours sont épuisées (ex. rejet du pourvoi en cassation) ou leur délai (le plus long) écoulé : 20 jours pour la condamnation par le tribunal correctionnel (délai d'appel du procureur général : art. 505, C. pr. pén.), 5 jours pour la condamnation par la chambre des appels correctionnels (délai de droit commun du pourvoi en cassation : art. 568, C. pr. pén.). Il est à noter toutefois que, pour l'exécution des peines prononcées pour délit ou contravention, on ne tient pas compte du délai d'appel du procureur général (art. 708, al. 2 C. pr. pén.) ; la condamnation devient donc ici exécutoire avant d'être ***définitive****.*

L'exécution des peines peut cependant être empêchée par le décès du condamné, et par la ***dissolution*** *des personnes morales (sauf évidemment si la dissolution est prononcée comme peine par une juridiction pénale) : art. 133-1 C. pén. Cependant, en cas de décès, on l'a vu, l'amende peut être recouvrée ; de même peut être exécutée la confiscation après décès du condamné ou dissolution de la personne morale (art. 133-1). Empêche également l'exécution des peines privatives de liberté la* ***maladie mentale*** *du condamné survenant après condamnation (établissements spéciaux).*

Mais, en dehors de ces cas, sont prévues de nombreuses ***dispenses d'exécution*** *de la peine, totales ou partielles (cf. l'âge de 65 ans pour l'interdiction de séjour : art. 131-32, al. 3 C. pén. ; cf. pour la contrainte judiciaire, art. 751 C. pr. pén.), et des causes d'****effacement*** *des peines.*

On doit distinguer trois groupes de cas :

1. Suspension de la peine, souvent de nature conditionnelle : sursis ; fractionnement, suspension ; semi-liberté, placement à l'extérieur ou sous surveillance électronique ; libération conditionnelle ; libération sous contrainte (introduite par la loi dite Taubira).

2. Extinction de la peine avec effacement de la condamnation : ***amnistie*** *;* ***réhabilitation****.*

3. Extinction de la peine sans effacement de la condamnation : ***relèvement*** *;* ***grâce*** *;* ***prescription****.*

*Il faut observer que toutes ces mesures agissent dans le sens de l'**indulgence**. On avait parfois proposé un système permettant d'allonger éventuellement la durée de la peine : c'est le système de la **sentence indéterminée**. L'indétermination peut être soit absolue (liberté totale pour l'administration, ce qui peut être dangereux pour la liberté individuelle), soit relative (des limites étant fixées par le juge). Ce concept aurait abouti à transférer les pouvoirs du juge à l'administration, comme, dans le sens de l'indulgence, un transfert s'est déjà opéré de la loi au juge, et du juge à l'administration : c'est le passage du législatif au judiciaire, puis à l'administratif ; mais depuis quelques années l'accroissement du rôle du JAP a renforcé la judiciarisation de l'exécution des peines, parachevée par la L. 2004 avec le tribunal de l'application des peines (v. Mémento de Criminologie et science pénitentiaire). On rappellera que la **rétention de sûreté**, qui permet de prolonger la privation de liberté au-delà de l'extinction de la peine, pour des criminels présentant un fort risque de récidive en raison d'un trouble grave de la personnalité, **peut être reconduite indéfiniment**, d'année en année, tant que la dangerosité de l'intéressé persiste (art. 706-53-16 C. pr. pén.) ; mais la décision est prise par un organe judiciaire, la juridiction régionale de la rétention de sûreté (un président de chambre, deux conseillers de cour d'appel), et elle peut faire l'objet d'un recours devant la juridiction nationale de la rétention de sûreté, composée de trois conseillers à la Cour de cassation (art. 706-53-15 C. pr. pén.). De même, la surveillance de sûreté, qui emporte les mêmes obligations que la surveillance judiciaire, est reconductible sans limitation de durée (art. 706-53-19 C. pr. pén.).*

Chapitre 1
La suspension des peines

L'essentiel

Les mesures de suspension des peines sont des mesures de faveur : elles ne sont jamais un droit pour le condamné.
C'étaient jadis des mesures nettement différenciées : ainsi le sursis, mesure décidée par le juge, par principe au moment du jugement, et permettant l'individualisation judiciaire de la peine (on préfère aujourd'hui, on l'a vu, le terme de personnalisation), comportait dispense d'exécution à l'origine totale ; la libération conditionnelle, elle, est décidée pendant l'incarcération, et ne comportant donc qu'une dispense partielle (à l'origine, elle était toujours décidée par l'administration, réalisant l'individualisation administrative de la peine : la mesure est devenue aujourd'hui judiciaire).
*Puis s'est produit un **rapprochement** ; par exemple :*
- *le tribunal peut ordonner un sursis partiel à l'emprisonnement, proche de la libération conditionnelle, accordée selon le cas par le juge de l'application des peines ou par le tribunal de l'application des peines ;*
- *la suspension et le fractionnement de la peine sont décidés, selon le cas, par le JAP ou par le tribunal ;*
- *la semi-liberté dépend parfois du tribunal, parfois du JAP.*
- *la loi dite Taubira qui a instauré la contrainte pénale, prononcée par une juridiction de jugement, prévoit la possibilité pour le JAP d'accorder une libération sous contrainte (art. 720 C. pr. pén.).*

Certaines de ces mesures comportent par principe dispense conditionnelle d'exécution (ex. sursis, libération conditionnelle), d'autres constituent une suspension en principe sans dispense (ex. fractionnement).
***Remarque :** on ne confondra pas les **dispenses conditionnelles d'exécution** d'une peine prononcée (ex. le sursis) avec l'ajournement, qui consiste à différer la décision sur la peine, et qui peut aboutir, on l'a vu, à une dispense de peine, avec déclaration de culpabilité, mais sans condamnation.*
On étudiera les sursis, le fractionnement et la suspension de la peine, la semi-liberté, le placement à l'extérieur ou sous surveillance électronique prononcés par le tribunal, la libération conditionnelle et la libération sous contrainte, créée par la loi dite Taubira.

Section 1 – Les sursis

Principe : le sursis est la **dispense totale ou partielle de l'exécution** de la peine à la condition que n'intervienne pas une cause de révocation.

Le sursis existe depuis plus d'un siècle dans notre droit : l'origine en fut la loi du 26 mars 1891 (loi Béranger). Il est aujourd'hui régi par le C. pén., pour le sursis simple, art. 132-29 à 132-39, pour le sursis avec mise à l'épreuve, art. 132-40 à 132-53, pour le sursis avec TIG, art. 132-54 à 132-57, ainsi que par le C. pr. pén., pour le sursis simple, art. 735, 735-1 et 736, pour le sursis avec mise à l'épreuve, art. 739 à 747, pour le sursis avec TIG, art. 747-1 à 747-2. Pour le CJM, art. L. 265-1, L. 265-2.

• Le sursis est une faveur à l'origine réservée au délinquant primaire, mais qui est aujourd'hui élargie.

• Mais le sursis est surtout conçu comme un moyen de lutte contre la récidive, de deux manières :

- en évitant les inconvénients de l'emprisonnement (le juge peut d'ailleurs, dans ce dessein, préférer prononcer des peines alternatives) ;
- en faisant peser sur le délinquant condamné avec sursis une menace précise et personnelle.

Nature : c'est un **sursis à l'exécution de la peine** ; la condamnation est prononcée ; à distinguer de l'ajournement, avec déclaration de culpabilité, mais qui peut aboutir, on l'a vu, à la dispense de peine et constituer une sorte de probation.

Valeur :

• *Sursis simple* : il produit de bons résultats pour la **prévention individuelle** (moins de 10 % de révocations de sursis total ; il faut toutefois savoir que souvent les juges écartent la révocation qui pourrait avoir lieu, ou prononcent des peines l'empêchant de jouer). Mais les résultats sont moins bons pour la **prévention collective** : l'opinion finit par croire que le premier délit n'est pas puni, les juges usant très largement du sursis.

• *Sursis avec mise à l'épreuve :* il peut donner de bons résultats, mais à la condition que l'on dispose du personnel nécessaire (5 % de révocations, sur une année de référence).

Remarques :

1. Même quand ses conditions sont réunies, le sursis reste une *faveur* : le condamné n'y a jamais *droit*. Mais en matière correctionnelle la juridiction ne peut prononcer, on l'a vu, un *emprisonnement sans sursis* que par motivation spéciale, et, on l'a vu aussi, une peine d'emprisonnement sans sursis ne peut être prononcée qu'en dernier recours si la gravité de l'infraction et la personnalité de son auteur rendent cette peine nécessaire et si toute autre sanction est manifestement inadéquate (art. 132-19) : lors d'une première condamnation, *le sursis devient donc, pour l'emprisonnement, une sorte de principe*.

2. L'octroi du sursis suppose une mention dans le jugement, avec énonciation des *conditions requises*. L'avertissement (pour le sursis avec mise à l'épreuve ou TIG, *notification : art. 132-40, al. 2, 132-56*) doit être fait au condamné (en son absence, l'avertissement n'a pas à être donné à son avocat : Crim., 13 sept. 2006, *Bull. crim.* n° 222) des conséquences éventuelles d'une nouvelle condamnation ; mais pour l'avertissement il a été jugé que la règle *n'était pas prescrite à peine de nullité*, même s'il contient des indications erronées *(Crim., 15 avr. 1992, Bull. crim. n° 165)*.

3. La *cour d'assises*, on l'a vu, peut ne condamner l'accusé qu'à une peine d'emprisonnement : elle peut alors faire jouer le sursis si les conditions en sont réunies, mais il faut une *majorité* de 5 voix au moins sur les 9 votants de la cour – 3 magistrats et 6 jurés –, ou, en appel, de 7 voix au moins sur les 12 votants – 3 magistrats et 9 jurés – *(art. 362, al. 4 C. pr. pén.)*.

4. Par imitation avec le droit pénal, le droit disciplinaire prévoit souvent la possibilité d'assortir une condamnation d'un sursis (v. par ex. L. n° 84-16 du 11 janv. 1984, relative à la fonction publique, art. 66).

Il existe, à côté du sursis simple, le sursis avec mise à l'épreuve, et le sursis avec obligation d'accomplir un travail d'intérêt général.

§ 1 - Le sursis simple

Art. 132-29 à 132-39 C. pén. ; 735 à 736 C. pr. pén. Ce sursis est applicable en cas de condamnation pour crime ou délit militaire (art. L. 222-65, L. 265-1 CJM).

I - Conditions

Ces conditions se réfèrent d'une part au passé judiciaire du prévenu, d'autre part à la condamnation pouvant être assortie du sursis.

A - Qui peut bénéficier du sursis simple ?

1. Personnes physiques

Selon la peine que la juridiction veut prononcer avec sursis, il faut distinguer deux cas (art. 132-30, 132-31 et 132-33). Il y a en effet une *condition commune*, existant *quelle que soit la peine prononcée avec sursis simple* ; mais il y a une *condition supplémentaire*, spéciale au cas où la juridiction veut prononcer le sursis pour une *peine autre que l'emprisonnement* (ex. l'amende).

a. Pour tout sursis simple

Si la juridiction veut accorder un sursis simple **pour l'une quelconque des peines pouvant être assorties du sursis simple** (ex. emprisonnement, amende, peine privative de droits, *v.* 2.) : en matière criminelle, correctionnelle, ou contraventionnelle, il faut, pour que le prévenu puisse bénéficier du sursis, qu'il **n'ait pas été condamné**, dans les **5 ans** précédant les faits, pour **crime ou délit de droit commun**, à une peine de **réclusion**, ou **d'emprisonnement** quel qu'en soit le taux (avec ou sans sursis) : si une telle condamnation a été prononcée dans le délai indiqué, **aucun sursis simple n'est possible** (art. 132-30, al. 1, 132-33).

Ne font donc pas obstacle au sursis simple, pour les personnes physiques, les condamnations antérieures :

- pour contravention ;
- pour crime ou délit politique ;
- pour crime ou délit militaire, s'agissant d'un sursis pour une infraction de droit commun (art. L. 265-2, 2° CJM) ;
- à une peine autre que la réclusion ou l'emprisonnement (par ex. une amende), si c'est un sursis à l'emprisonnement qui est envisagé.

b. Pour le sursis simple à une peine autre que l'emprisonnement

Si la juridiction veut accorder le sursis simple **pour une peine autre que l'emprisonnement** (ex. amende, peine privative de droits), *outre évidemment la condition précédente* :

- *en matière correctionnelle*, une autre condition doit être remplie. Il faut, pour que le prévenu puisse bénéficier du sursis, qu'il **n'ait pas été condamné**, dans les **5 ans** précédant les faits, à une **peine de ce type** (ex. amende, peine privative de droits), avec ou sans sursis (art. 132-31, al. 2) : s'il a été condamné à des peines telles que l'amende ou une peine privative de droits, il ne peut plus obtenir le sursis simple que pour la peine d'emprisonnement si elle est encourue, à condition évidemment de remplir la condition visée ci-dessus : absence de condamnation antérieure à l'emprisonnement ou à la réclusion ;

– *en matière contraventionnelle*, au contraire, le sursis peut être accordé malgré une condamnation antérieure à une peine autre que l'emprisonnement ou la réclusion : ainsi, une condamnation antérieure à une peine d'amende n'empêche pas d'obtenir ensuite le sursis (art. 132-33, al. 1).

2. Personnes morales

a. En matière criminelle ou correctionnelle

Ce sursis est réservé aux personnes morales non condamnées, dans les 5 ans précédant les faits, pour **crime ou délit de droit commun**, à une **amende de plus de 60 000** € (art. 132-30, al. 2).

b. En matière contraventionnelle

Les conditions sont les mêmes, sauf en ce qui concerne le taux de l'amende antérieure : pas plus de 15 000 € (art. 132-33, al. 2).

Remarques :

1. Il suffit, pour que les condamnations visées par la loi fassent obstacle au sursis, qu'elles aient été prononcées dans le délai de 5 ans et soient devenues définitives. Il importe peu que les peines prononcées n'aient pas été subies, par l'effet par exemple d'une grâce ou d'une prescription.

2. La condamnation prononcée par une juridiction d'un État membre de l'Union européenne fait obstacle au sursis dans les mêmes conditions que celle prononcée par une juridiction française (art. 132-23-1). Pour les autres juridictions étrangères, les condamnations qu'elles prononcent ne peuvent avoir cette conséquence.

B – Quelles condamnations peuvent être assorties du sursis simple ?

1. Personnes physiques

a. En matière criminelle ou correctionnelle

Le sursis est applicable :

• à **l'emprisonnement** (prononcé pour crime ou pour délit) de 5 ans au plus (art. 132-31, al. 1).

Le sursis n'est donc **pas applicable** :

– **à la peine de réclusion criminelle ou de détention criminelle** (mais il peut jouer pour l'emprisonnement, ou pour d'autres peines, prononcées pour crime) ;

– à **l'emprisonnement** prononcé **pour plus de 5 ans** (en dehors du cas de l'emprisonnement pouvant être prononcé pour crime, certains délits sont punissables de 7 ou 10 ans d'emprisonnement). Ex. : une juridiction ne peut prononcer une peine d'emprisonnement de 9 ans, dont 8 avec sursis (Crim., 10 janv. 1996, *Bull. crim.* n° 11).

Le sursis n'est pas nécessairement total : un sursis **partiel** peut être décidé (art. 132-31, al. 3).

• à **l'amende** (art. 132-31, al. 1 ; le sursis partiel est possible : art. 132-39). Mais le sursis ne peut jouer pour les amendes à caractère mixte, à la fois peines et réparations civiles, ex. en matière douanière (Crim., 23 nov. 1987, arrêt n° 1, *Bull. crim.* n° 422).

• à la peine de **jours-amende** (art. 132-31, al. 1 ; on considère que le sursis partiel est possible).

• aux peines **privatives de droits** de l'art. 131-6, *sauf pour la confiscation* (art. 132-31, al. 1). Ex. interdiction d'émettre des chèques.

• aux **peines complémentaires** de l'art. 131-10 (ex. déchéance d'un droit), *sauf pour la confiscation, la fermeture d'établissement et l'affichage* (art. 132-31, al. 1). La *suspension du permis de conduire* prononcée comme peine complémentaire en cas de *conduite en état alcoolique ou après usage de stupéfiants, ou de refus des vérifications* ne peut être assortie du sursis, même partiel (art. L. 234-2 II, et L. 234-8 IV C. route ; il est vrai que, la peine étant facultative, on peut ne pas la prononcer du tout) ; mais lorsque la suspension du permis de conduire est prononcée sur le fondement de l'art. 131-6, un sursis est possible (Crim., 18 févr. 2004, *Bull. crim.* n° 48).

b. En matière contraventionnelle

Le sursis est applicable (art. 132-34, al. 1) :

• aux peines privatives de droits de l'art. 131-14 (ex. suspension de permis), sauf pour la confiscation ;

• aux peines complémentaires suivantes, prévues par l'art. 131-16, 1°, 2°, 4° : suspension de permis, interdiction de port d'arme, retrait du permis de chasser ;

• à la peine complémentaire de l'art. 131-17, al. 1 (interdiction d'émettre des chèques) ;

• en cas d'amende prononcée pour contravention de 5e classe (**donc pas pour les contraventions des quatre premières classes** : refus de transmettre une question prioritaire de constitutionnalité : Crim., 6 juin 2012, n° 12-90013).

2. Personnes morales

a. En matière criminelle et correctionnelle

Le sursis est applicable (art. 132-32) :

• à l'amende ;

• aux peines suivantes, prévues par l'art. 131-39 : interdiction professionnelle, exclusion des marchés publics, interdiction d'offre au public de titres financiers ou de faire admettre de tels titres sur un marché réglementé, interdiction d'émettre des chèques ou d'utiliser des cartes de paiement.

b. En matière contraventionnelle

Le sursis est applicable (art. 132-34, al. 2) :

• à l'interdiction d'émettre des chèques ou d'utiliser des cartes de paiement ;

• à l'amende prononcée pour contravention de 5e classe (le sursis partiel est possible) : comme pour les personnes physiques, il n'y a donc pas de sursis possible pour l'amende prononcée pour contravention des 4 premières classes.

II – Effets

Il y a **dispense conditionnelle d'exécution** de la peine assortie du sursis, pendant un certain délai ; en l'absence de révocation, la dispense devient **définitive**.

A – Dispense conditionnelle

1. Il y a dispense immédiate d'exécution des peines prononcées avec sursis

Cette dispense est totale, ou partielle en cas de sursis partiel. En cas de détention provisoire et de sursis total pour l'emprisonnement, il y a donc mise en liberté, sans surveillance, ce qui est très souvent un inconvénient ; la règle joue même en cas d'appel (art. 471, al. 1er C. pr. pén.).

Mais la condamnation subsiste avec toutes ses autres conséquences : incapacités, interdictions, déchéances (art. 736, al. 2 C. pr. pén. ; ex. incapacité d'exploiter un débit de boissons), dommages-intérêts (art. 736, al. 1er C. pr. pén.). Elle compte donc pour la **récidive**, et est inscrite au casier (bulletin n° 1, bulletin n° 2 sauf exclusion par la juridiction, mais non au bulletin n° 3, comme on l'a vu). Le sursis suspend la prescription de la peine (Crim., *14 déc. 1901 : DP 1904, 1, p. 593, note G. Le Poittevin)*.

2. Révocation du sursis

Le sursis simple peut être **révoqué**.

a. Délai

Le sursis peut être révoqué :

- **pendant un délai de 5 ans**, pour une condamnation prononcée pour **crime** ou **délit** (art. 132-35), sauf militaire (art. L. 265-2, 1° CJM) ;
- ou pendant un délai de **2 ans**, pour une condamnation prononcée pour **contravention** (art. 132-37).

Ces délais partent de la **condamnation définitive** – irrévocable – (Crim., 31 mars 1987, *Bull. crim.* n° 150), c'est-à-dire lorsque les voies de recours sont épuisées, ou leur délai (le plus long) écoulé, *v. supra*. Il en est de même en cas de sursis partiel ; mais le délai est suspendu pendant l'exécution de la peine d'emprisonnement ferme (Crim., 9 févr. 1988, *Bull. crim.* n° 65). Donc, avant ce moment, une nouvelle infraction ne peut révoquer le sursis selon la jurisprudence.

Il est jugé que la révocation a lieu dès lors que les faits objet de la deuxième condamnation sont commis, au moins pour partie, *dans* les 5 ans ou 2 ans selon le cas, même si la condamnation intervient *après* ce délai (Crim., 10 déc. 1996, *Bull. crim.* n° 459).

b. Causes de la révocation

• Pour le sursis accompagnant la **condamnation antérieure, quelle que soit la peine**, il y a révocation en cas de nouvelle condamnation, pour un crime ou un délit de droit commun, à **la réclusion ou à l'emprisonnement sans sursis** (art. 132-35, 132-36, al. 1 ; donc une peine de détention criminelle ne révoque pas le sursis). Toutefois lorsqu'une peine d'emprisonnement ferme a été prononcée mais convertie en une peine d'emprisonnement assortie d'un sursis avec l'obligation d'accomplir un travail d'intérêt général ou en une peine de jours-amende, il ne se produit pas de révocation (Crim., 28 avr. 2011, 2 arrêts, *Bull. crim.* n° 82, 83).

• Pour le sursis accompagnant la condamnation antérieure à une **peine quelconque autre que l'emprisonnement**, il y a révocation en cas de nouvelle condamnation, pour crime ou délit de droit commun, à une **peine autre que la réclusion ou l'emprisonnement sans sursis** (art. 132-36, al. 2).

• Pour le sursis accompagnant la condamnation antérieure pour **contravention**, il y a révocation en cas de nouvelle condamnation, pour crime ou délit de droit commun, ou pour contravention de 5e classe, sans sursis (art. 132-37).

Une nouvelle condamnation avec sursis, dans les cas où elle est possible, ne peut donc révoquer un sursis antérieur. De même ne peut révoquer un sursis antérieur une deuxième condamnation avec sursis, devenue non avenue en raison de ce que ce deuxième sursis n'a pas été révoqué.

c. Pouvoirs du juge

Sauf décision contraire de la juridiction, la dispense d'exécution de la peine était révoquée **de plein droit** par les causes ci-dessus antérieurement à la loi dite Taubira, qui est revenue sur ce caractère automatique de la révocation : c'est désormais à la juridiction d'en décider (v. art. 132-35, 132-36, 132-37 C. pén.) ; déjà, dans le cas d'une condamnation prononcée par une juridiction d'un État membre de l'Union européenne, c'est le tribunal correctionnel, statuant sur requête du procureur de la République, qui *prononce* la révocation (art. 735-1 C. pr. pén.).

L'absence de révocation confère à la condamnation, à l'expiration du délai d'épreuve, un caractère non avenu, même en cas de nouvelle condamnation (Crim., 23 janv. 1985, *Bull. crim.* n° 39).

La juridiction peut ne prononcer qu'une **révocation partielle**, ou limiter les effets de la dispense de révocation à un ou plusieurs des sursis antérieurement accordés (art. 132-36).

d. Effets de la révocation

Le condamné devra subir la peine ou partie de peine qui avait été assortie du sursis, et la peine nouvellement prononcée, sans confusion, et avec, éventuellement, l'aggravation résultant de la récidive (art. 132-38, al. 1er). Mention est portée au B.3 de l'emprisonnement dans certains cas (*v. le casier judiciaire*), ou des peines d'incapacités, interdictions ou déchéances prononcées comme peines principales (art. 777).

La prescription de la première peine assortie du sursis, si ce sursis a été révoqué, part de la décision de révocation devenue définitive (Crim., 17 juill. 1985, *Bull. crim.* n° 266).

B – Dispense définitive

En l'absence de révocation totale après 5 ans suivant une condamnation pour crime ou délit avec sursis simple, **ou en l'absence de révocation après 2 ans** après une condamnation pour contravention avec sursis simple, la condamnation devient condamnation réputée **non avenue, (art. 132-35, 132-37). La règle est la même, en l'absence de révocation totale,** même si le sursis simple, seulement partiel, n'a été accordé que pour une partie de la peine (art. 132-39, mod. L. dite Taubira).

a) Il y a dispense définitive de l'exécution de la peine assortie du sursis.

b) Mais il n'y a pas effacement de la condamnation elle-même, qui perd seulement son caractère exécutoire (Crim., 28 avr. 2011, 2 arrêts, *Bull. crim.* n° 84, 85, à propos du sursis avec mise à l'épreuve) ; aussi le caractère non avenu de la condamnation ne fait pas obstacle à la révocation totale ou partielle du sursis en cas d'infraction commise dans les 5 ans (art. 132-35, mod. L. dite Taubira). Toutefois, le non avenu produit certains effets d'un effacement, même en cas de dispense partielle : la condamnation ne figure plus au B.2 (art. 775, 4° ; pour les condamnations prononcées par le tribunal pour enfants, la fiche est retirée du casier judiciaire) ; les incapacités, interdictions et déchéances qui résultaient de la condamnation cessent d'avoir effet (art. 736, al. 3) ; le délinquant peut de nouveau bénéficier du sursis.

• Mais la condamnation ne disparaîtra du casier judiciaire qu'après expiration des délais de réhabilitation *légale* (*v. cette question*), comptés à partir du jour où la condamnation est réputée non avenue. Selon la chambre criminelle, le condamné peut demander la réhabilitation *judiciaire* après les délais prévus, courant à partir du jour où la condamnation est réputée non avenue (Crim., 9 nov. 1998, *Bull. crim.* n° 292).

• Si le sursis simple n'a été accordé que pour une partie de la peine, la peine de jours-amende ou l'amende, ou la partie de l'amende non assortie du sursis reste due (art. 132-39).

• Contrairement aux autres incapacités, interdictions et déchéances (v. supra), le suivi socio-judiciaire, et l'interdiction d'activité impliquant un contact habituel avec des mineurs continuent de s'appliquer en dépit du non avenu (art. 736, al. 3 C. pr. pén.) ; de même, les incapacités, interdictions et déchéances, prononcées comme *peines complémentaires*, à titre définitif, s'appliquent et ne cessent d'avoir effet qu'à l'issue d'un délai de 40 ans à compter du jour où la condamnation a été réputée non avenue (*ibid.* ; disposition applicable au 1er janv. 2015).

• Enfin, on l'a vu, **la condamnation non avenue peut constituer le premier terme de la récidive** (v. *supra*, la récidive).

§ 2 – Le sursis avec mise à l'épreuve

Ce sursis ne concerne que les personnes physiques, puisque, on va le voir, il ne s'applique qu'à l'emprisonnement. Il est parfois appelé *probation : un projet vise à instaurer une probation sous le nom de contrainte pénale*, évitant l'incarcération pour des peines inférieures à 5 ans, avec astreinte à se soumettre à certaines obligations calquées sur celles du sursis avec mise à l'épreuve, lequel toutefois ne disparaîtrait pas de notre arsenal répressif. Art. 132-40 à 132-53 C. pén. ; 739 à 747 C. pr. pén. ; art. L. 222-65, L. 265-1, L. 265-2 CJM. On ne le confondra pas avec la mise à l'épreuve qui peut accompagner un ajournement de peine (*v. cette institution* ; art. 132-63 à 65 C. pén.), et qui peut aboutir à une dispense de peine.

I – Conditions

Par rapport au sursis simple, elles sont *plus larges* quant aux bénéficiaires du sursis, *moins larges* quant aux condamnations pouvant être assorties du sursis. Ce sursis est applicable en cas de condamnation pour crime ou délit militaire (art. L. 265-1 CJM).

A - Qui peut en bénéficier ?

1. En dehors du cas de la récidive

Ici, *le sursis est beaucoup plus large que le sursis simple* : tout le monde peut bénéficier du sursis avec mise à l'épreuve, même les personnes ayant fait l'objet de condamnations antérieures quelles qu'elles soient (art. 132-40 ; cf. art. L. 265-2, 2° CJM s'agissant d'une condamnation antérieure pour un crime ou délit militaire). Ce sursis est possible pour un *mineur* (Ord. 2 févr. 1945, art. 20-10).

2. En cas de récidive (art. 132-41, al. 3)

• Ce sursis ne peut être accordé si la personne a déjà fait l'objet de deux condamnations assorties d'un sursis avec mise à l'épreuve pour des délits identiques ou assimilés au sens des articles 132-16 à 132-16-4 (ex. vol et abus de confiance, agressions et atteintes sexuelles, traite d'un être humain et proxénétisme : v. la récidive), sauf, pour l'emprisonnement, s'il est partiel.

• Lorsqu'il s'agit d'un crime ou d'un délit de violences volontaires, d'agressions ou d'atteintes sexuelles, ou encore d'un délit commis avec la circonstance aggravante de violences, si la personne a déjà bénéficié d'un sursis avec mise à l'épreuve pour des infractions identiques ou assimilées, ce sursis ne peut être accordé de nouveau, sauf, pour l'emprisonnement, s'il est partiel.

Par l'effet de ces dispositions, les cumuls de sursis, autrefois fréquents, ont diminué.

B - Pour quelle condamnation ?

Ici, le sursis est moins large que le sursis simple : le sursis avec mise à l'épreuve ne s'applique qu'à :

• **L'emprisonnement pour 5 ans au plus pour crime ou délit de droit commun** (art. 132-41, al. 1 : donc même pour crime si un emprisonnement est prononcé ; mais pas pour un emprisonnement de plus de 5 ans (ex. 6 ans dont un an avec sursis avec mise à l'épreuve : Crim., 10 juill. 1996, *Bull. crim.* n° 292), bien qu'aujourd'hui, pour certains délits, l'emprisonnement puisse aller jusqu'à 10 ans.

• **L'emprisonnement pour 10 ans au plus en cas de récidive** (art. 132-41, al. 1). Il ne s'applique donc ni aux peines criminelles, ni aux amendes, ni aux peines prononcées à la place de l'emprisonnement, ni pour une infraction politique (ex. un délit en matière électorale : Crim., 17 févr. 1972, *Bull. crim.* n° 67) ou assimilée (ex. contestation de crime contre l'humanité : Crim., 27 avr. 2004, *Bull. crim.* n° 98), ni pour les contraventions. Il ne peut être prononcé, même partiel, en même temps qu'un suivi socio-judiciaire (art. 131-36-6 C. pén.).

En matière militaire s'appliquent les art. L. 222-65, L. 265-1 C. just. mil. (le tribunal fixe seulement le délai d'épreuve, le juge de l'application des peines déterminant les obligations) ; mais les juridictions de droit commun ne peuvent prononcer le sursis avec mise à l'épreuve pour des infractions militaires (Crim., 30 sept. 1992, *Bull. crim.* n° 298).

II – Effets

A – Les effets immédiats

Comme pour le sursis simple, il y a :

– **dispense immédiate de l'exécution de la peine** (totale, ou partielle en cas de sursis partiel ; pour l'emprisonnement, cette partie ne peut excéder 5 ans : art. 132-42, al. 2) ; le prévenu doit être remis en liberté malgré l'effet suspensif du délai d'appel (art. 471, al. 1er C. pr. pén.) ;

– maintien des autres conséquences de la condamnation (art. 746, C. pr. pén. : incapacités, interdictions et déchéances, dommages-intérêts). Lorsque la juridiction prononce, à titre de peine complémentaire, l'*interdiction du territoire français* pour une durée de 10 ans au plus, il est *sursis à son exécution* pendant la durée de l'épreuve (art. 132-40, al. 3).

B – L'épreuve

Il faut noter que la condamnation peut être déclarée exécutoire immédiatement, si l'**exécution provisoire** est ordonnée (art. 471, al. 4 C. pr. pén.).

L'épreuve consiste, pour le condamné, à devoir respecter certaines obligations ou interdictions, pendant un délai.

1. Délai de l'épreuve

Il est fixé par le juge dans les limites légales : **12 mois au moins** (sauf décision du JAP, *v. infra 3.*) et **3 ans au plus** (et non pas 5 ans comme pour le sursis simple). En cas de *récidive*, le délai peut être porté à cinq ans, et à 7 ans en cas de nouvelle récidive (art. 132-42, al. 1). Le juge retient la durée qu'il estime nécessaire, en vertu d'un choix dont il ne doit aucun compte (Crim., 30 avr. 1996, *Bull. crim.* n° 175).

Le *point de départ du délai* est la date à laquelle la condamnation devient **exécutoire** (art. 132-41, al. 2). Une condamnation par le tribunal correctionnel devient exécutoire, s'il n'y a pas de recours exercé, à l'expiration du délai d'appel du prévenu, donc avant l'expiration du délai d'appel du procureur général (art. 708, al. 2 C. pr. pén.). Par conséquent une infraction commise après la condamnation, mais avant que celle-ci soit exécutoire, ne peut révoquer le sursis. Mais la *révocation du sursis* suppose, elle, une condamnation définitive. Lorsque l'exécution provisoire a été ordonnée, le délai d'épreuve court du jour de la condamnation (Crim., 8 juin 1999, *Bull. crim.* n° 126).

Le délai est évidemment **suspendu** en cas de sursis avec mise à l'épreuve partiel pendant l'exécution de la fraction ferme de l'emprisonnement (art. 132-43, al. 2), ainsi que pendant l'incarcération pour une autre cause, les mesures constituant l'épreuve ne pouvant s'exercer cumulativement avec un emprisonnement (Crim., 27 juin 1984, *Bull. crim.* n° 249).

En cas de confusion des peines successives, le sursis reporte le point de départ du délai d'épreuve à la date de la dernière condamnation définitive (Crim., 11 févr. 1980, *Bull. crim.* n° 55) : la solution a été critiquée, car la confusion ne modifie pas les conséquences propres des peines confondues (de plus, la solution aboutit à créer une période pendant laquelle il ne peut y avoir révocation ou mise à exécution).

2. Nature de l'épreuve

L'épreuve comporte des mesures de contrôle et d'aide, et le cas échéant certaines obligations (art. 132-43). Les mesures d'aide sont destinées à favoriser le reclassement (*ibid.* ; art. 132-46).

• Pour les **mesures de contrôle et d'aide** (art. 132-44, 132-46 ; 739 et s., R. 58 à 60 C. pr. pén.), interviennent le **juge de l'application des peines** et le **service pénitentiaire d'insertion et de probation.** Le condamné doit répondre aux convocations du JAP ou du travailleur social, recevoir les visites du travailleur social et lui communiquer toute information de nature à permettre le contrôle de ses moyens d'existence et de l'exécution de ses obligations, le prévenir de ses changements d'emploi et de résidence, de tout déplacement de plus de 15 jours, obtenir l'autorisation du JAP pour tout changement d'emploi ou de résidence de nature à faire obstacle à l'exécution de ses obligations, informer préalablement le JAP de tout déplacement à l'étranger (art. 132-44 mod. L. dite Taubira C. pén. ; art. 741 C. pr. pén.). Si le sursis est décidé pour un *mineur*, c'est le juge des enfants qui exerce les attributions du JAP jusqu'à ce que le condamné ait 21 ans (sur décision de la juridiction pour mineurs si l'intéressé a atteint 18 ans au jour de sa condamnation) ; le juge des enfants peut se dessaisir au profit du JAP lorsque le mineur atteint l'âge de 18 ans, en raison de la personnalité du condamné ou de la durée de la peine prononcée (art. 20-9 Ord. 2 févr. 1945).

• La juridiction et le JAP peuvent imposer **une ou plusieurs obligations** ; **ces obligations** pourront ensuite être **aménagées, accrues – y compris pendant la période d'incarcération – ou supprimées par le JAP** (art. 132-45 C. pén. ; 739, al. 2 C. pr. pén. ; la décision du JAP est immédiatement exécutoire : art. 712-14 C. pr. pén.). Pour un *mineur*, la juridiction peut assortir le sursis d'une mesure éducative, art. 20-10 Ord. 2 févr. 1945 (ex. liberté surveillée, placement en centre éducatif fermé).

Ces obligations constituent une épreuve en milieu libre. L'art. 132-45 C. pén. en prévoit 22 (pour les *mineurs*, elles peuvent être combinées avec d'autres mesures, *v. supra*) :

- exercer une activité professionnelle, ou suivre un enseignement ou une formation professionnelle.
- établir sa résidence en un lieu déterminé.
- se soumettre à des examens médicaux, traitement ou soins, même avec hospitalisation (règle jugée non contraire à la Conv. EDH par la chambre criminelle : Crim., 13 nov. 2001, *Bull. crim.* n° 235) ; la juridiction peut se contenter de prescrire l'obligation de suivre des soins médicaux adaptés à l'état du condamné, la charge de les préciser revenant au JAP (*ibid.*). Il peut s'agir de l'injonction thérapeutique (soins et surveillance médicale : art. L. 3413-1 et s. C. santé publ.) si le condamné fait usage de stupéfiants ou fait une consommation habituelle et excessive d'alcool.
- contribuer aux charges familiales ou acquitter régulièrement les pensions alimentaires.
- réparer, en tout ou en partie, en fonction de ses facultés contributives (à apprécier au moment de l'exécution) les **dommages causés par l'infraction**, *même en l'absence de décision sur l'action civile* (y compris les frais non payés par l'État de l'art. 475-1 C. pr. pén., selon la jurisprudence : Crim., 27 juill. 1993, *Bull.*

crim. n° 253) ; mais pas pour une créance éteinte dans une procédure collective, selon la chambre criminelle (Crim., 10 sept. 2003, *Bull. crim.* n° 159).
- acquitter les sommes dues au Trésor à la suite de la condamnation.
- s'abstenir de conduire certains véhicules.
- ne pas se livrer à l'**activité professionnelle** dans l'exercice ou à l'occasion de laquelle l'infraction a été commise ou ne pas exercer une activité impliquant un contact habituel avec des mineurs.
- s'abstenir de paraître dans des lieux désignés. Il peut s'agir, spécialement, des lieux fréquentés par la victime ou la partie civile (cf. art. 745 C. pr. pén.) ; le JAP avise la victime de la date de fin de mise à l'épreuve, en principe (art. 745 C. pr. pén.).
- obtenir l'autorisation préalable du JAP pour tout déplacement à l'étranger.
- ne pas engager de paris (ex. PMU), ni prendre part à des jeux d'argent et de hasard.
- ne pas fréquenter les débits de boissons.
- ne pas fréquenter certains condamnés, notamment les auteurs ou complices de l'infraction.
- ne pas entrer en relation avec certaines personnes, notamment la victime de l'infraction ou les mineurs. Le JAP avise la victime de la date de fin de mise à l'épreuve, en principe (art. 745 C. pr. pén.).
- ne pas détenir ou porter une arme.
- en cas d'infraction dans la conduite de véhicule, accomplir, à ses frais, un stage de sensibilisation à la sécurité routière.
- en cas de crime ou délit d'atteinte volontaire à la vie, d'agression ou d'atteinte sexuelles, ne pas diffuser d'ouvrage portant sur l'infraction commise et s'abstenir d'intervention publique à ce sujet.
- remettre ses enfants entre les mains de ceux auxquels la garde a été confiée par décision de justice.
- accomplir un stage de citoyenneté.
- en cas d'infraction commise contre le conjoint, le concubin ou le partenaire d'un pacte civil de solidarité, contre ses enfants ou ceux de son conjoint, concubin ou partenaire, résider hors du domicile ou de la résidence du couple et, le cas échéant, s'abstenir de paraître dans ce domicile ou cette résidence ou à leurs abords immédiats, ainsi que, si nécessaire, faire l'objet d'une prise en charge sanitaire, sociale ou psychologique (dispositions applicables entre anciens conjoints, concubins ou partenaires, le domicile étant alors celui de la victime). Sauf conditions particulières, cette obligation est imposée à la suite de violences susceptibles d'être renouvelées et lorsque la victime, dont l'avis est recueilli, la sollicite.
- s'inscrire et se présenter aux épreuves du permis de conduire (nécessité de l'accord de l'intéressé) ;
- accomplir un stage de responsabilisation pour la prévention et la lutte contre les violences au sein du couple et sexistes (L. n° 2014-873 du 4 août 2014).

Cette liste est limitative (Crim., 14 mars 1963, *Bull. crim.* n° 124 ; 23 juin 1999, *Bull. crim.* n° 155): par ex., on ne peut imposer de remettre en état une installation sanitaire (Crim., 2 avr. 1963, *Bull. crim.* n° 149) ; le tribunal doit préciser ces obligations, et ne pas se borner à un renvoi général et vague à l'art. 132-45 C. pén. (Crim., 21 janv. 1975, *Bull. crim.* n° 25).

Remarque : malgré le fondement du sursis avec mise à l'épreuve (probation, épreuve), l'existence de ces obligations fait qu'il est considéré comme plus sévère que le sursis simple (ainsi, l'art. 132-55, 2°, à propos du sursis avec travail d'intérêt général, présente ce travail comme une « peine »). La jurisprudence estime ainsi que le pourvoi contre un arrêt visant le sursis avec mise à l'épreuve dans ses motifs, mais prononçant le sursis simple dans son dispositif, est irrecevable faute d'intérêt (Crim., 16 mars 1989, *Bull. crim.* n° 132) ; toutefois, la Cour de cassation a jugé que la substitution d'un sursis avec mise à l'épreuve à un sursis simple n'aggrave pas le sort du condamné (Crim., 4 avr. 2002, *Bull. crim.* n° 78).

3. Déroulement de l'épreuve

Il faut bien entendu distinguer selon que l'épreuve est ou non bien exécutée.

a. En cas de bonne exécution

• *Dès avant le terme*. Si le condamné satisfait à ses obligations et si le reclassement paraît acquis, le JAP peut déclarer la condamnation **non avenue, avant même l'expiration du délai fixé** (le JAP ne peut prendre cependant cette décision, d'office ou sur demande, avant un an suivant la condamnation définitive). Art. 744 C. pr. pén.

• *À l'issue du délai d'épreuve* : il y aura condamnation réputée **non avenue** s'il n'y a pas eu de décision ayant ordonné l'exécution de la **totalité** de l'emprisonnement (art. 132-52, al. 1er C. pén.). Si le sursis avec mise à l'épreuve a été un sursis *partiel*, la condamnation est réputée non avenue dans tous ses éléments s'il n'y a eu aucune décision ordonnant l'exécution totale de la peine (art. 132-52, al. 2). Si ce sursis (ou un sursis avec TIG) a été déjà accordé pour une 1re condamnation, celle-ci est considérée comme non avenue si la 2e est déclarée ou réputée non avenue dans les mêmes conditions (art. 132-53).

• Le non avenu n'entraîne pas effacement de la condamnation, qui est seulement privé de son caractère exécutoire (Crim., 28 avr. 2011, 2 arrêts, *Bull. crim.* n° 84, 85) ; le caractère non avenu de la condamnation ne fait pas obstacle à la révocation totale ou partielle du sursis dès lors que le manquement ou l'infraction ont été commis avant l'expiration du délai d'épreuve (art. 132-52, al. 3 créé L. dite Taubira). Mais, comme en cas de sursis simple, le non avenu produit parfois les mêmes effets qu'un effacement, si bien qu'il engendre des conséquences complexes et pour partie contradictoires : il y a cessation des incapacités, interdictions, déchéances, mais non du suivi socio-judiciaire ni de l'interdiction d'activité impliquant un contact habituel avec des mineurs (art. 746, al. 3 C. pr. pén.) et les incapacités, interdictions et déchéances, prononcées comme *peine complémentaire*, à titre définitif demeurent et ne cessent d'avoir effet qu'à l'issue d'un délai de 40 ans à compter du jour où la condamnation a été réputée non avenue (*ibid.* ; disposition applicable au 1er janv. 2015). Les conséquences sur le casier judiciaire sont les mêmes qu'en cas de sursis simple (de même pour le casier judiciaire des mineurs). Enfin, on l'a vu, **une condamnation non avenue peut constituer le premier terme de la récidive** (v. *supra*, la récidive).

b. En cas de mauvaise exécution

Il peut y avoir soit **prolongation** du délai d'épreuve, soit **révocation** du sursis :

1) Prolongation du délai d'épreuve

Le délai d'épreuve est prolongé par le JAP, d'office ou sur réquisitions du parquet (art. 742 C. pr. pén. ; le JAP peut renvoyer l'affaire devant le tribunal de l'application des peines : art. 742, renvoyant à l'art. 712-6 C. pr. pén.) :

– si le condamné ne satisfait pas aux mesures de contrôle ou à ses obligations particulières ;

– s'il commet une infraction suivie d'une condamnation à l'occasion de laquelle la révocation du sursis avec mise à l'épreuve n'a pas été prononcée.

Si le JAP prolonge le délai d'épreuve, ce délai ne peut dépasser 3 ans au total, donc prolongation comprise (art. 743 C. pr. pén.) – si la durée de l'épreuve a été fixée par la juridiction de jugement à 3 ans, il ne peut dès lors y avoir de prolongation ; et, en application de l'art. 132-42, C. pén., en cas de récidive, on l'a vu, le délai peut avoir été fixé à une durée supérieure, de 5 voire 7 ans. L'exécution provisoire peut être ordonnée (art. 712-14 C. pr. pén.).

Le JAP peut délivrer un mandat d'amener ou d'arrêt (art. 741, al. 2, et 712-17).

2) Révocation du sursis

Le JAP peut **révoquer totalement** ou **partiellement** le sursis. Il peut délivrer un mandat d'amener ou d'arrêt (art. 741, al. 2, et 712-17). Même *après expiration du délai d'épreuve*, la révocation *totale* peut intervenir, mais seulement pour une cause intervenue *pendant* ce délai (art. 742 C. pr. pén.) et si le JAP est saisi ou se saisit au plus tard dans le délai d'un mois qui suit cette date d'expiration (art. 712-20 C. pr. pén. ; Crim., 29 mai 2013, *Bull. crim.* n° 124) ; en revanche, une révocation *partielle* n'est plus possible, même en raison d'un événement survenu pendant ce délai (Crim., 12 avr. 2012, *Bull. crim.* n° 99 ; *contra* auparavant Crim., 2 sept. 2009, *Bull. crim.* n° 152).

La **révocation partielle** (non limitée dans son quantum) peut être ordonnée plusieurs fois (art. 132-49 mod. L. dite Taubira). Elle ne met pas fin à l'épreuve, et ne fait pas produire à la condamnation les effets d'une condamnation sans sursis (*ibid.*). Elle ne s'oppose donc pas à ce que la condamnation puisse être non avenue (Crim., 28 avr. 2011, 2 arrêts, *Bull. crim.* n° 84, 85).

3) Cas de révocation

La révocation, qui **n'est pas automatique,** peut être décidée dans les mêmes cas que ceux qui permettent au JAP d'allonger le délai d'épreuve (v. *supra,* mais il ne peut cumuler ces décisions) :

• **Inexécution des obligations** : si le condamné ne satisfait pas aux mesures de contrôle et aux mesures particulières qui lui sont imposées (par ex. réparer le dommage causé par l'infraction) – et seulement celles-là : Crim., 31 mars 2005, *Bull. crim.* n° 116 –, et en dehors de la possibilité de prolonger le délai d'épreuve, v. *ci-dessus*, le sursis avec mise à l'épreuve peut être révoqué **par le JAP** (art. 132-47, al. 2 C. pén. ; art. 742 C. pr. pén. ; le JAP peut renvoyer l'affaire devant le tribunal de l'application des peines : art. 742, renvoyant à l'art. 712-6 C. pr. pén.), donc même sans nouvelle infraction, *à la différence du sursis simple*. Si cette révocation est ordonnée alors que la condamnation n'était pas définitive, elle devient caduque si la condamnation est infirmée ou annulée (art. 132-47, al. 2).

• **Commission d'une infraction** (comme le sursis simple) : si le condamné commet, *au cours du délai d'épreuve*, un crime ou un délit *de droit commun* (pas une infraction politique ; pas une infraction militaire : CJM, art. L. 265-2, 1°) suivi d'une condamnation à une peine privative de liberté *sans sursis*, **la juridiction de jugement** qui prononce cette peine peut, après avis (obligatoire) du JAP, révoquer le ou les sursis antérieurement accordés (art. 132-47, al. 1er, 132-48) ; selon la jurisprudence, le tribunal doit être saisi avant l'expiration du délai d'épreuve (Crim., 20 juin 2000, *Bull. crim.* n° 235). La jurisprudence autorise la révocation même lorsque la peine prononcée est assortie d'un sursis partiel : la peine n'est donc pas « sans sursis » (Crim., 7 janv. 2009, *Bull. crim.* n° 8). La juridiction qui révoque le sursis n'a pas à rechercher si, pour la peine devenue ainsi exécutoire, un aménagement est possible en l'absence d'une demande du condamné en ce sens (Crim., 12 avr. 2012, *Bull. crim.* n° 96).

Le manquement aux obligations, ou la commission d'une infraction doivent intervenir, on l'a vu, après que la mise à épreuve est devenue exécutoire ; la condamnation est exécutoire immédiatement quand l'exécution provisoire est ordonnée, ou (même sans exécution provisoire), en l'absence de recours, après expiration du délai d'appel du prévenu, alors même qu'on se trouve encore dans le délai d'appel du procureur général, donc à un moment où la condamnation n'est pas encore une condamnation définitive (art. 708 C. pr. pén.).

Toutefois, si la commission d'une infraction avant que la condamnation assortie du sursis soit devenue définitive peut servir de fondement à une révocation, cette révocation, elle, ne peut être ordonnée avant que la condamnation assortie du sursis ait acquis ce caractère de condamnation définitive (art. 132-48, al. 1er C. pén.). Le délai d'épreuve partant du jour où la condamnation est exécutoire, il en résulte que tant que cette condamnation n'est pas définitive, l'épreuve est, en attendant ce moment, dépourvue de sanction.

Le pouvoir de révoquer totalement ou partiellement le sursis avec mise à l'épreuve en cas de commission d'une nouvelle infraction appartient également au **JAP** (art. 742, al. 1er ; le JAP peut renvoyer l'affaire devant le tribunal de l'application des peines : art. 742, renvoyant à l'art. 712-6 C. pr. pén.).

• **Effets de la révocation** : si la juridiction ordonne l'exécution totale de l'emprisonnement, et s'il y a eu une première condamnation avec sursis avec mise à l'épreuve, elle peut, par décision spéciale, ordonner que la première peine sera également exécutée (art. 132-50 mod. L. dite Taubira). L'interdiction du territoire est exécutoire de plein droit en cas de révocation totale (art. 132-48, al. 2).

Quand la juridiction de jugement ou le JAP ordonne la révocation totale ou partielle du sursis, elle peut faire incarcérer le condamné, par décision spéciale et motivée (nécessaire dans ce cas seulement) ; la décision est exécutoire par provision (ex. conducteur condamné plusieurs fois pour conduite en état alcoolique) : art. 132-51 C. pén., art. 742, al. 1er C. pr. pén.

Pour l'appel contre les décisions du JAP, v. art. 712-11, 712-13 C. pr. pén.

La prescription de la première peine assortie du sursis révoqué part de la date de la décision de révocation devenue définitive (Crim., 17 juill. 1985, *Bull. crim.* n° 266).

§ 3 - Le sursis avec obligation d'accomplir un travail d'intérêt général

Art. 132-54 à 132-57 C. pén. ; 747-1 à 747-2 C. pr. pén. ; art. L. 222-65, L. 265-1, L. 265-2 CJM.

Bien qu'envisagé ici séparément, pour plus de clarté, le sursis avec TIG n'est qu'une *modalité du sursis avec mise à l'épreuve* : l'obligation d'accomplir le travail est assimilée à une obligation particulière du sursis avec mise à l'épreuve (art. 132-56). La juridiction peut d'ailleurs prononcer le sursis avec TIG accompagné d'une ou plusieurs obligations prévues au titre du sursis avec mise à l'épreuve (art. 132-55, dern. al.).

Le JAP peut, d'office, à la demande de l'intéressé ou sur réquisition du procureur de la République, substituer au sursis avec TIG une peine de jours-amende (art. 747-1-1 C. pr. pén. ; le JAP peut renvoyer l'affaire au tribunal de l'application des peines : art. 712-6, auquel renvoie l'art. 747-1-1). De même, en cas d'exécution seulement *partielle* du travail d'intérêt général, le JAP peut ordonner la conversion de la partie inexécutée en jours-amende (art. 132-57, dern. al.).On rappelle que le TIG peut aussi être prononcé directement à titre de peine, indépendamment de tout sursis.

I - Conditions

Les conditions sont les mêmes que pour le sursis avec mise à l'épreuve en ce qui concerne les **bénéficiaires** de ce sursis et les **condamnations** (donc ce sursis se conçoit pour l'emprisonnement seulement) qu'il peut accompagner (art. 132-54 ; ce sursis est donc lui aussi propre aux personnes physiques ; il est applicable en cas de condamnation pour crime ou délit militaire : art. L. 265-1 CJM). Mais il existe deux particularités, au sujet d'une règle impérative lors de la procédure d'audience, et de la possibilité d'un sursis accordé postérieurement à la condamnation.

1. Le TIG peut être refusé par le prévenu ; il en résulte que celui-ci doit être **présent** à l'audience (art. 132-54, al. 3 ; sauf s'il a expressément adhéré à la mesure : Crim., 10 mars 1998, *Bull. crim.* n° 92).

2. Conversion d'une peine sans sursis en une peine avec TIG (art. 132-57 C. pén. et 747-2 C. pr. pén.).

Après condamnation, pour un délit *de droit commun*, à un emprisonnement **sans sursis pour 6 mois au plus** ou à un emprisonnement **assorti d'un sursis partiel**, même avec mise à l'épreuve, si **la partie ferme de cet emprisonnement est inférieure ou égale à 6 mois**, le **JAP** peut, lorsque cette condamnation n'est plus susceptible de recours par le condamné, ordonner qu'il sera sursis à l'exécution et que le condamné accomplira un TIG pour une durée comprise entre 40 et 280 heures (le condamné peut refuser : art. 132-54, al. 3 C. pén., art. 747-2, al. 3 C. pr. pén. ; mais sa présence n'est pas obligatoire, dès lors qu'il a expressément adhéré à la mesure : Crim., 10 mars 1998, préc.). La même possibilité existe en cas d'emprisonnement inférieur ou égal à 6 mois, résultant de la révocation d'un sursis, assorti ou non d'une mise à l'épreuve. Dans tous ces cas, les effets de la conversion sont les mêmes que ceux d'un sursis immédiat avec mise à l'épreuve.

Mais il a été jugé qu'on ne peut, lors de cette conversion, modifier le quantum de la condamnation initiale, par ex. 15 jours au lieu de 8 (Crim., 25 juin 1991, *Bull. crim.* n° 276).

En cas de conversion d'une peine sans sursis en une peine avec sursis avec mise à l'épreuve, cette peine ne peut révoquer un sursis antérieur (Crim., 28 avr. 2011, *Bull. crim.* n° 83). Cette conversion ne peut davantage remettre en cause la révocation d'un sursis décidée par la juridiction qui a prononcé la peine ayant été convertie (Cass., avis, 6 avr. 2009, *Bull. crim.* n° 2).

Le JAP peut aussi décider que le condamné « effectuera » une peine de **jour-amende** (art. 132-57, al. 2 C. pén.) ; il ne faut pas confondre cette possibilité avec celle pour le **JAP,** vue plus haut, de substituer au *sursis* avec TIG une peine de jours-amende : ici, le jours-amende est substitué à un emprisonnement ferme. Dès sa saisine, le JAP peut, dans tous ces cas, ordonner la suspension de l'exécution de la peine pouvant être convertie jusqu'à sa décision sur le fond (art. 747-2, al. 2). Le JAP peut enfin substituer un sursis avec TIG à une peine de jour-amende (art. 747-1-2 créé L. dite Taubira C. pr. pén.).

3. Le sursis avec TIG peut être décidé pour un mineur à partir de 16 ans ; le travail doit être adapté aux mineurs et présenter un caractère formateur ou de nature à favoriser l'insertion sociale (art. 20-5 Ord. 2 févr. 1945). La conversion est possible, dans les conditions qui viennent d'être décrites, si le mineur est âgé de 16 ans au jour de la décision (*ibid.*).

II - Effets

Les effets sont les mêmes que ceux du sursis avec mise à l'épreuve au sens étroit, en ce qui concerne les effets immédiats du sursis (avec les diverses obligations pouvant être prévues, pour 18 mois maximum : art. 132-54, al. 2, et la possibilité de l'exécution provisoire), et la révocation du sursis (art. 132-56 C. pén. ; art. 747-1 C. pr. pén.). Mais :

• La dispense d'exécution ne peut ici être que totale (art. 132-56, excluant tout renvoi aux al. 2 des art. 132-42 et 132-52) : **il n'y a pas ici de sursis partiel**.

• Quant à l'épreuve, les règles spécifiques sont ici les suivantes :

A - Délai de l'épreuve

• La durée du délai d'épreuve est fixée par la juridiction, dans la limite maximale de **18 mois** (art. 132-54, al. 2). Ce délai peut être suspendu, pour motif grave d'ordre médical, familial, professionnel ou social, ainsi que pendant l'incarcération (pour une autre cause), pendant une détention provisoire ou une assignation à résidence (art. 132-54 renvoyant à l'art. 131-22 C. pén.). Si le JAP prolonge le délai d'épreuve, le délai total ne peut dépasser ces 18 mois (art. 747-1, 3°). Le point de départ du délai est (comme pour le sursis avec mise à l'épreuve au sens étroit) le jour de la condamnation exécutoire, même si le JAP tarde à fixer les modalités du TIG (Crim., 1er mars 1998, *Bull. crim.* n° 110).

• Le JAP ne peut déclarer la condamnation non avenue de façon anticipée en cas de bonne exécution du sursis par le condamné (art. 747-1, 4° C. pr. pén.).

• La juridiction peut décider que les obligations imposées au condamné dureront **après l'accomplissement du travail**, dans la limite de 18 mois (art. 132-54, al. 2).

• La durée du travail est comprise entre **20** et **280** heures (art. 132-54, al. 1 mod. L. dite Taubira) ; ce travail **n'est pas rémunéré**.

B - Modalités de l'épreuve

• Le TIG peut se cumuler avec une activité professionnelle (art. 131-23).

• La juridiction peut imposer au condamné une ou plusieurs des obligations prévues pour le sursis avec mise à l'épreuve au sens étroit (art. 132-55, dern. al., *v. cette question*). Comme en matière de sursis avec mise à l'épreuve, le JAP peut modifier ces obligations à tout instant (en ajouter, en supprimer : art. 739, al. 2), mais il ne saurait, évidemment, rapporter l'obligation même d'effectuer le travail d'intérêt général, sauf conversion.

• Le condamné doit satisfaire aux mesures de contrôle de l'art. 132-55 : outre l'obligation de répondre aux convocations du juge et de recevoir le travailleur social, comme pour le sursis avec mise à l'épreuve, ordinaire, il doit :

- se soumettre à un examen médical avant « l'exécution de la peine » (le condamné ne doit pas être atteint d'affection dangereuse pour les autres travailleurs, et doit être apte au travail envisagé) ;
- justifier des motifs de ses changements d'emploi ou de résidence faisant obstacle au TIG ;
- obtenir l'autorisation du JAP pour tout déplacement faisant obstacle au TIG.

C - Conséquences

• Si la totalité du travail est accomplie avant la fin du délai fixé, la condamnation est réputée non avenue **dès la fin du travail**, sauf si la juridiction a ordonné que des obligations dureraient au-delà de l'exécution du travail - pour 18 mois maximum - (art. 132-54, dern. al.).

• Il a été jugé que si ce sursis (ou un sursis avec mise à l'épreuve au sens étroit) a été déjà accordé pour une 1re condamnation, celle-ci est considérée comme non avenue si la 2e est déclarée ou réputée non avenue dans les mêmes conditions (Crim., 12 janv. 1988, *Bull. crim.* n° 13).

Section 2 - Le fractionnement et la suspension de la peine

Ces mesures concernent la peine d'emprisonnement en matière correctionnelle, les peines correctionnelles non privatives de liberté, et les peines contraventionnelles. Le fractionnement affecte l'exécution même de la peine, qui se fait par fractions, ce qui diffère du cas où l'exécution est seulement suspendue à titre provisoire ; mais, dans les deux cas, les périodes où le condamné ne subit pas sa peine ne valent pas exécution de celle-ci. Ces mesures sont de la compétence de la juridiction de jugement ou du JAP, voire du procureur de la République dans certains cas ; une juridiction de jugement ne peut recourir qu'à un fractionnement, non à une suspension. Il est à noter qu'une suspension de peine peut être également prononcée par la chambre criminelle de la Cour de cassation ; son régime n'est pas celui qui va être exposé (art. 625 C. pr. pén., mod. L. 20 juin 2014).

Les décisions de suspension de peine figure, on l'a vu, au casier judiciaire (art. 769 C. pr. pén.).

§ 1 – Fractionnement et suspension de peines pour motifs d'ordre médical, familial, professionnel ou social

Ces mesures consistent à faire exécuter certaines peines par fractions pour un motif d'ordre médical (par ex. maladie), familial (par ex. participer à l'enterrement d'un proche), professionnel (par ex. se présenter à un entretien d'embauche) ou social (par ex. procéder à une formalité administrative) : art. 132-27 et 132-28 C. pén. ; 708, 720-1 et 720-1-1, D. 149-1 C. pr. pén. Elles ne sont pas applicables en matière criminelle, à la différence de la suspension qu'on verra plus loin, § 2. Pour les juridictions, accorder ou refuser le fractionnement d'une peine (Crim., 28 avr. 2004, n° 03-83126) ou sa suspension (Crim., 15 juill. 1981, *Bull. crim.* n° 231) est une faculté dont elles ne doivent aucun compte. Mais on a vu que dans le cas où elles prononcent une peine d'emprisonnement ferme, elles *doivent* accorder un aménagement de peine, notamment un fractionnement, si la personnalité et la situation du condamné le permettent, sauf impossibilité matérielle (art. 132-19 mod. L. dite Taubira).

On rappelle qu'*après condamnation* par la juridiction, ces mesures peuvent aussi, voire doivent être décidées *par le JAP*, dès avant l'incarcération ou pendant l'incarcération, principalement pour les condamnés n'ayant plus à subir que 2 ans de privation de liberté, ou qu'1 an pour les récidivistes (art. 712-4 et s. C. pr. pén. et, pour les procédures simplifiées d'aménagement des peines, art. 723-145 et s. C. pr. pén. – parfois, proposition d'aménagement par le directeur du service pénitentiaire d'insertion et de probation et homologation du JAP – *v. cette question, et* Mémento de *Criminologie et science pénitentiaire*).

Il faut distinguer l'emprisonnement, et les peines correctionnelles non privatives de liberté ou contraventionnelles.

I – Fractionnement et suspension de l'emprisonnement en matière correctionnelle

L'emprisonnement peut être fractionné au moment même de la condamnation, ou lors de son exécution. Le fractionnement n'est pas applicable à la contrainte judiciaire (Crim., 13 oct. 1981, *Bull. crim.* n° 354).

A – Les conditions du fractionnement

1. Pour un emprisonnement prononcé pour deux ans au plus (un an pour un récidiviste)

Art. 132-27 C. pén. : la décision est prise *par la juridiction prononçant la condamnation* ; cette décision peut être modifiée ensuite, par le JAP (art. 720-1, al. 2 C. pr. pén.).

2. Pour un emprisonnement restant à subir inférieur ou égal à deux ans

Art. 720-1, al. 1 C. pr. pén. (ce seuil a été relevé à 4 ans lorsque la suspension s'applique à une femme enceinte de plus de douze semaines par la loi dite Taubira) ; en phase d'exécution de l'emprisonnement prononcé, la décision est prise *par le JAP* (dans les conditions de l'art. 712-6).

Cette mesure ne peut pas être décidée pendant la *période de sûreté* (art. 132-23 C. pén. ; art. 720-2 C. pr. pén. ; la question ne se pose pas dans le cas a), la période de sûreté, qui peut intervenir en matière correctionnelle, supposant une peine privative de liberté de plus de 5 ans, ou de 10 ans ou plus : art. 132-23). On a vu (v. la période de sûreté) que le TAP peut mettre fin à cette période ou en réduire la durée, lorsque le condamné donne des gages sérieux de réadaptation sociale (art. 720-4 C. pr. pén.) : le fractionnement redevient alors possible.

Aucune décision de fractionnement ou suspension de peine ne peut intervenir sans une *expertise psychiatrique préalable* si la personne a été condamnée pour une infraction pour laquelle le suivi socio-judiciaire est encouru ; s'il s'agit d'une infraction violente ou de nature sexuelle visée à l'art. 706-47, l'expertise se prononce sur le risque de récidive (art. 712-21 mod. L. dite Taubira, art. D. 49-23 C. pr. pén.).

B – Le fractionnement

Dans ces deux cas précités 1. et 2., l'emprisonnement est alors *exécuté par fractions* : cela permet par exemple l'incarcération de fin de semaine, le condamné conservant son emploi. Dans certains pays existent les « arrêts de fin de semaine », dits parfois le « *week-end prison* », réduisant la durée totale de l'incarcération, ce que ne fait pas le fractionnement.

Aucune fraction ne peut être inférieure à **deux jours** et la période de fractionnement ne peut excéder **4 ans** (art. 132-27, 720-1) – cette durée cumule les périodes d'exécution de la peine et les périodes d'inexécution.

C – Les obligations pouvant accompagner le fractionnement

Dans le cas d'un fractionnement accordé par le JAP, le condamné peut être soumis à une ou plusieurs mesures de contrôle ou obligations, identiques à celles prévues en matière de sursis avec mise à l'épreuve (art. 720-1, al. 1).

Si un suivi socio-judiciaire a été ordonné, les obligations en résultant sont applicables (art. 763-7, al. 3 C. pr. pén.).

Pour l'évasion, v. art. 434-29 C. pén.

Remarque : la jurisprudence admet qu'une personne bénéficiant d'une suspension de peine peut être admise au bénéfice d'une libération conditionnelle (Crim., 7 mai 2008, n° 07-87522 ; 20 janv. 2010, n° 09-84802).

II – Fractionnement et suspension des peines correctionnelles non privatives de liberté, et des peines contraventionnelles

Ces mesures postulent un motif médical, familial, professionnel ou social (mais, en l'absence d'un tel motif, un condamné peut toujours être autorisé à s'acquitter du paiement de l'amende en plusieurs versements étalés dans le temps : art. 707-4 C. pr. pén.). Ce motif doit être *grave* (art. 132-28 C. pén. ; art. 708 C. pr. pén.), condition qui n'est plus formulée pour le fractionnement de l'emprisonnement, afin de réduire le nombre des personnes incarcérées.

Ces mesures peuvent être décidées dans deux sortes de cas :

A - Pour une peine d'amende et, pour les personnes physiques, une peine de jours-amende ou de suspension du permis de conduire

La juridiction, en matière **correctionnelle** et **contraventionnelle**, peut décider *au moment du jugement* que la peine sera exécutée par **fractions** ; la période de fractionnement ne peut excéder 3 ans. Mais le fractionnement de la suspension du permis de conduire n'est pas possible en cas de délit ou de contravention pour lesquelles la peine ne peut être limitée à la conduite hors activité professionnelle. Art. 132-28 C. pén.

Des *modifications postérieures* sont possibles : la décision est alors prise par le ministère public ou par le tribunal (correctionnel, de police), « selon que l'exécution de la peine doit être suspendue pendant moins ou plus de trois mois » (art. 708, al. 3, 4 C. pr. pén.). Et pour trois mois ?

B - Pour une peine correctionnelle non privative de liberté, ou pour une peine contraventionnelle

Au stade de l'exécution, une décision de **suspension ou de fractionnement** peut être prise par le ministère public ou par le tribunal, selon les règles ci-dessus, notamment avec l'exclusion dans certains cas pour le permis de conduire (art. 708, al. 3 C. pr. pén).

Si un suivi socio-judiciaire a été ordonné, les obligations en résultant sont applicables (art. 763-7, al. 3 C. pr. pén.).

§ 2 - La suspension des peines privatives de liberté pour raisons médicales très graves

A - Les conditions de la suspension

• *Sauf s'il existe un risque grave de renouvellement de l'infraction* (mais l'on ne peut opposer le risque d'un trouble à l'ordre public consécutif à la suspension pour la refuser : Crim., 12 févr. 2003, *Bull. crim.* n° 37), *quelle que soit la durée de la peine prononcée ou restant à subir et quelle que soit l'infraction commise* (donc **même pour une peine criminelle**, même pour une peine perpétuelle ; ainsi d'un condamné pour complicité de crime contre l'humanité : affaire *Papon*, Crim., 12 févr. 2003, préc.), une suspension de peine peut être accordée aux détenus atteints d'une *pathologie engageant* (à court terme, selon la chambre criminelle : Crim., 28 sept. 2005, *Bull. crim.* n° 247 ; 15 nov. 2006, n° 06-82207) *le « pronostic vital », ou qui sont dans un état de santé physique ou mentale durablement incompatible avec le maintien en détention* – dans cette seconde hypothèse, peu importe que le « pronostic vital » ne soit pas engagé, les deux conditions étant alternatives : Crim., 15 mars 2006, *Bull. crim.* n° 80) – (art. 720-1-1, 712-21 mod. L. dite Taubira, D. 49-23, mod. décr. 18 févr. 2014, D. 147-1 et s. C. pr. pén. Refus de transmettre une question prioritaire de constitutionnalité portant sur l'art. 720-1-1 : Crim., 26 juin 2013, n° 12-88284).

• Cette suspension peut jouer *même pendant la période de sûreté* (art. 720-1-1, dern. al.).

• Elle ne joue pas pour les détenus admis en soins psychiatriques sans leur consentement (art. 720-1-1, al. 1er) ; elle peut donc opérer pour ceux de ces détenus qui sont incarcérés dans des établissements pénitentiaires « ordinaires ».

• Il faut, pour accorder la suspension (pas en cas de refus : Crim., 24 oct. 2007, *Bull. crim.* n° 207) une expertise médicale. Mais, *en cas d'urgence*, la suspension peut être ordonnée au vu d'un unique certificat médical établi par le médecin responsable de la structure sanitaire dans laquelle est pris en charge le détenu. Comme dans le cas de l'art. 720-1, si l'intéressé a été condamné pour une infraction pour laquelle un suivi socio-judiciaire est encouru, une expertise psychiatrique préalable est obligatoire, et s'il s'agit d'une infraction violente ou de nature sexuelle visée à l'art. 706-47, l'expertise se prononce sur le risque de récidive (art. 712-21 mod. L. dite Taubira, D. 49-23 C. pr. pén.).

• Même si une suspension ne peut être accordée sur le fondement de l'art. 720-1-1, le juge peut décider que le maintien en détention n'est pas possible, à peine d'une violation de l'art. 3, Conv. EDH proscrivant les **traitements inhumains et dégradants** (v. par ex. CEDH 5 mars 2013, *Çetin* ; Crim., 25 nov. 2009, *Bull. crim.* n° 197 ; 26 juin 2013, n° 12-88284).

B – La décision de suspendre l'exécution de la peine

La suspension est prononcée (art. 720-1-1, al. 3, 4) :

- **par le JAP** : si la peine prononcée est inférieure ou égale à 10 ans ou si, quelle que soit la peine prononcée, la durée restant à subir est inférieure ou égale à 3 ans ;

La décision suppose un débat contradictoire, sauf accord du procureur de la République et du condamné ou de son avocat (art. 712-6) ; appel possible dans les 10 jours, par le condamné, le procureur de la République et le procureur général, devant la chambre de l'application des peines de la cour d'appel (art. 712-11 et 13) ;

- **par le tribunal de l'application des peines** pour les peines supérieures (avec débat contradictoire, appel possible devant la chambre de l'application des peines de la cour d'appel : art. 712-7 et 13).

C – La période de suspension

• La durée de la suspension n'a pas à être déterminée (art. 720-1-1, al. 1er). Mais la décision peut être rapportée (v. *infra* D).

• Si un suivi socio-judiciaire a été ordonné, les obligations en résultant sont applicables (art. 763-7, al. 3 C. pr. pén.).

• Une ou plusieurs obligations ou interdictions, identiques à celles prévues en matière de sursis avec mise à l'épreuve, peuvent être imposées au condamné (art. 720-1-1, al. 5). Il est possible d'y ajouter des obligations spécifiques destinées à vérifier que les conditions de la suspension sont toujours remplies (ex. établir sa résidence ou être hospitalisé dans un lieu déterminé par la juridiction), y compris l'injonction de soins d'un suivi socio-judiciaire (v. art. D. 147-2). Le JAP peut modifier ces obligations ou en accorder relèvement (art. 712-8, D. 147-3). Si elles ne sont pas respectées, le JAP peut mettre fin à la suspension (art. 720-1-1, al. 6, D. 147-4 ; débat contradictoire comme ci-dessus). Mandat d'amener et mandat d'arrêt peuvent alors être délivrés par le JAP (art. 712-17, D. 147-5 ; pour l'incarcération provisoire, v. art. 712-19).

D – La révocation de la décision de suspension

• Dans tous les cas, la révocation est *facultative*.

• À tout moment le JAP peut ordonner une expertise médicale afin de vérifier si les conditions de la suspension sont toujours remplies et, dans la négative, ordonner qu'il y soit mis fin (le procureur de la République peut le saisir de réquisitions à cette fin à tout moment : art. D. 147-5) ; en matière criminelle, une telle expertise doit intervenir tous les 6 mois (art. 720-1-1, al. 7, D. 147-5).

• La révocation de la suspension peut intervenir également si le condamné ne respecte pas ses obligations (Crim., 12 avr. 2012, *Bull. crim.* n° 98) ou s'il existe de nouveau un risque grave de renouvellement de l'infraction (Crim., 2 mars 2011, n° 10-81070) : art. 720-1-1, al. 6.

Section 3 – La semi-liberté, le placement à l'extérieur ou sous surveillance électronique prononcés par le jugement

On rappelle qu'*après condamnation* par la juridiction, ces mesures peuvent aussi, voire doivent être décidées *par le JAP*, dès avant l'incarcération ou pendant l'incarcération, principalement pour les condamnés n'ayant plus à subir que 2 ans de privation de liberté, et 1 an pour les récidivistes (art. 712-4 et s., 763-10 C. pr. pén. et, pour les procédures simplifiées d'aménagement des peines, art. 723-145 et s. C. pr. pén. – parfois, proposition d'aménagement par le directeur du service pénitentiaire d'insertion et de probation et homologation du JAP –).

Mais la semi-liberté, le placement à l'extérieur ou le placement sous surveillance électronique peuvent aussi, à certaines conditions, être décidés *par la juridiction de jugement :* art. 132-25, 132-26, 132-26-1 à 132-26-3 C. pén. ; art. 723, 723-2, 723-7-1, 723-8, 723-9, art. R. 57-10 et s., art. D. 118 et s. C. pr. pén.

Pour l'exécution du reliquat d'une peine privative de liberté sous le régime de la semi-liberté, du placement à l'extérieur, du placement sous surveillance électronique, v. la libération sous contrainte.

A – Le contenu des mesures

• La semi-liberté astreint le condamné à rejoindre quotidiennement l'établissement pénitentiaire à la fin du temps nécessaire à l'activité, à l'enseignement, à la formation professionnelle, à la recherche d'un emploi, à un stage, à la participation à la vie de famille, au traitement ou au projet d'insertion ou de réinsertion en vue duquel il a été admis à ce régime (art. 132-26, al. 1er). Si un *suivi socio-judiciaire* a été ordonné, les obligations en résultant sont applicables (art. 763-7, al. 3 C. pr. pén.).

• Le condamné admis au bénéfice du placement à l'extérieur est employé en dehors de l'établissement pénitentiaire à des travaux contrôlés par l'administration (art. 132-26, al. 2 C. pén. ; art. 723, D. 126 et s. C. pr. pén.).

Si un *suivi socio-judiciaire* a été ordonné, les obligations en résultant sont applicables si le placement à l'extérieur ne s'accompagne pas d'une surveillance – sur cette modalité du placement à l'extérieur, v. art. D. 136 C. pr. pén. – (art. 763-7, al. 3 C. pr. pén.).

• Le *placement sous surveillance électronique* emporte interdiction de s'absenter du domicile ou de tout autre lieu désigné par le juge de l'application des peines en dehors des périodes fixées par lui (art. 132-26-2). La mesure est contrôlée grâce à un bracelet doté d'un émetteur, qui, porté par le condamné, permet sa localisation à distance (art. 723-8, R. 57-11 C. pr. pén.).

• Le tribunal peut soumettre le condamné à des mesures de contrôle et des obligations identiques à celles prévues en matière de sursis avec mise à l'épreuve ; le condamné peut aussi bénéficier des mêmes mesures d'aide et d'assistance (art. 132-26, dern. al., 132-26-3 C. pén., art. 723-4, art. 723-10 C. pr. pén.).

Pour l'évasion, v. art. 434-29 C. pén., D. 125 C. pr. pén.

B – Les conditions de ces mesures

• Ces mesures ont des conditions qui leur sont communes. Toutes supposent en effet :

- une peine ne dépassant pas **deux ans – un an en cas de récidive** (bien entendu, ces mesures ne peuvent être décidées en cas de période de sûreté, laquelle de toute façon suppose une peine supérieure) : art. 132-25, 132-26-1 ; en cas de sursis simple ou avec mise à l'épreuve partiel, ces mesures peuvent être décidées si la partie ferme de l'emprisonnement ne dépasse pas ces maxima (art. 132-25, al. 6, 7, 132-26-1, al. 6) ;
- un condamné justifiant : 1°/ de l'exercice d'une activité professionnelle, même temporaire, du suivi d'un stage ou de son assiduité à un enseignement, à une formation professionnelle ou à la recherche d'un emploi ; 2°/ de sa participation essentielle à la vie de sa famille ; 3°/ de la nécessité de suivre un traitement médical ; 4°/ de l'existence d'efforts sérieux de réadaptation sociale résultant de son implication durable dans tout autre projet caractérisé d'insertion ou de réinsertion de nature à prévenir les risques de récidive (art. 132-25, 132-26-1).

• En outre, s'agissant du placement sous surveillance électronique, il n'est possible qu'avec *l'accord* du condamné, informé qu'il peut préalablement demander l'assistance d'un avocat ; dans le cas d'un mineur, il faut l'accord des titulaires de l'autorité parentale (art. 132-26-1, al. 7).

• Le prononcé de ces mesures est par principe facultatif pour les juges ; mais on a vu que dans le cas où une juridiction prononce une peine d'emprisonnement ferme, elle *doit* accorder un aménagement de peine, notamment une semi-liberté, un placement à l'extérieur ou un placement sous surveillance électronique, si la personnalité et la situation du condamné le permettent, sauf impossibilité matérielle (art. 132-19, al. 2 mod. L. dite Taubira).

C - Les modalités de ces mesures

• Le JAP fixe, on l'a vu, les modalités du placement sous surveillance électronique (art. 132-26-2) par une ordonnance non susceptible de recours, dans les 4 mois au plus de la condamnation devenue exécutoire (de 5 jours ouvrables lorsque la juridiction de jugement a ordonné le placement ou le maintien en détention du condamné et a déclaré cette décision exécutoire par provision) (art. 723-7-1 C. pr. pén.).

• C'est lui également qui fixe les modalités de la semi-liberté ou du placement à l'extérieur (par ordonnance ici encore non susceptible de recours), dans les mêmes délais (art. 723-2 C. pr. pén.).

D - Le retrait de ces mesures

• Si les conditions de la semi-liberté, du placement à l'extérieur ou du placement sous surveillance électronique ne sont plus réunies, si le condamné n'exécute pas ses obligations ou encore s'il se conduit mal, le JAP peut **retirer le bénéfice de la mesure**, après débat contradictoire (art. 723-2, 723-7-1 C. pr. pén.), à la condition que la décision de la juridiction de jugement soit exécutoire (Crim., 18 janv. 2012, n° 11-86621).

• Dans ces mêmes cas, le JAP peut aussi **substituer** la semi-liberté au placement à l'extérieur et vice versa, ou substituer à l'une ou l'autre de ces mesures le placement sous surveillance électronique (art. 723-2 C. pr. pén.) ; il peut substituer à un placement sous surveillance électronique une semi-liberté ou un placement à l'extérieur (art. 723-7-1 C. pr. pén.).

Section 4 - La libération conditionnelle

C'est la mise en **liberté** d'un condamné **avant la date d'expiration** normale de sa peine, en vue de sa réinsertion et de la prévention de la récidive, sous **condition**, ensuite, **de bonne conduite** (art. 729 à 733, D. 522 à D. 544 C. pr. pén. ; cette mesure fut instituée par une loi de 1885).

Buts :

• Mieux vaut ne pas prolonger la détention si les conditions de la réinsertion paraissent acquises.

• Elle stimule les efforts du détenu pendant l'incarcération, en vue de cette réinsertion. Mais elle est **révocable** : à ce titre, elle donne au libéré intérêt à se bien conduire après sa sortie de l'établissement pénitentiaire.

• Elle permet l'**apprentissage de la vie en liberté**, favorise ainsi la réinsertion (exécution de la peine en milieu libre), et prévient la récidive (art. 729, al. 1).

• Quand elle concerne un étranger condamné à une peine privative de liberté, elle peut avoir pour objet de mettre fin à l'incarcération pour permettre l'exécution d'une mesure d'éloignement du territoire français – interdiction du territoire, obligation de quitter le territoire français, interdiction de retour sur ce territoire, reconduite à la frontière, expulsion, extradition ou remise en exécution d'un mandat d'arrêt européen (art. 729-2, D. 535, 4° C. pr. pén.). Toutefois, le JAP ou le TAP peut accorder la libération conditionnelle à un étranger condamné à la peine complémentaire d'interdiction du territoire, mais en *suspendant alors* cette peine pendant la durée des mesures d'assistance et de contrôle : si ensuite la libération conditionnelle n'est pas révoquée, il y a relèvement de plein droit de l'interdiction du territoire (art. 729-2, al. 2).

Valeur : elle est utile pour la prévention individuelle (il y a peu de révocations), et comme dernière phase de l'exécution de la peine (comme est aussi une épreuve la semi-liberté décidée pendant l'incarcération). Dans le même dessein, les détenus peuvent aussi bénéficier de réductions de peine (*v. cette question*).

§ 1 - Conditions

Elles concernent les condamnés pouvant bénéficier de la libération conditionnelle, et la procédure permettant d'aboutir à cette libération. Pour l'exécution du reliquat d'une peine privative de liberté sous le régime de la libération conditionnelle, v. la libération sous contrainte.

I - Condamnés pouvant bénéficier de la libération conditionnelle

A - Domaine de la libération conditionnelle

Seuls peuvent bénéficier de cette libération les condamnés à une **peine privative de liberté**, à condition qu'ils ne se trouvent pas dans la **période de sûreté** (art. 720-2, 729 C. pr. pén. ; *v. cette question*).

On a vu (v. la période de sûreté) que le TAP peut mettre fin à cette période ou en réduire la durée, lorsque le condamné donne des gages sérieux de réadaptation sociale (art. 720-4, al. 1er C. pr. pén.) : la libération conditionnelle devient alors possible.

B - Conditions tenant en principe à l'exécution de la peine

Le détenu doit avoir accompli en principe une **partie de sa peine** : art. 729, al. 8 C. pr. pén. C'est le *temps d'épreuve* (art. 729, al. 8).

Mais un condamné qui n'est pas sous écrou peut être admis au bénéfice d'une libération conditionnelle (art. D. 525). Les personnes *non encore incarcérées*, condamnées à une peine inférieure ou égale à 2 ans d'emprisonnement ou pour lesquelles la durée de la détention restant à subir est de cette durée, ou pour lesquelles, en cas de cumul de condamnations, le total des peines d'emprisonnement prononcées ou restant à subir est de cette durée *doivent* bénéficier, dans la mesure du possible et si leur personnalité et leur situation le permettent, d'une libération conditionnelle prononcée par le JAP ; cette durée est réduite à 1 an pour les récidivistes (art. 723-15). Il en est de même dans le cas de l'art. 729-3 – v. *infra* (Crim., 14 mars 2012, n° 11-85473).

Lorsqu'un condamné bénéficie d'une suspension de peine sur le fondement de l'art. 720-1-1 (pronostic vital engagé, état de santé incompatible avec la détention), la libération conditionnelle peut être accordée sans condition quant à la durée de la peine accomplie si, 3 ans après l'octroi de la suspension, une nouvelle expertise établit que son état de santé est toujours durablement incompatible avec la détention et que le condamné justifie d'une prise en charge adaptée à sa situation (art. 729, dern. al. créé L. dite Taubira).

Lorsque les conditions tenant au temps d'épreuve sont remplies, la situation du condamné doit être examinée une fois par an (art. 730, al. 3), même en l'absence de demande de libération par le condamné (art. D. 523).

1. Pour les condamnés à une peine privative de liberté à temps

Une durée au moins égale à celle restant à subir.

Le délai ne peut excéder 15 ans, ou, pour un récidiviste, 20 ans (art. 729 mod. L. dite Taubira). Selon la jurisprudence, le condamné dont la peine prononcée pour des faits commis en récidive a déjà été exécutée ne doit pas être soumis aux règles propres aux récidivistes (Crim., 1er févr. 2012, *Bull. crim.* n° 33).

Remarque : on tient compte, pour ces calculs, non de la peine prononcée, mais de la peine *restant à subir*, pouvant être plus brève, par exemple après réduction ou grâce.

Toutefois, par exception, ces durées ne sont pas applicables dans deux cas :

• Au condamné de plus de 70 ans, sauf en cas de risque grave de renouvellement de l'infraction ou de trouble à l'ordre public : la libération conditionnelle peut être accordée dès que son insertion ou sa réinsertion est assurée, spécialement s'il fait l'objet d'une prise en charge adaptée lors de sa sortie ou s'il justifie d'un hébergement (art. 729, dern. al.).

• Au condamné à une *peine inférieure ou égale à 4 ans* (donc même avant toute exécution, et dans ce cas en tenant compte de la peine prononcée), ou à qui il ne reste *pas plus de 4 ans à subir*, s'il exerce l'autorité parentale sur un *enfant de moins de 10 ans* (cet âge s'apprécie à la date de la demande, non de l'audience : Crim., 2 févr. 2011, n° 10-83092) ayant chez lui sa résidence habituelle (cette exception ne joue pas pour les personnes condamnées pour un crime ou pour un délit contre un mineur). Art. 729-3. La loi dite Taubira a étendu ces dispositions au cas de la femme enceinte de plus de douze semaines.

2. Pour les condamnés à la réclusion criminelle à perpétuité

Le délai est de 15 ans, de 22 ans pour un récidiviste. Des réductions de ce délai (les réductions de peine étant impossibles pour les condamnations à perpétuité) peuvent être accordées, dans la limite de 20 jours ou un mois par année d'incarcération, selon qu'il y a ou non récidive (art. 729-1 ; cela rappelle les réductions de peines pour les peines temporaires, que l'on verra *chapitre 3*). En cas de période de sûreté, les réductions sont imputables seulement sur la peine excédant cette période. L'art. 729-1 ne visant que la réclusion criminelle, il paraît inapplicable à la détention criminelle.

Les condamnés à une réclusion criminelle à perpétuité peuvent bénéficier d'une réduction du temps d'épreuve pouvant aller jusqu'à 5 ans lorsqu'ils ont par leurs déclarations permis de faire cesser ou d'éviter la commission d'une infraction de criminalité organisée ou de terrorisme, sur décision du TAP (art. 721-3, al. 1er).

La rigueur de ces conditions peut se trouver atténuée par des mesures de grâce ou de réductions de peines successives (Crim., 28 avr. 2011, *Bull. crim.* n° 81).

3. Pour les condamnés en fin de peine

Les personnes détenues condamnées à une ou des peines d'emprisonnement dont le cumul est inférieur ou égal à 2 ans ou condamnées à une ou des peines d'emprisonnement dont le cumul est inférieur ou égal à 5 ans et dont le reliquat de peine est inférieur ou égal à 2 ans bénéficient, sauf impossibilité matérielle et si leur personnalité et leur situation le permettent, d'un aménagement de peine, notamment d'une libération conditionnelle ; la durée de 2 ans est ramenée à 1 an pour les récidivistes (art. 723-19). De même, lorsque la durée de la peine accomplie est au moins égale au double de la durée restant à subir, la situation du condamné exécutant une ou plusieurs peines d'une durée totale de plus de 5 ans doit être examinée par le JAP ou par le TAP, pour qu'il soit statué sur l'octroi d'une libération conditionnelle – pour un condamné à perpétuité, pas avant le terme du temps d'épreuve ni avant celui de la période de sûreté – (art. 730-3 créé L. dite Taubira C. pr. pén.).

Le directeur du service pénitentiaire d'insertion et de probation, après avis du chef d'établissement pénitentiaire et l'accord du condamné, adresse au procureur de la République, en vue de la saisine du juge de l'application des peines, une proposition en ce sens. S'il estime la proposition justifiée, le procureur de la République la transmet pour *homologation* au JAP, qui par ordonnance homologue ou non la proposition ; s'il ne l'estime pas justifiée, le procureur en informe le JAP, qui peut alors ordonner une libération conditionnelle, d'office ou à la demande du condamné, à la suite d'un débat contradictoire (art. 723-20). Le JAP qui refuse l'homologation doit rendre une ordonnance motivée qui est susceptible de recours par le condamné et par le procureur de la République devant le président de la chambre de l'application des peines de la cour d'appel (art. 723-2).

À défaut de réponse du JAP, dans le délai de trois semaines, le directeur du service pénitentiaire d'insertion et de probation peut, sur instruction du procureur de la République, ramener à exécution la mesure d'aménagement. Préalablement notifiée au JAP, cette décision constitue une mesure d'administration judiciaire qui n'est pas susceptible de recours (art. 723-24).

Le JAP peut substituer à la libération conditionnelle proposée une semi-liberté, un placement à l'extérieur ou un placement sous surveillance électronique (art. 723-25).

La jurisprudence admet, on l'a vu, qu'une personne bénéficiant d'une suspension de peine peut être admise au bénéfice d'une libération conditionnelle (Crim., 7 mai 2008, n° 07-87522 ; 20 janv. 2010, n° 09-84802).

C – Conditions tenant à la condamnation prononcée

• **Pour les condamnés pour un crime ou un délit faisant encourir un suivi socio-judiciaire.**

• La libération conditionnelle ne peut leur être accordée s'ils refusent pendant leur incarcération de suivre le traitement proposé par le JAP sur le fondement des art. 717-1 al. 4 et 763-7, ou s'ils ne suivent pas avec régularité ce traitement (art. 729, al. 10 C. pr. pén.).

• **Pour les condamnés à la réclusion criminelle à perpétuité**, à une peine d'emprisonnement ou de réclusion criminelle au moins égale à 15 ans pour une infraction pour laquelle un suivi socio-judiciaire est encouru, à une peine d'emprisonnement ou de réclusion criminelle au moins égale à 10 ans pour une infraction pouvant justifier une rétention de sûreté (art. 706-53-13 : ex. assassinat ou meurtre, torture ou acte de barbarie, viol commis sur mineur, ou sur majeur avec circonstances aggravantes, notamment en récidive) :

- **La libération conditionnelle est alors de la compétence du TAP, non du JAP. Elle ne peut être accordée** qu'après avis de la commission pluridisciplinaire des mesures de sûreté, évaluant leur dangerosité, avec expertise médicale (art. 730-2, al. 3 C. pr. pén.).
- Si la libération conditionnelle n'est pas assortie d'un placement sous surveillance électronique mobile (v. art. 731-1 C. pr. pén.), elle n'est accordée qu'après l'exécution, *à titre probatoire*, d'une *semi-liberté*, d'un *placement à l'extérieur* ou d'un *placement sous surveillance électronique* pendant une durée de 1 à 3 ans (art. 730-2, al. 4 mod. L. dite Taubira C. pr. pén.).

D - Condition d'efforts de réadaptation

Le condamné doit manifester des **efforts sérieux de réadaptation** sociale (possibilité de constater ces progrès en semi-liberté ou en placement à l'extérieur sans surveillance) et justifier : 1°/ de l'exercice d'une activité professionnelle, d'un stage ou d'un emploi temporaire, ou de l'assiduité à un enseignement ou à une formation professionnelle ; 2°/ de sa participation essentielle à la vie de famille ; 3°/ de la nécessité de suivre un traitement médical ; 4°/de ses efforts en vue d'indemniser ses victimes ; 5°/ de son implication dans tout autre projet sérieux d'insertion ou de réinsertion (art. 729, al. 2). Selon la jurisprudence, ces critères n'ont pas à être examinés dans le cas de l'étranger visé ci-dessus (Crim., 6 mars 2002, *Bull. crim.* n° 59).

E - Condition de consentement du condamné

• Tout condamné peut refuser sa libération conditionnelle (art. D. 531, al. 1er), sauf l'étranger objet d'une mesure d'éloignement du territoire français : lorsque sa libération conditionnelle est subordonnée à l'exécution de cette mesure (v. *supra*), elle est décidée même sans son consentement (art. D. 531, al. 1er renvoyant à l'art. 729-2).

• Dans ce prolongement, l'octroi de la libération conditionnelle peut être subordonné au respect par le condamné, *après sa libération*, de conditions particulières, en vue de faciliter et de vérifier sa réinsertion et de prévenir la récidive (art. D. 530) ; il faut que le libéré y consente (art. D. 531), en sorte que, s'il ne prend pas cet engagement, la libération conditionnelle ne lui sera pas accordée (sauf cas de l'étranger objet d'une mesure d'éloignement du territoire national : *ibid.*). C'est pour le juge un moyen d'éprouver dans la décision même qui accorde la libération conditionnelle les capacités futures de reclassement du condamné (art. 732 et D. 530 C. pr. pén.) ; on peut trouver le mécanisme assez paradoxal, proche de l'histoire où il est question d'un serpent et de sa queue. Ces mesures sont énumérées aux articles D. 535 et suivants (art. D. 530, al. 2) : par exemple, mesures de surveillance ou obligations d'un sursis avec mise à l'épreuve prévues au titre d'un suivi socio-judiciaire (art. 131-36-2 C. pén.), mesures de contrôle et autres obligations prévues pour le sursis avec mise à l'épreuve (art. 132-44, 132-45 C. pén.) : art. D. 536 ; engagement dans l'armée : art. D. 535, 3° ; réparation du dommage causé par l'infraction : art. D. 537 ; placement sous surveillance électronique mobile : art. D. 539 ; expulsion du territoire français pour un étranger (art. D. 535, 4°).

• Lorsque la personne a été condamnée pour un crime ou délit pour lequel le suivi socio-judiciaire est encouru, une libération conditionnelle ne peut lui être accordée si elle refuse de suivre après sa libération le traitement qui lui a été proposé par le JAP lorsqu'un médecin aura estimé qu'elle est susceptible de faire l'objet d'un tel traitement (art. 729, al. 10).

Mais même lorsque toutes ces conditions sont réunies, la libération conditionnelle reste une **faculté** pour l'autorité de décision (Crim., 6 mars 2002, *Bull. crim.* n° 59).

II – Procédure

Selon la durée de la peine prononcée ou restant à subir, la décision est prise par le JAP, ou par le TAP. La décision peut être d'accorder la libération conditionnelle, de l'ajourner, ou de la refuser ; le TAP peut aussi prévoir que la libération s'effectuera *entre deux dates déterminées*, à une date qui sera fixée par le JAP (art. 732, al. 1 ; pour la compétence exclusive des juridictions parisiennes en matière de terrorisme, v. art. 706-22-1). Pour les mineurs, cette compétence est dévolue au juge des enfants et au tribunal pour enfants (Ord. 2 févr. 1945, art. 20-9).

A – Décision par le JAP

• Pour les condamnés à une **peine inférieure ou égale à 10 ans, ou, quelle que soit la peine prononcée, n'ayant plus à subir qu'une durée inférieure ou égale à 3 ans, c'est le juge de l'application des peines qui prend la décision** : art. 730, al. 1 (le JAP peut cependant renvoyer l'affaire devant le TAP : art. 712-6, al. 3 C. pr. pén.).

• La décision du JAP est prise après avis d'un représentant de l'administration pénitentiaire, à l'issue d'un *débat contradictoire* (sauf, s'agissant d'octroyer la mesure, accord du procureur de la République et du condamné ou de son avocat), en chambre du conseil (réquisitions du ministère public, observations du condamné et le cas échéant de son avocat) : art. 730 renvoyant à l'art. 712-6 ; lorsque la demande de libération conditionnelle concerne un condamné à un emprisonnement supérieur à 5 ans ou à une réclusion criminelle (pas à une détention criminelle ?) l'avocat de la partie civile peut, sur sa demande, assister au débat contradictoire pour y faire des observations (art. 730, dern. al.).

• La décision du JAP peut faire l'objet d'un *appel* par le condamné, le procureur de la République et le procureur général, dans les 10 jours de la notification de la décision, devant la chambre de l'application des peines de la cour d'appel (art. 712-11, 712-13).

• Des conditions d'expertise psychiatrique sont requises pour les condamnés à un suivi socio-judiciaire, afin de déterminer s'ils peuvent faire l'objet d'un traitement (ex. viol ; v. art. 712-21 mod. L. dite Taubira).

• La décision est assortie de l'*exécution provisoire* : elle prend effet immédiatement. Mais quand l'appel est formé par le ministère public dans les 24 heures de la notification, il suspend l'exécution de la décision ; l'affaire doit venir devant la chambre dans les 2 mois (art. 712-14).

B – Décision par le tribunal de l'application des peines

Dans les autres cas, la décision relève du TAP. Art. 730, al. 2 et 712-7.

• Il est saisi sur la demande du condamné, à l'initiative du JAP ou sur réquisitions du procureur de la République.

• Le TAP qui envisage d'accorder la libération conditionnelle doit demander l'avis du procureur de la République dans le ressort duquel le condamné souhaite établir sa résidence s'il ne figure pas déjà dans le dossier (art. D. 527).

• Même règle que pour le JAP pour l'expertise psychiatrique en cas d'infractions pour lesquelles le suivi socio-judiciaire est possible.

• Il statue, après avis d'un représentant de l'administration pénitentiaire, à l'issue d'un *débat contradictoire* en chambre du conseil (réquisitions du ministère public, observations du condamné et le cas échéant de son avocat). Ici aussi l'intervention de l'avocat de la partie civile, dans les conditions précédemment décrites, est possible (art. 730, dern. al.).

• La décision est motivée. Elle peut faire l'objet d'un *appel*, dans les 10 jours de la notification, devant la chambre de l'application des peines de la cour d'appel (art. 712-11, 712-13). La décision est immédiatement exécutoire : il y a exécution provisoire ; mais en cas d'appel du ministère public formé dans les 24 heures, l'exécution est suspendue. La chambre examine l'affaire dans les 2 mois (art. 712-14).

§ 2 – Effets

On distinguera les effets qui se produisent immédiatement, et les effets postérieurs à l'expiration des délais.

I – Effet immédiat

Immédiatement et pendant la durée de la peine fixée par la condamnation (et, pour certaines mesures, éventuellement plus longtemps, *v. infra*), le condamné est libéré, sous condition.

A – Libération

Le condamné libéré n'est plus, comme jadis, censé subir sa peine en liberté (on disait « *sub pœna* »). La contrainte judiciaire lui est donc le cas échéant applicable.

1. Mesures d'aide et de contrôle, obligations particulières

• C'est une libération, mais *non une liberté complète* ; des **mesures de d'aide et de contrôle ainsi que des conditions particulières**, obligatoires ou facultatives, parmi lesquelles notamment les mesures de contrôle et les obligations prévues pour le sursis avec mise à l'épreuve par les art. 132-44 et 45 C. pén., peuvent être décidées (art. 731, D. 530 et s.) ; elles sont mises en œuvre par le JAP assisté notamment par le service pénitentiaire d'insertion et de probation (art. 731, al. 1, D. 537 ; selon les art. D. 532 et D. 533, les mesures d'aide, et les mesures de contrôle de l'art. 132-44 sont obligatoires).

Toutes ces mesures sont une sorte d'épreuve en milieu libre, comme dans le sursis avec mise à l'épreuve : on parle de **délai d'épreuve**.

La durée des mesures d'assistance et de contrôle dépend de la peine en cours d'exécution (art. 732) :

- *peine temporaire* : la durée est au moins la durée de la peine non subie au moment de la libération, au plus un an de plus. La durée totale de ces mesures ne peut dépasser 10 ans.
- *peine perpétuelle* : la durée est de 5 à 10 ans. Ces mesures peuvent même être fixées *sans limitation dans le temps par le TAP intervenant en matière de période de sûreté* quand la cour d'assises décide qu'aucune mesure de faveur ne pourra être prise pour un condamné à la réclusion à perpétuité (art. 720-4, dern. al.). C'est le souci d'un soutien perpétuel à apporter à certains libérés, évoqué à propos des mineurs délinquants.

• Les dispositions de la décision peuvent être **modifiées** pendant la durée de la libération conditionnelle par le JAP, après débat contradictoire si le procureur de la République le demande (art. 732, al. 4 renvoyant à l'art. 712-8).

• Lorsqu'un condamné a bénéficié d'une réduction de peine sur le fondement des art. 721 et 721-1 (v. cette question), le JAP peut, préalablement à la libération, interdire au libéré d'entrer en relation avec la victime ou la partie civile pendant une durée qui ne peut excéder la durée totale de ces réductions ; cette interdiction peut s'accompagner de l'obligation d'indemniser la partie civile (art. 721-2 C. pr. pén.).

• Les obligations imposées au libéré conditionnel peuvent être suspendues pour raisons médicales par le JAP (art. D. 534-2).

• *Les incapacités, interdictions et déchéances* subsistent, si elles n'ont pas pris fin pour une autre cause. *L'interdiction de séjour* est applicable dès le début d'une peine privative de liberté sans sursis, mais son exécution se poursuit, pendant le délai fixé, à compter du jour de la libération.

Pour la suspension de la peine complémentaire d'interdiction du territoire, pendant toute la durée des mesures d'assistance et de contrôle (v. *supra*).

2. Obligations du suivi socio-judiciaire

Le libéré peut être soumis aux obligations du suivi socio-judiciaire s'il a été condamné pour un crime ou un délit pour lequel cette mesure est encourue. S'il est établi par expertise qu'il peut faire l'objet d'un traitement, il est soumis à une **injonction de soins**, sauf décision contraire du JAP ou du TAP (art. 731-1, al. 1er, D. 538).

3. Placement sous surveillance électronique

La personne condamnée à une peine d'au moins 7 ans d'emprisonnement pour une infraction pour laquelle le suivi socio-judiciaire est encouru peut être placée sous surveillance électronique mobile, pendant la durée déterminée par le JAP (ou le TAP dans les cas de l'art. 730-2) qui ne peut excéder 2 ans, renouvelable une fois en matière délictuelle et deux fois en matière criminelle (art. 731-1, al. 2, D. 539).

4. Placement sous surveillance électronique, placement en liberté surveillée ou placement à l'extérieur à titre probatoire

Une « épreuve » de **placement sous surveillance électronique**, de **semi-liberté** ou de **placement à l'extérieur** sans surveillance d'une durée maximale d'un an peuvent être décidées, *à titre probatoire*, par la décision qui accorde la libération conditionnelle sous cette condition (art. 723-1, al. 2, 723-7, al. 2, D. 535, 1°, D. 542) : le juge instaure ainsi une période de transition entre la privation de liberté et la libération conditionnelle proprement dite (ces mesures peuvent aussi être exécutées *avant* la libération, un an avant la fin du temps d'épreuve : art. 723-1, al. 2, 723-7, al. 2).

B – Libération conditionnelle

Conditionnelle, la libération peut être révoquée.

1. Causes de révocation

Le maintien de la libération est suspendu à la *bonne conduite* du condamné **pendant la durée du délai d'épreuve** (qui peut être suspendu ; ex. : pendant l'exécution d'une autre peine non confondue avec celle ayant donné lieu à la décision de libération conditionnelle, Crim., 27 avr. 1994, *Bull. crim.* n° 156 ; en cas de mandat contre le libéré, même pour une autre cause : Crim., 9 nov. 2004, *Bull. crim.* n° 277) : la libération *peut* être révoquée non seulement en cas de nouvelle condamnation, mais même en cas « *d'inconduite notoire* » (refus de transmettre une question prioritaire de constitutionnalité : Crim., 15 janv. 2014, n° 13-83542), ou si les *conditions* particulières auxquelles elle a pu être soumise n'ont pas été observées (constitue une violation de ses obligations par le condamné le refus de commencer ou de poursuivre le traitement prescrit par le médecin traitant et qui lui a été proposé dans le cadre d'une injonction de soins : art. 733, al. 2) ; de même si, la libération non encore exécutée, le condamné n'en remplit plus les conditions (art. 733, al. 1 ; *adde* pour le condamné qui, avant sa libération, refuse la pose du dispositif de contrôle afférent à un placement sous surveillance électronique mobile, art. D. 539, dern. al.). Le débat ci-dessous doit intervenir dans le mois ou dans les 2 mois de l'arrestation, selon que la décision relève du JAP ou du TAP : à défaut, la personne est mise en liberté si elle n'est détenue pour autre cause (art. D. 540 C. pr. pén.). Pour le mandat d'amener ou arrêt pouvant être délivré par le JAP, v. art. 712-17 et D. 541.

En cas de violation des interdictions et obligations imposées à un libéré ayant bénéficié d'une ou plusieurs réductions de peines (v. *supra*), le JAP peut lui retirer totalement ou partiellement le bénéfice de ces réductions et ordonner la réincarcération (art. 721-2, al. 3 C. pr. pén.).

Mais la révocation *n'est pas automatique* : elle est soumise, suivant qui a pris la décision de libération, à l'appréciation du JAP ou du TAP, après avis d'un représentant de l'administration pénitentiaire (avec la même procédure que pour l'octroi de la libération : débat contradictoire, possibilité d'appel, *v. supra*, art. 733). En cas d'inobservation de ses obligations par le condamné qui n'est pas astreint à une surveillance électronique mobile, le JAP peut ordonner cette mesure, sans réincarcération préalable (art. D. 540).

2. Effets de la révocation

Sauf si elle n'est que *partielle*, la révocation entraîne la réincarcération du condamné pour le temps qui restait à courir lors de la libération : la révocation opère en effet comme condition résolutoire. Elle s'exécute cumulativement, s'il y a lieu, avec une nouvelle peine que le libéré aurait encourue (art. 733, al. 3).

II - Après l'expiration du délai prévu

Ces effets se produisent pendant la durée de la peine fixée par la condamnation, éventuellement plus longtemps, on l'a vu.

En l'absence de révocation de la libération :

1. Le condamné est considéré comme ayant effectivement purgé sa peine

Il y a **libération définitive**. Et la peine est *réputée terminée depuis le jour de la libération conditionnelle* (art. 733, dern. al.) qui est donc le point de départ des délais de réhabilitation (art. 786, al. 2), de récidive.

2. Mais il est dans la situation d'un libéré ordinaire

Il continue donc à subir les **conséquences attachées à la condamnation : contrairement à l'hypothèse des sursis, la condamnation n'est pas réputée non avenue. Exemples :** la condamnation reste inscrite au casier judiciaire, avec mention de la libération, elle est un obstacle au sursis simple, elle compte pour la récidive. Pour les incapacités, elles demeurent par principe. Mais pour la peine complémentaire d'interdiction du territoire frappant un étranger, il y a, on l'a vu, relèvement de plein droit (art. 729-2, al. 2) ; en outre le JAP (y compris préalablement à l'octroi de la libération conditionnelle, afin de permettre ultérieurement son prononcé) ou le TAP peuvent, sur la demande du condamné, le relever en tout ou partie, y compris en ce qui concerne la durée, d'une interdiction résultant de plein droit d'une condamnation pénale ou prononcée à titre de peine complémentaire, soit d'exercer une fonction publique ou d'exercer une activité professionnelle ou sociale, soit d'exercer une profession commerciale ou industrielle, de diriger, d'administrer, de gérer ou de contrôler une entreprise commerciale ou industrielle ou une société commerciale (art. 712-22).

Section 5 - La libération sous contrainte

La loi dite Taubira a attribué au JAP le pouvoir d'accorder une libération sous contrainte au condamné (sauf son refus exprès) exécutant une ou plusieurs peines privatives de liberté d'une durée totale inférieure ou égale à 5 ans et dont la durée de la peine accomplie est au moins égale au double de la durée de la peine restant à subir (art. 720 C. pr. pén.). S'il n'est pas procédé à l'examen de la situation de la personne condamnée remplissant ces conditions de délai, le président de la CAP peut, d'office ou sur saisine de la personne condamnée ou du procureur de la République, prononcer une mesure de libération sous contrainte (*ibid.*).

La libération sous contrainte entraîne l'exécution du reliquat de peine sous le régime, selon la décision prise par le JAP, de la *semi-liberté*, du *placement à l'extérieur*, du *placement sous surveillance électronique* ou de la *libération conditionnelle* (*ibid.*).

Chapitre 2
Extinction des peines avec effacement de la condamnation : l'amnistie

L'essentiel

Deux institutions ont longtemps entraîné effacement de la peine avec extinction de la condamnation : l'amnistie, et la réhabilitation. Depuis une loi du 5 mars 2007, seule l'amnistie correspond désormais à l'hypothèse : cette loi a limité les conséquences de la réhabilitation au seul effacement de la peine, sans extinction, en principe, de la condamnation (v. chap. 3).L'amnistie est une intervention du ***législateur*** *(art. 34 Const.), qui efface le caractère délictueux de certains actes, désormais considérés comme licites au point de vue pénal.*
Chaque ***loi d'amnistie*** *fixe la date après laquelle les infractions commises ne seront plus effacées : ex. la loi 6 août 2002 s'applique aux infractions commises avant le 17 mai 2002 (art. 1er) ; d'où l'intérêt de la notion d'infraction continue, l'amnistie ne jouant pas pour une infraction continue qui se prolonge après la date fixée ; de même pour des actes réitérés, ex. prise illégale d'intérêts.*
L'ancien Code pénal était muet sur l'amnistie. Le Code pénal actuel contient désormais une réglementation, très générale, de l'amnistie (art. 133-9 à 133-11).
Mais chaque loi d'amnistie apporte sa propre réglementation, et peut donc soumettre l'amnistie à des conditions particulières, par exemple le paiement de l'amende. Dans ce cas, l'amnistie subordonne l'effacement de la condamnation à l'exécution de la peine, comme la réhabilitation : solution curieuse, logiquement (puisque l'infraction est rétroactivement effacée par l'amnistie), mais qui s'explique par le fait que la loi, libre d'amnistier ou non, peut, sous réserve de respecter la Constitution, fixer librement les conditions et les effets de l'amnistie.

Section 1 – Conditions

L'amnistie a évolué dans son domaine, son caractère, sa source.

§ 1 – domaine de l'amnistie

I – Quant aux infractions amnistiées

Longtemps, l'amnistie est intervenue après une période de troubles *politiques*. Aujourd'hui, elle joue très souvent pour les infractions de *droit commun*. Les infractions amnistiées sont souvent *nombreuses*, ce qui a l'avantage de liquider les dossiers, et de désencombrer les établissements.

L'amnistie s'applique même à des infractions *graves* ; cependant chaque loi d'amnistie exclut certaines infractions, révélant ainsi les tendances de chaque époque : ex. la loi de 2002 exclut notamment l'homicide par imprudence et les atteintes à l'intégrité de la personne par imprudence commis à l'occasion de la conduite d'un véhicule ou commis par un employeur, le harcèlement sexuel et le harcèlement moral, la corruption, l'abandon de famille, l'usurpation d'identité, l'entrave à l'IVG, les infractions fiscales, le proxénétisme, certaines contraventions du Code de la route (art. 14).

II – Quant aux mesures amnistiées

Longtemps, l'amnistie ne s'est appliquée qu'aux sanctions pénales. Elle s'applique souvent aujourd'hui à des sanctions *disciplinaires ou professionnelles*, ex. L. 2002, art. 11 (sauf pour des « manquements à l'honneur, à la probité, aux bonnes mœurs »). Toutefois, si ces faits ont donné lieu à condamnation pénale, leur amnistie est subordonnée aux conditions de la loi d'amnistie ou à la réhabilitation de cette condamnation.

L'amnistie s'applique plus rarement aux sanctions *civiles* ; quand elle le fait, elle risque d'entrer en conflit avec les règles du droit civil contractuel.

§ 2 – Caractère de l'amnistie

Longtemps, l'amnistie a eu un *caractère réel* : elle s'attachait à des infractions, non aux auteurs des infractions. Aujourd'hui, elle est souvent plus *personnelle*, lorsqu'elle vise certaines catégories de délinquants, ex. : personnes de moins de 21 ans, ou personnes s'étant distinguées dans les domaines humanitaire, culturel, sportif, scientifique ou économique (ex. L. 2002, art. 10) : amnistie « par mesure individuelle » (v. *infra* § 3). En ce cas, l'amnistie ne profite qu'à ceux qui appartiennent à ces catégories, de telle sorte que, par exemple, leurs complices ou les receleurs sont punissables, sauf s'ils sont eux aussi au nombre des bénéficiaires (Crim., 1er févr. 1950, *Bull. crim.* n° 29). Parfois l'amnistie ne s'applique qu'à des personnes préalablement graciées (*grâce amnistiante, v. la grâce*).

§ 3 – Source de l'amnistie

Longtemps, l'amnistie n'a pu résulter que d'une loi, puisqu'elle dénie à des faits un caractère pénal qui leur a été conféré par la loi. Aujourd'hui, le principe demeure, mais il est doublement atteint, par l'importance des prérogatives données au *juge* et au *pouvoir exécutif*.

• **Souvent l'amnistie dépend en fait du juge** : c'est le cas de l'amnistie dite *au quantum de peine* (ex. quand elle est applicable seulement aux infractions qui sont ou seront punies de peines inférieures ou égales à 3 mois d'emprisonnement sans sursis, L. 2002, art. 6, 1°) ; c'est alors bien le juge qui, par la peine qu'il décide de prononcer, déclenche ou non le jeu de l'amnistie. Dans ce cas l'amnistie ne joue que lorsque la condamnation est devenue définitive.

On ne confondra pas ce cas avec celui de l'amnistie qui s'applique en raison de la peine *encourue*, par ex. pour les infractions *punissables seulement d'amende*. Dans ces cas, les conditions d'application de l'amnistie restent déterminées uniquement par la *loi*.

• **Souvent l'amnistie dépend du pouvoir exécutif.** Il s'agit aujourd'hui du président de la République.

C'est *l'amnistie par mesure individuelle* (admission au bénéfice de l'amnistie par décret, ex. L. 2002, art. 10), qui peut jouer même pour une personne non encore condamnée, ou qui a déjà subi sa peine, cas dans lesquels la grâce amnistiante, elle, ne pourrait jouer : les lois d'amnistie préfèrent aujourd'hui utiliser cette amnistie par mesure individuelle, plutôt que la grâce amnistiante. C'est donc le décret d'admission qui détermine les bénéficiaires de l'amnistie.

Section 2 - Effets

§ 1 - L'amnistie efface le fait en tant qu'infraction (art. 133-9 C. pén.)

• L'amnistie peut jouer *avant même les poursuites*, ou *pendant*, donc avant toute condamnation. Si la poursuite a déjà été engagée, il y aura non-lieu, relaxe ou acquittement (sauf évidemment dans le cas d'amnistie prévue non en raison de l'infraction, mais en raison du *quantum* de peine, ou moyennant le paiement d'une amende). L'amnistie est alors une cause d'extinction de l'action publique (art. 6 C. pr. pén. ; l'exécution d'un mandat d'arrêt européen doit être refusée : art. 695-22) ; et cela vaut pour des poursuites sous toutes les qualifications possibles : c'est ce qu'on appelle la « *cristallisation des qualifications* » (ex. Crim., 26 sept. 2006, *Bull. crim.* n° 235 ; mais une infraction à la législation du travail effacée par une amnistie peut permettre de caractériser un homicide par imprudence : Crim., 28 juin 1972, *Bull. crim.* n° 224). En cas d'infractions *multiples*, il y a amnistie pour le tout si l'amnistie porte sur la plus grave, sauf pour les infractions exclues de l'amnistie (*v. le concours d'infractions*).

• Si l'amnistie joue après *condamnation définitive*, elle efface condamnation et peine, et cela en principe avec effet rétroactif.

I - Disparaissent, selon le moment où intervient la loi d'amnistie, la condamnation et la peine

A - La condamnation

Elle **cesse de figurer au casier judiciaire** (art. 769, al. 3, R. 70 C. pr. pén.) et au *sommier de police technique* (art. 773-1, al. 2), elle ne fait plus obstacle au sursis, elle ne compte plus pour la récidive.

Toutefois, l'amnistie n'efface pas les informations du Fichier national automatisé des auteurs d'infractions sexuelles (art. 706-53-4, al. 4).

B - La peine

La peine s'éteint (par exemple si elle est en cours d'exécution ; v. par ex. art. 713-35 C. pr. pén.). Mais pendant longtemps, malgré l'amnistie, et après condamnation définitive, a été consacré le **maintien de certaines mesures de sûreté**, ex. admonestation, fermeture d'établissement, suspension du permis de conduire, **tout cela sauf dispo-**

sition contraire de la loi d'amnistie ; et ces dispositions contraires étaient **fréquentes**, déclarant par exemple l'amnistie applicable à l'admonestation.

Les lois d'amnistie plus récentes consacrent le **principe inverse** pour les **mesures de police et de sûreté** : le principe est l'application de l'amnistie, sauf les exceptions énumérées par la loi, par exemple les interdictions professionnelles (art. 15, L. 2002).

La jurisprudence, quant à elle, dans le silence des lois, fait survivre les mesures de sûreté (« mesures de police et de sécurité », « mesure d'intérêt public ») à l'amnistie (ex. Crim., 25 oct. 1967, *Bull. crim.* n° 266 ; 7 janv. 1972, *Bull. crim.* n° 4)

On observera que l'amnistie d'une condamnation avec sursis avec mise à l'épreuve a l'inconvénient de faire cesser l'épreuve jugée utile pour le condamné.

C – En conséquence, il est interdit de rappeler les condamnations amnistiées

Le Code pénal interdit aux personnes ayant connaissance, dans l'exercice de leurs fonctions, de condamnations pénales, sanctions disciplinaires ou professionnelles effacées par l'amnistie, *d'en rappeler l'existence, sous quelque forme que ce soit*, ou d'en laisser subsister la mention dans un document quelconque, sauf dans les décisions judiciaires, ou comme réparation civile (art. 133-11).

• Mais la règle n'est pas prescrite à peine de nullité de la procédure, sauf si la condamnation amnistiée a influé sur la détermination de la peine dans une poursuite pour une autre infraction (Crim., 12 mars 1985, *Bull. crim.* n° 108) ou une requête en réhabilitation (Crim., 26 mai 2004, *Bull. crim.* n° 138). Le dossier pénal peut être versé aux débats d'une instance sur les intérêts civils (ex. art. 21, al. 2, L. 2002) et les droits de la défense peuvent justifier un plaideur qui évoque une condamnation amnistiée (Crim., 19 juin 2007, *Bull. crim.* n° 163), si nécessaire (Crim., 19 juin 2007, *Bull. crim.* n° 164). Mais l'on peut observer qu'en cas de nouvelles poursuites, à l'occasion desquelles les magistrats s'interrogent sur la personnalité de la personne poursuivie, cet effacement est un obstacle partiel à cette recherche.

• En dehors du Code pénal, des lois d'amnistie (ex. art. 15, al. 3, L. 2002 ; v. Crim., 22 mai 2012, *Bull. crim.* n° 129) ont édicté la même interdiction, pénalement sanctionnée, sauf les limites ci-dessus. En application de ces lois, on ne peut donc pas rappeler dans une assignation ni le principe ni le quantum de la condamnation amnistiée, ni conserver dans un dossier de salariés des sanctions disciplinaires amnistiées, ni mentionner une sanction disciplinaire dans un rapport sur la carrière d'un agent. Mais la référence à une condamnation amnistiée est possible pour la mise en œuvre de la dissolution civile des personnes morales constitutifs de mouvements sectaires (art. 18, L. 2002).

• Il ne subsiste que la **minute** des décisions ; les expéditions doivent porter mention de l'amnistie (art. 133-11 C. pén.).

II – L'amnistie a en principe un effet rétroactif

Par exemple, le sursis qui avait été révoqué par une infraction ayant donné lieu à une condamnation amnistiée est rétabli (art. 133-9).

Mais de **nombreuses limites** ont été apportées à cette rétroactivité :

• Malgré l'amnistie, le **recours en révision** reste ouvert (v. Mémento de *Procédure pénale*).

• Malgré la remise des peines, l'amnistie ne donne pas lieu à restitution (art. 133-9). L'**amende** déjà payée, avant l'amnistie, n'est donc pas remboursée : la solution constitue une prime aux mauvais payeurs, qui diffèrent le paiement de l'amende dans l'attente de l'amnistie, notamment « présidentielle » (mais cette pratique n'a plus cours depuis quelques années), et qui n'auront donc pas à la payer après, alors que l'amende ne sera pas remboursée à ceux qui l'avaient payée. Mais le Conseil d'État juge que l'amende qui aurait été payée après l'amnistie doit être remboursée.

• En cas de *diffamation*, la preuve de la vérité des faits (*exceptio veritatis*) est admise pour des faits constituant une infraction amnistiée (Cons. const. 7 juin 2013, n° 2013-319 QPC, abrogeant l'art. 35, c, L. 29 juill. 1881 qui disposait le contraire ; v. Mémento de *Droit pénal spécial*).

• Dans beaucoup de lois d'amnistie, leur bénéfice, on l'a vu, est subordonné au paiement de l'amende ou de la peine de jours-amende prononcée, *ou* à la contrainte judiciaire, *ou* à l'incarcération en cas défaut de paiement pour la peine de jours-amende.

• Les lois d'amnistie laissent souvent subsister certaines mesures d'éducation pour les mineurs. On a vu plus haut que, plus généralement, certaines mesures de sûreté sont maintenues malgré l'amnistie. L'arme confisquée après décision définitive avant l'amnistie n'est pas restituée.

• Les lois d'amnistie prévoient parfois que l'amnistie est sans effet sur la réduction des points du permis de conduire après condamnation définitive (ex. art. 17, dern. al., L. 3 août 1995).

• L'amnistie peut être sans effet sur la dissolution civile des personnes morales en matière de sectes (art. 18, L. 2002).

§ 2 - Mais le fait amnistié demeure pour les réparations civiles

L'amnistie ne s'applique pas aux réparations civiles dues à la victime : la victime peut exercer l'action civile, malgré l'extinction de l'action publique, et obtenir des dommages-intérêts ; c'est le principe de la **réserve du droit des tiers** (art. 133-10). Ainsi, l'amnistie n'empêche pas l'exécution de la *publication* ordonnée à titre de *réparation* (art. 133-11), ni, selon la jurisprudence, la solidarité pour le paiement des dommages-intérêts (Crim., 10 janv. 2006, *Bull. crim.* n° 10). De même, l'amnistie n'empêche pas le prononcé d'un divorce pour faute.

La condamnation amnistiée a toujours autorité au civil : les lois d'amnistie prévoient que le dossier pénal peut être produit au civil.

Mais un problème naît de ce que *le fait a perdu son caractère pénal* : il en résulte des *difficultés* relatives à la compétence. La **compétence** reste pénale si le tribunal correctionnel ou de police a été saisi, en dehors même du cas des infractions non intentionnelles (art. 470-1 C. pr. pén. ; v. Mémento de *Procédure pénale*). Même si la juridiction pénale n'a pas encore été saisie, la compétence est évidemment pénale si l'amnistie est prévue au *quantum* de peine.

Mais l'extension même du domaine de l'amnistie dans certaines lois fait que les effets de l'amnistie (qui est d'**interprétation stricte**) sont parfois limités par la jurisprudence (ex. dans certains cas pour la réintégration des salariés après amnistie des sanctions disciplinaires).

Chapitre 3
Extinction des peines sans effacement de la condamnation

L'essentiel

- *Une extinction partielle de la peine se produit en vertu de règles dont certaines ont été déjà étudiées, d'autres l'étant plus loin :*

*– pour les peines privatives de liberté, en cas de libération conditionnelle **non révoquée**.*

– pour l'interdiction de séjour, qui cesse quand le condamné atteint 65 ans (art. 131-32, dern. al. C. pén.).

– si une loi nouvelle abroge une incrimination après une condamnation définitive : la peine en cours d'exécution cesse alors de s'exécuter (art. 112-4 C. pén.) ; l'abolition d'une peine met obstacle à son exécution (ex. pour l'ancienne interdiction légale).

Dans tous ces cas, la condamnation reste inscrite au casier, fait obstacle au sursis simple, compte pour la récidive.

- *Un autre cas d'extinction partielle de la peine existe, pour les peines privatives de liberté temporaires, on l'a vu, avec le **crédit de réduction de peine**, automatique, mais pouvant être retiré en cas de mauvaise conduite du condamné (ex. 3 mois pour la première année, 2 mois pour les années suivantes : v. art. 721 mod. L. dite Taubira C. pr. pén.), auquel peut s'ajouter une **réduction de peine supplémentaire** accordée par le **JAP**, après avis de la commission de l'application des peines en cas d'efforts sérieux de réadaptation sociale (ex. dans l'indemnisation des victimes) : pour un maximum de 3 mois par an, 7 jours par mois pour une durée restant à subir inférieure à un an (v. art. 721-1 mod. L. dite Taubira C. pr. pén.). La réduction supplémentaire peut être également retirée par le JAP (pour les cas de retrait, v. art. 721-2, 723-5, 706-56, III). Il existe en outre une réduction de peine exceptionnelle pour les « repentis » de la compétence du **TAP** (v. art. 721-3), qui peut être également retirée (art. 723-5, 706-56, III C. pr. pén.). En application de la loi dite Taubira si une personne condamnée exécutant une ou plusieurs peines privatives de liberté n'a pu bénéficier d'une mesure de libération sous contrainte ou d'une libération conditionnelle alors qu'elle a bénéficié d'une ou plusieurs des réductions de peines prévues aux articles 721 et 721-1, le JAP peut, aux seules fins de favoriser son insertion ou sa réinsertion et de prévenir la commission de nouvelles infractions, ordonner qu'elle soit soumise, après sa libération et pendant une durée qui ne peut excéder le total des réductions de peines dont elle a bénéficié, à une ou plusieurs mesures de contrôle et obligations prévues aux articles 132-44 et 132-45 du code pénal (le condamné peut bénéficier également des mesures d'aide prévues à l'article 132-46) ; en cas d'inobservation par la personne condamnée des mesures de contrôle, obligations et interdictions, le JAP peut retirer tout ou partie de la durée des réductions de peines et ordonner la réincarcération (art. 721-2, I nv. C. préc. pén. ; ces dispositions ne concernent pas le condamné placé sous surveillance judiciaire). De même, le JAP peut ordonner que le condamné ayant bénéficié d'une* *ou plusieurs des réductions de peines prévues aux articles 721 et 721-1 soit soumis après sa libération à l'interdiction de recevoir la partie civile ou la victime, de la rencontrer ou d'entrer en relation avec elle de quelque façon que ce soit, pendant une durée qui ne peut excéder le total des réductions de peines dont il a bénéficié (cette décision est prise préalablement à la libération du condamné, le cas échéant en même temps que lui est accordée la dernière réduction de peine) – il peut s'y ajouter l'obligation d'indemniser la partie civile – ; en cas d'inobservation par le condamné, le JAP peut retirer tout ou partie de la durée des réductions de peines et ordonner la réincarcération (v. art. 721-1, II créé L. dite Taubira).*

Ces pouvoirs du JAP et du TAP évoquent une sorte de délégation du droit de grâce. Aussi étaient-ils de nature à entraîner la disparition des « grâces collectives » du 14 juillet, insuffisamment individualisées : de fait, cette tradition républicaine tend à tomber en désuétude depuis 2007.

***Quatre institutions** seront étudiées ici, qui ont pour résultat d'éteindre la peine, totalement ou partiellement, sans effacer la condamnation ; elles proviennent de trois sources différentes : il y a, selon le cas :*

– la réhabilitation ;

– le relèvement ;

– la grâce ;

– la prescription.

Section 1 – La réhabilitation

Art. 133-12 à 133-17 C. pén. et 782 à 799 C. pr. pén. Pour les condamnations prononcées par les juridictions des forces armées, v. art. L. 266-1, L. 266-2, CJM.

C'est une institution qui a été conçue pour permettre à un condamné de retrouver les droits perdus à la suite de sa condamnation (on disait jadis : son « titre d'honnête homme »). Elle a longtemps produit par principe les mêmes effets que l'amnistie, en effaçant condamnation et peine, mais depuis une réforme du 5 mars 2007, elle n'a plus, sauf exceptions, que cette seconde conséquence.

D'ailleurs, dès avant cette loi, la réhabilitation différait de l'amnistie :

• En ce que l'amnistie peut intervenir, on l'a vu, avant condamnation et même avant poursuites. La **réhabilitation suppose une condamnation**, et même, le plus souvent, l'exécution intégrale de la peine ;

• L'amnistie, en principe, efface tout, avenir, présent, passé ; mais elle laisse subsister certaines mesures : la réhabilitation, qui a désormais elle aussi un large effet rétroactif, permet de faire disparaître même ces mesures, non atteintes en principe par l'amnistie (ex. interdiction professionnelle) ;

• L'amnistie est de source par principe légale (parfois avec décision du juge, parfois avec décision du pouvoir exécutif) ; la réhabilitation est judiciaire ou légale.

• La réhabilitation a été conçue pour stimuler la réinsertion des condamnés. En réalité, elle avait été souvent rendue inutile par la fréquence des lois d'amnistie ; mais comme aujourd'hui elle fait disparaître non seulement la condamnation, comme l'amnistie, mais aussi des mesures que l'amnistie n'efface pas, elle sera sans doute appelée à être plus souvent utilisée, sous sa forme judiciaire, malgré les délais qu'elle suppose.

Il ne faut pas confondre la réhabilitation avec des procédures voisines mais différentes, ex. :

– la **révision**, qui, à la différence de la réhabilitation, suppose une erreur judiciaire (v. Mémento de *Procédure pénale*) ;
– la « **réhabilitation** » en matière d'outrage aux bonnes mœurs (ancienne terminologie) par la voie du livre, L. 25 sept. 1946 ;
– le **non-avenu** résultant d'un sursis non révoqué (*v. cette question*).

Il y a *deux formes* de réhabilitation : judiciaire et légale. La première est prévue par le Code de procédure pénale ; elle s'obtient dans plusieurs cas plus vite, mais toujours de façon plus voyante que la seconde, qui est régie par le Code pénal : la discrétion a son prix. Il arrive que les règles de l'une soient transposables à l'autre dans le silence des textes. Mais leurs effets sont identiques.

§ 1 – Les deux formes de réhabilitation

I – La réhabilitation judiciaire

Art. 782 et s. C. pr. pén.

A – Conditions de fond

Elles se réfèrent à l'exécution des peines, et au délai exigé (toutefois, en cas de services éminents rendus au pays depuis l'infraction, il n'y a ni condition d'exécution de la peine ni condition de temps : art. 789). Cette condition présuppose une **condamnation** (art. 782). Ne peut donc donner lieu à réhabilitation une déclaration de culpabilité avec dispense de peine (mais la fiche est retirée du casier judiciaire au bout de 3 ans : art. 769, 4°), une composition pénale (avec retrait de la fiche dans le même délai : art. 769, 6°). Mais une *condamnation amnistiée peut faire l'objet d'une réhabilitation* (v. par ex. L. 6 août 2002, art. 17) : la réhabilitation peut faire cesser des sanctions que l'amnistie a laissé subsister (v. *infra* § 2).

1. Exécution des peines et mesures

a. Exécution de la peine principale

Il faut en principe pour un emprisonnement, la « libération » (art. 786, al. 2), pour une amende, justifier de son paiement (788, al. 1er), pour les autres sanctions prononcées à titre principal, qu'elles aient été « subies » (art. 786, al. 3).

– le *condamné avec sursis* ne peut donc pas demander sa réhabilitation pendant le délai d'épreuve (il n'exécute pas la peine) ;
– mais peut-il la demander *quand le délai d'épreuve aura couru sans révocation* ? On a longtemps estimé que non, car le condamné n'a pas exécuté sa peine, et d'ailleurs la condamnation, alors condamnation *non avenue*, disparaît, on l'a vu, du B.2 (sauf le suivi socio-judiciaire et l'interdiction de certaines activités). Pourtant, il a été admis (Crim., 17 févr. 1998, *Bull. crim.* n° 206) que ce condamné peut demander sa réhabilitation : selon cet arrêt, le condamné est

« réputé avoir subi sa peine » ; la solution lui est très favorable, car, à défaut, il lui faudrait subir les délais de la réhabilitation légale, plus longs (*v. les délais ci-dessous* ; ex. : pour une personne physique majeure condamnée à 1 an d'emprisonnement, après les 5 ans sans révocation du sursis, il suffit d'attendre 3 ans, au lieu des 5 ans du délai de la réhabilitation légale – pour le point de départ du délai, *v. ci-dessous*). À noter que le condamné à 1 an sans sursis peut demander sa réhabilitation plus tôt que le condamné avec sursis (3 ans après l'exécution) : mais le condamné avec sursis a l'avantage de n'avoir pas à exécuter sa peine.

Sont assimilées *à l'exécution de la peine* la **grâce** (art. 133-17) et la **prescription** (en cas de prescription, il faut alors, outre les autres conditions, ne pas avoir *encouru* de condamnation pour crime ou délit, et avoir eu « une conduite irréprochable » : art. 787, dern. al.).

– paiement de l'amende. Sont assimilées *à l'exécution de la peine*, la **grâce** (art. 133-17), la **prescription** (art. 788, al. 1er), et la **contrainte judiciaire** (c'est une exception à la règle selon laquelle cette contrainte ne vaut pas paiement) ; peu importe également l'absence de paiement si le Trésor a renoncé à user de la contrainte judiciaire (art. 788, al. 2) ;

b. Exécution des autres mesures

Paiement des dommages-intérêts, sauf en cas de prescription, ou de dépôt des sommes dues, ou de remise par la victime (art. 788, al. 1er C. pr. pén.).

2. Écoulement d'un certain délai

La réhabilitation suppose l'écoulement d'un « *délai d'épreuve* » (art. 797).

• **La durée du délai** (art. 786, al. 1er)

– **1 an** pour les peines contraventionnelles ;

– **3 ans** pour les peines correctionnelles ;

– **5 ans** pour les peines criminelles, même si une grâce a commué la peine en peine correctionnelle.

C'est donc la peine prononcée qui compte, non la nature de l'infraction qu'elle sanctionne (ainsi pour l'emprisonnement prononcé à la suite d'un crime).

Ces délais sont dans certains cas allongés (art. 787) ; ils sont de :

– **6 ans (art. 787, al. 2, 3) :**

1. pour les récidivistes, s'ils n'ont subi aucune peine criminelle ;

2. en cas de peine correctionnelle prescrite ;

3. pour ceux qui ont déjà été réhabilités, si seule une condamnation à une peine correctionnelle a été *encourue*.

– **10 ans (art. 787, al. 1er, 2) :**

1. pour les *récidivistes* ayant subi une peine criminelle ;

2. en cas de peine criminelle *prescrite* ; ex. pour crime, avec peine prescrite : au délai de prescription de la peine (20 ans, sauf exception) s'ajoute le délai de 10 ans, soit 30 ans ;

3. pour ceux qui, *déjà réhabilités*, ont *encouru* une nouvelle condamnation à une peine criminelle.

• **Le point de départ du délai** est (art. 786, 787) :

– pour une peine privative de liberté : le jour de la libération définitive, ou conditionnelle si elle n'a pas été révoquée (en cas de *condamnation avec sursis* : le jour où la condamnation est considérée comme condamnation non avenue ; le délai de réhabilitation s'ajoutera donc, on l'a vu, au délai du sursis) : art. 786, al. 2 ;

– pour une peine alternative prononcée comme peine principale : l'expiration de la peine (art. 786, al. 3) ;

– pour l'amende : la condamnation définitive (art. 786, al. 2) ;

– en cas de prescription : le jour où la prescription est acquise (art. 787, al. 1er).

B – Conditions de forme

1. Demande

Elle est faite par le condamné lui-même (ou son représentant pour le majeur en tutelle, ou, en cas de décès du condamné, par le conjoint, les ascendants et descendants s'il s'agit de continuer l'action, ou de la former dans l'année du décès : art. 785). Elle est adressée au *procureur de la République* de la résidence du condamné, avec, notamment, précision des lieux de résidence depuis la condamnation (art. 790).

2. Procédure

Le procureur de la République procède à une *instruction préalable* : renseignements utiles aux lieux où le demandeur a séjourné (auprès des maires des communes de résidence), avis du juge de l'application des peines (art. 791). Il se fait délivrer un extrait du registre des lieux d'incarcération où la peine a été subie et constatant la conduite du condamné et une expédition des jugements de condamnation, ainsi qu'un B.1 (art. 792).

Il transmet le dossier, avec son avis, au procureur général (art. 792), qui saisit la chambre de l'instruction (art. 793).

3. Décision

C'est en effet la **chambre de l'instruction** qui est compétente (art. 783) ; elle statue, après débats en chambre du conseil, dans les 2 mois (art. 794).

La décision peut être de trois ordres :

– un *rejet* pur et simple ; il faut alors attendre deux ans pour former une nouvelle demande, sauf rejet fondé sur l'insuffisance du délai d'épreuve, auquel cas la demande peut être réitérée une fois ce délai écoulé (art. 797) ;

– si l'enquête est insuffisante, une *nouvelle enquête est ordonnée* ;

– l'*admission de la requête* : la réhabilitation est prononcée.

L'arrêt peut être frappé d'un pourvoi en cassation (art. 795, 796).

Cas des personnes morales (art. 799 C. pr. pén.). Plusieurs conditions sont plus favorables que pour les personnes physiques : il ne faut pas, en effet, que l'activité de ces groupements soit entravée trop longtemps, notamment si leurs membres ont été renouvelés :

• La demande, formée par le représentant légal, peut l'être dès après un délai de 2 ans à compter de l'expiration de la durée de la sanction.

• Le délai pour former une nouvelle demande après rejet d'une première est d'un an seulement.

Les autres règles sont les mêmes que pour les personnes physiques (sauf par ex. que la contrainte judiciaire n'est évidemment pas applicable aux personnes morales).

II – La réhabilitation légale

Art. 133-12 à 133-17 C. pén.

La réhabilitation légale est un moyen souvent *plus long*, mais toujours *plus discret* que la réhabilitation judiciaire.

Elle opère **de plein droit**, au bout d'un certain délai écoulé sans nouvelle condamnation à une peine criminelle ou correctionnelle : alors que la réhabilitation judiciaire *constate* l'amendement, la réhabilitation légale le *présume*.

Conditions : la réhabilitation légale suppose l'exécution de la peine, l'écoulement d'un certain temps, et l'absence de condamnation.

A – Exécution de la peine

Sont **assimilées** à l'exécution de la peine la **grâce** (art. 133-17) et la **prescription**, ou, pour l'amende prononcée contre une personne physique, la **contrainte judiciaire** (art. 133-13, 1°).

B – Écoulement d'un certain délai

1. Pour les personnes physiques (art. 133-13)

- **3 ans** pour la condamnation à *l'amende* ou à la peine de *jours-amende* ;
- **5 ans** pour une *condamnation unique* à un *emprisonnement* ne dépassant pas 1 an, ou à une peine autre que la réclusion, la détention, l'emprisonnement, l'amende ou le jour-amende ;
- **10 ans** pour une *condamnation unique* à un *emprisonnement* ne dépassant pas 10 ans, *ou pour plusieurs condamnations* à l'emprisonnement dont le total ne dépasse pas 5 ans.

Il n'y a donc pas de réhabilitation légale si ce total dépasse 5 ans, ni pour les peines de plus de 10 ans, ni pour les peines de réclusion ou de détention. Il n'y a pas de réhabilitation *légale* pour ces peines criminelles : mais il peut y avoir réhabilitation *judiciaire* après 5 ans (v. *supra* I) ; et les condamnés à ces peines peuvent, par *simple requête*, obtenir l'exclusion de la mention de la condamnation au B.2, 20 ans après leur libération définitive ou conditionnelle, s'ils n'ont pas été depuis condamnés à une peine criminelle ou correctionnelle (art. 775-2 C. pr. pén.) ; 40 ans après la condamnation, la fiche est retirée du casier judiciaire, aux conditions qu'on a vues (art. 769, al. 3).

Sont considérées comme *condamnation unique*, les condamnations dont la *confusion* a été ordonnée (art. 133-15).

Il faut tenir compte, dans le calcul des délais, de ce que certaines condamnations ont pu être effacées par une amnistie : ex. deux condamnations à l'emprisonnement dont le total ne dépasse pas 5 ans : le délai de réhabilitation est de 10 ans ; mais si l'une des condamnations a été effacée par une amnistie, il peut subsister seulement une condamnation à une peine (alors unique) d'emprisonnement ne dépassant pas un an : le délai de réhabilitation devient de 5 ans.

Ces délais sont doublés en cas de récidive (art. 133-13, al. 5).

- **Point de départ du délai** (art. 133-13) :
  - *pour l'amende ou les jours-amende* : jour du paiement de l'amende ou du montant global des jours-amende, ou de l'expiration de la contrainte par corps ou de l'incarcération pour défaut de paiement des jours-amende, ou grâce (art. 133-17), ou prescription accomplie.
  - *pour les autres peines* : jour de l'exécution de la peine, grâce (art. 133-17), ou prescription accomplie.
  - *pour les condamnations assorties d'un sursis*, les délais courent à compter de la date à laquelle la condamnation est non avenue.

2. Pour les personnes morales (art. 133-14)

Le délai est de **5 ans (10 ans en cas de récidive)** pour une condamnation à l'amende ou aux autres peines (autres que la dissolution).

Les mêmes règles que ci-dessus sont applicables pour le point de départ du délai, et la confusion des peines (art. 133-15).

3. En cas de condamnation par une juridiction étrangère (art. 133-16-1)

Les délais, pour les personnes physiques comme morales (sous réserve des peines, comme l'emprisonnement), sont les suivants :

- pour une sanction pécuniaire, 3 ans à compter de son prononcé (ou dès l'effacement de la condamnation) ;
- pour un emprisonnement supérieur à 1 an, 10 ans à compter de son prononcé (ou dès l'effacement de la condamnation) ;
- pour un emprisonnement supérieur à 10 ans, 40 ans à compter de son prononcé (ou dès l'effacement de la condamnation) ;
- pour toute autre peine, 5 ans à compter de son prononcé (ou dès l'effacement de la condamnation).

La réhabilitation légale n'est donc pas possible pour un emprisonnement inférieur à 1 an, et il ne peut y avoir non plus de réhabilitation judiciaire (art. 782 : « personne condamnée par un tribunal français »).

C - Absence de condamnation à une peine criminelle ou correctionnelle pendant les délais ci-dessus (art. 133-13 et 14)

§ 2 - Les effets de la réhabilitation

I - Les effets sur la condamnation

Traditionnellement, la réhabilitation effaçait la condamnation ; depuis le Code pénal actuel, elle produisait même les effets de l'amnistie. Mais depuis la loi du 5 mars 2007, cet effacement est grandement atténué, même si la réhabilitation et l'amnistie conservent certains effets communs.

A - Les traces de la condamnation

La condamnation cesse de figurer au *sommier de police technique* (art. 773-1 C. pr. pén.).

Mais la réhabilitation n'efface pas les informations du Fichier national automatisé des auteurs d'infractions sexuelles (art. 706-53-4, al. 4) et si la condamnation n'est plus mentionnée au B.2 (art. 775, 5°) ni au B.3 (art. 777), mention de la réhabilitation est seulement portée sur les fiches du casier judiciaire (art. 769, al. 1er), qui n'en sont donc pas retirées : la réhabilitation n'efface pas la condamnation.

Toutefois, l'arrêt qui accorde la réhabilitation *judiciaire* peut ordonner un tel retrait, si bien que la condamnation n'est plus mentionnée non plus au B.1 (art. 798 ; art. 769, 8°) ; de même, toute personne qui a bénéficié d'une réhabilitation *légale* peut demander à la chambre de l'instruction d'ordonner que la condamnation soit retirée du casier judiciaire et ne soit plus mentionnée au B.1 (art. 798-1). On notera que la réhabilitation rend recevable la demande d'effacement, par l'intéressé, des informations le concernant figurant au fichier judiciaire national automatisé des auteurs d'infractions sexuelles ou violentes – FIJAIS : art. 706-53-10, al. 2 –. La réhabilitation judiciaire est portée en marge des décisions de condamnation (art. 798).

B - Les effets de la condamnation

La réhabilitation agit indivisiblement : elle s'étend à **toutes** les condamnations précédentes (cf. art. 785, al. 2).

Mais depuis la loi du 5 mars 2007, la condamnation réhabilitée compte pour la *récidive* (art. 133-16, al. 3) – sauf, on l'a vu, décision de retrait de la fiche – et fait obstacle au sursis.

La réhabilitation a donc pour effet principal, désormais, de faire cesser pour l'avenir toutes les incapacités et déchéances qui résultaient de la condamnation (art. 133-16, al. 1er), *même les mesures de sûreté* (Crim., 14 oct. 1971, *Bull. crim. n° 266*, pour une interdiction professionnelle), *que l'amnistie peut ne pas atteindre*.

Exceptions :

- la réhabilitation est *sans effet* sur la perte de points du permis de conduire (art. L. 223-4 C. route, renvoyant à la réhabilitation légale de l'art. 133-16 C. pén.).
- en cas de suivi socio-judiciaire ou d'interdiction d'activité impliquant un contact habituel avec des mineurs, la réhabilitation n'a d'effet qu'à la fin de la mesure (art. 133-16, al. 2 C. pén.).

II - Effets communs avec l'amnistie

• Il est *interdit aux personnes ayant connaissance, dans l'exercice de leurs fonctions*, de condamnations pénales, sanctions disciplinaires ou professionnelles effacées par la réhabilitation, *d'en rappeler l'existence, sous quelque forme que ce soit*, ou d'en laisser subsister la mention dans un document quelconque (art. 133-16 C. pén. renvoyant à l'art. 133-11, art. 783, al. 2 C. pr. pén. renvoyant à l'art. 133-16). Mais la chambre criminelle juge que la règle ne s'applique pas au juge : outre qu'il peut se référer à une condamnation réhabilitée pour l'application des règles de la récidive (art. 133-16, al. 3), il peut faire de même lors de nouvelles poursuites pour apprécier la peine à prononcer (Crim., 28 mai 2013, *Bull. crim.* n° 118 ; la jurisprudence antérieure était en sens contraire : v. par ex. Crim., 10 nov. 2009, *Bull. crim.* n° 189).

• En cas de diffamation, la preuve de la vérité des faits (*exceptio veritatis*) est admise même pour des faits ayant donné lieu à une condamnation réhabilitée (Cons. const., 7 juin 2013, n° 2013-319 QPC, ayant abrogé l'art. 35, c, L. 29 juill. 1881 qui disposait le contraire ; v. Mémento de *Droit pénal spécial*).

III – Les conséquences civiles

La réhabilitation ne préjudicie par aux tiers : c'est le même principe qu'en matière d'amnistie (art. 133-16 renvoyant à l'art. 133-10, réserve du droit des tiers).

Remarques :

1. En cas, notamment, de prescription d'une peine d'un an d'emprisonnement, la loi exige, pour la réhabilitation *judiciaire*, un délai de 6 ans, après les 5 ans de prescription, soit 11 ans : mais la réhabilitation *légale* est alors déjà acquise, son délai étant dans ce cas de 5 ans après la prescription, soit 10 ans…

2. En ce qui concerne le *casier judiciaire*, et en dehors du cas où la **condamnation avec sursis** devient **non avenue**, on peut rapprocher, de la réhabilitation :

– les **suppressions de fiche** du casier judiciaire, dans de nombreux cas, ex. parfois après 3 ans (*v. le casier judiciaire*) ;

– l'effet de l'**exclusion d'une condamnation du B.2**, qui entraîne relèvement des interdictions, déchéances ou incapacités.

Section 2 – Le relèvement

C'est une décision par laquelle une **juridiction de jugement** peut effacer des mesures d'**interdictions, déchéances, incapacités ou parfois de mesures de publication**, résultant d'une condamnation pénale ; peut également être demandé le relèvement du suivi socio-judiciaire. Sans doute, on l'a vu, l'art. 132-17 C. pén. dispose-t-il qu'aucune peine ne peut être appliquée si la juridiction ne l'a pas expressément prononcée, mais la catégorie des peines automatiques n'a pas pour autant disparu (les peines accessoires, on l'a vu aussi, sont toutefois en régression : *v. cette question*), ce qui justifie cette procédure destinée à leur faire échec.

Le relèvement est prévu par le Code pénal (art. 132-21, al. 2) et le Code de procédure pénale (art. 702-1, 703, 712-2, 712-22, D. 49-25-1). Pour les juridictions des forces armées, v. art. L. 266-3.

On a vu que plusieurs institutions ont un effet se rapprochant de ceux de ce relèvement :

• **La dispense de peine correctionnelle ou contraventionnelle**, qui, elle, peut porter même sur une peine principale ;

• Le relèvement de certaines peines par exclusion du B.2 (art. 775-1, al. 2 ; *v. le casier judiciaire*) ;

• Le relèvement, par le JAP, des obligations pouvant accompagner une suspension de peine de l'art. 720-1-1 (art. D. 147-2) ;

• La décision prise par le TAP de mettre fin à la période de sûreté, appelée parfois par les textes « relèvement » (*v. cette question*).

On ne confondra pas le relèvement ici étudié :

• Avec le cas de relèvement propre au refus de prélèvement de matériel génétique et à la substitution du matériel génétique d'un tiers au sien propre (art. 706-56, III C. pr. pén.) : l'auteur de ces délits étant frappé de plein droit du retrait des *réductions de peines* qu'il a pu obtenir et de l'interdiction de bénéficier de nouvelles réductions de peines, la juridiction qui le condamne peut lui en accorder relèvement (art. D. 117-4 C. pr. pén.).

• Avec le **relèvement du suivi socio-judiciaire**, qui, en raison de la nature particulière de cette peine, est une hypothèse de relèvement spécifique d'ailleurs soumise à un régime propre (art. 763-6 C. pr. pén.). Ce relèvement est de la *compétence de la juridiction qui a prononcé la condamnation* ou de la chambre de l'instruction dans le cas d'une cour d'assises. La demande ne peut être formée avant un an à compter de la condamnation (renouvelable annuellement en cas de refus). Le relèvement peut être partiel, en ne portant que sur une partie des obligations résultant du suivi socio-judiciaire. Le *JAP* a ce même pouvoir pour le suivi socio-judiciaire comportant une injonction de soins lorsqu'il apparaît que le reclassement du condamné est acquis et qu'un traitement n'est plus nécessaire ; un relèvement seulement partiel est également possible, y compris en dispensant de l'injonction de soins.

• Avec le relèvement pouvant être accordé par les *juridictions d'application des peines*, à l'occasion de l'octroi, par elles, d'un *placement à l'extérieur*, d'une *semi-liberté*, d'un *fractionnement ou d'une suspension de peine*, d'un *placement sous surveillance électronique* ou encore d'une *libération conditionnelle* ou d'un *relèvement de la période de sûreté* et afin d'en favoriser le succès : ces juridictions peuvent relever le condamné, totalement ou partiellement, d'une interdiction (résultant de plein droit de la condamnation ou prononcée à titre de peine complémentaire) d'exercer une fonction publique ou une profession (art. 712-22, D. 49-25-1 C. pr. pén.).

§ 1 - Conditions du relèvement

Le Code pénal et le Code de procédure pénale prévoient les cas dans lesquels peut être décidé le relèvement ; mais il y a des mesures auxquelles, en vertu de la loi ou selon la jurisprudence, le relèvement est inapplicable.

I - Le moment du relèvement

Selon la nature de la peine, le relèvement peut être immédiat ou postérieur.

• **Relèvement immédiat ou postérieur** (art. 132-21, 702-1) : lorsque la mesure résulte **de plein droit** d'une condamnation pénale, en application de dispositions particulières (puisque dans le Code pénal il n'y a plus en principe de peine encourue de plein droit), le relèvement peut être demandé **dès la condamnation, ou par la suite** (aucun délai minimum n'est fixé entre la date de la condamnation et celle de la demande) ; mais le relèvement *immédiat* n'est possible que pour les peines qu'il énumère **limitativement** (Crim., 21 sept. 2005, n° 05-81671 ; 3 juin 2004, *Bull. crim.* n° 153), à savoir les *interdictions, déchéances ou incapacités* : ex. pas pour les mesures de publication visées en revanche par l'art. 702-1 (Crim., 21 sept. 2005, 3 juin 2004, préc.).

• **Relèvement postérieur** (art. 702-1, al. 3) : lorsque la mesure (interdiction, déchéance, incapacité ou mesure de publication ; ex. interdiction de séjour : Crim., 5 sept. 1994, *Bull. crim.* n° 294, suspension du permis de conduire : al. 4) a été prononcée dans le jugement **à titre de peine complémentaire**, le relèvement immédiat n'est pas prévu, puisque, au moment de la condamnation, il suffisait au juge de ne pas prononcer la peine complémentaire facultative (cette raison, toutefois, ne vaut pas pour les peines complémentaires obligatoires).

La demande ne peut être faite qu'après un **délai de 6 mois** suivant la décision. C'est la date de la saisine de la juridiction qui compte : peu importe que la demande adressée au procureur elle-même soit antérieure (Crim., 9 juin 1999, *Bull. crim.* n° 134). En cas de refus, la demande ultérieure ne pourra être présentée que 6 mois après le refus (mais lorsque l'interdiction du territoire français est prononcée en complément d'une peine privative de liberté, ce délai ne s'applique pas si la mise en liberté intervient avant son expiration).

Si le relèvement concerne *l'interdiction du territoire*, le juge doit rechercher si le maintien de la mesure respecte « un juste équilibre » entre le droit au respect de la vie privée et familiale et les impératifs de sûreté publique, selon l'art. 8, Conv. EDH (Crim., 30 mars 2011, *Bull. crim.* n° 68 ; 20 févr. 2013, *Bull. crim.* n° 45). Comme on l'a vu, le JAP ou le TAP peut accorder la libération conditionnelle à l'étranger condamné à cette interdiction en suspendant cette peine : si la libération n'est pas révoquée, il y a *relèvement de plein droit* de l'interdiction du territoire (art. 729-2, al. 2).

Si la demande concerne une déchéance, interdiction ou incapacité prononcée pour banqueroute en application du Code de commerce, le relèvement ne peut être accordé que si l'intéressé a apporté une contribution suffisante au paiement du passif du débiteur (art. 702-1, al. 2).

II – L'exclusion du relèvement

Les art. 132-21, al. 2 et 702-1 ne visant que les sanctions résultant de plein droit d'une condamnation ou prononcées à titre de peine complémentaire, le relèvement est inapplicable :

• aux peines principales, y compris aux peines privatives de droits prononcées **comme peines principales** (Crim., 31 mai 1994, *Bull. crim.* n° 214) : sinon, il vaudrait dispense de peine, sans les conditions de celle-ci ;

• aux *mesures réelles* : ex. fermeture d'établissement (Crim., 28 juin 1977, *Bull. crim.* n° 246), démolition d'une construction illicite (Crim., 14 avr. 1993, *Bull. crim.* n° 155) ; selon la jurisprudence, annulation du permis de conduire (Crim., 17 juin 1986, *Bull. crim.* n° 209 ; 18 janv. 2000, *Bull. crim.* n° 25 ; mais il peut y avoir relèvement, total ou partiel, du délai pour obtenir un nouveau permis, si l'annulation n'a pas été prononcée comme peine principale : Crim., 17 oct. 1991, *Bull. crim.* n° 358) ;

• à la perte de points du permis de conduire (art. L. 223-4 C. route) ;

• à ce qui ne constitue pas une peine privative de droits, ex. jurisprudentiels : révocation d'un sursis (Crim., 23 nov. 1976, *Bull. crim.* n° 338), inscription au fichier judiciaire national automatisé des auteurs d'infractions sexuelles ou violentes – FIJAIS : il existe une procédure particulière d'effacement des informations contenues dans le fichier, art. 706-53-10 C. pr. pén. (Crim., 16 janv. 2008, *Bull. crim.* n° 12 ; 1er févr. 2012, n° 11-85024) ;

• à ce qui ne résulte pas de la condamnation pénale, ex. jurisprudentiel : la destitution d'un notaire prononcée par une juridiction disciplinaire (Crim., 4 janv. 1990, *Bull. crim.* n° 3) ;

• à des mesures à caractère de réparation civile, ex. la démolition d'ouvrages irréguliers.

L'étranger ne peut obtenir le relèvement d'une *interdiction du territoire* que s'il réside hors de France (sauf, notamment, pendant le temps où il subit en France une peine privative de liberté sans sursis : art. L. 541-2 C. entrée et séjour des étrangers ; Crim., 13 juin 2007, *Bull. crim.* n° 162).

§ 2 - Modalités du relèvement

Le relèvement peut être **total ou partiel** (ex. pour la durée) ; en ce qui concerne la *suspension du permis de conduire*, le relèvement peut être limité à la conduite dans l'activité professionnelle, sauf pour un délit pour lequel cette suspension ne peut être ainsi limitée (art. 702-1, al. 4).

Le relèvement ne peut être conditionnel (ex. il ne peut être suspendu à l'absence de condamnation pendant 5 ans).

§ 3 - Procédure du relèvement

La décision sur le relèvement (demande au procureur de la République) est de la compétence de la juridiction qui a statué (sur la compatibilité de cette règle avec l'exigence d'impartialité, v. Crim., 9 janv. 2002, *Bull. crim.* n° 1), ou, en cas de pluralité de condamnation, de la dernière juridiction qui a statué, siègeant à juge unique (art. 702-1). En cas de condamnation par une cour d'assises, c'est la chambre de l'instruction qui est compétente. La juridiction statue en chambre du conseil (art. 703).

Le relèvement est une *faculté discrétionnaire* du juge (Crim., 4 mai 2000, *Bull. crim.* n° 179), sauf contradiction, ou erreur de droit, ou motifs erronés, ex. niant à tort l'existence d'un fait nouveau. Le juge doit motiver sa décision au regard de la situation de l'intéressé au jour de sa demande, non au jour de sa condamnation (Crim., 15 oct. 2003, *Bull. crim.* n° 194). Toutefois, on l'a vu, pour le relèvement de l'interdiction du territoire, le refus doit être motivé ; v. *cette peine*.

§ 4 - Effets du relèvement

La condamnation subsiste (en conséquence, elle est un obstacle au sursis simple, elle constitue un terme de récidive), de même que subsistent les mesures non touchées par le relèvement (mais, on l'a rappelé plus haut, possibilité dans ce cas *d'un relèvement des interdictions, déchéances et incapacités de toute nature par exclusion du B.2, art. 775-1, al. 2 : v. le casier judiciaire*).

Mention du relèvement, total ou partiel, est portée au casier judiciaire, et en marge de la décision de condamnation (art. 703, dern. al.).

Section 3 – La grâce

C'est une faveur par laquelle le **chef de l'État** (art. 17 Constitution) dispense un condamné de tout ou partie de sa peine (art. 133-7, 133-8 C. pén.) ; mais elle dispense seulement d'exécuter la peine : elle ne vaut pas exécution.

Caractères : la grâce *diffère de l'amnistie* à plusieurs points de vue, notamment quant à ses effets (v. § 2), mais aussi :

1. Par l'autorité dont elle émane

C'est le **chef de l'État** (d'où, parfois, la critique relative à l'atteinte à la séparation des pouvoirs).

2. Par sa conception

L'amnistie a en principe un caractère réel, la grâce un **caractère personnel**, visant un condamné nommément désigné.

Il y a cependant des **grâces collectives**, par décret, s'appliquant sans distinction à un grand nombre de détenus, notamment à l'occasion du 14 juillet. Ces mesures très contestables et ayant perdu l'essentiel de leur légitimité du fait de la possibilité de **réduction de peine** par le JAP, sont en déclin depuis 2007 ; elles ont pour effet, il est vrai, de désencombrer les établissements pénitentiaires, et, en juillet, à une période de fortes chaleurs.

Utilité :

a. Fondement

La grâce permet de tenir compte de la *bonne conduite* du coupable *après* sa condamnation.

Elle ne fait donc pas double emploi avec l'atténuation judiciaire de la peine lors du jugement, ni avec le sursis simple. Certaines grâces sont dites médicales parce qu'elles permettent de libérer des détenus en raison de leur maladie (ex. Sida), notamment en fin de peine ; *v. aussi la suspension de peine pour raisons médicales très graves*.

b. Domaine

La grâce s'applique à *toutes les peines*, et pas seulement aux peines privatives de liberté ; elle est donc utile malgré la libération conditionnelle et la réduction de peine.

c. Effet modérateur

La grâce permet de corriger la *sévérité de la loi*, en cas de peine considérée comme trop forte : l'exécutif corrige alors le législatif. Si la grâce atténue une peine *prononcée*, considérée comme trop sévère en l'espèce, l'exécutif corrige alors, plus curieusement encore, le judiciaire (ex. les peines perpétuelles prononcées font souvent l'objet de grâces).

d. Cas de l'erreur judiciaire

La grâce est utile en cas d'erreur judiciaire :
– *démontrée* en attendant la conclusion de la procédure de révision, souvent longue (v. Mémento de *Procédure pénale*) ;
– *probable* mais non suffisamment établie.

§ 1 – Conditions

I – La grâce suppose

1. Une peine

Il n'y a pas de grâce pour les réparations dues à la victime, les sanctions disciplinaires, la contrainte judiciaire, la réduction du nombre de points du permis de conduire, les sanctions fiscales, les mesures de caractère réel, l'astreinte. Il peut s'agir de *n'importe quelle peine* : criminelle, délictuelle, de police ; peine privative de liberté, peine privative ou restrictive de droits ; peines principale, complémentaire, accessoire ; période de sûreté, etc. On y ajoute l'amende civile.

2. Une condamnation définitive

C'est-à-dire irrévocable, voies de recours épuisées ou délais écoulés.

3. Une condamnation exécutoire

Ne peuvent donc pas faire l'objet d'une grâce :
- les condamnations avec sursis, les condamnations par défaut ;
- les peines amnistiées, réhabilitées ;
- les peines subies (par ex. l'amende payée ne peut être restituée), les peines prescrites.

II – Procédure

1. Recours en grâce ou grâce d'office

Le condamné (ou un parent, l'avocat ou toute autre personne ayant un intérêt matériel ou moral, l'héritier tenu au passif successoral du condamné) adresse un recours en grâce au président de la République (environ 35 000 par an). Le recours suspend le recouvrement de l'amende, si l'autorité le demande. Après, le cas échéant, un examen préalable par les ministres intéressés, le recours est instruit par le ministre de la Justice (art. R. 133-1 C. pén. ; sur le traitement automatisé de l'instruction des recours en grâce, v. arr. 5 oct. 1995). Après rejet, de nouveaux recours sont possibles.

Mais le recours n'est pas indispensable : la grâce peut être accordée **d'office après instruction effectuée d'office par le parquet**.

2. Examen du dossier

Le dossier est examiné par la **Direction des affaires criminelles et des grâces**, au ministère de la Justice. Les demandes qui paraissent injustifiées ne sont pas transmises au président de la République. La direction des affaires criminelles et des grâces peut préparer le projet de décret, d'office ou à la demande du chef de l'État.

3. Le décret de grâce

La décision du président de la République est **discrétionnaire** ; il ne doit aucun compte de son choix. La grâce est accordée par **décret**, signé par le président de la République, contresigné par le Premier ministre, le ministre de la Justice, et le cas échéant le ou les ministres ayant procédé à l'examen préalable (art. R. 133-2 C. pén.). Contre ce décret, le Conseil d'État juge que le condamné n'a aucun recours (CE 30 juin 1893, 8 nov. 1961).

III – La grâce conditionnelle

La grâce est souvent subordonnée à certaines conditions : on l'appelle alors grâce conditionnelle (ex. : indemnisation de la victime, absence de condamnation pendant un certain délai, traitement de désintoxication).

Cette technique suscite des *difficultés* juridiques (*v. § 2)*, et porte atteinte à l'ancienne notion de grâce irrévocable. Mais elle constitue un utile moyen de politique criminelle, poussant le bénéficiaire à se bien conduire : c'est une *sorte de sursis administratif* et de *mise à l'épreuve.*

§ 2 – Effets

La grâce est une dispense d'exécution de la peine (art. 133-7 ; elle ne vaut pas exécution, v. le problème pour la libération conditionnelle), mais qui laisse subsister la condamnation, et produit des effets particuliers lorsqu'elle est conditionnelle.

I – La grâce dispense d'exécuter la peine, pour l'avenir

– **soit totalement (remise intégrale), soit partiellement ;**
– soit par commutation de peine.

C'est la substitution, *à la peine prononcée, d'une peine moins sévère* (ex. réclusion à temps à la place de la réclusion à perpétuité).

II – Mais la grâce laisse subsister infraction et condamnation

À la différence de l'amnistie, la grâce *n'a pas d'effet rétroactif.*

A – Le maintien du principe de la condamnation

1. Le principe et ses conséquences

• La condamnation **reste inscrite au casier judiciaire** (avec mention de la grâce, y compris de la commutation : art. 769), fait toujours **obstacle au sursis simple** (pas au sursis avec mise à l'épreuve), compte toujours pour la **récidive** ;

• Malgré la grâce, la condamnation peut empêcher **l'amnistie** de jouer. Exemple : une personne est condamnée à 1 an d'emprisonnement ; elle bénéficie d'une grâce de 10 mois ; si une amnistie vise les condamnations ne dépassant pas 4 mois, elle ne joue pas, car la condamnation est toujours d'1 an ;

• La condamnation peut être effacée par la révision en cas d'erreur judiciaire (Crim., 10 janv. 1947, *D.* 1947. 225).

2. Exceptions

Il y a des cas où l'on tient compte de la peine résultant de la grâce :

– pour le non-cumul des peines (art. 132-6 C. pén.) ; *v. le concours d'infractions* : la grâce ne vaut pas exécution ;

– pour le calcul du délai de *libération conditionnelle* (la grâce ne vaut pas exécution, mais les délais tiennent compte, on l'a vu, de la peine non pas prononcée, mais restant à subir) ;
– pour le calcul de la durée de la période de sûreté : v. art. 720-2, al. 2 C. pr. pén. *Adde* art. 2221-3, 221-4, C. pén.

B - Le maintien des conséquences accessoires de la condamnation

• La grâce laisse subsister les peines *complémentaires* (sauf si elles ont été expressément visées par le décret de grâce) : la grâce ressemble sur ce point à la prescription, non à l'amnistie.

• Elle ne fait pas obstacle au droit pour la victime d'obtenir *réparation* (art. 132-8 C. pén.).

III - Cas de la grâce conditionnelle

Quand la grâce est conditionnelle, elle impose certaines *obligations* (*v. supra § 1*), dont *l'inexécution* entraînera *révocation de plein droit* de la grâce. Il s'ensuit que :

• Le condamné à 4 mois d'emprisonnement bénéficiaire d'une grâce sous condition de n'être pas condamné pendant 3 ans ne peut invoquer avant l'expiration de ce délai l'amnistie visant des condamnations ne dépassant pas 3 mois.

• Le point de départ du délai de réhabilitation est le jour de la grâce, mais seulement si les conditions dont la grâce a été assortie sont remplies, ex. pas de condamnation pendant 5 ans.

Remarque : des lois d'amnistie ont prévu la possibilité, on l'a vu (*v. l'amnistie*), d'une grâce amnistiante, ayant les effets de l'amnistie, plus profonds que ceux de la grâce, mais ne bénéficiant qu'aux personnes désignées par décret du président de la République. Aujourd'hui, les lois d'amnistie préfèrent, à la grâce amnistiante, *l'amnistie par mesure individuelle* (*admission au bénéfice de l'amnistie par décret*) ; ce procédé n'exige pas les conditions de la grâce : il peut jouer par exemple pour une personne non encore condamnée, ou ayant déjà subi sa peine, cas dans lesquels, on l'a vu, la grâce ne peut intervenir.

Section 4 - La prescription de la peine

C'est l'impossibilité juridique d'exécution de la peine après écoulement d'un certain délai sans que la peine ait été exécutée, par exemple parce que le condamné s'est soustrait à l'exécution. Art. 133-2 à 133-6. C. pén. ; pour les peines prononcées par les juridictions des forces armées, v. art. L. 267-1, renvoyant aux règles du code pénal. Revenant sur une position contraire antérieure, la Cour de cassation juge que la requête par laquelle le condamné demande à une juridiction, sur le fondement de l'art. 710, C. pr. pén., de constater la prescription est recevable même s'il est en fuite (Crim., 15 févr. 2012, *Bull. crim.* n° 50).

On ne confondra pas la prescription de la *peine* et la prescription de *l'action publique*, qui est l'extinction du droit de poursuivre après un certain délai (v. Mémento de *Procédure pénale*).

Fondement :

1. On a invoqué plusieurs arguments en faveur de la prescription de la peine : la prescription est fondée en même temps sur l'*oubli* (chez le public), et sur le *souvenir* (chez le condamné).

• *Dans le public* : on oublie, car « le temps puissant efface toute chose ».

• *Chez le condamné* : le souvenir de la condamnation persiste (du moins pour celui qui a connu sa condamnation) ; il y aura pour lui à la fois :

– *remords*, dans lequel on peut voir une expiation équivalente, du fait des privations, de l'inquiétude ; on connaît l'argument de « l'insomnie de 20 ans » ;

– *prudence* ; le condamné a intérêt à se bien conduire, pour ne pas attirer l'attention sur lui : c'est alors la prescription moyen de politique criminelle.

2. Certains répondront à ces arguments :

• Contre l'argument de l'oubli, demeure une atteinte à *l'autorité des jugements.*

• Contre l'argument du souvenir :

– le *remords* ? C'est mal connaître la *mentalité* des malfaiteurs.

– la *prudence* ? La prescription est alors une *prime* aux plus habiles, donc aux *plus dangereux*.

Il faudrait la réserver aux délinquants d'occasion.

L'institution est d'autant plus importante que le nombre de peines inexécutées va croissant.

§ 1 – Conditions

Elles se réfèrent aux peines, et au délai.

I – En principe, toute peine peut se prescrire

La prescription de la peine a un domaine général. Elle s'applique à toute peine, quelle qu'en soit la gravité (criminelle, correctionnelle, de police), la nature (peine principale, accessoires, complémentaire, mesure de sûreté, etc.), mais seulement aux peines : ne sont pas telles le retrait de points du permis de conduire (cf. Crim., 6 juill. 1993, *Bull. crim.* n° 240), la mise en conformité des lieux et la destruction d'un ouvrage après une infraction d'urbanisme (Crim., 23 nov. 1994, *Bull. crim.* n° 375), l'astreinte (Crim., 26 sept. 2006, n° 05-87346). Les amendes fiscales sont soumises aux règles pénales (Crim., 28 mai 1974, *Bull. crim.* n° 202), de même que les amendes et confiscations douanières (art. 382, 5° C. douanes).

Évidemment, les obligations de nature civile se prescrivent selon les règles du droit civil (art. 133-6 C. pén.). Mais la jurisprudence soumet parfois les sanctions de nature mixte aux règles de la prescription des peines (Crim., 18 févr. 1971, *Bull. crim.* n° 55, à propos d'une confiscation en valeur en matière de contributions indirectes).

Il y a cependant des **exceptions** :

1. Peines prononcées pour crimes contre l'humanité

Art. 213-5 C. pén. Antérieurement, la solution avait été discutée, la L. 26 déc. 1964, tendant à constater l'imprescriptibilité des crimes contre l'humanité ne visant que les crimes, non les peines.

2. Certaines peines incompatibles avec la prescription

La prescription affecte non la peine, mais son *exécution* : elle ne se conçoit donc pas pour des peines qui produisent leur effet dès le prononcé de la condamnation devenue irrévocable, si bien que la prescription ne concerne que les peines pouvant être ramenées à exécution par une **mesure d'exécution forcée** (jurisprudence constante ; v. Crim., 7 janv. 2009, *Bull. crim.* n° 7). Ce faisant l'institution sanctionne l'inaction du ministère public, dont le condamné ne saurait pâtir, et la société qui n'a pas su faire exécuter la peine à temps (cf. art. 707-1, D. 48 et s. C. pr. pén.).

Echappent donc à la prescription, par ex., l'annulation d'un permis de conduire (Crim., 9 févr. 1994, *Bull. crim.* n° 62), l'interdiction du territoire français (Crim., 7 janv. 2009, préc.), l'interdiction de séjour (cf. Crim., 29 mars 1995, *Bull. crim.* n° 135, motifs ; *contra* Crim., 2 févr. 1983, *Bull. crim.* n° 44). Elles cesseront donc à leur terme fixé et leur éventuelle violation pourra être sanctionnée (pour l'interdiction de séjour, par ex., v. art. 434-38 C. pén.).

En revanche la peine de confiscation a été jugée prescriptible, car la décision doit être transmise au comptable du Trésor pour exécution (Crim., 26 juin 2007, *Bull. crim.* n° 175). La jurisprudence paraît considérer comme prescriptibles les peines qui doivent être *notifiées* au condamné : ex. interdiction de solliciter la délivrance d'un nouveau permis de conduire après annulation du précédent (Crim., 9 févr. 1994, préc. ; cf. Crim., 28 nov. 2012, *Bull. crim.* n° 263) ; suspension du permis de conduire (Crim., 4 nov. 1999, *Bull. crim.* n° 244). V. Crim., 2 févr. 1983, préc., à propos de l'interdiction de séjour du temps où elle devait être notifiée par le ministre de l'intérieur.

II - Délai de la prescription de la peine

A - Durée

La prescription de la peine est de :

- **20 ans** pour les peines « prononcées pour *crime* » (art. 133-2 ; **30 ans** pour les crimes en matière de *terrorisme*, de trafic de *stupéfiants, de prolifération d'armes de destruction massive*, de *clonage reproductif* et de *disparition forcée, pour les crimes de guerre* : art. 706-25-1, 706-31, 7706-175 C. pr. pén. ; art. 215-4, 221-18, 462-10 C. pén.) ;
- **5 ans** pour les peines « prononcées pour *délit* » (art. 133-3 ; **20 ans**, pour les délits en matière de *terrorisme*, de trafic de *stupéfiants, de prolifération d'armes de destruction massive, pour les délits de guerre* : art. 706-25-1, 706-31, 706-175 C. pr. pén. ; art. 462-10 C. pén.). Ce délai vaut pour toutes les peines « prononcées pour un délit », ainsi d'une confiscation (Crim., 26 juin 2007, *Bull. crim.* n° 175).
- **3 ans** pour les peines « prononcées pour *contravention* » *(art. 133-3).*

Remarques :

1. C'est la *nature de l'infraction*, non celle de la peine, qui détermine la longueur du délai (on a rencontré un problème voisin, à propos de la diminution de peine des mineurs) : même si c'est une peine correctionnelle (ex. emprisonnement) qui est « prononcée pour un crime », par atténuation décidée par la cour d'assises, la peine est prononcée pour crime ; la prescription de la peine est donc de 20 ans.

2. Les délais de prescription de la *peine* sont plus longs que ceux de la prescription de *l'action publique* (cette dernière empêchant le ministère public de poursuivre), sauf en matière de terrorisme, de trafic de stupéfiants, de prolifération d'armes de destruction massive, de clonage reproductif, de disparition forcée, et sauf pour les délits et crimes de guerre. C'est qu'il s'agit de la prescription de la peine : cela suppose qu'il y a eu condamnation, ce qui a attiré l'attention du public, l'oubli étant dès lors moins rapide (les délais de prescription de l'action publique sont, sauf pour certaines infractions, de 10 ans pour les crimes, 3 ans pour les délits, 1 an pour les contraventions).

B – Point de départ

1. Pour une décision

• *contradictoire* : le moment où la condamnation devient définitive (art. 133-2, 133-3, 133-4) ;

• *par défaut* : en matière correctionnelle ou contraventionnelle, lorsque l'opposition n'est plus possible (en principe 10 jours après la signification : art. 491 C. pr. pén. ; si le jugement n'est pas signifié, la prescription de la peine ne court donc pas, mais 3 ans après ce jugement, non signifié, il y aura prescription de l'action publique : Crim., 21 févr. 2012, *Bull. crim.* n° 51). En matière criminelle, la prescription court à compter de l'arrêt de condamnation (art. 379-4 C. pr. pén.) ;

2. Sursis

En cas de condamnation avec sursis et de révocation de ce sursis par une deuxième condamnation, la *prescription de la première peine*, assortie du sursis révoqué, part, selon la jurisprudence, de la date de la décision de révocation devenue définitive (Crim., 17 juill. 1985, *Bull. crim.* n° 266).

3. Évasion

Pour la partie de la peine restant à subir au jour de l'évasion, le délai recommence à courir au jour de l'évasion.

4. Amende forfaitaire majorée

À compter de la signature du titre exécutoire par le ministère public (art. 530 C. pr. pén.).

C – Suspension du délai

Le délai est suspendu :

1. Par un obstacle de fait à l'exécution de la peine

Ex. guerre, inondation.

2. Par un obstacle de droit empêchant d'exécuter la peine

Ex. sursis, grâce conditionnelle, exécution d'une autre peine, ex. à l'étranger (Crim., 15 janv. 1996, n° 95-80382), procédure suivie devant la Cour pénale internationale (art. 627-11, al. 2 C. pr. pén.).

Le temps déjà écoulé **avant l'événement suspensif reste acquis.**

D - Interruption du délai

Le délai est interrompu par deux types d'actes :

- les *actes d'exécution de la peine* :
  - pour l'amende, le commandement de payer adressé par le Trésor public.
  - pour les **peines privatives de liberté** : l'arrestation.

- les *actes qui tendent à l'exécution de la peine* émanant du ministère public, des juridictions de l'application des peines et, pour les peines d'amende ou de confiscation relevant de leur compétence, du Trésor ou de l'Agence de gestion et de recouvrement des avoirs saisis et confisqués (art. 707-1, al. 5, créé L. 27 mars 2012) : ainsi d'un mandat d'arrêt délivré à l'encontre du condamné en fuite (*contra*, avant la loi nouvelle, Crim., 26 juin 2013, *Bull. crim.* n° 170), de la demande de son extradition.

Le temps déjà écoulé avant l'événement interruptif *ne compte plus* : il faut recommencer une nouvelle prescription (ainsi en cas d'évasion).

§ 2 - Effets

Les effets de la prescription sont d'**ordre public** : ils s'imposent au juge, et au condamné, qui ne peut donc y renoncer : c'est une différence entre la prescription du droit civil et celle du droit pénal. Le condamné pourrait avoir intérêt à y renoncer, notamment en cas d'amende prescrite, pour pouvoir bénéficier de l'amnistie prévue moyennant le paiement de l'amende : une amende prescrite n'est pas due (mais il se peut que le Trésor accepte pourtant ce paiement).

I - La peine prescrite ne peut plus être exécutée

La prescription empêche l'exécution de la peine, mais elle ne vaut pas exécution. La *réhabilitation* peut intervenir, mais les délais sont alors allongés, pour la réhabilitation judiciaire (*v. cette question*).

II - Mais la condamnation subsiste

- Elle reste inscrite au *casier*, fait obstacle au *sursis simple*, compte pour la *récidive* (cf. art. 132-9, 132-10, 132-11 C. pén.) ; elle permet de prolonger la détention provisoire selon l'art. 145-1 C. pr. pén. (Crim., 18 juin 2003, *Bull. crim.* n° 126).

- La condamnation par défaut devient définitive (art. 133-5 C. pén.).

- **Subsistent également les conséquences accessoires** de la condamnation comme les peines privatives de droits. La prescription d'une peine principale n'étend pas son effet à la peine complémentaire qui s'y rattache (Crim., 7 janv. 2009, *Bull. crim.* n° 7).

- La prescription fait même apparaître une peine, en cas de *peine criminelle prescrite* : il y a interdiction de séjour définitive de plein droit, dans le département où demeurent la victime ou ses héritiers directs (art. 763 C. pr. pén.).

Pour aller plus loin

Exemple de sujet possible d'examen

Dissertation

- Les peines et la bonté du législateur (sujet portant sur l'ensemble du Titre 4)

Étude complémentaire 1
Conflit de lois pénales dans le temps : non-rétroactivité de la loi pénale

L'essentiel

Art. 112-1 à 112-4 C. pén.

La loi pénale s'applique*, depuis sa promulgation jusqu'à son abrogation,* ***à tous les actes commis après l'entrée en vigueur de la loi ; elle ne s'applique pas aux actes commis et définitivement jugés avant cette entrée en vigueur*** *(art. 112-1 à 112-4 C. pén.).*

Ces règles ne supposent pas nécessairement la succession de deux lois, l'une ancienne, l'autre, nouvelle, venant modifier ou abroger la précédente : elles s'appliquent également dans le cas où une loi incrimine un comportement qui jusqu'alors ne l'était pas et qui, comme tel, ne relevait d'aucune « loi ancienne » (v. par ex. Crim., 26 févr. 2014, 2 arrêts, n° 13-86631 et 13-87888).

On distingue l'effet rétroactif d'une loi, et l'application immédiate de la loi. Par l'effet rétroactif, la loi nouvelle modifierait une situation établie sous l'empire d'une loi antérieure, en supprimant par exemple les effets d'actes déjà accomplis, ce qui est en principe exclu. Par l'effet immédiat de la loi nouvelle, la loi ancienne continue de s'appliquer aux actes déjà accomplis, la loi nouvelle s'appliquant seulement aux situations en cours, ce qui est admis dans plusieurs cas.

1. *Le problème suppose, pour qu'il y ait conflit entre la loi antérieure et la loi nouvelle, un acte commis sous l'empire d'une loi ancienne, et non jugé définitivement au moment où entre en vigueur une loi nouvelle.*

Si l'acte a été jugé définitivement, la loi nouvelle lui est donc inapplicable, sauf les ***exceptions*** *propes à l'exécution des peines :*

- *La peine cesse d'être exécutée quand elle a été prononcée pour un fait qui, en vertu d'une loi postérieure au jugement définitif, n'a plus le caractère d'une infraction (art. 112-4, al. 2) ; encore faut-il par conséquent que la loi nouvelle supprime totalement l'incrimination ayant fondé la peine ; cela implique que la peine continue de s'exécuter si les faits peuvent être qualifiés autrement selon la loi nouvelle, car alors ils ont toujours le caractère d'une infraction ;*
- *Sont d'application immédiate, comme les lois de procédure, les lois sur* ***l'exécution et l'application des peines*** *; si elles ont pour effet de rendre la peine plus sévère, elles ne s'appliquent qu'aux condamnations pour faits postérieurs à leur entrée en vigueur (art. 112-2, 3° C. pén. ; dans le même sens, sur le fondement de l'art. 7, § 1, Conv. EDH, CEDH, gd ch., 21 oct. 2013,* Del Rio Prada, *à propos de règles nouvelles en matière de remise de peines).*
- *L'abrogation d'une loi instituant une peine met obstacle à son exécution (ex. à propos de l'ancienne peine d'interdiction légale), et cela même après condamnation (Crim., 28 juin 2000, Bull. crim. n° 253).*

Pour une disposition civile, la loi nouvelle n'a pas en principe d'effet rétroactif (art. 2 C. civ. ; ex. pour la réparation après détention).

***2.** Les solutions supposent connus :*

*• le moment de l'**entrée en vigueur de la loi**.*

Une loi entre en vigueur à la date qu'elle fixe, ou à défaut le lendemain de sa publication (sur papier ou sous forme électronique), sauf si son exécution nécessite des mesures d'application : alors à la date d'entrée en vigueur de ces mesures (art. 1er C. civ.).

*En cas d'**abrogation** de la loi, des textes réglementaires (ex. arrêtés) non abrogés, mais pris pour l'application de la loi abrogée subsistent, avec la sanction pénale qu'ils prévoient, s'ils n'ont pas été rapportés et ne sont pas inconciliables avec la loi nouvelle (ainsi en cas de codification à droit constant : Crim., 4 mai 1995,* Bull. crim. *n° 163).*

*Lorsque **le Conseil constitutionnel abroge une loi** à la suite d'une question prioritaire de constitutionnalité, cette abrogation opère à compter de la publication de sa décision, mais il peut différer l'effet de cette abrogation à une date qu'il fixe lui-même (art. 62 Const.).*

*• le moment de l'**infraction**.*

Ce moment est facile à préciser en cas d'infraction instantanée. Il est plus difficile à déterminer pour l'infraction continue ou d'habitude ; on admet en général que l'acte tombe sous le coup de la loi nouvelle dès lors qu'il se produit ou se prolonge sous le régime de celle-ci (ex. le recel de choses commencé sous l'empire de la loi ancienne et continué après la mise en vigueur de la loi nouvelle : application de la loi nouvelle) ; mais il est des infractions instantanées qui se renouvellent à chaque acte (ex. le trafic de stupéfiants). Ces solutions ne sont pas contraires par elles-mêmes à l'art. 7, § 1 Conv. EDH (CEDH, 18 avr. 2013, Rohlena, *à propos d'une infraction continue). Une loi nouvelle sur la récidive, postérieure à la deuxième infraction, s'applique, on l'a vu, même si la première infraction a été commise sous l'empire de la loi antérieure (v. la récidive) ;*

*• le moment où la décision devient **décision définitive** (irrévocable).*

Une décision devient définitive, on l'a vu, lorsque les voies de recours sont épuisées ou leur délai (le plus long) écoulé : 20 jours pour la condamnation par le tribunal correctionnel (délai d'appel du procureur général), 5 jours pour la condamnation par la chambre des appels correctionnels (délai du pourvoi en cassation).

Les solutions sont différentes pour les lois de fond, les lois de forme, et les lois sur la prescription. Il faut ajouter qu'en raison de l'art. 7 de la Conv. EDH et de son interprétation par la Cour européenne des droits de l'homme, le principe de la non-rétroactivité s'applique également, désormais, aux revirements de jurisprudence.

Section 1 – Lois de fond

Les *principes*, sous leurs aspects divers, découlent de la règle générale, garantie de liberté individuelle, exprimée par le Code, comme par le droit antérieur. Mais ils sont parfois *déformés*, pour des lois d'une nature particulière.

§ 1 - Les principes

• **Principe de non-rétroactivité de la loi pénale** (art. 112-1 C. pén.) : *seuls sont punissables les faits constitutifs d'une infraction à la date à laquelle ils ont été commis. Peuvent seules être prononcées les peines légalement applicables à la même date.*

Le principe s'applique donc aux lois d'incrimination (définissant une infraction) comme aux lois de pénalités (déterminant des peines).

Fondement : le principe de non-rétroactivité est une *garantie de liberté individuelle* (art. 8, DDHC : « nul ne peut être puni qu'en vertu d'une Loi établie et promulguée *antérieurement* au délit ») ; la loi doit avertir avant de frapper (*cf.* Benjamin Constant : « La loi qui rétroagit n'est pas une loi »). C'est un **corollaire de la règle plus générale de la légalité**, déjà étudiée, et une garantie fondamentale de liberté individuelle, avec le principe *nullum crimen*, et l'interprétation stricte de la loi pénale. Le Conseil constitutionnel fonde le principe de la non-rétroactivité de la loi pénale plus sévère sur l'art. 8, DDHC et l'a rangé parmi les principes fondamentaux reconnus par les lois de la République (Cons. const., 17 janv. 1989, n° 88-448 DC). L'art. 7, Conv. EDH qui consacre le principe de la légalité des délits et des peines, prohibe lui aussi, en conséquence, l'application rétroactive du droit pénal lorsqu'elle s'opère au détriment de la personne poursuivie (sur le principe, v. CEDH, 25 mai 1993, *Kokkinakis* ; pour une application, v. CEDH 21 janv. 2003, *Veeber*). Il en est de même de l'art. 49, § 1 de la charte des droits fondamentaux de l'Union européenne.

• Le fondement du principe, libéral, conduit à un **deuxième principe** : l'**application immédiate des lois plus douces** (l'art. 112-1, al. 3 vise les « dispositions nouvelles moins sévères »), favorables à l'intéressé, à des faits antérieurs non jugés définitivement (on parle parfois de « rétroactivité *in mitius* »).

• Fondé sur l'art. 8, DDHC – « La Loi ne doit établir que des peines strictement et évidemment nécessaires » – (Cons. const., 20 janv. 1981, n° 80-127 DC : abrogée, la norme antérieure n'est donc plus nécessaire), ce principe a *valeur constitutionnelle* (Cons. const., 7 nov. 1997, n° 97-391 DC), si bien que son respect s'impose au législateur lui-même, sauf si la répression antérieure plus sévère est « inhérente aux règles auxquelles la loi nouvelle s'est substituée » (Cons. const., 3 déc. 2010, n° 2010-74 QPC).

• La Cour EDH a consacré également le principe de la rétroactivité *in mitius*, par interprétation de l'art. 7, § 1, Conv. EDH qui se contente pourtant d'interdire la rétroactivité de la peine plus sévère (CEDH, 17 sept. 2009, gd ch., *Scoppola*, consacrant « *le principe de rétroactivité de la loi pénale plus douce* », soit une formule générale ne se limitant pas aux seules lois de pénalités ; 18 mars 2014, *Öcalan* – mais les deux affaires avaient trait à une peine).

• La CJUE a rangé la règle de la rétroactivité de la *peine* plus légère parmi les principes généraux du droit de l'UE qui s'imposent aux juges nationaux des États membres de l'Union (CJCE, 3 mai 2005, *Berlusconi* ; 8 mars 2007, *Campina GmbH*). La rétroactivité *in mitius* est en outre consacrée par l'art. 49, § 1, ch. dr. fond. UE, mais uniquement pour les peines.

I - Énoncé des deux principes

A - Maintien de la loi ancienne si la loi nouvelle est plus sévère

Ex. : les lois sur le régime d'exécution et d'application des peines qui auraient pour effet de rendre plus sévère la peine prononcée ne s'appliquent pas aux condamnations prononcées pour des faits antérieurs (art. 112-2, 3° ; ex. une loi rendant plus strictes les conditions des permissions de sortir). Si tel n'est pas le cas, elles sont d'application immédiate.

Le même principe de maintien de la loi ancienne lorsque la loi nouvelle est plus sévère vaut pour les lois sur la *prescription* (*v. section 3*).

Remarque : ce principe conduit à faire application d'une loi (la loi ancienne) qui, abrogée, n'existe pourtant plus.

B - Application immédiate de la loi nouvelle plus douce ; (« rétroactivité in mitius »)

Bien entendu, comme on l'a vu *ci-dessus*, la loi nouvelle plus douce ne s'applique pas à la décision devenue définitive, sauf si le fait n'a plus le caractère d'une infraction (*pour les peines, v. aussi infra*).

II - Mise en œuvre des deux principes

Les deux principes supposent déterminée quelle est, des deux lois en conflit, la **loi la plus douce**, qui va, comme telle, s'appliquer immédiatement.

A - La loi nouvelle est plus douce

1. Si elle supprime l'incrimination

Ex. : suppression de certains cas de banqueroute, de la tentative de conduite en état d'ivresse, de l'émission de chèque sans provision, d'un cas de proxénétisme, de suppression d'une prohibition par un règlement communautaire. On a vu que l'abrogation d'une loi peut aussi être prononcée par le *Conseil constitutionnel*, à l'issue d'une question prioritaire de constitutionnalité (ex. abrogation de l'anc. art. 222-33 C. pén., incriminant le harcèlement sexuel : Cons. const., 4 mai 2012, n° 2012-240 QPC).

2. Si elle transforme un crime en délit (*v. 4.)*

3. Si elle donne à l'incrimination des conditions plus étroites

Ex. : en ajoutant un élément constitutif, ex. l'intention, en matière de douanes ; par la suppression de la présomption du caractère volontaire d'un fait, ex. le défaut de paiement dans l'abandon de famille ; par une *définition plus étroite de la faute d'imprudence ou de négligence dans certains cas* (ex. Crim., 16 mai 2006, Bull. crim. n° 137, à propos des nouvelles conditions de la responsabilité pénale pour imprudence après la loi du 10 juill. 2000).

4. Si elle supprime la peine prévue pour l'infraction, ou la déclasse

Ex. : suppression de la peine de mort ; amende prévue par la loi nouvelle à la place de l'emprisonnement, en principe plus sévère (malgré la volonté des auteurs du Code de mettre ces peines sur le même plan) ; peine correctionnelle au lieu d'une peine criminelle ; suppression d'une peine complémentaire.

Par application du *nouveau Code pénal* à son entrée en vigueur : suppression de la peine d'emprisonnement pour les contraventions, de l'interdiction légale ; peine accessoire devenant peine complémentaire facultative, circonstance aggravante devenant plus étroite.

5. Si elle abaisse le taux de la peine

Ex. : durée de la réclusion, d'une peine privative de droits, du sursis probatoire ; taux de l'amende ; de même si la loi nouvelle, comme l'a fait l'actuel Code pénal, ne prévoit plus de période de sûreté de plein droit pour l'infraction commise, ou réduit la durée de la période de sûreté.

Aux dispositions plus douces de la loi nouvelle, la chambre criminelle a cru devoir assimiler les dispositions *« équivalentes » – sic – (Crim., 12 juin 1989, 3 arrêts, Bull. crim. n° 235 ; 20 févr. 2008, Bull. crim. n° 47)*.

Mais un **règlement** plus doux (ou abrogé) ne s'applique pas à des faits antérieurs si son support législatif, lui, n'a pas été modifié (Crim., 7 avr. 2004, *Bull. crim.* n° 193 ; 8 avr. 2010, n° 09-83514 : « lorsqu'une disposition législative, support légal d'une incrimination, demeure en vigueur, l'abrogation de textes réglementaires, pris pour son application, n'a pas d'effet rétroactif »).

B – La loi nouvelle est plus sévère

Il s'agit des hypothèses opposées (donc en principe la loi ancienne est alors maintenue), ex. : loi rendant l'incrimination plus large ; généralisant la responsabilité pénale des personnes morales ; aggravant la peine principale ; transformant une contravention en délit ; créant une circonstance aggravante, etc.

Ces solutions, normales notamment si la loi nouvelle crée une incrimination, le sont peut-être moins si la loi nouvelle se borne à aggraver la peine d'une infraction déjà prévue. À noter que l'aggravation de peine résultant de la récidive peut découler, on l'a vu, d'une 2e infraction postérieure à la loi nouvelle même si la 1re a été commise avant, car il dépendait de l'agent de ne pas commettre la 2e (*v. la récidive*).

C – La loi nouvelle peut être à la fois plus douce et plus sévère que la loi ancienne

• Si la loi nouvelle est divisible, certaines de ses dispositions étant plus sévères, d'autres plus douces, on *dissocie* ces dispositions en appliquant les règles ci-dessus selon que la disposition en cause est plus sévère ou plus douce que la loi antérieure (ex. L. 1980 pour le viol et acte commis en 1979 : définition élargie du viol – disposition par conséquent plus sévère, non rétroactive et inapplicable pour qualifier l'acte commis en 1979 : cet acte n'est un viol que si la loi antérieure le qualifiait déjà ainsi –, mais peines moins élevées – disposition par conséquent plus douce, rétroactive et applicable pour l'auteur de l'acte commis en 1979 si, à cette date, il constituait déjà un viol –).

Il y a cependant des situations délicates : ainsi d'une loi nouvelle qui augmente le maximum de la peine antérieurement prévu et diminue son minimum (ou inversement) : la jurisprudence limite la comparaison des deux lois à leurs maximums (Crim., 1er juill. 1888, *Bull. crim.* n° 188). La Cour EDH a jugé le contraire à propos d'une loi nouvelle remplaçant la peine de mort par une peine privative de liberté (disposition plus douce) mais relevant les minimums antérieurs (disposition plus sévère) : CEDH, 18 juill. 2013, gd ch., *Maktouf et Damjanovic*).

• Si la loi est indivisible, formant un tout, on recherche le caractère de l'*ensemble* ou de la *disposition principale* et on applique la règle correspondante : si l'ensemble est plus doux, il y a rétroactivité pour le tout – y compris les dispositions plus sévères ; si l'ensemble est plus sévère, il n'y a pas rétroactivité – y compris des dispositions plus douces (ex. la réforme du sursis en 1970 : Crim., 5 juin 1971, *Bull. crim.* n° 180).

§ 2 – Déformation des principes

Les principes étudiés ci-dessus sont écartés dans certains cas : la loi pénale nouvelle plus sévère va s'appliquer, la loi ancienne plus sévère sera maintenue.

I – Application de la loi pénale nouvelle même plus sévère

Cette dérogation aux principes s'explique parce la loi dont il s'agit est *pénale, mais pas vraiment nouvelle*, ou *nouvelle, mais pas vraiment pénale*. Mais en d'autres cas, la loi nouvelle plus sévère est bien pénale, si bien que l'exception au principe est incontestable.

A – Lorsque la loi pénale n'est pas réellement nouvelle

C'est le cas de la loi interprétative : elle est considérée comme faisant corps avec le texte qu'elle interprète ; traditionnellement, elle s'applique donc aux faits commis entre la promulgation du texte interprété (mais pas avant : Crim., 23 janv. 1989, *Bull. crim.* n° 25) et sa propre promulgation ;

• la solution est normale si la loi est vraiment interprétative : le premier texte, s'il avait été clair, se serait appliqué aux faits postérieurs à lui ;

• mais il y a rétroactivité, critiquable, si la loi est en réalité modificative.

On notera toutefois qu'un arrêt d'Assemblée plénière de la Cour de cassation, quoique rendu en matière civile, a pu être interprété comme une remise en cause de la solution traditionnelle : la cour y affirme que « si le législateur peut adopter des dispositions rétroactives, le principe de la prééminence du droit et la notion de procès équitable », consacrés par l'article 6, Conv. EDH, « s'opposent, sauf pour d'impérieux motifs d'intérêt général, à l'ingérence du pouvoir législatif dans l'administration de la Justice afin d'influer sur le dénouement judiciaire des litiges » (Ass. plén., 23 janv. 2004, *Bull. ass. plén.* n° 2). Cependant, la chambre criminelle a réaffirmé ultérieurement la position classique, à propos d'une loi interprétative consacrant une solution désavantageuse pour la personne poursuivie (Crim., 4 nov. 2010 : n° 09-86677).

On rapprochera de la loi interprétative la **loi déclarative**, se bornant à constater une règle préexistante et qui, par conséquent, s'applique à des faits antérieurs à sa mise en vigueur : ex. L. 26 déc. 1964, « tendant à constater l'imprescriptibilité des crimes contre l'humanité », confirmant une règle déjà admise par des accords internationaux (Crim., 26 janv. 1984, *Bull. crim.* n° 34).

Mais on distinguera des lois interprétatives ou déclaratives la **loi de validation** (c'est-à-dire qui valide des décisions réglementaires dont la légalité était contestée) ;

la validation a effet pour l'avenir, mais la violation *antérieure* du règlement illégal ne peut être pénalement sanctionnée : ces lois n'ont **pas d'effet rétroactif** (Crim., 14 mai 1957, *Bull. crim.* n° 406 ; Cons. const., 18 déc. 1997, n° 97-393 DC).

B – Lorsque la loi nouvelle n'est pas réellement pénale

Cela a été décidé par la jurisprudence, notamment pour les lois suivantes :

• La loi prévoyant une *mesure de sûreté* : ex. anciennes L. 19 juin 1930 (aujourd'hui art. L. 500-1, C. mon. fin.) sur l'interdiction bancaire (Crim., *18 janv. 1950, Bull. crim. n° 20)*, L. 30 août1947 sur l'interdiction d'exercer les professions commerciales ou industrielles (aujourd'hui art. 131-27, al. 2 C. pén.), ancien décret-loi du 8 août 1935 (aujourd'hui art. 131-27, al. 2 C. pén.) d'interdiction de gérer une société (Crim., 25 juin 1940, *JCP G 1940, II*, 1541), L. 2 janv. 1970 interdisant l'activité d'agent immobilier (Crim., 26 nov. 1997, *Bull. crim.* n° 404), inscription au fichier des auteurs d'infractions sexuelles ou violentes (qui n'est pas une peine : Crim., 31 oct. 2006, *Bull. crim.* n° 267 ; v. art. 216, L. 9 mars 2004 ; cf. CEDH 17 déc. 2009, 3 arrêts, *Gardel*, *M. B.* et *B. B.*, jugeant l'art. 7, § 1 Conv. EDH inapplicable, même en cas d'aggravation par une loi nouvelle des obligations qui résultent de cette inscription, car inscription et obligations, destinées à la lutte contre la récidive, ne seraient pas des peines au sens de l'art. 7, § 1, Conv. EDH), mesures de sûreté faisant suite à une déclaration d'irresponsabilité pénale pour cause de trouble mental (Crim., 16 déc. 2009, *Bull. crim.* n° 216 ; *contra* Crim., 21 janv. 2009, *Bull. crim.* n° 24) : *c'est l'un des grands intérêts qu'il y a à distinguer les peines et les mesures de sûreté.*Mais cette distinction est floue et, lorsque la Cour de cassation ne retient pas la qualification de mesure de sûreté, elle fait respecter le principe de la non-rétroactivité (v. à propos de l'interdiction d'avoir une activité impliquant un contact habituel avec des mineurs, Crim., 4 janv. 2006, *Bull. crim.* n° 7) ou celui de la rétroactivité *in mitius* (pour l'interdiction professionnelle de l'art. 131-27, v. Ass. plén., 22 nov. 2002, *Bull. ass. plén.* n° 2 ; cf. Crim., 16 déc. 2009, n° 09-80545). Dans d'autres cas, sans prendre expressément parti sur la nature de la mesure en cause, elle a pu accepter une loi écartant le principe de la non-rétroactivité et l'appliquer à des faits commis avant sa mise en vigueur (pour le placement sous surveillance judiciaire applicable aux auteurs d'infractions pour lesquelles un suivi socio-judiciaire est encouru et applicable à une personne condamnée pour des faits commis avant l'instauration du suivi socio-judiciaire, art. 42, L. 12 déc. 2005, v. Crim., 21 janv. 2009, *Bull. crim.* n° 23).

Le Conseil constitutionnel, lui-même, a accepté *l'application rétroactive de mesures de sûreté* qu'il a considérées (non sans audace) comme n'étant ni des peines, ni des sanctions ayant le caractère d'une punition : ainsi du placement sous surveillance judiciaire (Cons. const., 8 déc. 2005, n° 2005-527 DC) et du placement sous surveillance de sûreté (Cons. const., 21 févr. 2008, n° 2008-562 DC). Mais il encadre cette rétroactivité en la subordonnant au principe, résultant des articles 4 et 9 de la Déclaration de 1789, selon lequel la liberté de la personne ne saurait être entravée par une rigueur qui ne serait pas nécessaire (Cons. const., 8 déc. 2005, préc.) ; cette limite à la rétroactivité l'a conduit à valider l'application rétroactive du placement sous surveillance électronique mobile ordonné au titre de la surveillance judiciaire (Cons. const., 8 déc. 2005, préc.). Par ailleurs, il a refusé la rétroactivité pour la rétention de sûreté, eu égard à sa nature privative de liberté, à la durée de cette privation, à son caractère renouvelable sans limite et au fait qu'elle est prononcée après une condamnation par une juridiction (Cons. const., 21 févr. 2008, préc. ; cf. CEDH 17 déc. 2009, *M.*). Bref, on a connu des solutions plus claires et, partant, plus convaincantes.

• La législation sur les *mineurs délinquants*, censée intervenir dans l'intérêt de ces mineurs, même si une *mesure d'éducation* de 2 ans succède à une *peine d'emprisonnement* de 6 mois (Crim., 11 juin 1953, *Bull. crim.* n° 202) ;

• La loi ne visant pas une *peine*, mais une *mesure d'exécution forcée* (ex. contrainte judiciaire : selon la chambre criminelle, la loi nouvelle s'applique immédiatement, même si l'obligation est née sous l'empire d'une loi antérieure : Crim., 26 juin 1989, *Bull. crim.* n° 271). Pour la Cour EDH, au contraire, quant à l'application de la loi dans le temps, la contrainte dite auparavant par corps a été considérée comme une peine selon l'art. 7, § 1 Conv. EDH : un texte nouveau plus sévère (allongement du délai de la contrainte) n'est donc pas applicable (CEDH, 8 juin 1995, *Jamil*).

C – Lorsque la loi est pénale et nouvelle

• La CEDH a jugé qu'il n'est pas contraire à l'art. 7, § 1 Conv. EDH de condamner l'auteur de tortures sur le fondement d'une loi nouvelle, quand bien même à l'époque des faits son comportement n'était pas réprimé en tant qu'infraction distincte, mais uniquement en tant que circonstance aggravante (CEDH 17 mars 2009, *Ould Dah*).

• L'art. 7, § 2 Conv. EDH prévoit qu'une personne peut être punie même en l'absence de texte d'incrimination si, au moment des faits, l'action ou l'omission en cause « était criminelle d'après les principes généraux de droit reconnus par les nations civilisées » (pour une application, v. CEDH 17 janv. 2006, *Kolk et Kislyiy*).

II – Maintien de la loi ancienne plus sévère

En d'autres termes, la loi nouvelle plus douce ne s'applique pas :

1. Si la loi contient une **disposition expresse** en ce sens, car le juge judiciaire n'est pas juge de la constitutionnalité des lois ; il ne peut donc refuser d'appliquer une loi nouvelle plus sévère en dépit de son inconstitutionnalité (Crim., 12 juin 1989, 3 arrêts, *Bull. crim.* n° 251) – si bien que seule une question prioritaire de constitutionnalité peut remédier à ce type de situation.

Cette solution est doublement contestable :

- d'une part, au regard du Pacte international relatif aux droits civils et politiques de 1966, publié en 1981, dont l'art. 15, § 1 consacre la rétroactivité *in mitius ;* : le contrôle de conventionnalité est, lui, de la compétence du juge judiciaire et lui impose de faire prévaloir un traité sur une loi incompatible ; il pallie ainsi l'interdiction faite au juge judiciaire de refuser d'appliquer une loi inconstitutionnelle. Mais l'art. 15, § 1 ne vise expressément que les lois de pénalité plus douces, ce qui donne un bien mauvais prétexte à la Cour de cassation pour affirmer qu'il serait donc sans effet s'agissant des lois d'incrimination (Crim., 6 oct. 2004, n° 03-84827 ; la ch. dr. fond. de l'UE ne vise également, on l'a vu, que les lois de pénalité : art. 49, § 1).
- d'autre part, au regard de la jurisprudence de la CEDH, qui semble avoir consacré, on l'a vu, la rétroactivité *in mitius* pour toutes les lois pénales plus favo-

rables, lois de pénalité comme lois d'incrimination (CEDH 17 sept. 2009, gd ch., *Scoppola*) : or cette position s'impose aux juridictions des États signataires de la Conv. EDH.

2. En matière économique : il faut aujourd'hui distinguer deux sortes de textes, les lois et les actes réglementaires, puisque seuls les seconds seront maintenus alors qu'ils sont plus sévères :

• **Pour les lois :** après une jurisprudence dérogeant aux principes, la chambre criminelle a fait retour aux normes, à propos d'incriminations économiques prévues par l'Ordonnance de 1945, et *abrogées* ou *contraventionnalisées* par l'Ordonnance du 1er déc. 1986 (ex. prix illicites, certains refus de vente) :

• « En l'absence des dispositions contraires expresses » (v. par ex. L. 17 juill. 1992, art. 110 : Crim., 6 févr. 1997, *Bull. crim.* n° 51), une loi économique nouvelle plus douce, « *même en matière économique* », s'applique aux faits antérieurs (v. par ex. pour une loi d'incrimination, Crim., 23 févr. 1987, *Bull. crim.* n° 87 ; pour une loi de pénalité, Crim., 16 févr. 1987, *Bull. crim.* n° 73). Mais le Conseil constitutionnel a jugé qu'une loi peut écarter la rétroactivité *in mitius* lorsque la répression antérieure plus sévère est « inhérente aux règles auxquelles la loi nouvelle s'est substituée » : Cons. const., 3 déc. 2010, n° 2010-74 QPC, à propos de la revente à perte. Ces solutions qui dérogent à la rétroactivité *in mitius* paraissent désormais contraires à la jurisprudence de la CEDH qui, par un motif général, ne semble tolérer, on l'a vu, aucune exception au principe de cette rétroactivité.

• **Pour des actes réglementaires** pris pour l'application d'une loi (tels que des *arrêtés de taxation* nouveaux dans un domaine où les prix ne sont pas libres) et auxquels le prévenu a contrevenu, peu importe qu'ils aient été par la suite abrogés si la loi, « support légal de l'incrimination », quant à elle ne l'a pas été (ex. Crim., 10 mai 1989, *Bull. crim.* n° 187 ; 7 juin 1990, *Bull. crim.* n° 232). **Le règlement ancien est donc maintenu**, et le prévenu ne profitera pas de la rétroactivité *in mitius* du règlement nouveau, *sauf si ce règlement ancien était déjà abrogé au moment de l'engagement des poursuites* (Crim., 12 nov. 1986, Bull. crim. n° 334).

La raison de cette solution est que ces textes ne disposent que pour une période déterminée, souvent courtes, et sous l'influence de nécessités économiques variables : la rétroactivité *in mitius* aurait pour conséquence de les rendre ineffectifs, les intéressés pariant sur leur disparition à bref délai.

S'il s'agit d'un **règlement communautaire**, toutefois, le texte nouveau plus doux s'applique, car ce règlement a en droit interne une valeur supérieure à celle de la loi nationale (Crim., 12 déc. 1996, *Bull. crim.* n° 466 ; 26 mars 1998, *Bull. crim.* n° 116).

Toutes ces solutions qui dérogent à la rétroactivité *in mitius* **paraissent aujourd'hui condamnées** en raison de leur incompatibilité avec la jurisprudence de la CEDH ci-dessus signalée.

3. Cette distinction entre la loi, support légal de l'incrimination, et le règlement pris pour son application afin d'écarter la rétroactivité *in mitius* a fini par être étendue par la jurisprudence en dehors de la **matière économique, pour devenir une solution de portée générale** (v. par ex., Crim., 19 mai 2004, *Bull. crim.* n° 131 ; 15 avr. 2008, n° 07-86909). Ici encore, cette jurisprudence paraît condamnée par celle de la CEDH.

Remarque : des solutions longtemps admises, maintenant la loi ancienne plus sévère, ont été abandonnées :

• Cela a été le cas pour les *amendes fiscales et douanières* (on invoquait jadis, pour le maintien de la loi ancienne, les « droits acquis » de l'administration). Mais la chambre criminelle a fait retour au principe : désormais, le texte nouveau plus doux s'applique, sauf disposition contraire (Crim., 10 oct. 1988, *Bull. crim.* n° 335). Il en est de même s'il s'agit d'un texte international rendant caduques les poursuites (crim., 8 mars 1993, *Bull. crim.* n° 102).

• En matière de *changes*, les faits commis et poursuivis avant l'abrogation d'un texte réglementaire restaient punissables. Depuis un revirement de jurisprudence intervenu en 1992, ils ne le sont plus, dès lors que des textes, même non expressément abrogés, sont *inconciliables* avec la loi nouvelle (Crim., 21 mai 1992, 4 arrêts, *Bull. crim.* n° 203).

Section 2 – Lois de forme

§ 1 – Le principe

C'est l'**application immédiate** des dispositions nouvelles à la répression des infractions commises avant leur entrée en vigueur (art. 112-2 C. pén.). L'art. 7, § 1 Conv. EDH est inapplicable : il ne concerne que le droit pénal matériel (CEDH 25 avr. 2002, *Multigestion* ; gd. ch. 17 sept. 2009, *Scoppola*).

On sait qu'il ne faut confondre *l'application immédiate* et *l'effet rétroactif*, par lequel la loi nouvelle s'appliquerait aux procédures en cours, mais en supprimant les effets des actes déjà accomplis : l'application immédiate d'une loi nouvelle est sans effet sur la validité des actes accomplis conformément à la loi ancienne (art. 112-4, al. 1).

Fondement du principe d'application immédiate :

• ces textes nouveaux ont pour objet de rendre plus rapide la *découverte de la vérité* ;

• ils n'influent pas sur la conduite du délinquant, qui peut envisager la sanction, non la procédure ;

• le principe évite les difficultés qui résulteraient par exemple de la suppression de juridictions, si celles-ci devaient rester compétentes.

Mais on a pu **critiquer** cette application immédiate, en observant que les réformes de procédure peuvent avoir pour objet de *renforcer la répression*.

Ainsi de la loi du 25 févr. 2008 ayant permis, en cas de déclaration d'irresponsabilité pénale pour cause de trouble mental, de prononcer à l'encontre de celui déclaré irresponsable un certain nombre de sanctions nouvelles.

§ 2 – Application

I – Organisation judiciaire

Exemple : loi nouvelle créant ou supprimant une juridiction. La loi nouvelle est d'application *immédiate*, sauf si un jugement au fond a été rendu en 1re instance.

II – Compétence

Exemple : loi nouvelle transformant un crime en délit.

A – Si la juridiction de jugement n'est pas saisie

La loi nouvelle est d'application *immédiate* (même si l'instruction est commencée) ;

B – Si la juridiction de jugement est saisie

L'art. 112-2 C. pén. confirme la jurisprudence antérieure : la loi nouvelle est d'*application immédiate* (ex. jurisprudentiel : création de la juridiction de proximité, Crim., 8 déc. 2004, *Bull. crim.* n° 314), *sauf* s'il y a eu *jugement au fond* en 1re instance – acquittement ou condamnation –, même si une voie de recours a été exercée – mais la loi nouvelle est d'application immédiate si ce jugement n'a été qu'une décision d'incompétence.

Remarques :

1. Contre l'application immédiate de la loi nouvelle, on invoquait parfois l'idée de droit acquis : mais cette notion est contestable en procédure pénale plus encore qu'en procédure civile ;

2. La loi nouvelle ne s'applique pas si, *modifiant la compétence à raison de la modification de la peine*, elle est plus sévère que la loi ancienne.

3. Si fond et forme sont indissociables, le caractère de loi de fond prévaudra.

III – Modalités des poursuites et formes de la procédure

La loi nouvelle est d'application *immédiate*. Ex. jurisprudentiels : loi nouvelle sur les conditions de la poursuite (ex. Crim., 26 sept. 2000, *Bull. crim.* n° 277) ; sur les nullités de l'instruction (Crim., 18 juill. 1995, *Bull. crim.* n° 258) ; sur le prononcé de l'interdiction de séjour (Crim., 14 déc. 1994, *Bull. crim.* n° 411) ; sur le délai de forclusion pour des demandes d'annulation dans l'instruction (Crim., 19 sept. 2001, *Bull. crim.* n° 184) ; sur les modalités de la saisie conservatoire des biens d'une personne mise en examen (Crim., 9 mai 2012, *Bull. crim.* n° 110).

De même il y a application immédiate : de la disposition nouvelle du Code pénal obligeant le juge à motiver la condamnation à l'emprisonnement sans sursis (art. 132-19, al. 2 ; Crim., 21 juin 1995, *Bull. crim.* n° 231) – mais une décision régulièrement rendue avant la loi nouvelle a naturellement été maintenue : Crim., 3 oct. 1994, *Bull. crim.* n° 312 – ; de la loi nouvelle sur la procédure de révocation du sursis avec mise à l'épreuve (Crim., 3 avr. 1995, *Bull. crim.* n° 141), sur l'amende civile pour constitution de partie civile abusive (Crim., 9 mai 2007, *Bull. crim.* n° 118), sur la comparution immédiate (Crim., 7 janv. 2004, *Bull. crim.* n° 6).

Pour les voies de recours, le Code pénal (art. 112-3) décide que :

• les lois relatives à leur *nature*, aux *cas d'ouverture*, aux *délais*, à la *qualité* des personnes admises à les exercer, s'appliquent aux recours formés contre les décisions prononcées après leur entrée en vigueur ;

• les *règles* de *forme* sont celles en vigueur au jour où les voies de recours ont été exercées.

Comme on l'a vu plus haut, le Code pénal déclare d'application immédiate, comme les lois de procédure, les lois sur l'exécution des peines, sauf si la loi nouvelle rend la peine plus sévère : cette loi ne s'applique alors qu'à des condamnations pour des faits postérieurs à son entrée en vigueur (art. 112-2, 3° ; ex. Crim., 24 oct. 2000, *Bull. crim.* n° 307 ; 24 mai 2006, *Bull. crim.* n° 151 ; 12 mai 2010, *Bull. crim.* n° 85). Mais les lois sur le mandat d'arrêt européen ne sont pas relatives à l'exécution des peines et sont d'application immédiate (Crim., 23 nov. 2004, *Bull. crim.* n° 293). Et une procédure nouvelle fixant les modalités de poursuites et les formes de la procédure est d'application immédiate, même si elle rend possible le prononcé de *mesures de sûreté* sans équivalent sous l'empire de la loi ancienne (v. à propos de la procédure de déclaration d'irresponsabilité pénale pour cause de trouble mental, Crim., 16 déc. 2009, *Bull. crim.* n° 216 ; *contra* Crim., 21 janv. 2009, *Bull. crim.* n° 24).

Section 3 - Lois sur la prescription

Art. 112-2, 4° C. pén.

Les règles en la matière sont de portée générale : elles concernent tout ce qui a trait à la prescription de la peine : non seulement la durée du délai, mais aussi, par ex., les causes d'interruption de la prescription (Crim., 26 juin 2013, *Bull. crim.* n° 170).

Il faut distinguer deux cas.

§ 1 - Le délai est déjà écoulé

La prescription est acquise. Les lois nouvelles relatives à la réouverture du délai de prescription, notamment, sont sans effet sur les prescriptions déjà acquises (Crim., 3 sept. 1997, *Bull. crim.* n° 294).

Il en va autrement pour les *crimes contre l'humanité* : mais la raison en est que dès avant le nouveau Code pénal, qui déclare imprescriptibles ces crimes, et les peines prononcées (art. 213-5 C. pén.), une loi de 1964 sur l'imprescriptibilité de ces crimes n'avait fait que confirmer une règle déjà admise par l'effet des accords internationaux (Crim. 26 janv. 1984, *Bull. crim.* n° 34 ; affaires *Barbie*, *Touvier*).

§ 2 - Le délai n'est pas déjà écoulé

Sont d'**application immédiate** les lois relatives à la prescription tant de l'action publique que de la peine, bien que l'action publique relève de la forme et la peine du fond. La solution, après la L. du 9 mars 2004, vaut même si la loi nouvelle aggrave la situation de l'intéressé (depuis cette loi, l'art. 112-2, al. 4 C. pén. ne fait plus réserve de cette aggravation) ; la Cour EDH, qui rattache la prescription de l'action publique à la procédure (CEDH, 22 juin 2000, *Coëme*), juge que la solution n'est pas contraire à l'art. 7, § 1, Conv. EDH (CEDH, 12 févr. 2013, *Previti*).

Pour la prescription de la *peine*, la date à prendre en compte, par rapport à la loi nouvelle, est celle de la condamnation définitive, et non celle de l'infraction.

Section 4 - Les revirements de jurisprudence

Traditionnellement, la question de la rétroactivité des décisions de justice ne pouvait se poser, comme étant dénuée de sens, en raison de la différence de nature radicale entre l'office d'un juge, et partant de ses décisions, et l'office du législateur, et partant des lois ou textes assimilés. Mais considérant que l'interprétation jurisprudentielle d'un texte fait corps avec lui, la CEDH juge au contraire que le principe de la non-rétroactivité étend son emprise aux revirements de jurisprudence.

Elle prohibe donc, comme contraire à l'art. 7, § 1 Conv. EDH, toute jurisprudence nouvelle qui, opérant au désavantage de la personne poursuivie, n'était pas accessible et *raisonnablement prévisible*, l'intéressé ignorant, en pareil cas, que ses actes, au moment où il les a commis, pourraient entraîner une sanction pénale (v. par ex. CEDH 10 oct. 2006, *Pessino* ; 10 juill. 2012, *Del Rio Prada*). Cette prévisibilité peut résulter des évolutions de la jurisprudence qui permettaient de s'attendre au revirement, mais aussi, selon la cour, de la nature même du comportement nouvellement réprimé (pour un revirement de jurisprudence, au Royaume-Uni, concernant le viol entre époux et jugé prévisible car sa répression est « conforme non seulement à une notion civilisée du mariage mais encore et surtout aux objectifs fondamentaux de la (Conv. EDH) dont l'essence même est le respect de la dignité et de la liberté humaines », v. CEDH 22 nov. 1995, 2 arrêts, *C.R.* et *S. W.*).

Pour aller plus loin

Exemples de sujets possibles d'examens

Dissertations

- La rétroactivité *in mitius*
- L'extension du principe de la non-rétroactivité de la solution pénale plus sévère au revirement de jurisprudence

Étude complémentaire 2
Conflit de lois pénales dans l'espace (droit pénal international) et droit international pénal

Il s'agit essentiellement du droit pénal international. Pour le droit international pénal, *v. section 2*.

I – Problèmes posés par le droit pénal international

Le droit pénal international pose *a priori* trois ordres de problèmes :

1. Celui du domaine territorial d'une loi *pénale*, ex. si un crime est commis en France par un étranger : faut-il appliquer la loi pénale française ou étrangère ? Il y a **conflit de lois** : c'est un problème de *compétence législative*.

2. Doit-on donner compétence au *juge* français ou étranger ? Il y a **conflit de juridictions** : c'est un problème de *compétence judiciaire*.

3. Quelle est *l'autorité du jugement* hors des frontières ? Il y a **conflit d'autorités.**

Compétence législative et compétence judiciaire sont liées en matière pénale : la compétence de la loi pénale française entraîne compétence du juge pénal français, lequel ne peut en principe appliquer que la loi pénale française.

II – Systèmes concevables pour les conflits de lois

Trois systèmes sont concevables pour la solution des conflits de lois :

A – Personnalité de la loi

- la loi pénale d'un pays s'applique à *tous les nationaux* même hors du territoire ;
- elle ne s'applique *qu'à ces nationaux* même à l'intérieur du territoire.

Par « *loi personnelle* », on entend le plus souvent la loi nationale du *coupable* (« *personnalité active* »), parfois, mais plus rarement, celle de la victime (« *personnalité passive* » : ce dernier système est admis dans certains cas par le droit français, comme on va le voir).

B – Territorialité de la loi

C'est le système français de principe, et c'est le système le plus généralement admis.

- la loi pénale d'un pays s'applique à *toutes les infractions commises sur le territoire* du pays (quelle que soit la nationalité du coupable) ; dans le même sens, les *actes de procédure* sont régis en la forme par la loi du pays où ils sont accomplis ;
- elle ne s'applique pas *aux infractions commises hors du pays* (même par des nationaux).

Les fondements de ce principe sont les suivants, au regard de son double aspect : pour l'application de la loi à toutes les infractions commises sur le territoire, il est la conséquence de la *souveraineté nationale* (art. 3 C. civ.) ; pour la non-application hors du territoire : le principe se fonde sur *l'absence de trouble* de l'ordre public pour le pays (donc si cet ordre est troublé, la loi pourra trouver à s'appliquer, ex. fausse monnaie).

C – Compétence universelle

C'est le système de l'universalité du droit de punir : le juge pénal peut punir, quel que soit le lieu de l'infraction, quelle que soit la nationalité du coupable ou de la victime. Ce système est admis pour certaines infractions par le droit français, et prôné par certains (ex. pour le terrorisme) ; ex. la loi française est compétente pour des tortures visées par la Conv. internationale du 10 déc. 1984 (art. 689-2 C. pr. pén. ; Crim., 21 janv. 2009, *Bull. crim.* n° 22), malgré l'amnistie prévue par la loi étrangère (Crim., 23 oct. 2002, *Bull. crim.* n° 195).

• **Principe du droit pénal français**

Les règles de conflit de lois pénales sont réparties entre le Code pénal (art. 113-1 à 113-13) et le Code de procédure pénale (art. 689 à 693).

Le principe est celui de la **territorialité de la loi pénale** : la loi pénale française est applicable aux infractions commises sur le territoire de la République française (art. 113-2, al. 2 C. pén.). Le juge français n'a donc pas à tenir compte d'un ordre de la loi étrangère (Crim., 27 juin 1973, *Bull. crim.* n° 305) ; il peut condamner un automobiliste conduisant malgré l'invalidation de son permis de conduire résultant de la perte de la totalité des points, sans tenir compte de l'existence d'un autre permis de conduire délivré par un État étranger (Crim., 14 mai 2008, *Bull. crim.* n° 111).

• Mais il y a de **nombreuses exceptions** au principe

Et le droit français **atténue le principe** (outre les exceptions), en lui apportant un complément par les **procédures d'entraide internationale** (art. 694 à 694-13 C. pr. pén.), notamment entre la France et les autres *États membres de l'Union européenne* (art. 695 à 695-9-53 C. pr. pén. ; *adde* art. 695-10 C. pr. pén.), ex. l'**extradition** (art. 696 à 696-47 C. pr. pén. ; *cf.* Grotius : *aut dedere, aut punire* : ou livrer, ou punir) ou le **mandat d'arrêt européen** (art. 695-11 à 695-51 C. pr. pén. ; *adde* art. 695-52 à 695-58 C. pr. pén. pour les demandes de remise entre la France et un État non membre de l'Union européenne, en exécution d'un accord entre l'Union et cet État qui institue un mécanisme de remise sur la base d'un mandat d'arrêt).

Le droit pénal français réprime parfois des infractions qui portent atteinte aux intérêts d'autres pays : ainsi de l'incrimination des atteintes à l'administration publique et à l'action de la justice des communautés européennes, des États membres de l'Union européenne, des autres États étrangers et des autres organisations internationales publiques (art. 435-1 à 435-15 C. pén. ; pour la compétence des juridictions françaises, v. art. 689-8 C. pr. pén.). De même, par application de l'*Accord de Schengen*, est puni par la loi française le délit d'*aide à l'entrée, à la circulation, au séjour irrégulier d'un étranger sur le territoire d'un État partie à l'Accord de Schengen* (dans ce cas les poursuites supposent une dénonciation officielle ou une attestation des autorités de l'État) : art. L. 622-2, al. 2 C. entrée et séjour des étrangers (l'application de la loi française est subsidiaire).

On étudiera la territorialité de la loi pénale, avant quelques données de droit international pénal.

Section 1 – La territorialité de la loi pénale

Ce principe général commande la détermination des *cas d'application de la loi française*. Mais, découlant du principe de la souveraineté nationale, il conduit aussi au rejet de principe du *jugement pénal étranger*, et à la restriction des possibilités d'*investigation pénale hors des frontières*.

§ 1 – L'application de la loi pénale française

Le principe d'application de la loi française aux infractions commises sur le territoire de la République, et seulement à ces infractions, conduit à devoir préciser les éléments du problème que constituent ces notions ; ensuite seront exposées les solutions, avec les nombreuses exceptions que comporte le principe.

I – Les éléments du problème

La notion d'infraction commise sur le territoire suppose définis le lieu de l'infraction, et le territoire de commission.

A – Lieu de l'infraction

La localisation de l'infraction dans l'espace s'opère de la façon suivante.

L'infraction est *réputée commise* sur le territoire de la République dès lors qu'**un de ses faits constitutifs** a eu lieu sur ce territoire (art. 113-2, al. 2 C. pén.).

La chambre criminelle manifeste une *tendance à élargir la compétence* de la loi et du juge français, par deux voies.

1. Par l'extension de la notion d'infraction réputée commise en France

Cette condition est considérée par la jurisprudence comme facilement réalisée (v. la jurisprudence sur l'ancien art. 693 C. pr. pén., avec sa formule : « acte caractérisant un de ses éléments constitutifs »).

Exemples jurisprudentiels d'infractions réputées commises en France : pour *l'abus de confiance*, chose remise en France et détournement à l'étranger (Crim., 12 févr. 1979, *Bull. crim.* n° 60) ; *tentative d'escroquerie à l'étranger*, avec seulement des actes préparatoires commis en France et constituant un élément des manœuvres frauduleuses (Crim., 11 avr. 1988, *Bull. crim.* n° 144) ; *association de malfaiteurs* par participation par téléphone à des projets de crime en France (Crim., 20 févr. 1990, *Bull. crim.* n° 84) ; *délit d'initié*, avec opérations sur une place étrangère, mais informations provenant de France (Crim., 3 oct. 1992, *Bull. crim.* n° 352) ; *tentative d'importation de stupéfiants*, par le recrutement du destinataire en France ; *contrefaçon*, avec seulement atteinte aux droits du propriétaire en France (Crim., 29 janv. 2002, *Bull. crim.* n° 13 : c'est alors le résultat qui localise en France l'infraction ; mais l'infraction ne relève pas de la loi française lorsqu'elle est commise par le biais d'un site internet qui n'est pas destiné au public français : Crim., 14 déc. 2010, n° 10-80088) ; contrat en France pour la diffusion d'images pornographiques de mineur enregistrées en Thaïlande (Crim., 4 févr. 2004, *Bull. crim.* n° 32) ; *recel à l'étranger*, mais consécutif à des vols commis en France (Crim., 26 sept. 2007, *Bull. crim.* n° 224). On a même considéré qu'il y avait *recel* en France, par la prise de possession en France par l'intermédiaire de tiers, à la suite d'une commande faite de l'étranger par un étranger (Crim., 1er oct. 1986, *Bull. crim.* n° 262). Un délit continu est réputé commis en France s'il se poursuit en France, même s'il a commencé à l'étranger (ex. Crim., 23 févr. 2000, *Bull. crim.* n° 83 : soustraction de mineur).

2. Par le recours aux notions d'*indivisibilité* et de *connexité*

Il s'agit de l'indivisibilité et de la connexité (v. Mémento de *Procédure pénale*) entre les faits constatés en France et l'infraction commise à l'étranger.

C'est surtout *l'indivisibilité* qui est utilisée, et cette notion est aisément admise par la jurisprudence (parfois dans des cas relevant plus de la connexité que de l'indivisibilité) : les juridictions françaises sont compétentes pour des faits commis à l'étranger par un étranger s'ils forment un tout indivisible avec une infraction imputée au même et dont elles sont régulièrement saisies (Crim., 23 avr. 1981, *Bull. crim.* n° 116) ; ex. pour une séquestration et un vol avec arme et en bande organisée à l'étranger, et association de malfaiteurs en France (Crim., 27 oct. 2004, *Bull. crim.* n° 263).

La loi elle-même permet de réprimer la *complicité* en France d'un crime ou délit commis à l'étranger (*v. B. 3.*).

B - Notion de territoire

Le territoire sur lequel la loi pénale française est applicable est l'espace sur lequel s'étend l'*autorité politique de l'État : métropole, départements et territoires d'outre-mer, mer territoriale, espace maritime et aérien* (art. 113-1 C. pén.) ; la loi française s'applique également aux infractions commises à bord (ou contre) des *navires battant pavillon français*, ou des personnes se trouvant à leur bord, en quelque lieu qu'ils se trouvent (art. 113-3 C. pén.), et aux infractions commises à bord (ou contre) des *aéronefs immatriculés en France*, ou des personnes se trouvant à bord (art. 113-4 C. pén.).

La loi française est *seule applicable* aux infractions commises à bord (ou contre) des navires de la marine nationale, ou des personnes se trouvant à bord, en quelque lieu qu'ils se trouvent (art. 113-3 C. pén.), et aux infractions commises à bord (ou contre) des aéronefs militaires français ou des personnes se trouvant à bord, en quelque lieu qu'ils se trouvent (art. 113-4 C. pén.).

Dans les *eaux territoriales françaises*, les juridictions françaises sont compétentes pour les infractions commises à bord d'un navire étranger, par ou contre une personne ne faisant pas partie de l'équipage – et pour les infractions *indivisibles* – (avis du Conseil d'État, 20 nov. 1806 ayant valeur législative ; solution reprise par la chambre criminelle pour des séquestrations et assassinats de passagers clandestins : Crim., 3 mai 1995, *Bull. crim.* n° 161. Pour des infractions commises hors du territoire par des personnes *trouvées en France*, les juridictions françaises sont compétentes, en vertu des art. 689-1 et s. : *v. B. 2*).

II - Les solutions

Il faut distinguer le cas de l'infraction commise sur le territoire de la République, celui de l'infraction commise hors de ce territoire, et celui de la complicité en France d'une infraction commise à l'étranger.

A – Infraction commise sur le territoire de la République

1. Le principe d'application de la loi française

La loi française est seule applicable, quels que soient la nationalité des auteurs ou des victimes et le contenu de la loi de l'État d'origine de l'auteur (Crim., 1er mars 2000, *Bull. crim.* n° 101). Le juge français n'a donc pas à rechercher si l'infraction commise par un étranger est punissable dans le pays de celui-ci, même si l'étranger ne réside pas en France (*ibid.*). Mais, pour définir le propriétaire d'un bien (ex. destruction), le problème étant civil, il doit rechercher la loi civile applicable.

Exceptions : en cas d'infraction commise par un étranger, il y a immunité pénale :

• Pour les *chefs d'États étrangers séjournant en France*, sur le fondement de la coutume internationale (sauf pour les crimes de guerre et les crimes contre l'humanité – mais pas les crimes terroristes : Crim., 13 mars 2001, *Bull. crim.* n° 64), ainsi qu'aux organes et entités de l'État qui constituent l'émanation de l'État, ainsi qu'à leurs agents en raison d'actes qui relèvent de la souveraineté de l'État considéré (Crim., 23 nov. 2004, *Bull. crim.* n° 292) ; *v. cette immunité de juridiction* ;

• Pour les *agents diplomatiques* accrédités (Conv. Vienne 18 avr. 1961, art. 31, § 1). L'immunité diplomatique est une règle de courtoisie internationale ; il ne s'agit pas d'exterritorialité : l'auteur étranger, non couvert par l'immunité, d'une infraction dans une ambassade en France est justiciable des juridictions françaises – mais les locaux d'une ambassade sont inviolables, les agents français ne pouvant y pénétrer qu'avec l'accord du chef de la mission : Conv. Vienne 18 avr. 1961, art. 22 (Crim., 30 janv. 1979, *Bull. crim.* n° 43).

L'immunité couvre la personne, la famille, la suite et les bagages de l'agent (Conv. Vienne 18 avr. 1961, art. 37). Elle est étendue aux représentants permanents auprès du Conseil de l'Europe. Pour les agents en transit d'un État tiers (Conv. Vienne 18 avr. 1961, art. 40), elle est inapplicable en l'absence de mission internationale précise.

L'immunité diplomatique n'empêche pas un agent diplomatique français d'être poursuivi devant les juridictions françaises (Conv. Vienne 18 avr. 1961, art. 31).

2. Absence de chose jugée pour la décision étrangère pour une infraction commise en France

Sauf convention contraire (ex. Accord de Schengen, entre certains États de l'Union européenne : décr. 21 mars 1995, art. 54 ; mais v. art. 55 à 58), *l'étranger ayant commis une infraction en France* peut être *jugé en France même s'il a été jugé à l'étranger, et même condamné définitivement, pour cette infraction* : il n'y a pas chose jugée si la peine n'est pas prescrite (Crim., 20 oct. 2013, *Bull. crim.* n° 201).

3. Cas de la complicité

Si l'acte commis en France est un acte de complicité d'un crime ou d'un délit commis à l'étranger, sont applicables les art. 113-5 C. pén. et 689 C. pr. pén. : *v. 3.*

B – Infraction commise hors du territoire de la République (art. 113-6 C. pén. ; art. 689, 693 C. pr. pén.)

• Le **principe** *(aujourd'hui très atténué)* est la **non-application de la loi française** (bien que, pour juger des demandes d'*extradition*, on tienne compte, largement mais non exclusivement, de la loi française, ex. pour déterminer si une infraction est ou non politique) ; ex. recel à l'étranger par un étranger.
On ne confondra pas l'hypothèse avec celle où la loi française, pour l'application de ses propres règles, tient compte du fait qu'une infraction a été commise à l'étranger : ainsi, lorsque l'un des faits constitutifs d'un crime a été commis hors du territoire national, la détention provisoire peut être plus longue (v. art. 145-2, al. 2 C. pr. pén.).

• Mais les **exceptions à ce principe** sont aujourd'hui importantes : il y a **application de la loi française dans de nombreux cas**.
Ces cas prennent en compte plusieurs éléments : la **gravité de l'infraction**, les règles étant en partie différentes pour les crimes et les délits (la loi française ne s'applique pas aux *contraventions* commises à l'étranger ; il y a toutefois des exceptions : v. art. 113-6, al. 3 et les contraventions en matière sociale dans le domaine des transports routiers, décr. n° 86-1130 du 17 oct. 1986 ; règl. (CE) n° 561/ 2006 du 15 mars 2006), le fait que **la loi étrangère s'est déjà appliquée** (c'est alors la règle de **subsidiarité** de la loi française), parfois la **réciprocité législative**, parfois l'échec d'une demande d'extradition, parfois enfin la **nationalité française** de la **victime**. Dans certains cas, loi française s'applique seulement lorsque l'infraction a été *commise par un Français*, dans d'autres cas, seulement si elle a été commise par un étranger, dans d'autres cas, indifféremment, qu'elle ait été commise *par un Français ou par un étranger*.

1. Infraction commise à l'étranger par un Français, ou par un étranger ayant acquis la nationalité française après l'infraction

Les conditions d'application de la loi française sont tantôt communes aux crimes et aux délits, tantôt spéciales aux délits (la qualification des faits en crime ou en délit s'opère d'après la loi française, cf. anc. art. 689 C. pr. pén. : « fait qualifié crime puni par la loi française »).

a. Condition commune aux crimes et aux délits

L'application de la loi française est **subsidiaire** (art. 113-9) : **elle ne joue pas si la loi étrangère s'est appliquée définitivement** (à la condition, en cas de condamnation, qu'il y ait eu exécution ou prescription de la peine ; sinon, on ne peut imputer sur l'exécution d'une peine prononcée par le tribunal français l'incarcération subie à l'étranger – mais pour les condamnations prononcées dans un État membre de l'Union européenne, v. cette question) ; au contraire, pour la durée de la peine *prononcée à l'étranger* et restant à subir en France, *v.* § 2 ; pour certains pays, l'Accord de Schengen prévoit, plus largement, les cas où la sanction ne peut plus être exécutée : ex. en raison de la grâce. C'est le principe de *l'autorité négative* du jugement étranger en France : ici le juge français n'applique pas la loi étrangère, mais il la prend en considération. Mais l'art. 113-9 s'applique **uniquement dans les cas où la loi française est applicable à des infractions commises hors du territoire de la République** (renvoi aux art. 113-6 et 113-7) : des poursuites fondées sur la compétence territoriale française sont donc possibles (Crim., 3 déc. 1998, *Bull. crim.* n° 331 ; 8 juin 2005, *Bull. crim.* n° 174), si bien que, s'agissant d'une infraction commise sur le territoire français, elle ne peut échapper à la loi ni aux juridictions françaises, quitte à ce qu'elle soit punie deux fois (même pour une infraction jugée à l'étranger sur dénonciation des autorités françaises : Crim., 17 mars 1999, *Bull. crim.* n° 44).

Par exception, la subsidiarité n'est pas une condition d'application de la loi française aux crimes et délits terroristes commis à l'étranger par un Français ou une personne résidant habituellement en France (art. 113-13 C. pén.).

L'art. 132-23-1 C. pén. est ici sans conséquence : s'il dispose que les condamnations prononcées par les juridictions pénales d'un État membre de l'Union européenne produisent les mêmes effets que les condamnations prononcées par les juridictions françaises, il ne joue que dans l'hypothèse où les faits commis en France et dans l'État considéré sont *différents* (déc.-cadre 2008/675/JAI, art. 1er).

b. Conditions spéciales aux délits (art. 113-6)

• **1re condition :** la loi française ne s'applique à un délit commis à l'étranger que si ce délit est *punissable par la loi étrangère* (système de la « *double incrimination* », art. 113-6). C'est le principe de la **réciprocité législative**, qui traduit un effort vers un droit pénal universel (ex. : poursuites en France pour des faits d'évasion avec bris de prison, non réprimés en Belgique, mais requalifiés en destruction d'objet destiné à l'utilité publique, qualification incriminée dans les deux pays : Crim., 9 nov. 1988, *Bull. crim.* n° 385 ; l'interprétation de la loi étrangère échappe au contrôle de la Cour de cassation : Crim., 12 nov. 1997, *Bull. crim.* n° 383). Ici aussi, le juge français n'applique pas la loi étrangère, mais il la prend en considération. La loi française s'appliquant, c'est elle qui régit la prescription de l'action publique, non la loi étrangère (point de départ du délai : Crim., 5 juin 1996, *Bull. crim.* n° 239 ; interruption du délai : Crim., 24 sept. 1998, *Bull. crim.* n° 234 : actes effectués à l'étranger, interruptifs au regard de la loi française, même s'ils ne le sont pas selon la loi étrangère).

Exceptions : *pour certaines infractions, commises par un Français ou par une personne résidant habituellement en France*, la loi française est applicable même si le fait n'est pas puni par la loi étrangère ; ex. : agression sexuelle contre un mineur (art. 222-22, al. 3 C. pén.), corruption de mineur (art. 227-27-1 C. pén.), diffusion d'images pornographiques de mineur, proxénétisme à l'égard d'un mineur (art. 225-11-2 C. pén.), recours à la prostitution d'un mineur (225-12-3 C. pén.), atteinte sexuelle sur mineur de 15 ans (ou plus si l'auteur est un ascendant ou une personne abusant de son autorité : 227-27-1 C. pén.). Même exception à la réciprocité d'infraction commise par un Français ou une personne résidant habituellement en France pour le clonage reproductif (art. 511-1-1 C. pén.), l'activité de *mercenaire* par un Français (art. 436-1 et s., 436-3), les délits terroristes (art. 113-13 C. pén.). Dans d'autres cas, les textes ne visent que l'infraction commise par un Français : délit de traite d'un être humain (art. 225-4-8) ; *adde* C. déf., art. L. 2342-81, L. 2343-12.

• **2e condition :** la poursuite est subordonnée à la *requête du ministère public* (la citation directe ou une constitution de partie civile par la victime sont donc irrecevables – mais le parquet peut requérir l'ouverture d'une information : Crim., 11 juin 2003, *Bull. crim.* n° 119), et suppose (art. 113-8) :

1. la *plainte* de la victime ou de ses ayants droit (la plainte peut être contre inconnu : Crim., 24 mars 1969, *Bull. crim.* n° 131 ; elle peut être déposée en France, ou à l'étranger à la condition, alors, d'être transmise à la France : Crim., 24 nov. 1998, *Bull. crim.* n° 312),
2. *ou* la *dénonciation* officielle par l'autorité du pays du lieu où l'infraction a été commise (la prescription de l'action publique peut être acquise lors de cette dénonciation, puisque, selon la chambre criminelle, elle n'est pas suspendue avant cette dénonciation : Crim., 7 juill. 1987, *Bull. crim.* n° 298 ; mais la dénonciation est un acte interruptif de la prescription : Crim., 12 oct. 2005, *Bull. crim.* n° 260). Cette dénonciation officielle n'est pas nécessaire s'il y a plainte.

Exceptions : le ministère public peut agir **sans cette plainte ni cette dénonciation pour les mêmes infractions contre les mineurs que ci-dessus** (art. 222-22, al. 3, 225-11-2, 225-12-3, 227-27-1 C. pén. : c'est le souci de lutter contre le « tourisme sexuel » avec prostitution des enfants ; mais les autorités locales coopèrent peu) ; même exception, en cas d'infraction commise par un Français ou une personne résidant habituellement en France, pour le clonage reproductif (art. 511-1-1 C. pén.), l'activité de *mercenaire* (art. 436-3 C. pén.) , les délits terroristes (art. 113-13 C. pén.), et en cas d'infraction commise par un Français, pour la traite d'un être humain (art. 225-4-8 C. pén.).

2. Infraction commise à l'étranger par un étranger seulement

La loi française s'applique à tout crime ou délit puni d'au moins 5 ans d'emprisonnement, commis à l'étranger par un étranger dont l'extradition a été refusée par la France, parce que la peine encourue est contraire à l'ordre public français, ou parce que la personne a été jugée sans les garanties nécessaires, ou parce que l'infraction est politique. La poursuite requiert une requête du ministère public et une dénonciation officielle du pays qui avait requis l'extradition (art. 113-8-1 C. pén. ; v. art. 696-4, 6°, 7° C. pr. pén.).

3. Infraction commise à l'étranger, indifféremment par un Français ou un étranger

L'application de la loi française découle dans certains cas de la *nationalité française de la victime*, dans d'autres cas, pour certaines infractions, de la *résidence en France* de la victime, de la *nature de l'infraction* commise, de sa commission *au-delà de la mer territoriale*, dans d'autres cas enfin de ce qu'est en cause un *aéronef non immatriculé en France*.

En dehors de ces cas, la loi française ne s'applique pas pour des infractions commises à l'étranger sur des étrangers par des étrangers.

a. Application de la loi française en raison de la nationalité française de la victime

La loi française est applicable en raison de la **nationalité française de la victime** (personne physique ou morale : Crim., 25 avr. 2007, n° 06-84623), pour tout **crime**, ou tout **délit puni d'emprisonnement**, lorsque la victime est française au moment de l'infraction (art. 113-7 : c'est le système dit de la *personnalité passive*, envisagée du côté de la victime, parfois contesté, comme étant difficile à justifier – on invoque en général la protection que la République doit à ses nationaux) ; mais c'est la victime directe qui doit être française : les juridictions françaises sont incompétentes pour l'assassinat à l'étranger d'un chef d'État étranger, même si l'épouse de celui-ci est française (Crim., 31 janv. 2001, *Bull. crim.* n° 31). La victime doit avoir la nationalité française « au moment de l'infraction » (art. 113-7 C. pén.) : ces dispositions dont donc inapplicables si elle l'acquiert postérieurement à cette date, contrairement aux cas relevant de l'art. 113-6. Peu importe la nationalité de l'auteur, français ou étranger (art. 113-7 C. pén.).Les conditions de la poursuite, et celle tenant à la **subsidiarité**, sont les mêmes que *supra, 1.a) (art. 113-8 C. pén.)*. S'agissant de la subsidiarité, il a été jugé qu'un classement sans suite intervenu à l'étranger n'est pas un jugement (Crim., 6 déc. 2005, *Bull. crim.* n° 317 ; cf. Crim., 20 juin 2012, *Bull. crim.* n° 156 pour une décision d'irrecevabilité) ; la subsidiarité est subordonnée à l'identité des faits poursuivis en France et des faits jugés à l'étranger (jurisprudence très stricte : Crim., 22 nov. 1973, *Bull. crim.* n° 434, jugeant l'identité absente en cas de poursuites pour importation de stupéfiants après jugement étranger pour exportation des mêmes stupéfiants). Mais la condition de *réciprocité législative* indiquée ci-dessus pour les délits (art. 113-6) n'est *pas exigée ici*.

Il faut ajouter l'application de la loi pénale française aux crimes, et aux délits même non punis d'emprisonnement qui sont commis à bord ou à l'encontre des aéronefs non immatriculés en France ou des personnes se trouvant à bord, lorsque la *victime* est de nationalité française (art. 113-11, 1° C. pén.). La subsidiarité joue également ici, mais pas les conditions procédurales de l'art. 113-8 (art. 113-11, 1° C. pén. renvoyant à l'art. 113-9, mais pas à l'art. 113-8), ni la condition de double incrimination, l'art. 113-11, 1° n'y faisant aucune allusion.

Si la victime fait partie du personnel diplomatique ou consulaire français, la loi française s'applique (art. 113-10 C. pén.).

b. Application de la loi française en raison de la résidence en France de la victime mineure

Il s'agit : 1°/ des violences aggravées (crime ou délit), ex. excision, commise sur une victime mineure non française mais résidant habituellement en France, à l'occasion d'un voyage au pays natal de ses parents (art. 222-16-2) ; 2°/ des tortures et actes de barbarie commis pour contraindre une telle victime à un mariage ou à une union, ou commis à cause de son refus d'y consentir (art. 222-6-3) et des violences commises pour les mêmes raisons (art. 222-16-3). Le ministère public peut agir sans plainte, ni dénonciation requises par l'art. 113-7.

c. Application de la loi française à certaines infractions, quelle que soit la nationalité de l'auteur

La loi française s'applique à **certaines infractions**, *que l'auteur de l'infraction soit français ou étranger* (c'est le système de la *compétence réelle*, ou *universelle*).

Peuvent donc être poursuivis et jugés par les juridictions françaises les **auteurs** ou **complices** des infractions citées ci-après (art. 689 C. pr. pén.), en vertu de la loi, ou de *conventions internationales*.

En vertu de la **loi** :

• Art. 113-10 C. pén. : crimes ou délits qualifiés d'atteintes aux intérêts fondamentaux de la nation (ex. trahison, espionnage), falsification ou contrefaçon du sceau ou de l'État, de pièces de monnaie ou de billets de banque ou d'effets publics (et mise en circulation de signes contrefaits), détention irrégulière d'éléments destinés à la fabrication ou à la protection contre la falsification de billets ou de pièces, crime ou délit contre les agents ou les locaux diplomatiques ou consulaires français (joue ici encore, on l'a vu, le concept de *personnalité passive*). La loi française est ici compétente sans condition de subsidiarité ni de réciprocité.

• L. 2 janv. 1995 : violations graves du droit international humanitaire (et la tentative quand elle est punissable) commises dans l'ex-Yougoslavie (ex. crimes contre l'humanité), si l'auteur ou le complice est trouvé en France ; L. 22 mai 1996 pour le Rwanda.

En vertu de **conventions internationales** (art. 689-1 et s. C. pr. pén.). Ces règles supposent que **la personne**, après avoir commis l'infraction à l'étranger, **se trouve en France** (art. 689-1 C. pr. pén.) ; elles permettent d'étendre la compétence de la loi (Crim., 23 oct. 2002, *Bull. crim.* n° 195) et des juridictions françaises à des infractions commises hors du territoire de la République et qui y échapperaient en application des art. 113-6 et s., vus précédemment. Elles s'appliquent aux infractions suivantes, et à leur **tentative** quand elle est punissable (et la chambre criminelle a jugé qu'elles jouent même si dans le territoire étranger les faits ont été amnistiés : Crim., 23 oct. 2002, préc.).

• Convention (10 déc. 1984) contre la torture et autres peines ou traitements cruels, inhumains ou dégradants (art. 689-2 ; ex., *cité plus haut*, pour des séquestrations et assassinats de passagers clandestins). Mais, comme pour les autres cas, la compétence française suppose la présence en France des auteurs présumés des infractions : la présence des victimes ne suffit pas (ainsi d'une décision à propos de l'ex-Yougoslavie).

• Convention européenne pour la répression du terrorisme (27 janv. 1977) et accord (4 déc. 1979), pour les infractions énumérées (art. 689-3), ex. : 1°) meurtre ou séquestration d'une personne ayant droit à une protection internationale, y compris les agents diplomatiques (art. 689-3-1°) ; 2°) séquestration, ou tout autre crime comportant l'utilisation de certains moyens (ex. bombe, colis piégé), lorsque l'infraction est en relation avec une entreprise individuelle ou collective ayant pour but de troubler gravement l'ordre public par l'intimidation ou la terreur (art. 689-3-2° ; art. 421-1 C. pén.).

• Convention (3 mars 1980) sur la protection physique des matières nucléaires : certaines infractions, ex. meurtre, blessures, destructions commises au moyen de matières nucléaires (art. 689-4).

• Convention (10 mars 1988) pour la répression des actes contre la sécurité de la navigation maritime et des plates-formes fixes sur le plateau continental, ex. meurtre, atteinte volontaire à l'intégrité physique, destruction, de nature à compromettre la sécurité (art. 689-5).

• Conventions (16 déc. 1970, 23 sept. 1971) sur la répression de la capture illicite d'aéronefs et la sécurité de l'aviation civile (art. 689-6).

• Protocole (24 févr. 1988) pour la répression des violences dans les aéroports (art. 689-7).

• Protocole (27 sept. 1996) à la Convention pour la protection des intérêts financiers de l'UE et à la Convention de Bruxelles (26 mai 1997) sur la lutte contre la corruption des fonctionnaires de l'UE (art. 689-8 C. pr. pén., décr. 2003).

• Convention internationale (New York, 12 janv. 1998) pour la répression des attentats terroristes, pour les infractions avec engin explosif et autres engins meurtriers (art. 689-9 C. pr. pén.).

• Convention internationale (New York, 10 janv. 2000) sur la répression du financement du terrorisme (art. 689-10 C. pr. pén. ; décr. 14 juin 2002).

• Convention internationale (New York, 20 déc. 2006) pour la répression d'un crime défini à l'art. 212-1 ou 221-12 du Code pénal, lorsqu'ils constituent une disparition forcée au sens de cette convention (art. 689-13 C. pr. pén.).

Dans tous ces cas d'application de la loi française à certaines infractions, cette application est **subsidiaire** : il n'y a pas de poursuites en France si la personne a été jugée définitivement à l'étranger pour les mêmes faits, et si, en cas de condamnation, la peine a été subie ou prescrite (art. 692).

La juridiction compétente est celle de la résidence du prévenu, du lieu où il est trouvé, de la résidence de la *victime* (mais non d'une autre personne, même lésée par l'infraction) ou, si l'infraction a été commise à bord ou à l'encontre d'un aéronef, ou si les victimes de l'infraction ont été les personnes se trouvant à bord d'un aéronef, la juridiction du lieu de décollage, de destination ou d'atterrissage de celui-ci, ou à défaut, celle de Paris (v. art. 693 C. pr. pén.). Sur requête du ministère public ou sur demande des parties, la Cour de cassation peut renvoyer l'affaire devant une juridiction plus voisine du lieu de l'infraction (*ibid.*, al. 2).

d. Crimes ou délits commis à bord ou à l'encontre d'aéronefs non immatriculés en France (ou de personnes se trouvant à bord)

La loi française s'applique hors de l'espace aérien français (sinon l'art. 113-2 s'applique : art. 113-1), avec la condition de **subsidiarité**, *v. supra* (art. 113-11 C. pén.) :

- lorsque l'auteur ou la victime est de nationalité française au moment de l'infraction ;
- lorsque l'appareil atterrit en France après l'infraction ;
- lorsque l'aéronef a été donné en location sans équipage à une personne qui a le siège principal de son exploitation, ou sa résidence permanente sur le territoire de la République.

e. Infractions au-delà de la mer territoriale

Lorsque le prévoient les *conventions internationales* et la *loi*, la loi pénale française est applicable aux infractions commises *au-delà de la mer territoriale* (art. 113-12 C. pén.), donc hors de l'espace maritime français (sinon l'art. 113-2 s'applique : art. 113-1). Il s'agit d'infractions qui n'ont pas été commises à bord ou à l'encontre d'un navire battant pavillon français, ou à l'encontre de personnes à son bord, car elles relèvent de l'art. 113-3 – Ex. : trafic de stupéfiants en haute mer, v. L. 15 juill. 1994 (Crim., 29 avr. 2009, *Bull. crim.* n° 83) ; ex. Conv. de Vienne, 19 déc. 1988, pour l'arraisonnement d'un navire étranger en haute mer (Crim., 8 août 2007, *Bull. crim.* n° 190).

C – Complicité en France d'une infraction commise à l'étranger

Art. 113-5 C. pén. ; art. 689 C. pr. pén. (pour une infraction commise *en France*, le complice même *à l'étranger* est punissable en vertu des règles de la complicité : Crim., 30 oct. 2013, n° 12-83995 ; même solution pour le coauteur : Crim., 8 juin 1912, *DP* 1913.1.154 ; 22 juill. 1948, *Bull. crim.* n° 208).

Pour le complice en France d'une infraction commise à l'étranger, la loi française est applicable dans deux sortes de cas.

1. Conditions de poursuite de la complicité en France d'un crime ou d'un délit commis à l'étranger

Indépendamment des infractions pour lesquelles joue le système de la compétence universelle (*v. b*), et par exception à la criminalité d'emprunt (*v. la complicité*), le complice peut être poursuivi, et jugé par le tribunal français, à deux conditions, dont la réunion est nécessaire.

a. Condition de réciprocité législative

Le *fait principal* (donc pas nécessairement l'acte de complicité) doit être puni à la fois par la loi française et la loi étrangère.

b. Constatation par la juridiction étrangère

Le *fait principal* doit avoir été constaté par *décision définitive* de la juridiction étrangère (ce qui peut constituer un obstacle aux poursuites en France dans des affaires politiquement délicates : v. par ex. Crim., 29 janv. 2008, n° 07-82872). Le juge français n'est pas tenu de surseoir à statuer en l'attente d'une telle décision (Crim., 10 sept. 2008, n° 06-80687, 07-84774)

Mais le recours à ces règles est inutile (et donc les conditions de ce texte sans application) si l'auteur principal peut être jugé par les juridictions françaises (ex. auteur français d'un crime commis à l'étranger) : le complice peut alors être jugé par la juridiction française, en application des règles ordinaires de la complicité (Crim., 20 févr. 1990, *Bull. crim.* n° 84).

Entre certains États de l'Union européenne, le jugement définitif, ou, en cas de condamnation, l'exécution de la sanction, dans l'un de ces États, fait obstacle à la poursuite dans un autre, en vertu de l'Accord de Schengen (décr. 21 mars 1995, art. 54 à 58).

2. Compétence universelle

En cas de commission de l'une des infractions pour lesquelles joue le système de la *compétence universelle* (en vertu des art. 689 et s. C. pr. pén., en application de la loi, ou d'une convention internationale : ex. torture), la juridiction française est compétente (et ici même pour une complicité à l'étranger), avec les deux conditions exposées ci-dessus.

§ 2 – Les effets internationaux des jugements répressifs

Les principes de souveraineté nationale et de territorialité s'opposent à ce qu'un jugement pénal étranger produise ses effets en France : ce jugement ne peut être *exécuté* en France ; il n'y a pas de procédure d'*exequatur* des jugements en matière pénale (la décision étrangère statuant sur l'action civile consécutive à une infraction peut être reconnue et exécutée en France, sous condition d'une exequatur d'une juridiction française ; pour l'Union européenne, v. régl. n° 1215/2012 du 12 déc. 2012, supprimant l'exigence de l'exequatur). Toutefois, le jugement pénal étranger a une certaine *autorité négative*, et même parfois une *autorité positive*.

I - Autorité négative

On a vu qu'il est tenu compte du jugement étranger, en vertu du principe de subsidiarité, lorsque la loi française ne s'applique pas parce qu'une décision étrangère a statué définitivement (art. 113-9 C. pén. ; art. 692 C. pr. pén.). Mais une décision étrangère n'a pas d'autorité pour une infraction commise en France.

II - Autorité positive

Principe : c'est l'absence d'autorité : sauf convention contraire, une condamnation étrangère, on l'a vu, n'est pas un premier terme de récidive (Crim., 7 nov. 1968, *Bull. crim.* n° 290), ne fait pas obstacle au sursis (Crim., 24 nov. 1910, *Bull. crim.* n° 578), n'obéit pas aux règles du concours d'infractions (Crim., 20 août 1991, *Bull. crim.* n° 310).

Exceptions :

Par exception, certains textes (en dehors même des conventions internationales) tiennent compte des condamnations étrangères :

L'art. 113-5 C. pén., on l'a vu, rend la loi française applicable au complice d'un crime ou d'un délit commis à l'étranger « s'il a été constaté par une décision définitive de la juridiction étrangère ».

En application de l'art. 716-4, al. 2 C. pr. pén., l'incarcération subie à l'étranger en exécution d'un mandat d'arrêt européen ou sur demande d'extradition par la France est déduite de la durée d'une peine privative de liberté prononcée par une juridiction française. La chambre criminelle applique ce texte à toute hypothèse d'incarcération subie à l'étranger à titre provisoire (Crim., 5 oct. 2011, QPC, *Bull. crim.* n° 196).

En matière d'interdiction professionnelle (ex. C. mon. fin., art. L. 500-1, VI ; L. 2 janv. 1970, art. 11). Mais l'exécution en France des jugements pénaux étrangers, qui porterait atteinte à la souveraineté nationale, est impossible, *sauf convention contraire* : ex. pour les peines privatives de liberté, en application d'une convention internationale (ex. Conv. de Schengen, art. 54 et s.), la peine prononcée à l'étranger et restant à subir peut être exécutée en France, selon les règles françaises à partir de transfèrement, mais en tenant compte des réductions de peine ou grâces décidées à l'étranger (v. art. 728-2 et s. C. pr. pén.) ; si la peine prononcée est plus rigoureuse que celle prévue par la loi française, la juridiction la réduit au maximum légal applicable (art. 728-4, al. 2).

Les jugements répressifs d'un État membre de l'Union européenne.

Aux termes de l'art. 132-23-1 C. pén. (et en application de la décision-cadre 2008/675/JAI du 24 juill. 2008), « les condamnations prononcées par les juridictions pénales d'un État membre de l'Union européenne sont prises en compte dans les mêmes conditions que les condamnations prononcées par les juridictions pénales françaises et produisent les mêmes effets juridiques que ces condamnations ». Une telle condamnation peut donc constituer, on l'a vu, le premier terme d'une récidive, faire obstacle à l'octroi d'un sursis simple, révoquer un sursis (pour le sursis simple, v. art. 735-1 C. pr. pén.), etc. (pour la réhabilitation, art. 133-16-1 C. pén. : v. cette question). Mais l'art. 132-23-1 se limite aux règles du Code pénal et du Code de procédure pénale : il est sans application pour les textes extérieurs à ces deux codes (par ex. pour les interdictions professionnelles évoquées plus haut).

La qualification des faits est déterminée par rapport aux incriminations françaises et sont prises en compte les peines équivalentes aux peines prévues par la loi française (art. 132-23-2 C. pén.) – par ex. si le fait constitue un crime dans l'État membre et un délit en France, pour la récidive, on devra considérer qu'elle est celle de délit à délit. Il faut que le juge français consulte le casier judiciaire de l'État membre, en l'absence d'un casier judiciaire européen.

La reconnaissance mutuelle des jugements répressifs d'un État membre de l'Union européenne prononçant des peines ou des mesures privatives de liberté.

En application de la décision-cadre 2008/909/ JAI du 27 novembre 2008, la loi du 5 août 2013 a introduit des règles pour assurer l'exécution sur le territoire français de telles condamnations prononcées par les juridictions des autres États membres de l'Union européenne (art. 728-31 à 728-70 C. pr. pén.) et l'exécution sur le territoire de ces autres États de ces mêmes condamnations prononcées par les juridictions françaises (art. 728-15 à 728-30 C. pr. pén. ; pour le transit sur le territoire français, v. art. 728-71 à 728-76).

Pour les décisions de *gel de biens ou d'éléments de preuve* prises par un État membre de l'Union européenne, v. art. 695-9-1et s. (déc.-cadre n° 2003/577/JAI du 22 juill. 2003).Pour les décisions de *confiscation*, v. art. 713 et s. (déc.-cadre 206/783/ JAI du 6 oct. 2006).

§ 3 – L'entraide pénale hors des frontières

L'entraide pénale (policière et judiciaire) se développe. Et contribuent à cette aide pardessus les frontières deux procédures de remise de personne : l'extradition, ou, entre les États de l'UE, celle, plus simple, du mandat d'arrêt européen.

I – L'entraide pénale internationale

L'entraide pénale internationale s'est développée par les conventions internationales. C'est que le principe de souveraineté nationale s'oppose en principe à ce qu'un État puisse agir par voie policière ou judiciaire sur le territoire d'un autre. On a souvent déploré la lenteur avec laquelle progresse à cet égard la solidarité internationale : certaines catégories de malfaiteurs profiteront de ces lacunes. Mais la loi du 9 mars 2004 a introduit les règles de l'entraide judiciaire internationale dans le C. pr. pén., applicables en l'absence de convention internationale en stipulant autrement (art. 694 à 694-13 ; pour l'entraide entre la France et les autres États membres de l'Union européenne, art. 695 à 695-9-53 ; pour les dispositions propres à l'entraide entre la France et certains États, art. 695-10). L'entraide va bien au-delà, désormais, des simples commissions rogatoires internationales : elle concerne la recherche des preuves, les interrogatoires, auditions et confrontations, la surveillance et l'infiltration (art. 694-5 et s. C. pr. pén.), la notification d'actes, la saisie d'avoirs (art. 694-10 et s. C. pr. pén.), etc.

A - Échange de renseignements

Des conventions prévoient une coopération policière, ex. Accord de Schengen, entre certains États de l'Union européenne.

Par l'échange de renseignements, certains États collaborent, particulièrement par *Interpol*, qui n'est pas une police, mais un organisme de coordination entre les polices nationales, qui transmet des renseignements. L'office de police européen *Europol* n'est pas une police, mais un système d'échange d'informations ; de même le système d'information Schengen, mais avec une coopération policière. A été créée l'unité *Eurojust* (art. 695-4 et s. C. pr. pén.) qui est une unité de coopération facilitant la coordination des enquêtes transfrontières entre les autorités des États de l'Union européenne, simplifiant l'exécution des commissions rogatoires.

Une décision-cadre 2006/960/JAI du 18 déc. 2006 a organisé une *procédure d'échange simplifié d'informations* entre les services répressifs des États membres : v. art. 695-9-31 à 695-9-47 C. pr. pén. ; *adde* pour certains États non membres de l'Union européenne, art. 695-9-48, 695-9-49.

B - Recherche de preuves

La coopération peut même se faire sous cette forme de recherche par la police sur le territoire d'un autre pays : ex. Convention de Vienne, 1988, contre le trafic de stupéfiants. V. l'art. 18, al. 5 C. pr. pén. : les OPJ peuvent, sur *commission rogatoire expresse du juge d'instruction ou réquisitions du procureur de la République*, procéder à des auditions sur le territoire d'un État étranger, avec l'accord des autorités de celui-ci.

Pour les **équipes communes d'enquête** pour les États membres de l'UE, v. art. 695-2 et s. C. pr. pén.

Beaucoup de conventions internationales prévoient notamment la possibilité d'adresser une *commission rogatoire*, dite alors *internationale* (par voie diplomatique, ou judiciaire en cas d'urgence), par les juges d'un pays *à l'autorité judiciaire étrangère*, par exemple pour entendre des personnes, ou procéder à des mises en examen et des perquisitions (ex. pour Schengen, art. 48 à 53).

Des efforts sont faits pour mettre en réseau le casier judiciaire entre certains États.

Une loi du 15 juill. 1994, sur l'exercice par l'État de ses pouvoirs de contrôle en mer, a prévu des sanctions pénales pour refus d'obtempérer, et des règles sur les perquisitions. Sur le droit de visite des navires, v. L. 5 juill. 1983.

La loi du 2 janv. 1995 a prévu une entraide judiciaire pour les violations graves du droit international humanitaire commises dans l'ex-Yougoslavie ; L. 22 mai 1996 pour le Rwanda.

Pour les règles de **l'entraide judiciaire internationale**, v. art. 694 et s. C. pr. pén. Ex. l'interrogatoire d'une personne poursuivie ne peut être réalisé à l'étranger à la demande des autorités judiciaires françaises qu'avec le consentement de la personne (art. 694-5).

En matière de *criminalité et de délinquance organisées*, la surveillance de l'art. 706-80 à l'étranger est autorisée par le procureur de la République (art. 694-6) ; pour l'infiltration, v. art. 694-7 et 8.

Pour les demandes d'entraide entre la France et les autres **États membres de l'Union européenne**, v. art. 695-1 et s. Les demandes d'entraide de l'étranger et vers l'étranger peuvent comporter auditions, interrogatoires ou confrontations par télécommunications (art. 706-71 et 694-5, al. 1 C. pr. pén.) : visioconférence.

Pour la coopération avec la *Cour pénale internationale* (coopération judiciaire, exécution des peines et des mesures de réparation), v. art. 627 à 627-20 et s. C. pr. pén.

II - L'extradition

C'est la remise d'une personne à juger ou d'un condamné, par l'État sur le territoire duquel la personne s'est réfugiée (territoire de refuge, ou État « *requis* »), à l'État sur le territoire duquel elle doit être jugée ou subir sa peine (État *requérant*).

Utilité :

• L'État requérant apaisera le trouble causé sur son territoire ;

• L'État requis se débarrassera d'une personne indésirable ;

• L'extradition facilitera la répression à l'encontre des malfaiteurs internationaux : il s'agit d'une importante aide entre les États.

Danger : l'extradition peut être demandée pour des motifs politiques.

L'extradition est régie par les art. 696 à 696-47 C. pr. pén. Ces textes ont remplacé l'ancienne loi du 10 mars 1927, mais ils ne s'appliquent qu'en l'absence de conventions internationales contraires, qui prévalent en cas de divergence quant aux règles de fond : ces conventions sont nombreuses (plusieurs dizaines ; ex. Conv. New York du 17 déc. 1979 sur la prise d'otages (L. 14 avr. 2000) ; *Convention européenne d'extradition*, 13 déc. 1957, 11 mai-1986, sur l'extradition simplifiée entre les États membres de l'UE, 10 mars 1995, 27 sept. 1996 (décr. 8 juill. 2005) ; *Conventions bilatérales*, ex. Convention du 23 avr. 1996 (décr. 29 janv. 2002) avec les États-Unis ; traité d'extradition franco-chinois du 20 mars 2007, excluant l'extradition si la peine de mort est encourue en Chine). Entre les pays de l'UE, et indépendamment de l'extradition simplifiée entre ces États, le *mandat d'arrêt européen* a remplacé l'extradition (*v. C.*).

L'extradition est inutile si la personne arrive en France, venant d'être expulsée d'un autre pays ; mais la solution est discutée, car elle peut constituer une fraude à l'extradition, comme dans d'autres cas où un étranger est transféré en France dans des conditions restées inconnues (*male captus, bene detentus*).

A - Conditions

L'extradition suppose réunies des conditions de fond, et obéit à une procédure particulière.

1. Conditions de fond

Ces conditions sont celles du C. pr. pén., mais, on l'a dit, seulement en l'absence de convention contraire. Elles sont *nécessaires mais non suffisantes* : même si elles sont réunies, l'État français peut refuser l'extradition, sauf convention contraire, et avec le contrôle du Conseil d'État. Dans 8 cas l'extradition n'est pas accordée ; et en dehors de ces situations, l'extradition suppose diverses conditions.

a. Cas où l'extradition n'est pas accordée

• *S'il s'agit de nationaux :* la France n'extrade pas ses nationaux (art. 696-4, 1°), qui peuvent être jugés en France. La règle ne joue que si la nationalité était possédée au moment des faits.

• *S'il s'agit de motifs politiques :* l'extradition n'est pas accordée si le crime ou le délit a un caractère politique, ou si elle est demandée « dans un but politique » (art. 696-4, 2°), du moins si l'infraction est purement politique (*v. cette notion, 1re partie*). Pour l'extradition, parfois, la notion d'infraction politique est plus large que dans d'autres domaines, on l'a vu pour l'infraction connexe : c'est qu'intervient ici l'idée de **droit d'asile**. C'est que la notion de droit d'asile est *en recul pour le terrorisme* : ainsi, dans la Convention européenne pour la répression du terrorisme (27 janv. 1977), pour l'extradition ne sont pas considérées comme politiques (art. 1er), et l'extradition est alors possible, certaines infractions complexes ou connexes constituant des actes graves, ex. attentat, assassinat, prise d'otage, extorsion de fonds, vol à main armée, ou même la simple appartenance à un mouvement terroriste ; d'autres infractions, dirigées contre la vie, l'intégrité corporelle ou la liberté des personnes, peuvent n'être pas considérées comme politiques (art. 2). Ne sont pas politiques (et l'extradition est donc possible pour ces infractions), les crimes « graves », non politiques par nature, même s'ils ont été commis dans la lutte pour l'indépendance du pays basque, au sein d'une organisation armée (CE 26 sept. 1984, n° 62847, *Lujambio Z*), ni l'association de malfaiteurs, non politique par son objet, ayant pour but de promouvoir la révolution, selon le Conseil d'État (CE 7 juill. 1978, n° 10079, *Croissant*). V. art. 3, 3 Conv. europ. d'extrad. du 13 déc. 1957, selon lequel l'attentat à la vie d'un chef d'État ou d'un membre de sa famille ne sera pas considéré comme infraction politique (clause belge). Le Conseil d'État juge qu'en application d'un principe fondamental reconnu par les lois de la République, l'extradition des personnes réclamées dans un but politique est interdite, même si le texte bilatéral d'extradition n'en fait pas état et qu'en pareil cas, un refus d'extradition est légitime (CE, 3 juill. 1996, *Koné*).

• *Les crimes ou délits commis sur le territoire de la République* (art. 696-4, 3°). Leurs auteurs sont en effet justiciables des tribunaux français.

• *Les crimes et délits commis hors de France et jugés en France définitivement* (art. 696-4, 4°).

• *En cas d'extinction de l'action publique* (ex. prescription de l'action publique) *ou prescription de la peine* (art. 696-4, 5°).

• *Peine ou mesure de sûreté contraire à l'ordre public français* (art. 696-4, 6°).

• *Tribunal de l'État requérant n'assurant pas les garanties fondamentales* (art. 696-4, 7°).

• *Infraction militaire prévue par le Code de justice militaire* (art. 696-4, 8°).

b. Les infractions « extraditionnelles »

1) Lieu et auteur de l'infraction.

L'infraction doit avoir été commise (art. 696-2) :
- soit sur le territoire de l'État requérant ;
- soit, ailleurs, par un ressortissant de cet État,
- soit, ailleurs, par un étranger à cet État, mais alors seulement si l'infraction est de celles dont la loi française autorise la poursuite en France, même si elles sont commises à l'étranger par un étranger.

2) Gravité de l'infraction

L'extradition ne joue que pour des infractions punies, dans l'État requérant (art. 696-3) :
- de *peines criminelles* ;
- ou, pour les peines *correctionnelles* : 1°/ pour l'extradition d'une personne *non condamnée* : d'un maximum de *2 ans au moins* d'emprisonnement (Conv. europ. d'extrad. 13 déc. 1957, art. 2, § 1 : maximum d'au moins un an ; v. aussi art. 61 Accord de Schengen 14 juin 1985) ; 2°/ pour l'extradition d'un *condamné* : d'une peine prononcée de *2 mois au moins* d'emprisonnement (Conv. europ. d'extrad. 13 déc ; 1957, art. 2, § 1 : sanction prononcée d'au moins 4 mois). *Principe de spécialité* (art. 696-6) : l'extradition n'est accordée qu'à condition que la personne ne soit ni poursuivie ni condamnée pour une infraction autre que celle ayant motivé l'extradition, sauf les exceptions indiquées plus loin, 2.).

En cas de pluralité d'infractions non encore jugées, le maximum de la peine encourue doit être, dans l'État requérant, égal ou supérieur à deux ans (art. 696-3, dern. al.).

Pour le cas de plusieurs demandes concurrentes, v. art. 696-5.

2. Procédure

Il faut distinguer selon que la France demande l'extradition – la France, *pays requérant* –, ou que l'extradition est demandée à la France – la France, *pays requis* (au sein de l'Union européenne, et en dehors du mandat d'arrêt européen, *v. III*, la procédure est simplifiée : v. art. 696-25 à 696-33 C. pr. pén. : ex. dossier transmis sans obligation de passer par la voie diplomatique).

a. La France demande l'extradition

- requête par le *procureur de la République*, accompagnée du jugement, de l'arrêt ou du mandat d'arrêt.
- transmission au *procureur général*.
- transmission, avec avis, à la *Chancellerie*.
- transmission au *ministère des Affaires étrangères*, qui agit par voie diplomatique.

b. On demande l'extradition à la France

La procédure est ici *largement judiciaire*.

1) Déroulement de la procédure

• La demande est faite au gouvernement français par voie *diplomatique* (alors qu'entre les États de l'UE, la demande est adressée directement au ministre de la Justice : art. 696-8, dern. al.) :

• *Le ministère des Affaires étrangères* transmet la demande au *ministre de la Justice*, qui l'adresse au procureur général, lequel la transmet au procureur de la République (art. 696-9) ; en cas d'urgence et sur demande de l'État requérant, **l'arrestation provisoire** peut être ordonnée (art. 696-23 ; *cf.* art. 16 Conv. europ. d'extrad. 13 déc. 1957) ; pour la mise en liberté de la personne, v. art. 696-24.

• La personne appréhendée est déférée dans les 84 heures au *procureur général* (avec dans ce délai les mêmes garanties que dans la garde à vue), pour un interrogatoire d'identité ; elle peut être assistée par un avocat, et est avisée de son droit de consentir ou de s'opposer à son extradition (art. 696-10). Son incarcération et son placement sous écrou extraditionnel en maison d'arrêt peut être ordonnée par le premier président de la cour d'appel ; le premier président peut aussi décider de soumettre l'intéressé à une ou plusieurs des mesures du contrôle judiciaire ou de l'assignation à résidence sous surveillance électronique ; la décision ouvre un recours devant la chambre de l'instruction, qui statue dans les 5 jours (art. 696-11).

• *Si la personne déclare consentir à son extradition*, la chambre de l'instruction est saisie, la personne comparaissant dans les 5 jours ouvrables de la présentation au procureur général (audience en principe publique) : art. 696-13. Si lors de sa comparution, l'intéressé déclare consentir à son extradition, la chambre de l'instruction lui en donne acte ; elle statue sans recours (art. 696-14).

• *Si la personne a déclaré ne pas consentir à son extradition*, la chambre de l'instruction est saisie, la personne comparaissant dans les 10 jours ouvrables de sa présentation au procureur général (audience en principe publique) : art. 696-15.

La chambre rend son avis sur la demande d'extradition en principe dans le mois (délai sans sanction, selon la chambre criminelle : Crim., 11 mai 2005, *Bull. crim.* n° 147) ; un pourvoi en cassation contre l'avis n'est recevable que pour *vice de forme* de nature à priver l'avis des conditions essentielles de son existence légale (art. 696-15, al. 5 ; ex. la personne ou son avocat doivent avoir eu la parole en dernier : Crim., 17 mai 1984, *Bull. crim.* n° 183, revirement de jurisprudence, fondé sur les principes généraux du droit ; la chambre qui rend un avis favorable ne peut se borner à se référer aux motifs d'un précédent arrêt relatif à la même personne : Crim., 18 juin 2003, *Bull. crim.* n° 128) ; mais les moyens *de fond* ne sont pas recevables (ex. la prescription).

L'État requérant peut être autorisé à intervenir à l'audience, mas il n'est pas partie à la procédure (art. 696-16).

2) Décisions

• Si l'avis repousse la demande, l'extradition ne peut être accordée une fois l'avis devenu définitif (art. 696-17) ; cet avis s'impose donc au gouvernement, qui ne peut passer outre (Crim., 12 mars 1991, *Bull. crim.* n° 123). Le rejet n'empêche pas une nouvelle demande pour les mêmes faits, fondée sur des éléments nouveaux (Crim., 20 déc. 1988, *Bull. crim.* n° 439). La personne non détenue pour une autre cause est mise d'office en liberté.

• Si l'avis ne repousse pas la demande, l'extradition est autorisée par un *décret* du Premier ministre et sur le rapport du ministre de la Justice. Le décret doit être motivé en droit et en fait. Si, dans le mois de la notification du décret d'extradition à l'État requérant la personne n'a pas été reçue par les agents de cet État, elle est mise en liberté, sauf force majeure (art. 696-18).

Contre le décret un *recours pour excès de pouvoir* est possible, dans le mois. En application de la jurisprudence du Conseil d'État, peuvent être contrôlées la légalité formelle du décret, et l'application des conditions de fond de l'extradition ; ex. il peut y avoir annulation pour violation des formes, ou même par exemple quand l'extradition a un but politique, ou si l'extradition est accordée pour un pays où la peine de mort est applicable – sauf si des garanties suffisantes de non-exécution de la peine sont données –, ou si l'intéressé risque d'être soumis à la torture dans le pays requérant.

Pour les demandes de mise en liberté, le contrôle judiciaire et l'assignation à résidence sous surveillance électronique, v. art. 696-19 à 696-21.

B – Effets

1. Lorsque l'extradition est autorisée, l'extradé est remis à l'État requérant. Pour le cas où l'extradition est demandée par plusieurs États, v. art. 696-5.

Pour la nullité de l'extradition irrégulière, v. art. 696-36 et s.

2. Mais l'extradé ne peut être jugé que pour l'infraction qui a motivé l'extradition : c'est le **principe de spécialité de l'extradition** : art. 696-6 (v. art. 14 de la Conv. europ. 13 déc. 1957).

Mais le principe de spécialité n'interdit pas un *changement de qualification* (sauf évidemment le changement d'une infraction de droit commun en infraction politique), dès lors qu'il s'agit des mêmes faits, ex. jurisprudentiels : mode de participation, circonstance aggravante.

• *Raison* du principe : si cette règle n'existait pas, l'État requérant pourrait tourner certaines conditions de l'extradition, par exemple en demandant l'extradition pour une infraction de droit commun, puis en jugeant pour une infraction politique.

• *Sanction* du principe : en cas de violation du principe, l'extradition est annulée ; mais l'État requis ne pourra guère que protester par voie diplomatique, et rejeter des demandes ultérieures d'extradition du même État requérant.

• *Exceptions* au principe (art. 696-34, 696-38 et 696-39) :

L'extradé peut être poursuivi ou condamné pour d'autres infractions dans cinq cas :

- *Renonciation de la personne réclamée* (cela est plutôt rare).
- *Consentement spécial du pays requis.*
- La personne a eu, pendant *30 jours*, la possibilité de quitter le territoire de l'État requérant (art. 696-39).
- En cas d'annulation de l'extradition, la personne est arrêtée sur le territoire français dans les 30 jours de sa libération (art. 696-38).
- Poursuites pour *fait postérieur* à l'extradition.

III – Le mandat d'arrêt européen (MAE)

C'est une décision judiciaire en vue de l'arrestation et de la remise, par un autre État membre de l'Union européenne (État d'exécution), d'une personne recherchée (dans l'État d'émission) pour des poursuites pénales ou pour l'exécution d'une peine ou mesure de sûreté privative de liberté (art. 695-11 à 695-51 C. pr. pén.).

Le mandat d'arrêt européen s'est substitué, entre les pays de l'Union, aux règles sur l'extradition (*v. B.*), procédure en partie politique et souvent longue (ex. 18 mois, au lieu de 40 jours pour le MAE). Entre ces pays peut être aussi utilisée, on l'a vu, une procédure d'extradition simplifiée. Le MAE est une *procédure uniquement judiciaire*, sans phase diplomatique ni administrative (art. 695-11, 695-15 C. pr. pén.), donc plus rapide que l'extradition (mais lorsque le ministère public a été informé de l'arrestation de la personne recherchée, il adresse sans délai au ministre de la justice une copie du mandat d'arrêt transmis à l'autorité judiciaire de l'État membre d'exécution : art. 695-17).

A – Personnes pouvant faire l'objet du MAE

Art. 695-12.

- personnes poursuivies pour une infraction punissable (peine ou mesure de sûreté) égale ou supérieure à **un an**, alors que pour l'extradition il faut une peine égale ou supérieure à 2 ans ;
- personnes condamnées à une privation de liberté (peine ou mesure de sûreté) égale ou supérieure à **4 mois** (ici, les conditions sont plus strictes que pour l'extradition, où il suffit d'une peine égale ou supérieure à 2 mois).

B – Émission du MAE par une juridiction française (art. 695-16 et s.)

Principe de spécialité (art. 695-18) : la personne visée ne peut être poursuivie, condamnée ou détenue pour un fait autre, **sauf** :

- renonciation expresse à la spécialité (mais en l'absence de renonciation au bénéfice du principe de spécialité, lorsqu'une personne est de nouveau recherchée pour un fait autre que celui pour lequel elle a déjà été remise à la France, le ministère public près la juridiction ayant décerné un mandat d'amener met celui-ci à exécution sous la forme d'un mandat d'arrêt européen : art. 695-16) ; pour la renonciation, v. art. 695-19.
- consentement de l'autorité judiciaire de l'État d'exécution ; v. art. 695-20 ;
- la personne n'a pas quitté le territoire dans les 45 jours, ou y est revenue volontairement ;
- l'infraction n'est pas punie d'une peine privative de liberté.

La personne remise à la France ne peut, sans le consentement de l'État membre d'exécution, être remise à un autre État membre en vue de l'exercice de poursuites, de l'exécution d'une peine ou d'une mesure de sûreté privatives de liberté pour un fait quelconque antérieur à la remise et différent de l'infraction qui a motivé cette mesure, sauf : 1°/ lorsqu'elle ne bénéficie pas de la règle de la spécialité ; 2°/ lorsqu'elle accepte expressément, après sa remise, d'être livrée à un autre État membre ; 3°/ lorsque l'autorité judiciaire de l'État membre d'exécution, qui a remis la personne, y consent expressément (art. 695-21, I). Elle ne peut non plus ne peut être extradée vers un État non membre de l'Union européenne sans le consentement de l'autorité compétente de l'État membre qui l'a remise (art. 695-21, II).

C – Émission du MAE par une juridiction étrangère (art. 695-22 et s.)

Les motifs de refus sont nombreux, expression de la souveraineté persistante des États, et limitant l'efficacité de ce mandat. Tout refus doit être motivé (art. 695-25).

1. Refus obligatoire

Principe de la double incrimination : il y a refus si le fait ne constitue pas une infraction pour la loi française (art. 695-23).

Exceptions : la loi prévoit des exceptions à cette exigence, le contrôle de la double incrimination n'étant pas alors requis : le juge n'a pas à vérifier si les faits sont punissables dans son pays ; il s'agit des infractions motivant le MAE :

- punies, dans l'État d'émission, d'une peine privative de liberté égale ou supérieure à **3 ans**, ou d'une mesure de sûreté « similaire » ;
- **et** faisant partie des **32 catégories** énoncées par l'art. 695-23 (ex. terrorisme, traite des êtres humains, trafic de stupéfiants, corruption, homicide intentionnel, racisme, viol, incendie volontaire, détournement d'avion ou de navire) ;
- **amnistie** (art. 695-22, 1°) ;
- **chose jugée** : décision définitive par la juridiction d'un autre État membre que l'État d'émission ou par celle d'un État tiers, la peine étant exécutée ou ne pouvant l'être (art. 695-22, 2°) ;
- personne recherchée de **moins de 13 ans** au moment des faits (art. 695-22, 3°) ;
- **prescription** de l'action publique ou de la peine, alors que les faits pouvaient être jugés par les juridictions françaises (art. 695-22, 4°) ;
- le mandat a été émis pour des raisons **discriminatoires** : poursuivre ou condamner une personne en raison de son sexe, de sa race, religion, origine ethnique, nationalité, langue, de ses opinions politiques ou de son orientation ou identité sexuelle (art. 695-22, 5°).
- l'intéressé n'a pas comparu en personne lors du procès à l'issue duquel il a été condamné, sauf exceptions (art. 695-22-1).

2. Refus facultatif

Art. 695-24.

- la personne est poursuivie pour les faits objet du mandat devant les juridictions françaises, ou celles-ci ont renoncé aux poursuites ;
- pour l'exécution d'une peine ou d'une mesure de sûreté : la personne est de **nationalité française** (la remise d'un national est donc possible, à la différence de l'extradition) ou réside régulièrement de façon ininterrompue depuis au moins cinq ans sur le territoire national et que la décision de condamnation est exécutoire sur le territoire français en application de la reconnaissance mutuelle des décisions prononçant des peines privatives de liberté au sein de l'Union européenne ;
- faits commis sur le territoire français ;
- infraction commise hors du territoire de l'État d'émission, si la loi française n'autorise pas la poursuite de l'infraction lorsqu'elle est commise hors du territoire national ;

Cette énumération est limitative.

Pour la procédure, *entièrement judiciaire*, v. art. 695-26 et s. La personne appréhendée en France doit être conduite dans les 48 heures devant le procureur général (art. 695-27 ; pendant ce délai, les garanties de la garde à vue s'appliquent ; mais la rétention n'est pas la garde à vue). L'avocat peut consulter le dossier. La personne est informée de la possibilité de consentir ou de s'opposer à sa remise (art. 695-27). Le premier président de la cour d'appel peut ordonner l'incarcération de la personne en maison d'arrêt s'il estime que sa représentation à tous les actes de la procédure n'est pas suffisamment garantie ; il peut aussi la soumettre aux mesures d'un contrôle judiciaire ou d'une assignation à résidence sous surveillance électronique (art. 695-28). Il n'appartient pas à la chambre de l'instruction d'apprécier l'opportunité de la poursuite par l'autorité judiciaire de l'État d'émission.

La personne comparaît devant la chambre de l'instruction dans les 5 jours de sa présentation au procureur général (art. 695-29). L'audience est en principe publique (art. 695-30). Si, devant la chambre de l'instruction, la personne ne consent pas à sa remise, la chambre statue dans les 20 jours à dater de sa comparution ; un pourvoi en cassation est possible, dans les 3 jours (art. 568-1) ; la chambre criminelle statue dans les 40 jours (art. 574-2) : art. 695-31.

Pour la remise de la personne, v. art. 695-37 et s. La remise doit se faire dans les 10 jours de la décision de la chambre ; si la personne est en détention à l'expiration du délai, elle est en principe remise en liberté (art. 695-37, dern. al.). Sur l'exercice des recours par la personne arrêtée hors du territoire national, v. art. 803-4.

Section 2 – Le droit international pénal

Il ne faut pas confondre les problèmes de **droit pénal international** avec le **droit international pénal** et la responsabilité pénale des *États* (beaucoup plus difficile à mettre en œuvre), des *groupements* et des *individus*. Car si, en droit interne, le Code pénal français incrimine désormais, par des dispositions spéciales, le génocide et les autres crimes contre l'humanité (art. 211-1 et s.), la poursuite de ces infractions suppose réunies les conditions étudiées plus haut : malgré les progrès du système de la compétence universelle, la répression rencontre donc ici des limites.

Le droit international pénal est vraiment né avec l'accord de Londres (8 août 1945), créant un tribunal militaire international : ce fut, pour les criminels de guerre nazis et japonais, le jugement de Nuremberg (1er oct. 1946) ; puis le commandement des forces alliées d'Extrême Orient créa un autre tribunal (jugement de Tokyo, nov. 1948).

Ont été ainsi définis :

1. les *crimes de guerre* : violations les plus graves des lois et coutumes de la guerre (pillages) ;

2. les *crimes contre la paix* (actes d'un État provoquant la guerre) ;

3. les *crimes contre l'humanité* : ex. *génocide* (destruction d'un groupe racial par exemple) :

- physique (assassinats),
- biologique (stérilisations),
- intellectuel (destruction de la langue, de la culture).

Pour juger des faits de cette nature, on a créé des tribunaux pour les infractions commises dans certains territoires, et souhaité la création d'une juridiction ayant une compétence permanente et plus générale.

1. Pour certains territoires

a) Le 22 févr. 1993, le Conseil de sécurité des Nations unies a institué un Tribunal international pour juger les faits commis depuis 1991 dans l'ex-Yougoslavie : c'est le *Tribunal pénal international de La Haye*.

Ce tribunal qui doit juger les personnes qui ont planifié, incité à commettre, ordonné, commis ou aidé et encouragé à planifier, préparer ou exécuter une *violation grave du droit international humanitaire* (génocide, ex. intention de détruire un groupe ethnique, crimes de guerre, crimes contre l'humanité) : peuvent donc être poursuivis les dirigeants politiques, les supérieurs hiérarchiques auteurs des ordres, les exécutants. Plusieurs condamnations ont été prononcées depuis 2001 (pour génocide, crimes de guerre, crimes contre l'humanité).

En France, la loi du 2 janv. 1995 dispose que les juridictions françaises, qui sont compétentes si les auteurs ou complices de ces infractions (ou de la tentative lorsqu'elle est punissable) sont trouvés en France (art. 2), pourront être dessaisies au profit de ce tribunal international, sur décision de la chambre criminelle de la Cour de cassation (art. 4).

b) La loi du 22 mai 1996 a adapté la législation française à la résolution 955 du Conseil de sécurité de l'ONU du 8 novembre1994 instituant un tribunal international pour les actes commis en 1994 au Rwanda (plusieurs condamnations, notamment pour incitation au génocide). Compétence des juridictions françaises, pouvant être dessaisies au profit de la juridiction internationale sur décision de la chambre criminelle (art. 2).

2. La Cour pénale internationale

En 1998 (traité, Rome 18 juill. 1998) a été adopté le *statut d'une juridiction permanente, à compétence universelle*, la Cour pénale internationale (siège à La Haye), comportent plusieurs chambres comprenant 18 juges ; elle est dotée d'un procureur et d'un procureur adjoint. La convention portant statut de la Cour pénale internationale a été publiée par décret le 6 juin 2002 (*adde* Constit., art. 53-2). Plusieurs condamnations ont été prononcées.

Compétence :

• **Quant aux personnes** : la Cour est compétente à l'égard des personnes physiques, non des États ni des personnes morales (art. 25). Cette compétence :

- suppose que la personne poursuivie appartienne à un pays ayant adhéré au traité ; 94 États ont ratifié le traité : mais certains pays, dans la crainte de l'utilisation politique de la Cour, ne veulent pas que leurs ressortissants puissent être poursuivis devant cette juridiction, et ont obtenu de nombreux États des accords bilatéraux dérogatoires.
- ou suppose qu'elle ait commis des infractions dans un tel pays (dans ce cas, même si l'État du ressortissant n'est pas partie au traité) ;

Toutefois, sur saisine par le conseil de sécurité de l'ONU, peu importe que soit ou non partie au traité le pays de l'accusé et celui où le crime a été commis.

- suppose que *la juridiction du pays de l'auteur de l'infraction ne puisse ou ne veuille le juger : c'est la primauté des juridictions nationales sur la Cour pénale internationale (art. 17).*

- **Quant aux infractions** ; la Cour a compétence pour :
  – le génocide (définition : art. 6) ;
  – les crimes contre l'humanité (définition : art. 7) ;
  – les crimes de guerre (définition, art. 8 ; la Convention les énumère avec beaucoup de détails, ex. l'emploi de certaines balles, art. 8-2 b, XIX) commis dans des guerres opposant plusieurs États ou dans des conflits internes à un pays (cela va contre l'ancien principe de non-ingérence). Exemples de crimes de guerre : tortures, attaques contre des « casques bleus » ; n'est pas un crime de guerre l'usage de l'arme nucléaire ; mais pour les crimes de guerre commis sur son territoire ou par ses ressortissants, pendant 7 ans un État signataire peut refuser la compétence de la Cour (art. 124 ; ex. la France) ;
  – les crimes d'agression, constatés par le Conseil de sécurité de l'ONU.

Ces crimes sont imprescriptibles (art. 29).

Procédure : la Cour peut être saisie (art. 13) :
– par un État partie au traité ;
– par le Conseil de sécurité de l'ONU ;
– par le procureur de la Cour (art. 15 ; une chambre de juges doit alors donner son accord).

Le Conseil de sécurité peut demander la suspension de la poursuite pendant 12 mois (art. 16).

Pour la démence, l'intoxication, la légitime défense, la contrainte, v. art. 31 ; pour l'erreur de droit, art. 32 ; pour l'ordre de la loi et du supérieur, art. 33.

Pour la possibilité pour l'accusé de plaider coupable, et ses limites, v. art. 65.

Pour les interventions des victimes, si elles sont « appropriées », v. art. 68.

Voies de recours : appel (devant une chambre composée de juges n'appartenant pas à la chambre de 1re instance) et révision (art. 81 et s.).

Peines applicables : la détention à perpétuité, ou de 30 ans (art. 77).

Pour la coopération de la France avec la CPI (coopération judiciaire, exécution des peines – ex. arrestation – et des mesures de réparation), v. art. 627 à 627-20 C. pr. pén. (ex. arrestation).

Pour aller plus loin

Exemple de sujet possible d'examen

Dissertation

- La personnalité de la loi pénale

Index alphabétique

D

E

F

G

H

I

J

L

M

U

V

Dans la même collection

Série droit public – Science politique

- *Administration de l'État*, F. Chauvin
- *Contentieux administratif*, G. Peiser
- *Droit administratif des biens*, G. Peiser
- *Droit administratif général*, G. Peiser
- *Droit constitutionnel et institutions politiques*, J. P. Jacqué
- *Droit des contrats publics*, F. Lichère
- *Droit européen*, J.-C. Gautron
- *Droit fiscal*, C. de Lauzainghein, M.-H. Stauble-de Lauzainghein
- *Droit de la fonction publique*, G. Peiser
- *Droit international public*, D. Ruzié, G. Teboul
- *Droit public*, L. Dubouis, G. Peiser
- *Droit public économique*, D. Linotte, A. Graboy-Grobesco
- *Droit de la santé publique*, D. Truchet
- *Droit de l'Union européenne*, L. Coutron
- *Droit de l'urbanisme*, J. Morand-Deviller
- *Finances locales*, R. Muzellec, M. Conan
- *Finances publiques*, J. Buisson
- *Histoire du droit*, J. Hilaire
- *Histoire des idées politiques de l'Antiquité à la fin du* XVIII*e siècle*, D. G. Lavroff
- *Histoire des idées politiques depuis le* XIX*e siècle*, D. G. Lavroff
- *Histoire des institutions publiques de la France*, P. Villard, L.-A. Barrière
- *Institutions internationales*, J. Charpentier, B. Sierpinski
- *Introduction à la science politique*, J. Baudouin
- *Libertés fondamentales*, F. Mélin-Soucramanien
- *Relations internationales*, M. Gounelle

Série droit privé

- *Criminologie et science pénitentiaire*, J. Larguier
- *Droit des assurances*, H. Groutel
- *Droit bancaire*, F. Dekeuwer-Défossez, S. Moreil
- *Droit civil général*, P. Bihr, M.-H. Bihr
- *Droit civil. Les biens*, P. Courbe, M. Latina
- *Droit civil. Les contrats spéciaux*, B. Bourdelois
- *Droit civil. Les obligations*, G. Légier, L. Tranchant
- *Droit civil. Les personnes, la famille, les incapacités*, P. Courbe, F. Jault-Seseke
- *Droit civil. Sûretés, publicité foncière*, V. Brémond, M.-N. Jobard-Bachellier
- *Droit commercial. Notions générales*, J.-P. Le Gall, C. Ruellan
- *Droit du commerce international*, H. Kenfack
- *Droit de la construction*, C. Saint-Alary-Houin, R. Saint-Alary
- *Droit des entreprises en difficulté*, P.-M. Le Corre
- *Droit fiscal des entreprises commerciales*, J.-P. Le Gall

- *Droit international privé,* J. Derruppé, J.-P. Laborde
- *Droit pénal des affaires,* G. Giudicelli-Delage
- *Droit pénal général,* J. Larguier, P. Conte, P. Maistre du Chambon
- *Droit pénal spécial,* J. Larguier, P. Conte, S. Fournier
- *Droit de la propriété industrielle,* L. Marino
- *Droit rural,* J. Audier
- *Droit de la sécurité sociale,* X. Prétot
- *Droit des sociétés,* A. Constantin
- *Droit du travail. Volume I. Rapports collectifs,* J.-M. Verdier, A. Cœuret, M.-A. Souriac
- *Droit du travail. Volume II. Rapports individuels,* J.-M. Verdier, A. Cœuret, M.-A. Souriac
- *Grands systèmes de droit étrangers,* M. Fromont
- *Institutions juridictionnelles,* J.-J. Taisne
- *Introduction générale au droit,* P. Courbe, J.-S. Bergé
- *Procédure civile. Droit judiciaire privé,* J. Larguier, P. Conte, C. Blanchard
- *Procédure pénale,* J. Larguier, P. Conte
- *Propriété littéraire et artistique,* P. Sirinelli

713848 - (I) - OSB-A 60 g - NC - EDO

Achevé d'imprimer sur les presses de Snel
Z.I. des Hauts-Sarts - Zone 3
Rue Fond des Fourches 21 – B-4041 Vottem (Herstal)
Tél +32(0)4 344 65 60 - Fax +32(0)4 286 99 61
Août 2014 – 66971

Dépôt légal : septembre 2014

Imprimé en Belgique